Max Beckmann
Tagebücher 1940–1950

SERIE PIPER
Band 786

### Zu diesem Buch

»*Samstag, 4. Mai 1940.* Dieses neue Heft beginne ich im Stadium der vollkommensten Unsicherheit über meine Existenz und den Zustand unseres Planeten. Chaos und Unordnung wohin man blickt.« Mit dieser Eintragung beginnt Max Beckmann die hier vorliegenden »Tagebücher 1940–1950«. Zeit seines Lebens hat er Buch geführt, doch erhalten sind neben frühen Fragmenten nur die Aufzeichnungen seines letzten Lebensjahrzehnts. Quappi Beckmann hat nach dem Tod ihres Mannes die Tagebuchtexte übertragen und die vorliegende Auswahl bearbeitet.

Auch in Worten ist Max Beckmann Expressionist. Ergreifend, wie er mit prägnanten, oft fragmentarisch skizzierten Gedanken und Kommentaren ein Bild entwirft, in dem die ganze Härte der Kriegsjahre im Amsterdamer Exil ebenso lebendig wird wie die darauffolgende Zeit des Neubeginns und der großen künstlerischen Anerkennung in Amerika. Elend, Ohnmacht und die Sorgen um die physische Existenz werden ebenso spürbar wie die Erfolge und die Kraft, weiterzuarbeiten und die Aufgabe der Kunst zu vollenden. Max Beckmann schreibt Zeitgeschichte und Kunstgeschichte in einem.

*Max Beckmann,* geboren am 12. Februar 1884 in Leipzig, gestorben am 27. Dezember 1950 in New York. Kunstschule in Weimar von 1900 bis 1903; dann Reisen nach Paris, Amsterdam, Genf; 1906 Heirat mit Minna Tube; 1907 Ausstellung in Weimar; 1908 erste künstlerische Erfolge in Berlin. 1925 Scheidung und Heirat mit Mathilde von Kaulbach; Lehramt an der Städelschen Kunstschule in Frankfurt a. M.; 1933 Entlassung aus dem Lehramt; Übersiedlung nach Berlin; Beckmanns Bilder werden aus deutschen Museen entfernt; 1937 Emigration nach Amsterdam. 1947 Übernahme eines Lehrauftrags an der Kunstschule der Washington University in St. Louis; zahlreiche Ausstellungen und großer Erfolg in Amerika; 1949 Beginn der Lehrtätigkeit an der Brooklyn Museum Art School, New York; 1950 Ehrendoktor der Washington University, St. Louis.

# Max Beckmann

## *Tagebücher 1940–1950*

Zusammengestellt von
Mathilde Q. Beckmann

Herausgegeben und
mit einem Nachwort versehen von
Erhard Göpel

Mit einem Vorwort von
Friedhelm W. Fischer

Piper
München Zürich

Die »Tagebücher 1940–1950« wurden erstmals 1955
beim Albert Langen–Georg Müller Verlag, München,
und 1965 als gekürzte Taschenbuchausgabe in der Fischer Bücherei,
Frankfurt, veröffentlicht.
Die 1979 abermals beim Albert Langen–Georg Müller Verlag,
München / Wien, erschienene, neu durchgesehene
und um ein Vorwort erweiterte Originalausgabe
wurde 1984 vom Piper Verlag übernommen.

ISBN 3-492-10786-9
Durchgesehene Neuausgabe 1987
2. Auflage, 4.–6. Tausend Dezember 1987
(1. Auflage, 1.–3 Tausend dieser Ausgabe)
© R. Piper GmbH & Co. KG, München 1984
Umschlag: Federico Luci,
unter Verwendung des Selbstporträts »Der Befreite« (1937)
von Max Beckmann (Privatbesitz; Foto: Joachim Blauel, Gauting)
Satz: Jos. C. Huber KG, Dießen
Druck und Bindung: Clausen & Bosse, Leck
Printed in Germany

# Inhalt

Seit ich Max Beckmann kannte, schrieb er regelmäßig Tagebuch. Vielleicht tat er dies auch schon vor unserer Ehe, jedoch ist mir darüber nichts bekannt.

Leider ist von diesen täglichen Notizen aus fünfundzwanzig Jahren nur noch ein Teil vorhanden. Alle Aufzeichnungen aus der Zeit von 1925 bis Mai 1940 in Form von Tagebüchern wurden vernichtet.

Als die deutsche Invasion über Holland hereinbrach, verbrannte Max Beckmann sämtliche früheren Tagebücher, außer den zwei Seiten, datiert 4. Mai, 6. Mai und 7. Mai 1940 – welche ich kurz vor dem Verbrennen aus einem Heft riß und heimlich bewahrte.

Auf Wunsch einiger Freunde und nach reiflicher Überlegung entschloß ich mich, Auszüge aus den noch vorhandenen Tagebüchern der letzten elf Jahre zusammenzustellen für ein Buch, als Zeit-Dokument und persönliche Offenbarung eines großen Menschen und Künstlers.

Aus Gründen der Diskretion fühlte ich mich berechtigt, manche Stellen der aufgeschriebenen Gedanken und Betrachtungen in den Tagebüchern wegzulassen, die mir für eine Veröffentlichung ungeeignet erschienen. Hingegen fügte ich hie und da Anmerkungen hinzu, zum besseren Verständnis mancher der beschriebenen Situationen und der manchmal fragmentartigen Notizen.

Dies Buch ist aus tiefster Dankbarkeit und zu Ehren für den Mann zusammengestellt, dessen Leben ich fünfundzwanzig Jahre als seine Frau teilen durfte.

New York, Dezember 1951

*Mathilde Quappi Beckmann*

FRIEDHELM W. FISCHER

## Zur Neuauflage

Die vorliegende Neuauflage der »Tagebücher 1940—1950« soll und
kann einer textkritischen Edition der Selbstzeugnisse Max Beckmanns
nicht vorgreifen. Ein solches Unternehmen, das nicht nur weitere
Tagebuchfragmente, sondern auch die theoretischen Schriften und die
Briefe Max Beckmanns einbeziehen müßte, steht jedoch noch in weiter Ferne. So schien es geboten, den 1955 erschienenen, nunmehr lange
vergriffenen Band der Tagebücher erneut vorzulegen, bietet er doch
nicht nur in Form und Inhalt ein geschlossenes Ganzes; der Maler
tritt uns in den Aufzeichnungen des letzten Lebensjahrzehnts auf
eine besonders eindringliche Weise gegenüber, Leben kristallisiert sich
hier in der knappsten, komprimiertesten Form, gibt sich eine Diktion,
die von eigentümlicher Krafteinwirkung zeugt.
Erhard Göpel hat in seinem Nachwort zur ersten Auflage, noch unmittelbar aus dem Miterleben der Zeit heraus, die Kräfte benannt —
äußere und innere — die eine derartige Kompression erzeugen konnten. (1) Es ist ihm zugleich gelungen, das Einmalige und Rätselhafte
jener Situation nachzuzeichnen, in der sich Beckmann während des
letzten Lebensjahrzehnts befand: ein Fremder im Amsterdamer Exil
wie in Amerika, stets darum bemüht, Distanz aufzubauen, dennoch
unentrinnbar dazu verurteilt, Verantwortung zu tragen. »Es sind in
einer Generation immer nur wenige«, so Erhard Göpel, »in denen
sich die Zeit ereignet, die wie Atlas die Last der Welt, die Last der
Zeit, des Geschehens austragen müssen.«
An der außerordentlichen Perspektive, in die Max Beckmann hier
hineingerückt wird, ist keine Korrektur vorzunehmen. Was im
Schrifttum seither — also während eines Vierteljahrhunderts — zur
Deutung seines Lebens und Werkes beigetragen wurde, bestätigt nur,
daß der Rahmen, in dem Beckmann uns verständlich werden kann,
gar nicht weit genug abzustecken ist. Wichtig für den Leser der Tagebücher ist freilich nicht nur diese Bestätigung. Es hat sich gezeigt, daß
die Fragen, die von der Forschung seither an den Text herangetragen
wurden, und die Antworten, die man dabei erhielt, ganz verschiedene

Dimensionen eröffnen. Damit scheinen sich nun auch verschiedene Arten der Lektüre anzubieten; man wird diesen Gesichtspunkt ernst nehmen müssen. Hat aber durch diese Entfaltung des Textes der unmittelbare Nachvollzug, das spontane Miterleben an Reiz oder Aktualität etwas eingebüßt?

Wir können diese Frage ohne Zögern verneinen. Nach wie vor fasziniert gerade das Nebeneinander von nüchternen Faktenangaben, kargen Alltagsnotizen, komprimierten Bildern und atemberaubender Reflexion. In all dem ist die Persönlichkeit Beckmanns unmittelbar und charakteristisch gegenwärtig. Das Verwirrende der Selbstbefragung, die scheinbar zufällige Fixierung von Eindrücken, der fragmentarische Einblick in hermetische Vorstellungen und das Aufblitzen seltsamer Spekulation sprengen niemals den Rahmen jener absoluten Präsenz, die das Tagebuch durchweg auszeichnet.

So sehr das Durchhalten der Identität als Grundproblem und Hauptgegenstand der Eintragungen spürbar wird, so bestimmend ist doch gleichzeitig die konkrete Situation, der stets neue Ansatz. Selten, daß überhaupt etwas Vergangenes erinnert wird, und nie geschieht es, um aus der Biographie Identität abzuleiten. Es gibt keine Brücke zurück, und es gibt auch keine Brücke zum Kommenden. Obwohl die Befragung der Zukunft als ein Leitmotiv der Aufzeichnungen gelten kann, wird doch mit ihr gerade nicht Kontinuität, sondern das absolut Ungewisse thematisiert: das Brüchige unserer Existenz, die Möglichkeit des Scheiterns. Gerade von hier aus zeigt sich, daß der Mitvollzug des Gegenwärtigen bei der Lektüre des Tagebuches Grundvoraussetzung bleiben muß. Nur im Nacherleben der Situation, ihrer schmerzhaften Eingrenzung und unaufhebbaren Spannung finden wir inneren Zugang zur Existenz Beckmanns, können wir die Bedeutung seines Durchhaltens ermessen.

Allerdings sind wir damit zugleich an einem Punkt, von dem aus Weiteres in den Blick kommen sollte. Mit der Eingrenzung auf die konkrete Lebenssituation hat es bei Beckmann nicht sein Ende. Der Krafteinwirkung von außen wird eine von innen entgegengesetzt, die sich nicht im Behaupten der Identität erschöpft, sondern in unaufhörlichem Fragen das Problem umkreist, wie die Welt noch als Ganzes zu erfassen sei und wie dies Ganze zum Ich sich verhält. Der Leser, der die einschlägigen Reflexionen ihrer fragmentarischen Gestalt, des skeptisch-ironischen Tones oder der hypothetischen Formulierung wegen nur als Streiflichter wahrnimmt, ist hier allerdings auf Erklärung angewiesen. Ob dies wechselnde Spiel mit Gedanken und Vorstellungen ernsten Grund und tieferen Zusammenhang hat, das erschließt sich erst der vergleichenden Analyse, wobei neben dem Tagebuch weitere Selbstzeugnisse und nicht zuletzt das Werk des Malers herangezogen werden müssen.

Skizzieren wir jedoch zunächst Beckmanns Lebensweg bis zu dem Punkt, an dem die Tagebücher einsetzen. Der Maler, 1884 geboren, war damals 56 Jahre alt. Er hatte in verschiedenen Lebensphasen bedeutende Anerkennung erfahren. Seine Biographie ist jedoch ebenso gekennzeichnet von Krisen und schmerzhaften Verwandlungen. Schon das früheste uns erhaltene Tagebuchfragment, Aufzeichnungen zwischen August 1903 und April 1904, gibt Einblick in eine solche Krise. (2) Beim Abschied von der Akademiezeit, die der Maler in Weimar verbracht hatte, und während eines ersten, eigentümlich mißglückten Parisaufenthaltes, erscheint dem gerade Zwanzigjährigen die Zukunft unaufhellbar düster.

Man mag dies als jugendlichen Weltschmerz verstehen, wird aber der inneren Struktur Beckmanns damit nicht gerecht. Bemerkenswert ist jedenfalls des Malers Antwort auf diese »dunkelste und wildeste Zeit«, wie er sie später einmal nannte. Diese Antwort erfolgt durch äußerste Konzentration auf ein Werk, mit dem Max Beckmann 1905 seinen ersten Durchbruch erzielte. Das großangelegte Bild »Junge Männer am Meer« erhielt in Weimar den Ehrenpreis des Künstlerbundes, verbunden mit einem Stipendium für die Villa Romana in Florenz. Es folgt die Familiengründung, der Bau eines Hauses in Berlin und ein Jahrzehnt steilen Aufstiegs: 1913 erscheint die erste Monographie über den Maler, im gleichen Jahr beschäftigen sich Karl Scheffler und Curt Glaser eingehend mit dem Werk des jungen Künstlers. Aus der Zeit dieser ersten großartigen Entfaltung besitzen wir übrigens zwei weitere Tagebuchfragmente, die Eintragungen von 1908/09 und von der Jahreswende 1912/13 enthalten. (3)

Es folgt, unmittelbar ausgelöst durch das Erlebnis des ersten Weltkrieges, die wohl schwerste Krise im Leben des Malers. Für Beckmann — er ist Sanitätssoldat, zuerst in Ostpreußen, dann in Flandern — bricht mit diesem Erlebnis ebenso eine äußere wie eine innere Welt zusammen. Er kehrt, vorzeitig aus dem Kriegsdienst entlassen, nicht zu seiner Familie zurück, sucht das Kriegstrauma zu bewältigen durch ein riesiges, nie vollendetes Auferstehungsbild und wendet gleichzeitig seine ganze Energie nach innen: der Künstler bahnt sich durch die Trümmer von Weltanschauungen hindurch den Weg zu einer Haltung, die radikal und verschwiegen genug erscheint, um auch die ungeheuerlichste Vorstellung von Welt und Leben ertragen zu können. Dokument dieser Haltung und zugleich Antwort auf eine katastrophale Lebenskrise ist das früh als Hauptwerk erkannte Bild »Die Nacht« von 1918/19, in dem Beckmann eine neue künstlerische Sprache findet.

Der geistigen Bewältigung des Unheils folgt langsam, Anfang der zwanziger Jahre, die seelische Gesundung. Das anschließende Jahrzehnt ist wiederum von einer kraftvollen, sich steigernden Entfaltung bestimmt. Auch der Lebenskreis weitet sich erneut: Beckmanns zweite Eheschließung mit Mathilde von Kaulbach (›Quappi‹), die Berufung ans Städelsche Kunstinstitut in Frankfurt, erfolgreiche Lehrtätigkeit, großzügige Reisen, vielbeachtete Ausstellungen und eindrucksvolle Veröffentlichungen, das alles fällt in diese glückliche, wohl glanzvollste Zeit im Leben des Malers.

Sie endet 1933 mit der Machtergreifung der Nationalsozialisten und Beckmanns Entlassung in Frankfurt. Obwohl eine kritische Schwelle, so hat dies Ereignis den Maler doch vorerst nicht im Kern getroffen. Er war innerlich vorbereitet und hatte seine Antwort diesmal unmittelbar parat: wir finden sie in dem bereits 1932 begonnenen ersten der großen Triptychen Beckmanns. Es trägt den Titel »Abfahrt«, eine Namensgebung, die in mehreren Sinnschichten zu verstehen ist. Wenig später freilich zeichnen sich erste Schatten einer neuen existenziellen Bedrohung im Werk des Malers ab, ausgelöst durch den Gedanken an einen zweiten Weltkrieg. Beckmann lebt nun, wie vor 1914, in Berlin. Die Millionenstadt schien ihm am besten geeignet, um weiterzuarbeiten ohne irgendwelches Aufsehen zu erregen.

Die nächste, prägnant kritische Situation, des Malers öffentliche Anprangerung in der Ausstellung »Entartete Kunst« von 1936, beantwortet Max Beckmann mit dem Entschluß, Deutschland zu verlassen. Er verbringt die folgenden Jahre teils in Paris, teils in Amsterdam. Der Maler lebt auf in der Freiheit, erinnert sich an die glücklichen Reisen während der zwanziger Jahre, aber er wird zugleich gequält von zunehmender Spannung und dumpfer Vorahnung. Mit Kriegsausbruch bleibt der Maler in Amsterdam. Er bemüht sich intensiv um ein Visum für Amerika, die Einladung, einen Sommerkurs am Art Institute in Chicago abzuhalten, liegt vor. Das amerikanische Konsulat in Den Haag jedoch weigert sich. Währenddem wird Holland von deutschen Truppen besetzt.

Der Maler verbrannte damals alle seit 1925 regelmäßig geführten Tagebücher. Zwei Seiten, heimlich von seiner Frau aus dem letzten Heft entfernt, blieben allein übrig. Mit ihnen beginnt die hier vorliegende Ausgabe. Ab September 1940 haben sich dann alle Eintragungen bis zum Tode im Dezember 1950 erhalten, so daß der Leser den weiteren Lebensgang selbst verfolgen kann.

Wenn wir im Vorangehenden bestimmte Zeiten innerer Stabilität und freier, menschlicher wie künstlerischer Entfaltung von speziellen Krisensituationen deutlich abgesetzt haben, so muß nun allerdings darauf hingewiesen werden, daß dieses Schema Vereinfachung mit sich bringt und daß es etwa seit 1935 nur noch sehr bedingt anwendbar ist. Hoffnung und Zweifel, vorausahnende Depression und überwindende, im Werk sich gestaltende Antwort rücken seitdem immer enger zusammen. Was das letzte Lebensjahrzehnt angeht, so wird man sogar — namentlich bei der Tagebuchlektüre — den Eindruck eines ständigen, zermürbenden Auf und Ab gewinnen. Oft wechseln Ton und Stimmungslage in erschreckender Weise während einer einzigen Eintragung.

Das schockhafte Erlebnis der Maitage des Jahres 1940, als Westeuropa unter der deutschen Kriegsmaschine erzitterte und alte Wunden brutal aufgerissen wurden, scheint nie ganz verwunden worden zu sein, blieb fortan immer präsent. Weitgehende Isolation während der nun folgenden Besatzungszeit, ständige Angst, die noch verbliebene Freiheit zu verlieren und nicht mehr malen zu dürfen, dazu eine im Tagebuch nur andeutend und verschlüsselt erwähnte Herzkrankheit, dies alles verdichtet sich immer wieder zu beklemmenden Zu-

ständen, die der Maler salopp »Melancholie« nennt. Auch während
der letzten Lebensjahre in Amerika weicht dieser dunkle Hintergrund trotz neuer, dankbar registrierter Eindrücke und vielfältiger
Ermutigung nicht. Zu sehr ist der Maler nun schon von Krankheit
und Überanstrengung gezeichnet.

Eines ist freilich bei alledem unverändert geblieben: des Malers Kraft
und Fähigkeit, im Werk Antwort zu geben. Zwar wäre es vorder-
gründig, anzunehmen, daß die im letzten Lebensjahrzehnt noch einmal großartig ausgeweitete Meisterschaft Beckmanns von sich aus die
Möglichkeit geboten hätte, Lebensprobleme zu bewältigen, war es
doch bei diesem Künstler immer zugleich so, daß die Meisterschaft
ihrerseits aus der Problematik der Welt und des Lebens hervorgetrie-
ben wurde. Die Kunst war für Beckmann freilich Bewährungsgegen-
stand par excellence, und so läßt sich doch sagen, daß im gültigen
Gestalten letztlich alles kulminierte, daß hier die Entscheidung
zwischen Überleben und Scheitern, Sinn und Wahnsinn fiel.

Der Leser der Tagebücher muß sich in diesem Zusammenhang stets
klar darüber sein, daß er einen Text vor Augen hat, der nicht für andere geschrieben wurde. Die immer wiederkehrenden, um Schicksal,
Ich und Welt kreisenden Fragen, Vorstellungen von Kosmos und
Geschichte, Ansätze zu einer Mythologisierung des Selbst, dies alles
findet seine Vollendung erst in Beckmanns bildnerischem Werk. Sinn-
voll wäre somit eine Lektüre, die Tagebuchtext und Oeuvre ständig
miteinander konfrontiert. Dies scheint auch insofern nahegelegt, als
die Arbeit ja als immer gegenwärtiges Thema wie ein Hauptnerv die
Eintragungen durchzieht. Wir können eine solche Gegenüberstellung
an diesem Ort nicht vornehmen, es lassen sich aber gewisse technische
Hinweise geben, mit deren Hilfe der Leser das Unternehmen selbst
in Angriff nehmen kann.

Ganz einfach ist die Sache nicht. Obwohl ständig Bildtitel genannt
werden und der Fortgang an einzelnen Werken mit zuversichtlichen
oder skeptischen Bemerkungen kommentiert wird, verliert man leicht
die Orientierung. Das liegt nicht nur an der Kürze der Bemerkungen,
sondern auch an der besonderen Arbeitsweise des Meisters. Man er-
sieht aus den Eintragungen ohne weiteres, daß Beckmann stets mehrere Bilder in Arbeit hatte. Tage, die dem Entwurf besonders günstig

waren, nutzt der Maler, indem er oft eine ganze Reihe von Werken konzipiert, und bei der Ausführung wird ohnehin ständig von einem zum anderen Bild übergewechselt.

Das entspricht einer langerprobten Ökonomie, macht es aber schwierig, einzelne Werke in ihrem Entstehungsprozeß zu verfolgen. Es kommt hinzu, daß die Bezeichnung der Bilder nicht selten wechselt. Der Arbeitstitel, den ein Werk erhält, kann sich bei der weiteren Durcharbeitung mehrfach verändern, sei es, daß sich eine zunächst allgemeine Bildidee konkretisiert, sei es, daß neue Bezüge in den Vordergrund treten, wozu sowohl formale wie inhaltliche Anstöße beitragen können. Weiter gilt, daß man den Tagebuchnotizen, die die Fertigstellung oder Vollendung eines Bildes anzeigen, keineswegs trauen kann. Oft korrigiert Beckmann solche Angaben selbst wenig später, manchmal wird auch nach Monaten oder Jahren ein Bild wieder hervorgeholt. Die Fortsetzung der Arbeit bedeutet meist ein »Ausfeilen«, es gibt aber auch den Fall nachträglicher Abweichung oder völliger Überarbeitung unter neuem Titel.

Das mühsame Geschäft, Tagebuchnotizen und Bilder einander zuzuordnen, ist von Erhard Göpel während der ersten Herausgabe des Tagebuches in Angriff genommen worden. Heute findet man alle Tagebuchstellen, die auf ein bestimmtes Bild bezogen werden können, unter den einzelnen Nummern des Werkverzeichnisses im Wortlaut angeführt. (4) Da das Werkverzeichnis seinerseits chronologisch aufgebaut ist und zusätzlich ein chronologisches Register enthält, das am Ende eines jeden Jahresabschnittes auf vor- oder zurückliegende Arbeitsphasen verweist, ist es nun glücklicherweise kein besonderes Problem mehr, die im Tagebuch genannten Bilder und Arbeitsvorgänge zu identifizieren.

Damit ist dann nicht nur Einblick in den Entstehungsprozeß gewonnen, sondern auch der Zugang zu weiteren Informationen. In den zahlreichen, mitunter sehr ausführlichen »Bemerkungen«, die das Werkverzeichnis zu einzelnen Bildern macht, erfährt der Leser außer der Bildgeschichte manches Zusätzliche über konkrete Lebensumstände und über die Menschen, mit denen der Maler in Amsterdam und später in Amerika verkehrte. Aufschlußreich sind in diesem Zusammenhang vor allem die Texte zu den Porträts. Weiter läßt sich vom Kata-

logtext wie von den Anmerkungen her die Sekundärliteratur zuver-
lässig erschließen, wobei namentlich die interpretierenden Werke für
den Leser des Tagebuchs von Interesse sein dürften.

Speziell im Hinblick auf die neuere Literatur zum Werk und zum
Leben Max Beckmanns erscheint am Schluß dieser Betrachtung der
Hinweis wichtig, daß eine bestimmte Dimension des Tagebuches erst
wirksam und verständlich wird, wenn wir in Beckmann nicht nur den
Künstler, sondern auch den Metaphysiker ernst nehmen. Das hat auch
Erhard Göpel schon gesehen, aber er verzichtete in seinem Nachwort
bewußt darauf, »die das Weltanschauliche berührenden Stellen mit-
einander in Beziehung zu setzen. Denn Max Beckmann«, so fährt
Göpel fort, »baut kein System.«

Es ist heute möglich, neben diese Auffassung ein Zeugnis des Malers
Herbert Fiedler zu stellen, mit dem sich Beckmann während der Amsterdamer Zeit gelegentlich traf. Nach einer Begegnung im Jahr 1942
notierte sich Fiedler: »Bald kommt er (Beckmann) auf sein Lieblings-
gebiet, die Metaphysik zu sprechen, das für mich stets viel Anziehen-
des hat, bei mir aber eigentlich sehr chaotisch und ›ungefähr‹ aussieht,
während ich bei ihm den Eindruck einer großen Kenntnis, einer Ordnung, ja fast eines Systems habe.« (5) Berücksichtigt man neuere For-
schungen zum Weltbild Max Beckmanns, so läßt sich Fiedlers dama-
liger Eindruck offenbar bestätigen. Allerdings darf man nicht erwarten, daß die »Ordnung«, von der hier gesprochen wird, der Logik
eines philosophischen Denksystems entspricht. Es handelt sich vielmehr um einen komplexen Verweisungszusammenhang, in dem alles,
was Beckmann denkt, malt, liest und erlebt, eine hypothetische Funktion erhält, wobei Reflexion, Ahnung und Gespür gemeinsam mit-
wirken mögen, am Ende aber doch ein stringenter Zusammenhang
entsteht.

In einer sehr wichtigen Tagebuchstelle, die nicht exakt datiert wurde,
aber Ende Juli 1944 einzuordnen ist (Seite 94), spricht Max Beckmann in dieser Hinsicht von einem »Vorstellungsgeflecht«, das einerseits »aus dem Nichts« geschaffen sei, andererseits aber »alles in einer
stetig gesteigerten Spannung erhält«: *»Du mußt mir aber immerhin
zugeben, daß es doch eine Leistung ist, aus dem Nichts ein Vorstellungsgeflecht zu schaffen, das immerhin alles in einer stetig gesteiger-*

*ten Spannung erhält?«* Voraus geht die grundsätzliche, an vielen Stellen des Tagebuches wiederholte Klage *»mit dummem Gesicht vor dem grauen Vorhang zu sitzen«,* und am Ende der Eintragung wird angemerkt: *»›Geht aber nur durch ein Versteckspiel Deines Selbst.‹ — Alles um Euch zu unterhalten.«*

In diesem recht komplizierten Text wird also die Leistung, ein solches Vorstellungsgeflecht geschaffen zu haben, einerseits betont, zum anderen aber auf gleich mehrfache Weise ironisiert und relativiert. Die Komplexität der ganzen Passage steigert sich noch, wenn wir bemerken, daß die Eintragung zwar als Selbstgespräch beginnt, sich aber unversehens zu einem Dialog verwandelt, wobei der Phantasie keine Grenzen gesetzt sind bei der Frage, wer denn hier als imaginärer Gesprächspartner ins Spiel kommt und mit »Du« angeredet wird.

Max Beckmann spricht hier im Grunde wie er malt, d. h. polyfunktionell und stets auf mehrere Problemdimensionen Bezug nehmend. Versucht man dann, die einzelnen Dimensionen voneinander abzuheben, so entgleitet einem leicht alles. So bleibt Beckmanns metaphysische Spekulation ein ebenso komplexes wie fragiles Gebilde, und da der Maler seine Grundüberzeugung, daß uns die Kenntnis letzter Dinge ohnehin verwehrt sei, stets mitreflektiert, gerät das Ganze leicht in die Nähe des Absurden. Diese Nähe ist freilich nur Zeichen dafür, daß sich Max Beckmann der Situation der Moderne kompromißlos stellt, und es lohnt sich um so mehr danach zu fragen, wie er aus dieser Situation heraus den Absprung zu einem dynamischen Denken und Vorstellen gewinnt.

Bei einer Tagebucheintragung der skizzierten Art ahnt man, daß hier produktive Rede, sei sie Dialog oder Selbstgespräch, nur möglich ist und zustandekommt, weil eine absolute Unbekannte in mehrere relative Unbekannte entfaltet wird. Im Gegensatz zur absoluten Unbekannten, die überhaupt nicht vorgestellt werden kann, lassen sich solche relativen Unbekannten — etwa Ich und Selbst, Subjekt und Objekt, die Existenz und das Nichts — wenigstens insofern und so lange mit Gedanken verknüpfen, wie man sie aufeinander bezieht. So kann zwischen ihnen jenes »Versteckspiel« entstehen, von dem der Maler spricht, und es läßt sich ein Vorstellungsgeflecht aufbauen, das unserem spannungsvollen Erleben entspricht.

Beckmann denkt diesen Prozeß der Entfaltung gern in Analogie zu
Begriffen und Vorstellungen, die in der indischen Philosophie den
Weltprozeß bedeuten. Oft ist vom »Atman« die Rede, manchmal von
»Nirvana«; gleich am Anfang begegnet uns der Begriff »Karma«
und immer wieder spielt das Thema der Reinkarnation eine Rolle.
Überhaupt wird bemerkenswert oft die Beschäftigung mit »indischer
Philosophie« vermerkt. Die Anregung hierzu reicht weit zurück.
Beckmann hatte sie schon als Jüngling durch Schopenhauer empfang-
en. Er mag es als Fügung empfunden haben, daß sich auch später
immer wieder Gelegenheit bot, mit eng vertrauten Menschen über
diese Dinge zu sprechen. Auf Schopenhauer, den der Maler immer
wieder las, geht vermutlich auch sein Interesse für gnostische, neu-
platonische und kabbalistische Weltvorstellungen zurück. Bis in die
letzten Lebensjahre hinein haben ihn diese Vorstellungen beschäftigt.
Gelegentlich ist von »Demiurgen« die Rede, das Kürzel »Ilda B«
steht für Ildabaoth, in der Gnosis mythischer Funktionär der Welt-
entstehung, und einmal heißt es: »Las viel über Gnostiker — einzige
amüsante Kosmogonie die ich kenne«. (5. 5. 1949)
Man wird sich einerseits mit der Feststellung begnügen können, daß
Beckmann die hier angesprochenen, mythisch verkleideten Philo-
sopheme als interessanten Stoff betrachtete, wohl geeignet, um das
zitierte Vorstellungsgeflecht und damit seine Malerei zu bereichern.
Auf der anderen Seite gehören die Dinge in einen grundsätzlich wichtigen, übergeordneten Zusammenhang. Bei zahlreichen Künstlern der
Moderne beobachten wir, daß Vorstellungen, die jahrhundertelang
nur am Rande der abendländischen Geistesgeschichte tradiert wurden, plötzlich zentrale Bedeutung erlangen und daß sich in diesen
Vorstellungen Erlebnisse und Erfahrungen aktuellster Art spie-
geln. (6) Es läßt sich dieser merkwürdigen Koinzidenz mit vorder-
gründigen Erklärungen kaum beikommen, und man wird den Schlüssel zu ihrem Verständnis wohl erst finden, wenn die eigentümlich
ambivalente geistige Struktur unseres Jahrhunderts einmal insgesamt
analysierbar geworden ist.
Was Max Beckmann angeht, so wird er freilich auch im Rahmen der
hier angedeuteten Zusammenhänge stets eine Sonderstellung bewahren. Das Einzigartige seiner weltanschaulichen Reflexion liegt in der

Kraft, Räume zu durchmessen, vor denen uns schwindelt, und Spannungen auszuhalten, die für unerträglich gelten.

Gewiß, angesichts der unterschiedlich gestimmten, stets existentiell gebundenen Notizen des Tagebuches mag es oft so erscheinen, als stünden Glaube und Kritik, leidenschaftlicher Aufbruch und totale Zurücknahme eigenmächtig und unbewältigt nebeneinander. Aber dieser Eindruck ist nicht vollständig. Meist rührt er daher, daß vom Leser nur eine Sprechebene wahrgenommen wird. Wer sich länger mit dem Tagebuch beschäftigt, lernt, daß Beckmanns Diktion auf ein vieldeutiges Bezugssystem reagiert, ohne den spontanen Ansatz, die emotionale Sprengkraft aufzugeben. Darin liegt nicht zuletzt ihre Faszination. Und wem würde bei fortgeschrittener Lektüre nicht überdies auffallen, daß hier ein Text zu begreifen ist, der auch dort redet, wo er schweigt?

*Anmerkungen*

1. Vgl. hierzu auch Erhard Göpel, *Max Beckmann in seinen späten Jahren*, München 1955
2. Abgedruckt in: Peter Beckmann (Hrsg.), *Max Beckmann. Sichtbares und Unsichtbares*, Stuttgart 1965, S. 44—61
3. Max Beckmann, *Leben in Berlin. Tagebuch 1908/09*, hrsg. von Hans Kinkel. München 1966 (Die Tagebuchblätter 1912/13 unveröffentlicht.)
4. Max Beckmann, *Katalog der Gemälde*. Bearbeitet von Erhard und Barbara Göpel, Bern 1976
5. Friedhelm W. Fischer, *Max Beckmann. Symbol und Weltbild*, München 1972, S. 12 und Anm. 6
6. Friedhelm W. Fischer, »Geheimlehren und moderne Kunst«, in: *Fin de siècle. Zur Literatur und Kunst der Jahrhundertwende*, Frankfurt a. M. 1971 (Studien zur Philosophie und Literatur des neunzehnten Jahrhunderts, B. 35), S. 344—386. — Vgl. auch: Friedhelm W. Fischer, »Zeit, Raum und Transzendenz bei Max Beckmann«, in: Kunst und Kirche, Jg. 1978, S. 59—64

Aus tiefem Traum verschwand ich
in den tiefsten
des Nichtmehrseins.

MAX BECKMANN

# 1940

*Samstag, 4. Mai 1940.* Dieses neue Heft beginne ich im Stadium der vollkommensten Unsicherheit über meine Existenz und den Zustand unseres Planeten. Chaos und Unordnung wohin man blickt. – Völlige Undurchsichtigkeit der politischen, kriegerischen Angelegenheiten – (gestern und heute verließ England wieder Norwegen, worin es mit unsäglicher Mühe gelandet war gegen die Deutschen). Amerika wartet auf mich mit einem Job in Chikago und das hiesige amerikanische Consulat gibt mir kein Visum. Zudem sind sieben Bilder zur Ansicht im Stedelijk Museum, das sich seit drei Jahren nicht um mich gekümmert hat und außerdem habe ich meine erste große Radtour mit Quappi bei Hilversum gemacht, die sehr schön war in vollem glänzenden Frühling. Bei alledem den Kopf hoch zu halten ist nicht einfach und es ist eigentlich ein Wunder, daß ich überhaupt noch existiere.

Zu welcher Plage und Entsetzen, oder zu welcher Freude und Verdienst, hat mich mein eigenes Karma noch aufgespart!?

Das Eine ist sicher, Stolz und Trotz den unsichtbaren Gewalten gegenüber soll nicht aufhören, möge das Allerschlimmste kommen. – Ich habe mich mein ganzes Leben bemüht eine Art »Selbst« zu werden. Und davon werde ich n i c h t abgehen und es soll kein Winseln um Gnade und Erbarmen geben und sollte ich in aller Ewigkeit in Flammen braten. Auch i c h habe ein Recht.

*Montag, 6. Mai 1940.* Schließlich und endlich wird mir alles gleichgültig – habe zu viel und zu lange in Unglück und Verschollenheit gelebt. Sah die alten Welten langsam zerbrechen und in die neue Kasernenwelt, die sich entwickelt, passe ich nun einmal nicht mehr hinein. Das Schwierigste ist nur, wie kommt man von Bord. – Es ist traurig so langsam vom Schicksal zertreten zu werden, aber enfin, habe ich nicht seit Jahren mich um die Sichtbarmachung des Scheins und der Unwirklichkeit bemüht, als daß ich Angst vor dem Erwachen haben sollte?

*Dienstag, 7. Mai 1940.* Es sieht so aus, als ob sich die Schlinge meines Schicksals langsam anzöge, noch mit einer hämischen Ironie dazu: »Die Verhinderung wegen Paß-Visa nach Amerika zu gehen, trotz Berufung.«

Hier in Holland kommt dann der Krieg auch her – (wieder alle Reservisten einberufen) – und ich werde dann eingesperrt und komme dort um, oder werde von der berühmten und oft erwähnten Bombe getroffen. – Nun, es ist mir auch recht. – Wenn's nur schnell geht – und allein –

Schade nur, ich kann wirklich ganz gut malen. – Aber vielleicht habe ich auch darin genug geleistet –

## SEPTEMBER

*Sonntag, 1. September 1940.* Ein Jahr Krieg. – Leichter Melancholieanfall. Nachmittags bei Jo's. – Wie lange wird das noch dauern. Heut Nacht schwere Bombardements. Bin neugierig wie lange meine strapazierten Nerven dieses Chaos noch aushalten.

Nachts 12 Uhr: Nirvana bedeutet das Eintreten in eine höhere Bewußtseins-Sphäre, aber immer wieder von der ewig unveränderlichen »Individualität«. Nichts soll mich mehr »aus der Fassung bringen« – was auch kommen mag. – (Gedacht vor ungefähr einem Jahr.)

*Sonntag, 8. September 1940.* (Mitternacht.) Nochmals – was ich geschaffen und getan habe, sind nur abgeworfene Häute meines Selbst – Möge das unsichtbare Geheimnis mich nicht aufs Neue in »Versuchung« führen.

*Montag, 9. September 1940.* (9 Uhr abends.) Leiser Tod und Brand um mich her und ich lebe immer noch. Da hinein in die Idee des absoluten Anderen will noch immer und geht noch immer. Trotz Tod – Gebrüll und Fanfaren. – Ich muß leben scheinbar und bin zum Leben verurteilt von irgend einer unbekannten Kraft die das für nötig findet.

*Mittwoch, 11. September 1940.* Schwere Tage, »London« und »Berlin« bombardieren sich gegenseitig. Was soll daraus werden?

*Donnerstag, 12. September 1940.* Wenn man dies alles – den ganzen Krieg, oder auch das ganze Leben nur als eine Szene im Theater der Unendlichkeit auffaßt, ist vieles leichter zu ertragen.

*Samstag, 14. September 1940.* (Mitternacht.) Eben wieder viele Flieger gehört, – mon Dieu – wie soll das enden –?

*Dienstag, 16. September 1940.* Ich arbeite an den »Holländischen Bauern« und »Café«.

*Montag, 22. September 1940.* Wieder einmal Anfall von Nervenschwäche durch allerlei Überarbeitung und . . ., jetzt durch Quappi und Knall vorbei. – Hörte sonst Gutes. Mais – *qui en sabe –*

*Dienstag, 23. September 1940.* Wieder einmal überall um Amsterdam Bombardements. – Früh schöner Spaziergang am Dam.

*Mittwoch, 24. September 1940.* Wieder Berlin – London.

*Freitag, 26. September 1940.* Weitere Bombardements Berlin – London. – Ich etwas erkältet.

*Samstag, 27. September 1940.* Berlin – Rom – Tokyo. – Brief von Minna. Weitere Bombardements – Sturm, Regen.

*Montag, 29. September 1940.* Am Doppelportrait gearbeitet.

*Dienstag, 30. September 1940.* Wieder Knallerei halb elf abends. In der Nacht hörte ich Bomben niedersausen in der Nähe – cirka 10 Tote, es verspricht nett zu werden. – Adieu September.


OKTOBER

*Donnerstag, 2. Oktober 1940.* NICHTS SOLL MICH MEHR AUS DER »FASSUNG« BRINGEN, BITTE, NICHT ZU VERGESSEN!! – Heute Abend im Kino bei Harry Piel. Oh mon Dieu –. Im Stadtdunkel mit der Leuchtstange und Quappi nach Hause –

*Freitag, 3. Oktober 1940.* Am Doppelportrait gearbeitet. Ziemlich nervös. Zigeunermusik. Weiter sehen.

*Samstag, 4. Oktober 1940.* Überall Pratjes und scheußliche Geschichten. Schlechtes Novemberwetter, nicht gearbeitet. – Zigeunermusik immer schön – wann wird alles enden?

*Sonntag, 5. Oktober 1940.* Zur Abwechslung herrscht mal wieder »Freude« in den Hallen, gute Post. – Morgen wollen wir Rad fahren und Tante Ilse war da.

Der Gespenstertanz geht weiter, eben flog das wilde Heer unter dem Geknatter der Abwehrgeschütze wieder über mein Haupt.

*Montag, 6. Oktober 1940.* Schöner Nachmittagsspaziergang an der Amstel. – Dann bei Jo's. – Schwerer Sturm und Regen.

*Dienstag, 7. Oktober 1940.* Soeben fünf große Bomben in nächster Nähe erlebt – Luftangriff von halb neun bis zwölf Uhr nachts.

*Mittwoch, 8. Oktober 1940.* Bis jetzt alles ruhig – vielleicht haben wir eine ruhige Nacht. – Immerhin – »Nichts soll mich aus der Fassung bringen« –

*Donnerstag, 9. Oktober 1940.* Weiter leben und abwarten – eigentlich kann es ja nicht mehr so lange dauern.

*Freitag, 10. Oktober 1940.* Luftschutzkeller entdeckt – immerhin eine gewisse Erleichterung bei Alarmen. – Spaziergang mit Quappi. Karte von Lilly, will am 18. kommen!?

*Samstag, 11. Oktober 1940.* P. war da. – Abends mit Quappi im Savoy. Auf dem Rückweg sahen wir Bomben fallen –

*Mittwoch, 15. Oktober 1940.* Nach einigen unruhigen Tagen mit Schutzkeller-Besuchen, gestern auch sehr intensiv am Bauernbild. – Freitag soll Lilly kommen. Der zweite Generalangriff.

*Montag, 20. Oktober 1940.* Lilly ist da, trafen sie gestern Abend, sehr optimistisch und freut sich auf Frankfurt. – »Bauernbild« vorgestern fertig ...

*Sonntag, 26. Oktober 1940.* Lilly wieder nach Haus. Mit Bauernbild.

*Montag, 27. Oktober 1940.* Am Doppelportrait gearbeitet. – Bis jetzt alles ziemlich ruhig.

*Dienstag, 28. Oktober 1940.* Griechenland erklärt Italien den Krieg. – Sonst nicht viel gemacht, Besuch bei Hedda. – Abends mit Q. Hasenpfeffer.

*Mittwoch, 29. Oktober 1940.* Vier neue Bilder angefangen, »Holzträger«, »kleine liegende Frau«, »Garderobière und Kellner«, »Mann im Dunklen mit nackter Frau«. – Ewiges Gefliege bei Nacht –

*Freitag, 31. Oktober 1940.* Am »Kellner und Garderobière« gearbeitet. – Viel Regen.

NOVEMBER

*Samstag, 1. November 1940.* Bombe auf Wilhelmina-Gasthuis – Viele Tote.

*Sonntag, 2. November 1940.* Konnte nicht arbeiten wegen Klopfen (nebenan). Sauwetter –

*Montag, 3. November 1940.* An den »Holzsuchern« und »Mann in der Nacht mit Frau«. Regen.

*Dienstag, 4. November 1940.* Die furchtbare Lust zu Excessen beherrscht mein zerstörtes Leben von Anbeginn. – Immerhin war ich da –

(Doppelportrait gearbeitet.)

*Donnerstag, 6. November 1940.* Roosevelt wieder gewählt. – Unruhige Nacht . . .

*Samstag, 8. November 1940.* An vielen Bildern gearbeitet, abends viel Luftalarm. Kommen soeben aus dem Kaperschip – vielleicht müssen wir noch einmal zurück?

(2 Stunden später: Stimmte!)

*Montag, 10. November 1940.* Sehr gut an »Luftakrobaten« gelb, violett. Luftdruck-Fenster zitterten – Kaperschip –

*Dienstag, 11. November 1940.* Na ja, man muß weiter leben. – In Rumänien Erdbeben – im Kaperschip Sekt – Idiotie oder Irrationalisme?

*Donnerstag, 13. November 1940.* Gut an den »Holzsuchern« und »Dame in grau«.

*Freitag, 14. November 1940.* Sehr helle Mondnacht, bis jetzt zweimal Luftalarm.

*Samstag, 15. November 1940.* Weiter helle Mondnacht und zweimal Alarm.

*Montag, 17. November 1940.* Unruhige Nacht mit viel Sonntag – und Luftalarm.

*Dienstag, 18. November 1940.* »Grüner Luftakrobat« fertig gemacht. Ganz lustig.

Abends eine Flasche Sekt Kaperschip. – Il faut voir –

*Mittwoch, 19. November 1940.* Bei Tante Ilse im Haag, stehend im überfüllten Coupé.

Muzzi krank.

*Donnerstag, 20. November 1940.* In der Nacht von gestern zu heute um 12 bis 5 Uhr morgens starb Muzzi unser guter Hund. Wir sind sehr traurig.

*Freitag, 21. November 1940.* In sonderbare Welten ist man versetzt. Kleine Nervenkrise. »König im Dunkel« fertig. Etwas zu viel. – Mit Sekt normalisiert im Kaperschiff. – Es hilft nichts – man muß weiter.

*Sonntag, 23. November 1940* . . . Beschluß neuer Pekinese –

*Montag, 24. November 1940.* Zu viel am Doppelportrait – (daher deep down –) heute kein Luftalarm!!

*Dienstag, 25. November 1940.* Butsh – ist erstanden!! – Spaziergang mit Q. Amstel.

*Mittwoch, 26. November 1940.* Butshi entwickelt sich. – Wieder großer Spaziergang, es geht wieder besser.

*Freitag, 28. November 1940.* Spaziergang mit Q. am Dam. – »Es ist schon spät – es ist schon kalt – kommst nimmermehr aus diesem Wald« –

*Samstag, 29. November 1940.* Nun – es ist noch nicht aus und Du bist ein alter Hysteriker.

*Sonntag, 30. November 1940.* Adieu November – Du hast mich tüchtig erschreckt.


### DEZEMBER

*Montag, 1. Dezember 1940.* Drei Grad Kälte und Nebel. – Bei Nora, Fasan – und schönes Nebelmeer.

*Dienstag, 2. Dezember 1940* . . . Nachts 3 Uhr Luftalarm, blieben im Bett.

*Samstag, 6. Dezember 1940.* Mieser Tag – mit wahnsinnigem Sturm und schlechtem G. Film.

*Samstag, 13. Dezember 1940* . . . Fühlte seit langem zum ersten Mal wieder Kraft in der Erleuchtung –

*Donnerstag, 18. Dezember 1940.* Die Rolle die Du zur Zeit spielst ist die schwierigste aber auch großartigste die Dir das Leben bieten konnte – vergiß das nicht – Max Beckmann – und gerade so wie sie ist.

*Freitag, 19. Dezember 1940.* Sehr gut am Doppelportrait –

*Samstag, 20. Dezember 1940.* Eigentlich ist jeder Tag den man nicht in absoluter Meditation verbringt, eine Verschwendung.

*Sonntag, 21. Dezember 1940.* Eisiger Tag, 5 Grad Kälte – Sturm – Plato –

*Montag, 22. Dezember 1940.* »Heimkehrende Bauern« fertig gemacht. – Krasnatheater – Abends Goethe –

*Dienstag, 23. Dezember 1940.* »Sehe weit in ferne Räume wo unbekannte Wesen fremde Tänze spielen« –

*Mittwoch, 24. Dezember 1940.* (Weihnachten) – Gott sei Dank vorbei.

*Donnerstag, 25. Dezember 1940.* Erster Feiertag: 6 Bilder entworfen, ha ha, –

*Freitag, 26. Dezember 1940.* Zweiter Feiertag: sehr übel ... Rechne mit Herbst 1942 – falls ich noch lebe – aber auch sonst.

*Samstag, 27. Dezember 1940.* Am Stilleben mit Trompete und gelben Orchideen –

*Dienstag, 30. Dezember 1940.* Fest am »Perseus« gearbeitet. – Abends Kriminalroman.

*Mittwoch, 31. Dezember 1940.* Letzter Tag 1940. – Keine Schönheit warst Du – was wird werden?

Unruhiger fusliger Tag, beim Zahnarzt.

Oben fliegen sie wieder –

nun ist Sylvester –

Jedes gute Bild muß sich ohne weiteres in eine gute Architektur einfügen lassen. Es ist fast ein Maßstab für die Güte des Bildes. Sobald die Illusion des Raumes auch nur eine Nuance über die künstlerische Notwendigkeit hinausgeht, durchbricht sie die Fläche des Bildes und damit das eigentliche künstlerische Hauptgesetz, das sie vom Naturalismus trennt. Gerade hierfür ist das Einfügen in einen Architekturraum ein guter Maßstab. Es gibt natürlich viele Fälle von Bildern, wo die Fläche ausgezeichnet gewahrt ist und es trotzdem schlechte Bilder sind, da die Originalität der Erfindung fehlt. – Nur da aber zeigt sich die höchste Kraft der Suggestion, wo Naturgefühl und Bildfläche zu einer Einheit zusammen gewachsen ist, die die Illusion des Raums in der Fläche gibt.

Die Metaphysik des Stofflichen.

Das eigentümliche Gefühl was uns suggeriert wird, wenn wir fühlen –
das ist Haut – das ist gesund – das ist Knochen – innerhalb einer Vi-
sion die völlig unirdisch ist. Das Traumhafte unserer Existenz gleichzeitig mit dem unsagbar süßen Schein der Wirklichkeit.

Eintragungen in ein Skizzenbuch, wahrscheinlich aus dem Jahre 1940.

# 1941

## JANUAR

*Mittwoch, 1. Januar 1941.* Morgens am orange Stilleben – ziemlich fertig.

*Donnerstag, 2. Januar 1941.* Morgens unangenehmer Spaziergang am Ey in eisiger Wintersonne.

*Freitag, 3. Januar 1941.* Intensiv am »Perseus«. Abends im Polen-Hotel gegessen, – Luftalarm, Kaperschiff.

*Sonntag, 5. Januar 1941.* Sehr gut am »Perseus« (Tryptic) – beide Flügel, – sonst mieser Sonntag.

*Dienstag, 7. Januar 1941.* Franke ist da.

*Donnerstag, 9. Januar 1941.* Franke, letzter Abend im Polen und Sekt.

*Samstag, 11. Januar 1941.* Skatsenlaufen, nachmittags Savoy – Augen-weh – und abends Schlegel.

*Mittwoch, 15. Januar 1941.* Am »Perseus« mit etwas schwerem Kopf, auch rosarotes Stilleben gearbeitet.

*Donnerstag, 16. Januar 1941.* Wieder Skatsen gelaufen – (Augenweh). Bei Saur Abend gegessen. – Sonst – »kalte saure Gurkenzeit«.

*Mittwoch, 22. Januar 1941.* Müde, nicht gemalt, – rauchte eine Ziga-rette im Luftschutzkeller. – Mit Peter im Polen.

*Donnerstag, 23. Januar 1941.* Peter nahm 7 Tableau's mit. – Mantel gekauft, 156 Gulden.

*Samstag, 25. Januar 1941.* S t a r k am Doppelportrait gearbeitet.


## FEBRUAR

*Sonntag, 2. Februar 1941.* Stilleben mit grüner Kerze fertig.

*Montag, 3. Februar 1941.* Mit Q. im Haag bei Knochenbruch Tante Ilse –

Wunderbar kaltes Meer.

*Dienstag, 4. Februar 1941.* Sehr stark am »Perseus« – Nachmittags im Savoy. – Brief von Franke.

*Mittwoch, 5. Februar 1941* ... Abends mit Nora, Sekt, Quappi Geburtstag, Lütjens, Christa im Charlotte-Chéri Bar.

*Freitag, 7. Februar 1941.* Am Meer mit Quappi, wilder Sturm.

*Samstag, 8. Februar 1941.* Doppelportrait fertig. – Benghasi!

*Montag, 10. Februar 1941.* Etwas am »Perseus« – Wiedermal Luftalarm und Knallerei die halbe Nacht.

*Mittwoch, 12. Februar 1941.* – 57 – ... Frau mit rosa Vogel Quappi, gearbeitet, schön.

Abends Kaperschiff, eine Flasche Sekt.

*Samstag, 15. Februar 1941.* Stilleben mit violetten Tulpen gemalt ...

*Dienstag, 18. Februar 1941.* »Nordsee-Möwen« angefangen, und etwas am »Perseus« –

*Freitag, 21. Februar 1941.* Am »Perseus« – etwas zu viel –

*Samstag, 22. Februar 1941.* Heute geht's besser, Spaziergang mit Quappi.

*Dienstag, 25. Februar 1941.* Man streikt in Amsterdam –

*Mittwoch, 26. Februar 1941.* Man streikt noch weiter – halb acht zu Hause!

*Donnerstag, 27. Februar 1941.* Streik beendet. Scheußliches Wetter. – »Braunes Meer« fertig.


## MÄRZ

*Samstag, 1. März 1941.* Spaziergang mit Q. – Halb neun Ladenschluß op Straat.

*Donnerstag, 6. März 1941.* Fest, aber immer noch nicht entschieden am Perseus gearbeitet.

*Montag, 10. März 1941.* Mit Q. kurz am Meer – schön wie immer.

*Mittwoch, 12. März 1941.* Peter, – bei Saur, und Charlotte-Chéri Bar. Luftalarm.

*Dienstag, 18. März 1941.* Peter erscheint – Gespräche –

*Donnerstag, 20. März 1941.* Peter im Atelier. – Dann abgefahren. Farbe und Leinwand bestellt.

*Sonntag, 23. März 1941.* Sehr fest am »Perseus« gearbeitet – sehr müde – abends Luftalarm.

*Samstag, 29. März 1941.* Augenkater – Magenkater – Abends Déprimé –

*Sonntag, 30. März 1941.* Am »Perseus« – comme un fou –

*Montag, 31. März 1941.* Abschied vom März – sehr starker Luftalarm –

APRIL

*Mittwoch, 2. April 1941.* Holzinger und Freund war da . . .

*Donnerstag, 3. April 1941.* Endlich gut am »Perseus« gearbeitet!!!

*Montag, 7. April 1941.* Erste kalte Radtour in Hilversum.

*Mittwoch, 9. April 1941.* »Perseus« nahe am Ende.

*Samstag, 12. April 1941* . . . Überintensiv an 5 Bildern gearbeitet, auch linke Seite von Perseus.

*Freitag, 18. April 1941.* Butshy's erster Spaziergang. – Müde.

*Samstag, 19. April 1941.* Stark am »Perseus« – linker Flügel. – »Falsches Gedonner.«

*Mittwoch, 23. April 1941.* »Perseus« wahrscheinlich beendet.

*Donnerstag, 24. April 1941.* Sehr schlechte Stimmung – ausgepumpt und hoffnungslos.

*Montag, 28. April 1941.* In Zandvoort mit Q. – Abends sehr müde.

MAI

*Donnerstag, 1. Mai 1941.* Radpartie Overveen, Zandvoort, – starker Sturm –
Abends Kaperschiff – müde.

*Freitag, 2. Mai 1941.* »Perseus« endgültig fertig. – Gestaltung ist Erlösung!

*Samstag, 3. Mai 1941.* Malkater – pas d'ésperance – viel Gefliege –

*Montag, 5. Mai 1941.* »Schwarze Möwen« und rotes Stilleben fertig. – Wieder kalt.

*Donnerstag, 8. Mai 1941.* Am neuen großen Stilleben mit Quappi.

*Freitag, 9. Mai 1941.* Den ganzen Tag elend, abends Schwäche – jetzt besser.

*Samstag, 10. Mai 1941.* Nachmittag zu Haus, gearbeitet am Stilleben, violett gelb.

*Sonntag, 11. Mai 1941.* Zandvoort, eisig. – Kleines Barbild angefangen.

*Donnerstag, 15. Mai 1941.* In starkem Schwung »Schauspieler« entworfen. Kalt –

*Samstag, 17. Mai 1941.* Entwurf zum Mittelbild. – »Soll und Haben« gelesen.

*Sonntag, 18. Mai 1941.* Zu große, aber schöne Radtour in Hilversum. (Warm.)

*Mittwoch, 21. Mai 1941.* In diesem Sturm der Unendlichkeit stehe ich noch immer meinen Mann.

*Samstag, 24. Mai 1941.* Am großen Quappibild, – jonische Plastik gemacht.

*Donnerstag, 29. Mai 1941.* Quappi in rot fertig.

*Samstag, 31. Mai 1941.* Stark am linken Flügel von »Schauspielern«. – Melancholisch – Quappi –.

## JUNI

*Sonntag, 1. Juni 1941.* Pfingsten bei Jo's, ganz nett. – Creta? – Iraq?!

*Montag, 2. Juni 1941.* Pfingstmontag zu Ende. – Las Q.-Tagebuch und viel griechische Philosophie.

*Donnerstag, 5. Juni 1941.* Zandvoort, sehr kalt gebadet –

*Montag, 9. Juni 1941.* Sehr gearbeitet an »Kellner und Mädchen«.

*Dienstag, 10. Juni 1941.* Sehr müde und mies –

*Mittwoch, 11. Juni 1941.* Schöne Radtour Hilversum mit Butshy und Sonne, entdeckten neuen Weg –

*Donnerstag, 12. Juni 1941.* Letzte Aufzeichnung vom linken Flügel »Schauspieler« Tryptic . . .

*Freitag, 13. Juni 1941.* Besuch von v. d. Berg.

*Samstag, 14. Juni 1941.* Nochmals am großen Quappiportrait (rot, violett) gemalt.

*Samstag, 21. Juni 1941.* Zandvoort: Irgendwo im Grenzenlosen liegt »das Bestimmte«!

*Sonntag, 22. Juni 1941.* Bei Jo's. – Krieg mit Rußland!!

*Samstag, 28. Juni 1941.* Quappi jetzt grün – wahrscheinlich fertig. – Elend –
In der Nacht um vier Uhr klingelte es –? Traum!

### JULI

*Mittwoch, 2. Juli 1941.* Zandvoort, Zuiderbad.
*Donnerstag, 3. Juli 1941.* Zandvoort, herrliches Wetter –
*Freitag, 4. Juli 1941.* Van Vliet Massage. – Zahnarzt.
*Sonntag, 6. Juli 1941.* Im Haag, Maurits-Huis, 28 Grad Hitze, mit Butsh und Q.
*Montag, 7. Juli 1941.* Bei Tante Ilse, 30 Grad Hitze – Puh, viel Luftalarm.
*Dienstag, 8. Juli 1941.* Zu Hause wegen 30 Grad. Noch am Perseus und Quappi violett gefeilt.
*Mittwoch, 9. Juli 1941.* Zandvoort Bad schön.
*Donnerstag, 10. Juli 1941.* Zandvoort Bad herrlich!
*Sonntag, 13. Juli 1941.* Zu Hause, vier holländische Landschaften »Quappi mit Blumen« nun endgültig. Abends mit Quappi eine Flasche.
*Samstag, 19. Juli 1941.* Radfahrt Hilversum, »Sturz« – aber ohne Folgen.
*Donnerstag, 24. Juli 1941.* In Zandvoort spazieren allein.
*Samstag, 26. Juli 1941.* Zu Hause, holländische Landschaft.
*Montag, 28. Juli 1941.* Zandvoort, wunderbar gebadet.
*Dienstag, 29. Juli 1941.* Zu Hause. Abends Carré, Varieté (schön!).
*Donnerstag, 31. Juli 1941.* Zandvoort, schönes Bad, fette, große Wellen.

### AUGUST

*Samstag, 2. August 1941.* Am »Parkbild« und schon ein bißchen am neuen großen Tryptichon.
*Sonntag, 3. August 1941.* Zandvoort gebadet, sehr schön, fühlte mich 40% –
Hedda war da.

*Montag, 4. August 1941.* Zuviel gearbeitet, wieder 30% – Peter rief eben an.

*Dienstag, 5. August 1941.* Peter im Haag besucht und gebadet.

*Mittwoch, 6. August 1941.* Peter Bilder ausgesucht.

*Donnerstag, 7. August 1941.* Morgens »bumste« es – nachmittag starkes Bad in Zandvoort mit Q.

*Freitag, 8. August 1941.* Peter wieder abgefahren. Nervös.

*Sonntag, 10. August 1941.* Valkenburg beschlossen!!

*Montag, 11. August 1941.* Allein gebadet in Zandvoort. Brief an H.

*Dienstag, 12. August 1941.* Mit Q. gebadet, abends nochmal Carré.

*Mittwoch, 13. August 1941.* Überanstrengt durch zuviel Baden im Meer.

*Donnerstag, 14. August 1941.* Drei Entwürfe: Selbstportrait malend, großes und kleines »Varieté«.

*Mittwoch, 20. August 1941.* Immerhin – ich habe mich bemüht – Drei Stilleben entworfen.

*Freitag, 22. August 1941.* Apo angefangen.

*Montag, 25. August 1941.* Am violetten »Varieté« – gute Stimmung.

*Dienstag, 26. August 1941.* Letztes Mal gebadet – Adieu wildes Meer!

*Mittwoch, 27. August 1941.* Am großen Varieté gearbeitet.

*Donnerstag, 28. August 1941.* Etwas an Apo – Ein bißchen depressiv.

*Samstag, 30. August 1941.* Abends bei Jo's, hörte nichts Angenehmes. Morgens noch am Stilleben gearbeitet.

*Sonntag, 31. August 1941.* Also Adieu August, übermorgen geht's nach Valkenburg. – Ob wir uns wieder sehen?


SEPTEMBER

*Dienstag, 2. September 1941. Valkenburg.* Abfahrt nach Valkenburg, gute Reise, mieses Hotel.

*Mittwoch, 3. September 1941.* Noch elend. – Feldspaziergang, Ruine.

*Freitag, 5. September 1941.* Tennis gespielt, mit scheußlichem Lautsprecher Radio.

*Sonntag, 7. September 1941.* Tennis. – Im Rots-Park Theateraufführung.

*Montag, 8. September 1941.* Tennis, später Autofahrt nach M., abends Casino.

*Dienstag, 9. September 1941.* Erholung fängt ein bißchen an. Hotelsuche?

*Donnerstag, 11. September 1941.* Es regnet in Strömen. Spaziergang Geulthal.

*Freitag, 12. September 1941.* Mit 5 Adalin geschlafen – Schloß Ost.

*Sonntag, 14. September 1941.* Umgezogen um drei Uhr, Hotel Croix de Boulogne.

*Montag, 15. September 1941.* Gut geschlafen. Wetter wieder schön.

*Dienstag, 16. September 1941.* Mit Bus nach Mersen, nicht besonders.

*Mittwoch, 17. September 1941.* Mit zwei Adalin geschlafen. – Farnkrautweg, sehr schön.

*Samstag, 20. September 1941.* Schlecht geschlafen – nachmittag großer Spaziergang über Sibbe, herrliches Hochplateau.

*Montag, 22. September 1941.* Letzter Tag im Tal der Vergessenheit – letzter Spaziergang Geulthal.

*Dienstag, 23. September 1941. Amsterdam.* Wieder zurück vom schwarzweißen Tovenaar (Valkenburg).

*Mittwoch, 24. September 1941.* B. Portrait fertig gemacht. Mit Q. bei Saur eine Flasche.

*Samstag, 27. September 1941.* Die Tage schwinden – langsam wird einem alles gleichgültig – fünf Stunden gearbeitet.

*Dienstag, 30. September 1941.* Habe soeben beschlossen, da jeder miese Kerl »kranksinnig« oder verrückt werden kann, mein Leben mit aller Energie zu Ende zu leben.


OKTOBER

*Mittwoch, 1. Oktober 1941.* »Weib auf dem Tier« gezeichnet. Abends Weinabend mit Q. und Hedda.

*Sonntag, 5. Oktober 1941.* Besuch von v. d. Berg, ganz nett im Atelier. Schnupfen.

*Montag, 6. Oktober 1941.* An Apo – viel, vielleicht unnötige Sorge –

*Dienstag, 7. Oktober 1941.* Die holländischen Landschaften fertig gemacht. – Schnupfen.

*Donnerstag, 9. Oktober 1941.* Morgen wegen Ischias bei Dr. de Lange. – Schwere Kämpfe in Rußland.

*Mittwoch, 15. Oktober 1941.* Viel gearbeitet an »Fisch«, Selbstportrait, »Clown«.

*Donnerstag, 16. Oktober 1941.* Beim Doktor wegen Ischias, dann noch gearbeitet.

*Mittwoch, 22. Oktober 1941.* Am grauen Selbstportrait. – Abends Hedda, Mimi kam zu spät.

*Samstag, 25. Oktober 1941.* Selbstportrait im grauen Schlafrock fertig.

*Donnerstag, 30. Oktober 1941.* Valkenburg Landschaften entstehen.

*Freitag, 31. Oktober 1941.* Viel gemalt und entworfen, großer Sturm, Kälte.

### NOVEMBER

*Samstag, 1. November 1941.* Angenehmer Tag. Fast nichts gegessen. »Café« – und »Liegende« fertig gemacht.

*Montag, 3. November 1941.* Wieder Schnupfen und etwas Temperatur.

*Donnerstag, 6. November 1941.* An der großen Valkenburg Landschaft gearbeitet. Abends Luftalarm, Gewitter, Sturm, Regen.

*Freitag, 7. November 1941.* Komisch – Wieder angehender Tag. Stark an »Schauspieler« –

*Montag, 10. November 1941.* Den Engel gemacht zu Apo.

*Dienstag, 11. November 1941.* Wieder Apo. – Später herumgelaufen – schlechtes Wetter.

*Donnerstag, 13. November 1941.* Apo – müde – déprimé – kalt.

*Freitag, 14. November 1941.* Bei Saur zuviel weißen Burgunder.

*Samstag, 15. November 1941.* Etwas Atempause. – Peter rief an.

*Sonntag, 16. November 1941.* Peter hat Bilder mitgenommen.

*Dienstag, 18. November 1941.* An »Ruine« und »Aussichtsturm« gearbeitet.

*Samstag, 22. November 1941.* Lange an der Valkenburg-Ruine gearbeitet –

*Sonntag, 23. November 1941.* »Holländerin« in blau und rosa fertig. Viele Whisky.

*Montag, 24. November 1941.* Mit Q. am Meer spazieren.

*Dienstag, 25. November 1941.* Hansje war da. Morgens v. Vliet Massage. Man lebt so hin.

*Mittwoch, 26. November 1941.* Noch mit von d. B., hörte nichts Gutes.

*Donnerstag, 27. November 1941.* An dem Schauspieler-Tryptic, rechter Flügel, – und »Platz von Valkenburg«.
Müde abends Spaziergang.

*Freitag, 28. November 1941.* Viel gearbeitet, kleine Nebellandschaft fertig. Kleine »Adria« und noch an den »Schauspielern« linker Flügel –

### DEZEMBER

*Dienstag, 2. Dezember 1941.* Viel gearbeitet. Q. hatte Magenschmerzen.

*Freitag, 5. Dezember 1941.* Stark an großem »Valkenburg« gearbeitet.
Wenn man die Chinesen liest, kann man nur sagen: Scherzhaft ist das Leben – ist der Tod!

*Sonntag, 7. Dezember 1941.* An der Apo. – Trüber Sonntag. (Mondfrau Leiden zu Ende gelesen.)

*Montag, 8. Dezember 1941.* Krieg Japan-Amerika!! – Die Flieger steigen –

*Donnerstag, 11. Dezember 1941.* Deutschland erklärt Amerika Krieg –

*Samstag, 13. Dezember 1941.* Nochmals an der grünen Valkenburg Landschaft.

*Sonntag, 14. Dezember 1941.* Apo gearbeitet. Dunkler Sonntag.

*Montag, 15. Dezember 1941.* Schlechter Tag. Augenpein. Spaziergang zweiter und dritter Wandelweg.

*Dienstag, 16. Dezember 1941.* »Apollo« fertig, sehr ruhige Stimmung.

*Freitag, 19. Dezember 1941.* Nochmals Nebellandschaft und Frau mit Peroquet. – Sonst – Sauerkraut.

*Dienstag, 23. Dezember 1941.* Nicht gearbeitet, Apo angesehen, abends mit Q. bei Saur.

*Mittwoch, 24. Dezember 1941.* Zu lange geschlafen. Weihnachten – nun ja. – Weißer Flieder. Allein –

*Freitag, 26. Dezember 1941.* Noch Apo –

*Samstag*, 27. Dezember 1941. Apo Endspurt –

*Sonntag*, 28. Dezember 1941. Endgültig Apo – Gott sei Dank! – Abends Hedda.

*Mittwoch*, 31. Dezember 1941. Letzte Nacht von 1941. Drei Whiskys. – Besuch des Todesengel – Hab ich noch immer Angst?

Zu Hause um 8 Uhr, alles geschlossen.

# 1942

*Donnerstag, 1. Januar 1942.* Recht langweiliger Beginn –
Abends nach langer Zeit – an der Gracht gestanden – und – geniest.
*Samstag, 3. Januar 1942.* 6 Stunden am »Selbstportrait an der Bar« –
weiß noch nicht wie's geworden ist.
Abends Quappi Debakel, – zu viel gemacht mit Geige und Essen.
*Dienstag, 6. Januar 1942.* Morgens am »Apollo« gearbeitet, sonst recht
mieser Tag.
*Mittwoch, 7. Januar 1942.* Spaziergang im Vondelpark, abends noch im
Kaperschiff, sehr müde –
*Freitag, 9. Januar 1942.* Très déprimé, alles Folgen der Ungeduld. –
Später mit Q. Dicker u. T., Gespräche über Ungeduld. Im Finstern mit
Butshy nach Haus.
Essen teuer und schlecht.
*Samstag, 10. Januar 1942.* Sehr intensiv am »Selbstportrait in der Bar«
gearbeitet, glaube daß es jetzt gut geworden.
*Mittwoch, 14. Januar 1942.* War beim Masseur v. V., sah später die
ersten Skatsenrijder, aber recht kalt, auch in meinem Park Café. Nach-
mittag einen Moment im Don Juan Bar. T'ja, t'ja – man muß noch viel
malen –
*Donnerstag, 15. Januar 1942.* Zuerst etwas verkorkst durch Buchholz
Absage zu Mittag. Abends dann holte ich ihn durch Q. benachrichtigt,
vom American, und er saß bei uns zu Abend . . .
Zum Abschied Rheinwein und 15 Grad Kälte.
*Freitag, 16. Januar 1942.* Sehr fest gemalt, drei neue Bilder angefangen, »Monte Carlo von Auto bei Nacht« – schwarz grün, »Rosenstilleben auf Terra di Pozzuoli«, gelb grüne »Bucht bei Monte Carlo«. –
Später im freitaglichen Amsterdam wo kein Mensch war, da alles fror.

Q. ist müde, ich auch, aber sonst geht's wieder ein bißchen.

Buchholz wieder abgefahren.

*Sonntag, 18. Januar 1942.* Kalt. Erstes Mal Skatsen gelaufen.

*Montag, 19. Januar 1942.* Skatsenlaufen – schön. Sonst unnötig déprimé.

*Dienstag, 20. Januar 1942.* Selbstportrait in Bar fertig. – »Laß Dich nicht verleiten die Dinge zu wichtig zu nehmen. Es ist ja nur Leerlauf und letzten Endes bist Du all-ein.«

Malen ist doch schön.

*Mittwoch, 21. Januar 1942.* Etwas müder Tag mit großer Kälte 15 Grad. Spaziergang nach Massage im eiskalten Vondelpark.

*Donnerstag, 22. Januar 1942.* Morgens war Hedda da und ich schmierte ihr Butterbrote. – Aufräumung im schmutzigen Atelier.

Wieder mal Luftalarm seit langem –

*Samstag, 24. Januar 1942.* Tableau pour Mama, »la mer«, na ja.

*Sonntag, 25. Januar 1942.* Etwas besoffen konstatiere ich, daß Poularde bei Saur immer noch ganz nett ist. Außerdem friert es ca. 10 Grad und alle Elektrischen stehen still und Saur »Hollanders« so gut wie die Anderen sind sehr vergnügt. Eine sonderbare Welt. Aber die Whiskys und der Rotwein waren gut . . .

*Montag, 26. Januar 1942.* Stark am Mittelbild von den »Schauspielern«. Netter Brief von Buchholz – Draußen ist glänzender Mondschein auf Schnee und es ist noch kalt. – Wie schwer ist es nicht alles zu umarmen – Wie schwer ist es zu glauben –

*Dienstag, 27. Januar 1942.* Recht nervöser Tag mit Spaziergang in kalter Sonne und Wind. Oben tropft es in der Rumpelkammer und die Kohlen werden weniger.

Bin neugierig wie lange ich dies Leben noch aushalte.

*Freitag, 30. Januar 1942.* Morgens sehr fest nochmal am großen Varieté und zwei Stilleben und eine französische Landschaft angefangen.

*Samstag, 31. Januar 1942.* Fühlte mich abends nicht wohl und schwitzte unter Q.'s Anleitung – Temperatur 37.7 – dann geschlafen.

FEBRUAR

*Sonntag, 1. Februar 1942.* Zur Abwechslung ein wenig Schnupfenfieber und rieche nichts. Fühle mich aber sonst ganz wohl.

Zur weiteren Abwechslung sind hier Zeitbomben ontploft, ohne daß viel passiert ist. Aber man muß um 8 Uhr zu Hause sein. Q. mußte zu Fuß von Kijzer's zurückgehen da ab 7 Uhr keine Elektrische mehr geht.

*Montag, 2. Februar 1942.* Besuch von Fr. Ganz nett.

Immer noch kein Geruch –

Daher ungeduldig –

*Dienstag, 3. Februar 1942.* Bei Dr. S. wegen Nasen-Stockschnupfen. Er nahm die Sache nicht tragisch. Nun wir werden weiter sehen.

*Mittwoch, 4. Februar 1942.* Immer noch große Ungeduld wegen Nase, abends war's besser, in der Nacht wieder schlechter.

*Donnerstag, 5. Februar 1942.* ... Dampfbad wegen meiner toten Nase, zwischen 40 und 70 Grad – enorm!

Bei Saur um 6 Uhr zu Abend gegessen.

Oh mon Dieu, wie weit ist der Friede – –?

*Freitag, 6. Februar 1942.* Melde mich wieder gesund. Dampfbad hat gewirkt und alles schmeckt wieder. War also eine »Nasengrippe«, Infektion ohne Schnupfen. – Wie dumm sind doch die Ärzte. Anstatt mich direkt ins Dampfbad zu schicken. – Dumm oder Gangster – Na ja. – Sonst Rosenstilleben heftig fertiggemacht. Nachmittag mit v. d. Berge dem ich viel Alkohol einflößte, da er starken Schnupfen hatte. – Um 7 Uhr alles Schluß! (sechs Grad Kälte) –

*Samstag, 7. Februar 1942.* Übertrieben stark am »Prometheus« gearbeitet, daher ziemlich down. – Kalter Sonnabend Nachmittag, einsamer Spaziergang an der Amstel mit ein paar dunklen Schattenmenschen bei 8 Grad Kälte. – Sehr müde.

*Sonntag, 8. Februar 1942.* Q., Butsh und ich mittags im eingefrorenen Amsterdam spazieren. Neue Leckage. Oben, bum ...

Sonst rechne ich eigentlich bis Herbst 1943. – Kälte dauert noch mittelmäßig an – und ich singe »Bolero« –

*Dienstag, 10. Februar 1942.* ... Nicht sehr fähig etwas zu tun. – Singapore gefallen ... T'ja – très déprimé.

*Mittwoch, 11. Februar 1942.* Sehr intensiv an Riviera Landschaft und »Nacht Monte Carlo« gemalt. (Denke daß es noch zwei Jahre dauern wird mit finish.)

*Donnerstag, 12. Februar 1942.* – 58 –. Blumen, eine grüne Schale – und eine Photographie meines früheren Lebens von Quappi gestiftet. Nachmittag v. d. Berge mit schlechten Nachrichten. Abends um 12 Uhr rief Peter an und meldete seine Ankunft.

*Freitag, 13. Februar 1942.* Peter erschien um ½1 Uhr im Atelier und suchte sieben Bilder aus. Abends ich mit Q. gegessen, und später eine Flasche Sekt mit P. – Na ja, auch Kind und Tod und sonst noch alles.

*Samstag, 14. Februar 1942.* Nachmittag mit Peter Bilder verpackt. P. schickte Q. eine große Blume, dann Pierre und ich im American Hotel und viele Gespräche. Ganz nett, – t'ja die Seele und die so wichtige Individualität.

*Sonntag, 15. Februar 1942.* Peter wieder abgefahren. – Viel am Mittelbild von den »Schauspielern«.
Oben fliegen wieder die Engländer.

*Montag, 16. Februar 1942.* Sehr heftig am gelb blauen Rivierabild. Abends zu viel gelesen, King Ping Meh.

*Mittwoch, 18. Februar 1942.* Niemals hört die Dummheit auf und Morphium des Lebens ist der Lotos . . .

*Samstag, 21. Februar 1942.* Immerhin bedeutet der Eintritt eines nicht unwesentlichen Menschen in den Lebenskreis eines Anderen trotz allem eine gewisse Veränderung.
Besuch Atelier von Fr. – Es ist weiter kalt, ob es je wieder aufhört? Ebenso der 8 Uhr Ladenschluß?

*Montag, 23. Februar 1942.* Rosenstilleben und Riviera Landschaft mit Tunnel fertig. – Sonst immer noch die eisige Kälte.

*Dienstag, 24. Februar 1942.* Noch gearbeitet, aber müde (Monte Carlo). Spaziergang an der Amstel.

*Freitag, 27. Februar 1942.* Zum ersten Mal seit fast vier Monaten wieder auf der Bahn und im Haag bei Tante Ilse. In der Nacht im dunklen Wagon durch die vereisten und verschneiten Felder zurück im Fiets-Taxi nach Haus.

*Samstag, 28. Februar 1942.* Zwei Stilleben und eine Landschaft (Eisenbahnbrücke) entworfen. –

Etwas wärmer.

»Oben« wird allerlei geflogen und überall rast die Kauflust. Ein komisches Leben. – Na – ja – Jedenfalls, wenn's einem schlecht geht, ist der Mensch am besten. – Die Kunst berührt ein für uns Menschen unerreichbares Gesetz der Harmonie der Ewigkeit in uns und außerhalb uns.

### MÄRZ

*Sonntag, 1. März 1942.* T'ja T'ja – les vieilles dreams of Monte Carlo – Aber es ist alles unnütz und das Herz klopft noch immer – aber wozu?!

Die vielen Milliarden von Lebensschicksalen – und immer geht es weiter –

*Montag, 2. März 1942.* Mit alleräußerster Anstrengung Selbstportrait in der Bar fertig gemacht – natürlich totmüde –

*Mittwoch, 4. März 1942.* Es schneit wieder! Morgens Brief von Peter mit Ankunftsmeldung.

*Donnerstag, 5. März 1942.* Komisch es wird alles immer grotesker und verrückter. – 5. März – und noch immer Winter – Eis und Schnee, draußen heult es wie die obligaten Dämonen. – Ich habe einige Schnäpse getrunken, dann mit Q. im italienischen Restaurant wo Butsh ein wunderbares Beefsteak bekam.

*Freitag, 6. März 1942.* Kalt – kalt –, abends Besuch von Piper Jr., ein wandelnder Buchladen in geistiger Beziehung. Wir tranken beide – Öl – statt Gin!

*Samstag, 7. März 1942.* 4½ Stunden am grünen Monte Carlo Bild gearbeitet – sehr schöne Extase. Abends mit Q. eine halbe Stunde im Kaperschiff seit langem. Wir sehen weiter.

*Montag, 9. März 1942.* Erste Fahrt nach Zandvoort, noch alles kalt aber Sonne. Butshy hüpfte jubelnd auf dem Strand der langsam vom Eis befreit ist.

*Donnerstag, 12. März 1942.* . . . Nachmittag viel Schnäpse mit v. d. Berg in großer Hölle Caramella. – Abends ein Tropfen »Sauerstoff«, als Brief mit den ersten Abzügen von Hartmann kam.

*Freitag, 13. März 1942.* Viel gearbeitet. »Schlafende Frau mit Kerzen« fertig. An Valkenburg-Eisenbahn, Stilleben mit Peterblumen gearbeitet.

– Nachmittag melancholischer Spaziergang und – oben brummen wieder die Engländer.

*Samstag, 14. März 1942.* Abends mit Q. 2 Fl., zuletzt in der Rigobar – lange geredet und Kaffee getrunken. – Ziemlich hm, hm.

*Montag, 16. März 1942.* Wieder an dem Mittelbild von den »Schauspielern«.

Sonst mieser Montag, der sich jetzt immer mehr zum eigentlichen Sonntag entwickelt.

Abends Quappi sich mit Gans beschäftigend.

*Dienstag, 17. März 1942.* Versuch zu arbeiten, aber zu müde ... Abends viel Genöhl und gute Gans.

*Mittwoch, 18. März 1942.* Intensiv am rechten Flügel von den »Schauspielern«. Nachmittag Spaziergang an der Amstel.

*Freitag, 20. März 1942.* Heftig an der Frühlingslandschaft mit Eisenbahn aus Valkenburg gemalt.

*Samstag, 21. März 1942.* Die Zeit verfliegt und wir wissen nichts – trotz Schopenhauer, der es ja im Grunde, trotz »des Satzes vom Grunde« auch meint. – Mit Q. im kalten Zandvoort als Frühlingsanfang. O Gott und immer noch kalt.

*Sonntag, 22. März 1942.* Morgens »Liegende im Spiegel« fertig gemacht und sonst gearbeitet. – Lange geschlafen. – Kalter klarer Tag, unangenehm schön.

*Samstag, 28. März 1942.* Noch ein bißchen am Tryptichon. – Sonst kalter Sonnabend.


APRIL

*Donnerstag, 2. April 1942.* Sehr intensiv am rechten Flügel von den »Schauspielern« gearbeitet, glaube fertig.

Abends G. Keller Roman gelesen, ha ha ha – alte Träume.

*Sonntag, 5. April 1942.* Ostern. – Frühlingslandschaft mit Regenbogen fertig gemacht, ebenso »Möwen im Sturm«. – Gegen Abend am Amstel-Hotel, entdeckte neue Gegenden, recht hübsch. In der Halle vom Amstel-Hotel viel an Frankfurter Hof gedacht.

*Montag, 6. April 1942.* Viel gearbeitet. 4 Männer um den Tisch entworfen.

Sonst mieser Feiertag.

*Samstag, 11. April 1942.* Erste Apo. aquarelliert. Dann mit Quappi an der Amstel . . . im Fietstaxi nach Haus, Butshy hatte Angst. Nachts Flieger von halb elf bis halb drei!

*Montag, 13. April 1942.* Apo koloriert. –
Scheußlicher Montag.

*Dienstag, 14. April 1942.* Apo koloriert – enfin – na ja.

*Donnerstag, 16. April 1942.* Mit v. d. B., später Caramella ziemlich viel Whisky's –
Morgens an »Frau mit Katze«.

*Samstag, 18. April 1942.* Mit Quappi in Zandvoort – alles voll Stacheldraht!

*Montag, 20. April 1942.* Schlecht gemalt und depressiv. Abends mit Q. bei Saur.

*Dienstag, 21. April 1942.* Endlich gut am Mittelbild von den »Schauspielern« gearbeitet, hoffe jetzt daß die Sache zu Stande kommt. – Im übrigen – worauf wartet man –?
Mit rasender Spannung nur wartet man auf Aufklärung des Geheimnisses. Ich glaube an das Unbekannte.

*Mittwoch, 22. April 1942.* . . . Abends Fieberschnupfen, durch Q. wahrscheinlich.
Briefe von Lilly und Minna . . .

*Donnerstag, 23. April 1942.* Allgemeines Dampfgebade, war in jeder »Höhle« eine viertel Stunde, trotzdem am Abend noch Temperatur.

*Freitag, 24. April 1942.* Viel gearbeitet trotz Schnupfen etc. – »gelbe Frau« fertig gemacht. An »Frau im Spiegel« und »Meer mit grünem Himmel« angefangen. – Kalter Wind im Frühling. Aber immerhin man lebt.

*Montag, 27. April 1942.* Noch am »Regenbogen« und an den beiden Plastiken am Atelierfenster gearbeitet. – Ziemlich anstrengend. Mit Regenbogen immer noch nicht zufrieden.
Nachmittag recht nervös. Abends dann mit Quappi im Kaperschiff 2 Fl. Champagner, gedachte alter Kindheitsträume – doch warum sich aufregen von temps est passé – aber trotzdem –

*Dienstag, 28. April 1942.* Intensiv noch einmal »Monte Carlo« mit Figur am Fenster überholt, glaube jetzt gut. – Draußen enormer Sturm und

immer nur erst 10 Grad. Die engagierten Dämonen heulen vorschrifts-
mäßig wie im Theater.
*Donnerstag, 30. April 1942.* ... Belangloser Tag. Sturm hat nachge-
lassen.
Angstteufel – guter Ausdruck.


MAI

*Dienstag, 5. Mai 1942.* Peter sagte ab. – Recht traurig. – Weiter
sehen.
*Samstag, 9. Mai 1942.* »Möwen – sonnig« fertig gemalt.
*Freitag, 15. Mai 1942.* Besuch von F. mit Freundin Malerin M. T.
Abends noch Dr. G. eine Flasche im Charles VI Bar.
*Samstag, 16. Mai 1942.* Im Haag bei Tante Ilse, später noch mit G. –
sehr müde.
*Mittwoch, 20. Mai 1942. Valkenburg.* Vorbereitung für Valkenburg
und Abreise. Ziemlich voll die Wagen.
*Donnerstag, 21. Mai 1942.* Valkenburg, wenig zu essen. Mittelmäßiges
Wetter.
*Samstag, 23. Mai 1942.* Großer Luftalarm, hörten 1000 Flieger nach
Cologne fliegen. In der Nähe ging Bombe runter. Mit S. Hotelbesitzer
und Mädchen in Zitkamer – bis vier Uhr früh.


JUNI

*Freitag, 5. Juni 1942.* Wunderbare Spaziergänge nach Schaßberg durch
die Kornfelder bei strahlender Sonne.
*Samstag, 6. Juni 1942.* (Valkenburg) Brief von – großer Schrecken –
Abfahrt für morgen beschlossen. Frau S. wird für mich beten – na ja –
*Sonntag, 7. Juni 1942. Amsterdam.* Abfahrt von Valkenburg über Rotterdam zurück mit großer Trauer. Abends erschienen hier alle Bekannten und man wurde wieder angespornt. Hansje: »das sind Sie sich und
den Menschen schuldig«.
*Montag, 8. Juni 1942.* Im Haag. Gute Nachrichten an dem man sah
was war. – Im F. D. Zug aus Paris zurück. Am Bahnhof in Amsterdam
Zusammenklappen mit allen Chicanen. Abends kam Dr. de Lange.

*Dienstag, 9. Juni 1942.* Im Bett gelegen. G. in Tätigkeit gewesen den ganzen Tag, kehrte mit guten Nachrichten zurück.

*Mittwoch, 10. Juni 1942.* Im Bett – dann manchmal aufgestanden, allgemein ganz gut. Besuche von Hedda, Hansje etc.

*Donnerstag, 11. Juni 1942.* Untersuchung im Gasthuis. Spannung den ganzen Tag. – Abends bei Spaziergang kleiner Rückfall (Herz).

*Freitag, 12. Juni 1942.* Den ganzen Tag in furchtbarer Spannung, da Entschluß für Samstag gefaßt war. – Schwere Tierquälerei mit allen möglichen Chicanen.

*Samstag, 13. Juni 1942.* Quappi holt Attest von Dr. de Lange. Ich fast immer zu hause in scheußlicher Stimmung. –
Abends Anruf von G.

*Sonntag, 14. Juni 1942.* Alles in Allem ein V o r t o d – trotz manchen kühlen Tropfen, die Tage gehen dahin wie im Fieber – morgen ist die »Crisis« – ja, der Mensch muß viel aushalten –

*Montag, 15. Juni 1942.* Früh im Auto hin. – Tierquälerei – weil doch noch nicht ganz sicher. Schwerer Abend.

*Dienstag, 16. Juni 1942.* Wieder früh im Auto hin. Endlich Entscheidung: Afgekeurd – – »Sie sollen Ihren Lebensabend in Ruhe zu Ende leben« sprach die Stimme des »Erzengels mit Breaches« – Dann ließ ich mir die Haare schneiden. Trank nachmittag 4 Whisky's. Abends natürlich down körperlich – Herz klopft noch.

*Mittwoch, 17. Juni 1942.* Quappi brachte Apo zu G. in den Haag. Ich, trotz noch ziemlicher Erschöpfung an vielen Bildern etwas gemalt. War überrascht von Dream of Monte Carlo. – Der furchtbare Druck hat aufgehört. Bin aber noch etwas zerquetscht.

*Donnerstag, 18. Juni 1942.* Es scheint langsam besser zu werden mit meiner Existenz. – Aber? Was wird aus Deutschland? – Dunkel ist Alles, aber nach dem was mit mir in den letzten Tagen vorgefallen ist, sollte man wirklich fatalistisch werden. Nun ja, es war eine Krise – eine sehr ernste. – 4 Bilder entworfen.
Grauer dunkler Tag, kalt – Ende Juni.

*Freitag, 19. Juni 1942.* Sehr fest am linken Flügel von den »Schauspielern« gearbeitet. – Immer noch nicht ganz auf Touren, die Tage laufen – wohin?

*Samstag, 20. Juni 1942.* Müde an der kleinen Marine ohne all zu viel

Erfolg gearbeitet. Schöner Spaziergang an die Amstel. Abends »Education sentimentale« – o Gott wie lange ist das her –

*Sonntag, 21. Juni 1942.* »Zu neuen Qualen ruft ein neuer Tag«. Hedda erzählte überall Einfall und Internierungen – Sonst – am Morgen schlecht und müde am Stilleben mit Aussicht auf's Gebirge. – Es ist eine »Freude« zu leben!

*Montag, 22. Juni 1942.* Erstes Mal wieder mit der Elektrischen zum Wandelweg, Tennisplätze, dort Kaffee getrunken. Strahlende Sonne. Bei Hedda geluncht, alles mit Quappi, die sich wieder bemüht mich auf die Beine zu bringen. – Zu Fuß im Sonnenbrand zurück. Immerhin – es scheint wieder zu gehen – und langsam – langsam lerne ich den neuen Freiheitsbegriff kennen.

*Dienstag, 23. Juni 1942.* Wanderlust durchfegt meine Seele und aufbäumt törichte Lebenslust den Gaumen des Lebens. – Heiße Sonne mit Quappi, erstärkte geschwächte Nerven. – Die Welt wird immer grotesker.

*Mittwoch, 24. Juni 1942.* Schlechte Fahrt nach Zandvoort, auch dort ist jetzt alles verrammelt mit Stacheldraht etc. – Man kann nicht mehr an's Meer und Strand. Melancholischer Besuch im Dierentuin. Erinnerung an vor 5 Jahren.

Abends zu Hause. Immerhin – erste Ausreise nach dem schwarzen Montag.

*Donnerstag, 25. Juni 1942.* Sehr lange und ziemlich endgültig an dem Schauspielertryptic. So eine Art Generalprobe. – Überhaupt noch viel gemurkst und ziemlich frisch.

*Freitag, 26. Juni 1942.* Morgens schöner Spaziergang am Footpad. Mit der Tram hin und zurück. Es ist wieder kalt. –

Die kalte scharfe Sonne Amsterdam's und der ewige Krieg machte den Rückweg ängstlich . . .

*Samstag, 27. Juni 1942.* Viel gearbeitet. Selbstportrait mit Ringeltür noch einmal vormittags und nachmittags ganz umgestaltet. Dann nur kurz gelegen und zu Fuß hin und zurück ins Amstel . . . Immer noch kühl. Sonst bin ich zeitlos und neurasthenisch (wahrscheinlich).

*Sonntag, 28. Juni 1942.* Matter Sonntag. Augenweh und auch sonst nicht gut. Mit Q. spazieren . . . Viele Menschen auf den Straßen.

*Montag, 29. Juni 1942.* Pöky ist wieder da. – Seit langem wieder ein

Augenblick Ruhe in diesem Drama. Morgen kommt er. Abends mit Q. 2 Whisky's.

*Dienstag, 30. Juni 1942.* Abends Pöky zum Abendessen. Ich wurde mal wieder »begossen«. Allerlei Briefe aus D. – Pöky erhielt »blaugelbes Meer« und ist – soweit das möglich ist, alles in Ordnung. – Brief von Peter.

### JULI

*Mittwoch, 1. Juli 1942.* Es ist Sommer. Heißkühl – der Himmel blau – Morgens sehr intensiv »Akazienstrauß« fertiggemacht und »graues Meer« angelegt. – es geht mir besser, aber gerade jetzt merke ich erst, daß ich doch recht krank war.

*Sonntag, 5. Juli 1942.* Sehr heftig an der rosa Frau (singende) vom Tryptic. Zum ersten Mal wieder mit voller Kraft.

*Montag, 6. Juli 1942.* Beim Dr. de Lange endgültig frei gesprochen (gesund). Dann beim Zahnarzt. – Es geht also immer noch weiter. – Na, il faut voir.

*Dienstag, 7. Juli 1942.* Wunderbare Radtour Hilversum, Eykenstein. Brachte Fingerhutbouquett mit heim. – Abends Brief an Peter.

*Mittwoch, 8. Juli 1942.* Tryptic: 2 Bilder, das große Mittelbild und der rechte Flügel ganz fertig – todmüde.

*Freitag, 10. Juli 1942.* Sehr gut und intensiv nochmals am »Monte Carlo« No. 2 gearbeitet, ebenso A. Fertig. – Gewitter, Regen. Riesenkämpfe in Rußland. – Pöky rief an.

*Samstag, 11. Juli 1942.* Schöner Tag im Haag, bei P. Mittag gegessen. In kalter dunkler Nacht nach Haus, hielt große Reden – nun ja – und so weiter.

*Sonntag, 12. Juli 1942.* Heute »die Schauspieler« fertig! – Nachmittags zu Fuß hin und zurück zur Amstel, fern und kalt und gleichgiltig. – Dachte an Großmann's Tod.

*Montag, 13. Juli 1942.* . . . Nichts Wesentliches, als absoluter Verzicht jemals wieder in Erscheinung zu treten.

*Freitag, 17. Juli 1942.* Noch viel am Selbstportrait und anderen kleinen Bildern. Endlich etwas Ruhe. – Spaziergang durch die alten Haremsgrachten.

*Samstag, 18. Juli 1942.* Nachmittags viel mit Greco beschäftigt, ermüdend wenn man viel sieht. – Schrieb an Hartmann.

*Dienstag, 21. Juli 1942.* Nachts – über Mitternacht J. Transporte!

*Mittwoch, 22. Juli 1942.* Es regnet und stürmt wie ungefähr im März. Fing Jean Paul's »Selina« an.

Abends gute Bratkartoffel von mir selbst!

*Donnerstag, 23. Juli 1942.* Zu viel gelesen. – Augenkater – Ewig die Briten sur la tête –

*Sonntag, 26. Juli 1942.* Meerlandschaft mit 3 Masken fertig. – Pessimismus –

*Montag, 27. Juli 1942.* Viel Regen, aber sehr gut noch einmal am Selbstportrait und weiblichen Kopf von unten beleuchtet, fertig. Guter Laune, abends Huhn – und Regen – Regen – Regen.

Ankündigung Peter in 18 Tagen.

*Mittwoch, 29. Juli 1942.* Zwei Landschaften, »Wasserturm mit Meer« und »Frankfurter Bahnhof« angefangen.


## AUGUST

*Samstag, 1. August 1942.* Neues Tryptic angefangen. Mit ADAM etc. – noch unbestimmt – kann aber was werden. Noch viel an alten Bildern gearbeitet.

*Donnerstag, 6. August 1942.* Pöky war da zum Abendessen und sah mein Tryptic. Enflammé – na immerhin – etwas. 1. Fl. noch zusammen bei den Nigger's.

*Freitag, 7. August 1942.* Vergeblich auf Fr. gewartet. Mit v. d. B. zusammen.

Viel Pratjes.

*Sonntag, 9. August 1942.* Gestern Nachts rief Peter an um 11 Uhr während ich »Selina« Jean Paul las. – Am Tage Bilderbesichtigung, nahm 7 Bilder und den Perseus mit. – Abends im Astoria 1 Fl. – und Pieter Abschied von Quappi.

*Montag, 10. August 1942.* Müder Tag. – Peter wieder abgereist.

*Dienstag, 11. August 1942.* Mit Q. schöne Radtour in Overveen, entdeckten neue Wege.

*Mittwoch, 12. August 1942.* An den »Künstlern« (vier Männer um den

Tisch) und etwas am neuen Tryptic. Sehr abgespannt. Trank wieder an der Waage Kaffee, scheußlich –

*Donnerstag, 13. August 1942.* Mit v. d. B. sehr viel Schnäpse. Mit Q. eine Fl. Rotwein – dann im Kaperschiff 4 kleine Borrel's. Gespräche mit Frau R. alles ganz komisch und angenehm besoffen.

*Samstag, 15. August 1942.* Gearbeitet. – Unlustig und vergrämt. Abends sehr viel Adalin. – In der Nacht Abwehrfeuer.

*Montag, 17. August 1942.* G. war da, aß bei uns zu Abend. – Ich etwas müde, da noch am Morgen gearbeitet.

*Mittwoch, 19. August 1942.* Mittelbild Entwurf zum neuen Tryptic, der Ruderer. – England fiel auf die Nase bei Dieppe. – Etwas Brustweh.

*Freitag, 21. August 1942.* Die Tage fliehen, es regnet ohne Zeiten und bin ich hier – so bin ich auch nicht dort – wo soll mein Lager ich mir wieder breiten, das falsche Leben zieht mich weiter fort. – Sind's echte Träume, liebe Papageien in rot und blau am schwarzen Dachesrand – verschied'ne Wolken ziehen weiter, allein und öde liegt der Strand – Am Nachmittag spät noch am Selbstportrait gemalt.

*Donnerstag, 27. August 1942.* Guter Brief von Buchholz, hat 6 Bilder gekauft . . .

Nachts viel Geknall.

*Samstag, 29. August 1942.* Cirka 30 Grad Hitze, zu Haus den ganzen Tag. – Nachmittags an den »3 Frauen im Profil« gearbeitet, wahrscheinlich fertig.

*Sonntag, 30. August 1942.* »Es ist so langweilig klüger zu sein wie alle anderen Menschen und doch nicht klug genug –«

Fahrt nach dem Haag, bei G. Mittag gegessen, überraschend geschlafen unter harmonischem Himmel. Château Bleu. Ente und Bocksbeutel. – Schreckliche Überraschung weil Tram nicht ging – Gewitter Regen – aber alles löste sich durch 7 Gulden Auto. Dunkle Sonntagsheimfahrt – Endlich zu Haus.

## SEPTEMBER

*Donnerstag, 3. September 1942.* War allein in Zandvoort, seit langem wieder einmal frisch und fast jung. Schade, daß man das nicht halten kann.

*Samstag, 5. September 1942.* 5 Entwürfe gemacht, zwei »Abschied«, »gelbe Lilien«, »Negerbar« und »zwei Frauen«. Briefe an Pierre, Hartmann und Lilly. »Frankfurter Bahnhof« fertig.

*Dienstag, 8. September 1942.* Fr. sah das neue Tryptichon sehr gut, das muß man ihm lassen . . .

*Freitag, 11. September 1942.* In Laren, Hotel Hamdorf. Eine halbe Flasche Sekt.

*Sonntag, 27. September 1942.* Letzter Tag in Laren. Noch schöner Abendspaziergang, im Auto zurück – schön und erstaunlich.

*Montag, 28. September 1942.* Zurück von der Reise von irgendwo, sitze ich wie sonst endlich mal wieder allein über die Berge und Täler – nicht o nein – die Täler meiner Seele und Not und Pein sind verschüttet in dunkler Trauer ist die Zukunft grauer und grauer. Das Ende naht, die Verwandlung kommt näher, was tue ich noch hier ganz nah am Meer??

*Dienstag, 29. September 1942.* Etwas Magenverstimmung und angehende Erkältung. – Café im Amstel. Versuch die Stadt wieder zu sehen.

*Mittwoch, 30. September 1942.* Gearbeitet, noch am Rivierafelsen, Stillleben mit Geige, Clown.


### OKTOBER

*Sonntag, 4. Oktober 1942.* Viel an »frühem Fest« gearbeitet. Noch etwas Schnupfen und Husten. Sonst schrecklicher Sonntag, im Halbdunkel nach Haus.

*Mittwoch, 7. Oktober 1942.* Kleines Liebespaar mit König und roter Krone fertig gemacht. Ebenso noch einmal die »3 Frauen im Profil« überarbeitet. – Sonst sitzt man in schweigendem Verharren und hört Katastrophe auf Katastrophe mit an.

*Donnerstag, 8. Oktober 1942.* . . . Q. ist eben bei P. und ich sitze hier und treibe unsinniges und stumpfsinniges Zeug. Irgendwie wird's schon mal zu Ende gehen.

*Freitag, 9. Oktober 1942.* An den 4 Männern heftig m'amusé – aber noch unfertig.

*Sonntag, 11. Oktober 1942.* Heftig am »Traum des Soldaten« – es fängt an zu werden.

Abends Savoy und gutes Ragout durch etwas miese Quappi, aber sonst geht's noch.

*Donnerstag, 15. Oktober 1942.* . . . Nachmittag mit v. d. B., Gespräche über das Vacuum.

Abends rief noch Dr. P. an. Zur Zeit quillt viel Angenehmes über mein pessimistisches Haupt – was soll daraus werden?

Enfin.

*Freitag, 16. Oktober 1942.* Zu viel am Silhouetten-Liebespaar. Abends mit Q. im scheußlichen Spießer-Varieté. Vorher Kaffee trop fort, auf dem Heimweg im Dunklen ein klein wenig Schwäche –

*Samstag, 17. Oktober 1942.* Abends im Haag bei G., 2 Flaschen Sekt und viel aber nicht unangenehme Gespräche, auch – dort geschlafen – es ging!

*Montag, 19. Oktober 1942.* Am »Traum d. Soldaten«, und grün blaue holländische Landschaft.

Äußerste Empfindung ist bereits Gestaltung, transcendenter Wille ist Genie, oder höchste Form der Seele.

*Mittwoch, 21. Oktober 1942.* Sehr fest am »Traum des Soldaten« –

*Freitag, 23. Oktober 1942.* »Les Artistes« mit einem großen Ruck zu Ende geführt. – Ob ich das gelbe Warenhaus noch schaffen werde? Ach – und so Vieles –

*Sonntag, 25. Oktober 1942.* Sehr starker Entwurf von »Adam und Eva«. Kann vielleicht ganz witzig werden.

*Montag, 26. Oktober 1942.* Schwer gearbeitet noch am Liebespaar, gelb, grün, und marine aufziehendes Gewitter fertig. – Heftige Nervenbaisse.

*Mittwoch, 28. Oktober 1942.* Die gelbe Wiese mit Ziegen fertig. – Nachmittag erstand Hedda zu meinem Erstaunen die letzte Marine vom Montag!

*Donnerstag, 29. Oktober 1942.* Mit v. d. B. ganz nett. Erzählte komische Geschichten und – tragische.

*Samstag, 31. Oktober 1942.* Am Traum des Soldier's neue Umformung. Gegen Abend, nach dunklem Spaziergang an traumhaften Brücken, Zigarettenkauf. Zuhause Abends dann Fieber (über 38).

NOVEMBER

*Montag*, 2. *November 1942*. Wieder in Ordnung, aber noch viel geschlafen. Abends trotz Verbot mit elektrischem Licht, ohne Verdunklung gearbeitet. – No – ich will nicht melancholisch werden.

*Dienstag*, 3. *November 1942*. Noch sehr müde von kurzer aber heftiger Grippe. – Am Soldatentraum gearbeitet.

*Mittwoch*, 4. *November 1942*. Immer noch Grippe müde – nur so rum gemurkst. Scheußlicher Nebel, so daß man sich als eignes Gespenst vorkommt.

*Samstag*, 7. *November 1942*. Kaum etwas vom Tag gesehen, bei Licht gearbeitet, ganz angenehm seit langer Zeit. – Mittelbild von Adam und Eva wird langsam.

*Montag*, 9. *November 1942*. Gearbeitet an der »Theatergarderobe«, abends an der Amstel, immer noch Grippe müde.

*Mittwoch*, 11. *November 1942*. Dr. P. mit zwei Herren da, kaufte »Theatergarderobe«, Stilleben mit Geige und »Hofnarr und Krone«. Abends gutes Sauerkraut, war so müde, sodaß ich nach dem Essen gleich einschlief.

*Freitag*, 13. *November 1942*. Zu viel am »Seeweg« gearbeitet, daher übermüdet.

*Sonntag*, 15. *November 1942*. Fest am Traum des Soldier's – glaube daß es fertig ist.

*Montag*, 16. *November 1942*. Dunkler Tag – Abends G. der einmal wieder alles aufzählte und na ja – man war wieder ein bißchen aufgeplustert.

Mais malgré ça – in der Nacht Quappi krank.

*Dienstag*, 17. *November 1942*. Q. wieder besser, aber allgemeine Vorsichtsmaßregeln.

Briefe geschrieben an Peter und Minna.

*Freitag*, 20. *November 1942*. Am »Abschied« gearbeitet, sehr müde, da beschlossen wurde früher aufzustehen. – Wieder mal Benghasi – Mit elf Adalin schließlich geschlafen.

*Sonntag*, 22. *November 1942*. Spaziergang mit Q. und Butshy im alten Amsterdam, zum Schluß wieder Regen, es will nicht frieren. Nachmittag Lympers da mit Reproduktionen ansehen.

*Montag, 23. November 1942.* Sehr stark am »Traum des Soldaten« –
Abends viele Schnäpse im neu »erwachten« Don Juan.
Harter, klarer Vollmond, und sonst? – Was nun?
*Dienstag, 24. November 1942.* »Traum des Soldaten« beendet – Ziem-
lich erschöpft – na wie immer.
*Freitag, 27. November 1942.* Besuch vom jungen Piper ... Nachmittag
so hingeludert.
Quappi hatte Bauchweh.
*Sonntag, 29. November 1942.* Großer Regenspaziergang mit Q. und
Butsh, bis zum Ende des Dam's. Frische Luft ist wichtig.


DEZEMBER

*Dienstag, 1. Dezember 1942.* Mit Pöky Bilder besehen bis zum Um-
fallen. – Unten saß Hedda und wir fraßen später Huhn. Mit Pöky noch
4–6 Cognac im Madrid-Bar.
*Mittwoch, 2. Dezember 1942.* Abends Ankunft von L., sollte von G.
abgeholt werden, sie kam aber natürlich schon früher ...
Im Krasna ...
*Donnerstag, 3. Dezember 1942.* L. Bilder angesehen. »Traum des Sol-
daten« etc., ... na, und so. Mittags Lunch mit ihr.
Abends bei Saur, noch etwas Kaperschiff – müde ...
*Freitag, 4. Dezember 1942.* ... Morgens noch etwas Apo bemalt ...
*Samstag, 5. Dezember 1942.* Im starken Regen und verdrießlich großer
Spaziergang über das IJ. – Dann abends L. im Suisse Bar »lyrische
Bekenntnisse«.
*Sonntag, 6. Dezember 1942.* Dünenlandschaft mit Wasserturm fertig
gemacht.
*Montag, 7. Dezember 1942.* Großer schöner Spaziergang über dem Y,
mit Q. und Butshy, ganz schön.
*Dienstag, 8. Dezember 1942.* L. noch einmal im Atelier, kauft Dame
mit Katze und orangeviolett ...
*Mittwoch, 9. Dezember 1942.* Etwas gemalt an den »zwei Frauen«.
Abends Unglücksbotschaft von Q.: neue Untermieter mit sieben Kindern
– o Gott – wie soll das enden – Radio und Klavier haben sie auch –
alles unter unserer Wohnung – bis jetzt ist allerdings alles ziemlich still.

*Donnerstag, 10. Dezember 1942.* Unterbewohner vielleicht – doch erträglich.

*Freitag, 11. Dezember 1942.* Hörte von T. und B.'s Tod – man muß sich an alles gewöhnen. – Entwurf von Adam und Eva umgearbeitet und neuer Entwurf »Junge Männer am Meer«.

Und draußen wütet der Tod –

*Dienstag, 15. Dezember 1942.* Ganzen Tag zu Hause, im Halbdunkel »Abschied« fertig gemacht.

*Donnerstag, 17. Dezember 1942.* Drei Entwürfe, »Tisch mit Büchern«, »großes Muschelbild« und »Tisch mit Lampe« gemacht.

*Freitag, 18. Dezember 1942.* Junge Männer am Meer angefangen zu malen. Unbändiger Lebenswille gemischt mit Zorn und Resignation toben durcheinander. – Ist alles letzten Endes nutzlos – oder bin ich noch immer nicht weit genug –

*Sonntag, 20. Dezember 1942.* Dunkler Tag. Noch gearbeitet. Abends seit langem wieder mal Flieger Abwehr.

*Montag, 21. Dezember 1942.* Mit F. – Recht langweilig wenn man schon pessimistisch ist und der andere noch mehr. Zeigte ihm einen »vergangenen Traum«.

*Donnerstag, 24. Dezember 1942.* Très désagréable toute la journée – ganz allein im Amstel, dachte an vor 10 Jahren im Frankfurter Hof – großer Weihnachtsbaum – très désespéré –

Abends dann Quappi – Gold, Perlen, Lichter wieder besser.

*Sonntag, 27. Dezember 1942.* Zwei Bilder fertig gemacht, zwei Frauen in rot und grün, mehr oder weniger nackt. Nachher ziemlich erschöpft. Sonst nichts Wichtiges – als warten – aber worauf?

*Dienstag, 29. Dezember 1942.* Zwei farbige Apokalypse fertig gemacht. Nun aber genug, verdammt noch mal. – Fürchterliche Klopferei im Nebenhaus – daher déprimé –

*Mittwoch, 30. Dezember 1942.* Jeder Mensch bemüht sich mehr oder weniger sich ein Mäntelchen umzuhängen, indem er vor Allem vor Anderen und dann auch vor sich selbst, sich wichtig und erstrebenswert vorkommt. – Die eigentliche Tatsache des bewußten Nichtwissens als Grundlage eines Glaubens an unbekannte Dinge, ist weniger bewußt.

*Donnerstag, 31. Dezember 1942.* Letzter Tag 42. – Hm – passé, und ich lebe noch.

Am Morgen heftig gearbeitet, »Selbstportrait 42« und großes Muschel-
stilleben.
In tiefer schwerer Dunkelheit oben fliegen die Engländer –
Jetzt geh' ich zu Quappi – Neujahr Prost.

# 1943

*Freitag, 1. Januar 1943.* Die »4 Männer um den Tisch mit Kerze« endgültig.

Furchtbarer Regen und Sturm. – Kurz im Don Juan.

Q. erzählte nett von der Bäuerin mit den 5 Eiern.

*Montag, 4. Januar 1943.* Irgendwie gearbeitet, 3 Stilleben fertig gemacht – und so.

*Samstag, 9. Januar 1943.* An »jungen Männern am Meer« gearbeitet. Nicht ausgegangen, nur in der Nacht mit Butshy.

*Sonntag, 10. Januar 1943.* Nachmittag mit Tutti in ein paar Bars. Nun ja – es wird sich nicht viel ändern – und immer mehr Bilder – o ja, und zu viel Borreltjes.

*Montag, 11. Januar 1943.* An den jungen Männern und Stilleben mit weißem Tischtuch und caputmortuum-farbigem Hintergrund.

Beschäftige mich viel mit Problemen aller Art.

*Dienstag, 12. Januar 1943.* Trotz Melancholie »Bar Creola« ziemlich fertig gemacht.

Kein Brief von Pierre.

*Freitag, 15. Januar 1943.* »La Creola«, »Liebespaar mit grün und gelb« und »2 Schauspielerinnen« zu gleicher Zeit zu Ende geführt, tot müde.

*Sonntag, 17. Januar 1943.* Noch viel gefeilt an den »Artisten« und beiden »Schauspielerinnen«. Nur im Dunklen spazieren.

*Montag, 18. Januar 1943.* Kein schöner Tag – Tante Ilse nach W. – très déprimé.

*Dienstag, 19. Januar 1943.* Auf der Suche nach der Heimat, aber er hatte sein Daheim auf dem Wege verloren – so sterben alle wahrhaft großen Könige des Lebens.

Nachtstilleben mit Sonnenblumen fertig.

*Mittwoch*, 20. *Januar 1943*. Ilse wieder da. Trotzdem schlechter Tag, lustlos zur Arbeit – zum Leben und zum Sterben.

*Samstag*, 23. *Januar 1943*. An den jungen Männern gearbeitet, sonst etwas trübseliger Tag. – Vorabends mit Q. im Don Juan, beim nach Hause gehen knallte es wieder. – »Erfreuliches« Zeitalter!

*Mittwoch*, 27. *Januar 1943*. Junge Männer am Meer. G. sagte ab, Verabredung für Sonnabend. – Abends Fisch bei Saur und einen alten Kubin-Schmöker. – Viel schlechte Nachrichten.

*Freitag*, 29. *Januar 1943*. Nervös und unnötig aufgeregt, na ja, man hat eben keine Nerven mehr.

*Samstag*, 30. *Januar 1943*. Bei Pöky, dort war ein Hund – und man sah nach einem kalten Spaziergang bei Scheveningen das Meer. Wütender Sturm. – Stalingrad?

### FEBRUAR

*Montag*, 1. *Februar 1943*. Noch an den 2 Frauen in grün und gelb gearbeitet. Ein Stilleben Entwurf Orchideen mit grüner Schale.

*Donnerstag*, 4. *Februar 1943*. Etwas Fieber. – Mit v. d. B. im American. In den Lokalen keine Musik wegen Stalingrad.

*Freitag*, 5. *Februar 1943*. Fieber dank Dampfbad wieder weg. – Orchideen Stilleben auf grau mit grüner Schale, – sonst noch sehr müde.

*Samstag*, 6. *Februar 1943*. Angefangen am großen Liebespaar mit Schlange. – Abends war Hedda da, Geburtstag. – Sonst wimmelt alles von Unglücksgeschichten –

*Montag*, 8. *Februar 1943*. Junge Männer am Meer. Im Dunkel zur Amstel spaziert, wiedermal 9 Uhr »Ladenschluß« – weil ein Holländischer General erschossen wurde.

*Dienstag*, 9. *Februar 1943*. Lütjens war zum Tee da, – noch Kaperschiff, viel schlechte Nachrichten. – Schrieb an Lilly und Hartmann.

*Mittwoch*, 10. *Februar 1943*. »Junge Männer am Meer« fertig. Sonst viele Pratjens – nervös . . .

*Freitag*, 12. *Februar 1943*. – 59 –

      T. brachte Blumen

      P. brachte Blumen

Quappi brachte Blumen und ein schönes Gedicht!

*Samstag, 13. Februar 1943.* Kranke-Zahn T. besucht, gab ihr 3 Cognac's. – Abends wieder mal 8 Uhr »Ladenschluß«.

*Sonntag, 14. Februar 1943.* Die Fackel, die ich selbst entzündet, sie gleitet hin und schwindet mir im schwarzen Strom der bösen Zeit. Noch an vielen Bildern gefeilt.

*Dienstag, 16. Februar 1943.* Fr. war da, immerhin ein Mensch der ein wirkliches Verhältnis zu meinen Bildern hat.

*Donnerstag, 18. Februar 1943.* – »Erinnerungen an alte Zeiten« – melancholisch wegen Alter – wozu sich noch anstrengen?

*Freitag, 19. Februar 1943.* Seit langem wieder gut am Mittelbild des? ? ?

Traurigkeit und Talent – o warum alle diese unerträgliche Spannung –

*Sonntag, 21. Februar 1943.* Angefangen am Quappi Portrait auf blau beige.

Um 7 Uhr Polizeistunde! . . .

*Donnerstag, 25. Februar 1943.* Nachmittag mit Fr. – Abends kam G. mit allerhand Aufträgen und Pessimismus zurück. Brachten ihn noch im Dunklen in sein Hotel.

*Samstag, 27. Februar 1943.* Es muß doch zu schön sein, sich immer wieder gegenseitig umzubringen! O no – das Ende liegt doch im nicht mehr wissen.

*Sonntag, 28. Februar 1943.* – »Junge Männer am Meer« endgültig fertig. – Sonst geplagt von Zwangsvorstellungen . . .


MÄRZ

*Montag, 1. März 1943.* . . . Im Vondelpark spaziert und Kaffee getrunken . . .

*Samstag, 6. März 1943.* Den festen Entschluß – trotz gehen oder nicht gehen – dieses Leben zu Ende zu leben. – Ich wollte ja nur Zuschauer sein in diesem Traum . . .

*Sonntag, 7. März 1943.* Etwas am Stilleben mit Katzen gearbeitet . . .

*Dienstag, 9. März 1943.* L. holte heute die großen Bilder ab. Adieu und auf Wiedersehen im Jenseits. Morgen fahren wir nach Laren . . .

*Mittwoch, 10. März 1943. Laren.* Fahrt nach Laren im Taxi, Hamdorff. Nachmittag bereits Fietstour nach Bosch van Bredius.

Quappi hatte Panne . . . Gut geschlafen. Viel Bier.

*Donnerstag, 11. März 1943.* Ich nachmittags allein im Kibitztal, schöne kalte Fahrt.

*Freitag, 12. März 1943. Amsterdam.* Rückfahrt im Auto bei herrlichem Wetter. Kaum zu Hause, Bilderkäufer – ha ha. – Nachmittag mit v. d. B. – Abends – großes Geschieße – sonst ist mir schon alles einerlei.

*Sonntag, 14. März 1943.* Quappiportrait in Schwarz ziemlich weit getrieben. Zu Fuß hin und zurück Amstel. – Quappi muß den Ofen noch machen. – Lese zur Zeit Scheler.

*Montag, 15. März 1943.* Zustand der größten Hoffnungslosigkeit – und die Beziehung zum Ur-Alten ist schleierhafter denn je.

*Dienstag, 16. März 1943.* Etwas am neuen Tryptichon. Nachmittag mit Fr. im American. Auf dem Nachhauseweg erlebte ich Schließung von Caramella und Quartier Latin.

*Mittwoch, 17. März 1943.* Fest am Odysseus . . .

*Freitag, 19. März 1943.* Nachmittag mit T. im Savoy und Madrid Bar. Der Weg des Leidens ist lang.

*Samstag, 20. März 1943.* Stilleben mit silbernem Leuchter fertig gemacht.

Grauer Abend – sehr traurig.

*Montag, 22. März 1943.* Lange spazieren . . . Allmählich hört alles auf. –

*Dienstag, 23. März 1943.* Viel geschlafen. – Abends kam G. und allerlei Gespräche, alles ganz nett – mais –???

*Sonntag, 28. März 1943.* Beendigte heute den »Traum von Monte Carlo«. Angefangen im Herbst 1939. Hätte das nicht geglaubt.

*Montag, 29. März 1943.* Viel Geschieße und Überfliegen – fast genau wie vor 3 Jahren – nein, ich werde das nicht mehr überleben –

*Mittwoch, 31. März 1943.* Am Tage wollte ich mal wieder sterben vor Schwäche und Melancholie. – Besuch von Luetjens nachmittag. – Am Abend endlich mal wieder gelacht – seit langem! Lachen – muß man – lachen. Aber auch dazu gehört Talent.

APRIL

*Samstag, 3. April 1943.* Sehr heftig am Tryptic, glaube daß es jetzt etwas wird. – Viel Kaffee – Zigeunermusik und Flieger-Geschieße. – Zum Schluß wurde der Hund gebadet.

*Samstag, 10. April 1943.* Daß Zwischenverbindungen unter sichtbaren und unsichtbaren Stoffen bestehen, steht meiner Meinung nach außer Frage. Da liegt etwas von Gott.

*Sonntag, 11. April 1943.* . . . Nachmittag starker Rückfall in Melancholie und Verfolgung.

*Donnerstag, 15. April 1943.* Erstmalig »Faust« angefangen!

*Samstag, 17. April 1943.* Heute endgültige Fassung Komposition von »Carneval« . . .

*Dienstag, 20. April 1943.* . . . Abends Fr. recht schönes Gespräch – dann wieder Pratjes – Bomben undsoweiter. Ein heiterer Lebensaspekt fürwahr.

*Donnerstag, 22. April 1943.* Morgens erster Akt Faust Entwurf beendet. Abends sah ich viele alte Bilder, wie wenig doch Stand hält –

*Freitag, 23. April 1943.* War bei Luetjens und bewunderte meinen eigenen »Nachruhm«. Gut sind die »Schauspieler«. – Müde am Karfreitag nach Hause der nun einmal wieder vorüber ist.

*Samstag, 24. April 1943.* Viel noch an letzten Bildern gearbeitet, sehr lange. Frau mit rosa Beleuchtung fertig.

*Ostersonntag, 25. April 1943.* . . . Ein paar »Borreltjes« mit Q. im Kaperschiff. Ganze Nacht auf.

*Dienstag, 27. April 1943.* In der Nacht von gestern auf heute brennendes Flugzeug auf Carlton Hotel abgestürzt. Ungeheures Getöse – alles brennt – Um 4 Uhr nachts noch angesehen.

*Mittwoch, 28. April 1943.* Abfahrt nach Laren. Nachmittag allein Spaziergang im kalten Frühling. Très melancholic.

*Freitag, 30. April 1943.* Radtour im Wald. Des Nachts natürlich wieder die Engländer – stundenlang. Außerdem wieder mal 8 Uhr Schluß wegen Streiks.

MAI

*Samstag, 1. Mai 1943.* Große Radpartie am regnerischen Tag. Abends griechische Mysterien gelesen. Erholung noch sehr schwer.

*Sonntag, 2. Mai 1943.* Etwas übermüdet, nur kleine Radpartie. Q. zu Bett. Überall 8 Uhr Schluß, très nerveux. Abends viel über »Nichts« – oder Nirvana –

*Montag, 3. Mai 1943.* Nachmittags allein nach Kibitztal. Unterhaltung mit dem Blinden ... Rückfahrt war so voll Gegenwind daß ich fast umflog.

Très nerveux – jetzt aber besser.

*Dienstag, 4. Mai 1943.* Autofahrt nach Doorn. Altes »Schloß-Gefängnis« angesehen. Ja – wenn man immer Holz spaltet – Dunkelblauer Himmel und Sturm. Sonst wird alles immer weniger – wozu schreibe ich noch? – Q. spielte schön Geige.

*Mittwoch, 5. Mai 1943.* Wunderbarer Maitag, nach Wildenberg. Sonst sehr müde.

*Donnerstag, 6. Mai 1943.* Wieder dieselbe herrliche Wildenberg Tour mit Rad wie gestern. Zeichnete sogar etwas.

*Freitag, 7. Mai 1943.* Heute mal wieder schlechter, sehr nervös und kalte windige Radpartie über Huizen. Bin neugierig ob ich es noch lange aushalte. – Morgens Faust-Illustrationen.

*Mittwoch, 12. Mai 1943.* Morgens kleine Radpartie mit Quappi. Später Spaziergang nach Witte Huis. Q. war böse – na und sonst? – Flugzeug Absturz!

*Sonntag, 16. Mai 1943.* Fietstour zum Paradis ...

*Donnerstag, 20. Mai 1943.* Große Fietstour nach Eykenstein bei herrlichem warmem und windlosem Wetter ...

*Freitag, 21. Mai 1943.* ... Am Faust 4. Akt. Abends noch allein nach Wildenberg ...

*Sonntag, 23. Mai 1943.* terra cotta »grüne Sonne« blaß violett (A. s. rosa braun) –

Fietstour nach Wittenberge.

*Montag, 24. Mai 1943.* Zum Abschied noch große »Luftparade« mit Böllerschießen. Diesmal fiel niemand herunter. – Abschied von Laren – déprimé – (3 Uhr früh).

*Dienstag, 25. Mai 1943.* Sah Peter nach einem Jahr. – Morgens Pierre Bilder. Untersuchung, na ja, so weit alles in Ordnung . . .

*Mittwoch, 26. Mai 1943.* Mittags mit »Pierre bei Beckmann«, ganzen Tag und Abend . . .

*Freitag, 28. Mai 1943.* Kleines Zirkusbild mit rotnasigem Clown fertig. – Selbstportrait mit rosa Hintergrund, 2 Tänzerinnen und Stilleben mit Fingerhutblumen entworfen . . .

*Samstag, 29. Mai 1943.* Trotz starkem Hexenschuß am rechten Bild des »Carnavals« gearbeitet – wird jetzt was –
Nachmittag durch verödete Judenhäuser-Straßen gegangen.

*Sonntag, 30. Mai 1943.* Entwurf zum »Paradieschen« und liegende Mädchen, rot und purpur. – Nachmittag Cabaret . . . 3 Briefe: an Lilly, Garve und Minna geschrieben.


## JUNI

*Dienstag, 1. Juni 1943.* Morgens überintensiv am »Ulysses und Callipso« mit viel Melancholie gearbeitet. Nachmittag mit Q. zu Fuß nach Butter-bon und Kohlen – vergeblich. Abends dann mit Q. im Kaperschiff 2 Fl. Sekt mit Post-optimismus. Schön aber vergänglich.

*Mittwoch, 2. Juni 1943.* Etwas am Fingerhutstilleben, dann wie immer traurig. Sehr miese Stimmung. – Eben rief G. an, fahren morgen zu seinem Geburtstag, na ja –

*Donnerstag, 3. Juni 1943.* »Schade ist, daß man immer im unrechten Alter steht.« – Bei G., wo es sehr nett war. – Zu Hause wieder ein bißchen Luftalarm.

*Freitag, 4. Juni 1943.* Schlecht gemalt an der Maskenfrau – na ja, vielleicht gehts nächstens besser . . .

*Sonntag, 6. Juni 1943.* »Odysseus und Callipso« fertig; auch Carneval gearbeitet, lächerliche Maskenfrau immer noch nicht fertig, sehr übermüdet.

*Donnerstag, 10. Juni 1943.* Heute endlich gelbe Frau mit grau . . . fertig. – Bei van Vliet. Sehr warm . . .

*Freitag, 11. Juni 1943.* Verwehter Tag. Kein Ei, kein Speck . . . Besuch von F. – Nachts die Engländer, um 3 ins Bett.

*Samstag, 12. Juni 1943.* Wildenberglandschaft fertig gemacht. Sehr

anstrengend, glaube fertig und gut. – Nachts in der Ferne Geschütz-
feuer.

*Montag, 14. Juni 1943.* . . . Den Tag zwecklos tot geschlagen. Jetzt
regnet's –

o wie weit ist der Friede –

*Donnerstag, 17. Juni 1943.* Morgens erstmalig Faustzeichnung original.
Ach was ein Blödsinn ist die Welt.

*Mittwoch, 23. Juni 1943.* Müde nach »englischer« Nacht. Sah viele Flieger im Scheinwerfer. Trotzdem morgens Faust gearbeitet.

*Freitag, 25. Juni 1943.* Morgens gegen meinen Willen noch am Odysseus – und gelbe – jetzt schwarze Dame gearbeitet. Sehr sehr müde.

*Samstag, 26. Juni 1943.*

> »Ein Nichts liebt eine Nulpe
> sie fanden sich im Heu –
> gebaren eine Tulpe
> und hinterließen – Spreu.«

Etwas am Faust gearbeitet.

*Mittwoch, 30. Juni 1943.* Denn die Götter sind vor allen Zuständen die
wir zu erfüllen haben, keine Mächte außerhalb, zu denen wir flehen
oder fliehen sollen. (Boeglin)


JULI

*Samstag, 3. Juli 1943.* Mit Q. bei C. auf »Irrfahrten des Odysseus« . . .
Schließlich gelangten wir aber doch wieder nach Hause und eine Hüh-
nersuppe war gut nach altem Papageiengeschrei.

*Sonntag, 4. Juli 1943.* Morgens noch Christus und Dionysos. – Abends
dann Pöky, Odysseus, Faust – Ochsenlapjes und Beendigung des Abends
viel Gerede – ja, wenn der Teufel kutschiert –

*Dienstag, 6. Juli 1943.* Es regnet und etwas Kriminalgeschichten, ja,
wenn der Teufel kutschiert –

In Rußland wieder Kämpfe,

es regnet, ja –

*Samstag, 10. Juli 1943.* Am Faust etwas zu viel gearbeitet. »Sizilien« –
»der Trinker« im Faust mit Luftalarm.

*Sonntag, 11. Juli 1943.* Schlecht an der Waldgracht mit Segeln gearbeitet. Übermüdet. – Melancholieanfall durch Borreltjes und Goethe überwunden.

*Montag, 12. Juli 1943.* Endlich Odysseus, Segelboote in Waldgracht und gelbe Frau im schwarz-weißen Pelz auf eine Höhe gebracht. – Zufrieden. Abends noch mit Q. im Kaperschiff, allgemeine Müdigkeit.

*Dienstag, 13. Juli 1943.* Mit Q. in Volendam, sehr chirocohaft. – Nachts viel Fliegerei und Geschieße.

*Mittwoch, 14. Juli 1943.* Mephisto im Faust erstmalig für mich richtig. Abends dann mit F. Discussionen, eigentlich und letzten Endes unnötiger Art – man bleibt doch allein.

*Donnerstag, 15. Juli 1943.* Steige und falle Mephisto – Kleine Begegnung mit – Ja, die Alten – wann werde ich alt, o Ihr Götter – ich bin's schon seit langem –

*Freitag, 16. Juli 1943.* . . . Irrsinniges Verlangen nach Aufklärung quälte sich in den Augen des Abendsterns. Des leibhaftigen Bösen – o wo ist Geist –. Meine alte Mutter ich traure Dir nach –

*Samstag, 17. Juli 1943.* Faust I. Akt vorläufig fertig. – Mieser Sonntag.

*Montag, 19. Juli 1943.* Faust, von den Müttern zweite Fassung. Ekel und Trauer über die Welt . . .

*Mittwoch, 21. Juli 1943.* Zu viel am Faust »Rückkehr von den Müttern«, daher überanstrengte Augen . . .

Ja – die Kanonen – etc.

*Donnerstag, 22. Juli 1943.* Sehr heiß – und vorschriftsmäßige Depression und Schweißausbruch –

Seit langem mal wieder an der Amstel, durch leere Judenstraßen –

*Samstag, 24. Juli 1943.* An gelb-rotem Selbstportrait. – Mal wieder im Kino, »Palermo« schöne Sonnentage mit Hunden auf der Straße.

*Sonntag, 25. Juli 1943.* Na – nun ist Ruhe, $\frac{1}{2}$ 3 Uhr nachts. Morgens und nachmittags amerikanische Bomben auf Ey etc. – na, es wird immer gründlicher. Und dann von $\frac{1}{2}$ 12 – $\frac{1}{2}$ 3 Uhr nachts les Anglais – seit acht Tagen nun wieder.

Morgens malte ich blonde Locken vom blonden Tanzpaar unter dem Donner Amerika's.

*Montag, 26. Juli 1943.* Mit v. d. Berg nachmittag. – Heute Ruhe, »nur« 6 mal Luftalarm. Sehr heiß.

*Dienstag, 27. Juli 1943.* 12 mal Luftalarm. – Sah die Götter auf ehernen

Schildern in endloser Höhe – zu tief meiner Qual – Am Morgen am Mittelbild von »Carnaval« (grün) gearbeitet.

*Mittwoch, 28. Juli 1943.* . . . Abends Gespräche, diesseits und jenseits – wie kann sich jemand in Nichts auflösen?

Und das Leid?

*Freitag, 30. Juli 1943.* Morgens im Halbschlaf Luftangriffe. – Um ein Uhr kam G. mit M., die letzten »Möwen«, Stilleben mit zwei Katzen, und die »roten Rosen« verkauft . . . Sah mich als alter Meister in 500 Jahren. – Abendessen mit G., sehr müde und erregt, wie immer wenn man etwas nicht gewöhnt ist – (etwas zu sein). Trotz allem, allein sein das Schönste.

*Samstag, 31. Juli 1943.* . . . Sehr heiß. – Nachmittag mit F. verschwatzt, nicht unnett. Auf einmal zu viel Menschen, statt zu wenig.


## AUGUST

*Sonntag, 1. August 1943.* Äußerst heiß. Garvé war da – na ja, »Wasserturm« verkauft. – Gewitter leichte Abkühlung . . .

*Montag, 2. August 1943.* Mit Q. Einkäufe, Situation spitzt sich zweifellos immer mehr zu. – Garvé holte Bild ab und ließ »den Meister« grüßen. – In der Nacht einige Schüsse auf der Straße – eben wieder – eine nette Stimmung!

*Mittwoch, 4. August 1943.* Man beschießt sich am Ätna, neugierig ob er nicht auch in die Luft geht. – Alles in Allem – déprimé – aber Gide ist ganz gut. – Heiß.

*Donnerstag, 5. August 1943.* Selbstportrait in gelb mit rosa fertig – Riesengewitter in Amsterdam wie bis jetzt noch nie. – Abends Eckermann.

*Mittwoch, 11. August 1943.* Waren in Laren mit Taxi, Sonne, Regen mit herrlichen Beleuchtungen, doch ging alles schwer – ja, die Natur – mein Gott – Meister Floh – (E. T. A. Hoffmann).

*Donnerstag, 12. August 1943.* Nachmittag mit v. d. B., hatte schlechte Nerven mal wieder, ging dann aber vorüber. Trotzdem noch mit ihm in Bar 4 Whisky's. Beschluß mit Q. nur eine Cigarette nach dem Essen!! Bin neugierig ob ich es durchhalte.

*Freitag, 13. August 1943.* Bei van Vliet: »Sie haben das Herz eines

jungen Sportsmannes« – ha ha, mit dem Cognac-Fläschchen in der
Tasche. – Abends wieder Eckermann – Goethe.

*Sonntag, 15. August 1943.* Etwas Faust gearbeitet. Immer noch sehr
nervös. Na ja, – rauchte eben doch wieder.

*Montag, 16. August 1943.* Trotz großer Müdigkeit schwarzblonde Tänzerin endgültig umgearbeitet. – Nachmittag zum Sonnen-Tennisplatz –
schön. Besuch bei kranker Mimi. Es geht besser.

*Dienstag, 17. August 1943.* War bei Dr. de Lange, Blutdruck 180, hatte
einen kleinen Sonnenstich. Man behauptet, daß ich noch leben werde.
Warum eigentlich? na – il faut voir –
Sizilien geräumt.

*Mittwoch, den 18. August 1943.* Etwas Faust gezeichnet, nachher im
Ponytax mit Q. und Butsh zum Wandelweg – schön.

*Donnerstag, 19. August 1943.* 1. Nacht – nicht und ohne Schlafmittel
geschlafen. Sieben Uhr früh mit Q. spazieren. Komisches Amsterdam.
Eier, Kaffee etc. sehr schön mit Quappi. Nachmittag zum Schneider,
Schuster, mit Auto zum Wandelweg, Kalfjeslaan Amstel, zu Fuß zurück,
fühlte mich wohler.

*Freitag, 20. August 1943.* 2. Nacht ohne A. – und doch wenn auch leicht
– geschlafen. Am Morgen und Mittag in Overveen um die »Grenzen«
zu inspizieren – Sehr heiß – und traurig. Aber Entziehungen sollen ja
ziemlich verrückt machen. Bin neugierig ob ich durchhalte. Na – mal –
sehen –.

*Samstag, 21. August 1943.* 3. Nacht nicht geschlafen. – 6 Uhr morgens
Spaziergang mit Quappi »le matin« – Anti-Adalinescapade – vielleicht.
– Sehr heiß im Haus. – Fenster fiel ein.

*Montag, 23. August 1943.* 5. Nacht – schlecht – und gar nicht geschlafen.
Mußte wieder früh um 7 Uhr in schlechter Laune spazieren – vorhergehende Nacht um zwei Uhr in's Bett nach Großangriff England. Auch
diese Nacht immer viel Flieger.

*Dienstag, 24. August 1943.* Trotz großen Fliegerschießen, sehr gut ohne
geschlafen. Scheint endlich langsam zu gehen.
Mittags bei Dr. de Lange, noch immer 180 Blutdruck.

*Mittwoch, 25. August 1943.* 7. Nacht »ohne« – fast nicht geschlafen.
In der Nacht am Faust gearbeitet.

*Donnerstag, 26. August 1943.* 8. Nacht »ohne« – sehr gut geschlafen.

**Bei Dr. de Lange.** Später Vondelpark spazieren. – Hedda aus Vacantie zurück. – Abends in den Sternen gelesen.

*Freitag,* 27. *August 1943.* 9. Nacht »ohne« – nur wenig geschlafen, bei Dr. de Lange. – Sehr viel gearbeitet. Hoffentlich die blonde Tänzerin fertig.

Nachtspaziergang mit Q. und Butshy.

*Samstag,* 28. *August 1943.* 10. Nacht ohne – schlecht – Morgens am Faust gearbeitet, dann Spaziergang mit Q. am Bahnhof. – Nachmittags triste –. Abends Gide, Prometheus – na ja, – müde aber sonst besser.

*Montag,* 30. *August 1943.* 12. Nacht ohne – gut geschlafen, nachmittag sehr intensiv am Faust gearbeitet, »Sirenen« etc.

*Dienstag,* 31. *August 1943.* 13. Nacht ohne – sehr schlecht geschlafen, fast nicht . . . Morgens in der Stadt herum gelaufen . . . nachmittag an der Amstel, sehr müde . . .

### SEPTEMBER

*Mittwoch,* 1. *September 1943.* 14. Nacht ohne. 6 Uhr morgens: man hat so seine Sensation, sechs Stunden herrlich geschlafen – was jetzt kommt ist noch geschenkt!

Viel am Faust.

*Donnerstag,* 2. *September 1943.* In der Nacht – kann wieder nicht schlafen – 3 Uhr nachts – na mal sehen.

Nicht geschlafen. – Vormittag Faust. Nachmittag Gespräche über Kunst . . . ha ha . . . – War noch bei Dr. de Lange, Blutdruck gut, 165.

*Freitag,* 3. *September 1943.* Mit einiger Mühe gut geschlafen. Viel am Faust . . . Engländer landen in C.

*Samstag,* 4. *September 1943.* G. war da, war sehr nett, sah Faust etc. . . . In der Nacht von Freitag auf Samstag schlecht – viel Rheuma . . .

*Sonntag,* 5. *September 1943.* Sehr gut geschlafen, vormittag viel am Faust gearbeitet und nachmittag nochmal sehr intensiv »blonde Tänzerin«. – Viel Rheuma, aber trotz allem gehts mir besser!!

*Montag,* 6. *September 1943.* Heut nacht wieder ganz gut geschlafen. Morgens großer Spaziergang im Vondelpark mit viel Hexenschuß . . .

*Dienstag,* 7. *September 1943.* In der Nacht viel Hexenschuß. Trotzdem etwas geschlafen . . . Faust etc.

*Mittwoch*, 8. *September 1943.* Mal wieder am Carneval-Tryptic, wird doch trotz Allem.

War bei Dr. de Lange ...

*Freitag*, 10. *September 1943.* Viel Neurithis, bei Dr. de Lange Diathermie Behandlung ...

*Samstag*, 11. *September 1943.* Noch am Faust – Endspurt 2. Akt. – Abends etwas Migräne, aber gut geschlafen.

*Sonntag*, 12. *September 1943.* 2. Akt vom Faust beendet.

Nachmittag mit Q. an der Amstel in wunderbar nebelhaften Frühlingstag. Aßen Eis und ich sonnte meinen Arm.

Abends schöner Kitsch von Galsworthy und Memoiren von G. Freitag.

*Mittwoch*, 15. *September 1943.* Im Auto nach Laren! Auto kam erst nicht – dann schöne Abfahrt.

*Donnerstag*, 16. *September 1943.* Briefe von Peter und Minna. – Erste Fahrt mit Tandem nach Kibitztal. Der Blinde war wieder erstanden.

Abends Dr. H. wegen Lichtbad Neurithis.

*Freitag*, 17. *September 1943.* Sturz vom Tandem – dann trotzdem noch nach Wildenberg gefahren. Nachmittag bei Spaziergang und Abend, sehr viel Schmerzen in Bein und Rücken. Nochmals Doctor. Man war optimistisch – na ja?

*Samstag*, 18. *September 1943.* Mit viel Schmerzen doch vom Doktor wieder auf die Beine gebracht, hinke mit Stock herum –

Abends wegen Fußknöchellähmung nochmals Doktor. Später dann lustige Gelage mit ihm ...

*Sonntag*, 19. *September 1943.* Morgens mit Schmerzen eine halbe Stunde schon wieder spazieren gehinkt. Nachmittag schöne Wagenfahrt nach Eykenstein. – Ach die schönen Bäume!

*Dienstag*, 21. *September 1943.* Gestern und heute viel schöne Spaziergänge und viel Schmerzen in Fuß und Bein. Auch noch Schulter und Arm – Neurithis. – Komisches Leben.

*Donnerstag*, 30. *September 1943.* Abends noch zum Doktor. – Schlecht geschlafen.

OKTOBER

*Freitag, 1. Oktober 1943.* Rückkehr nach Amsterdam. Abends Empfang vom Gebumm und Geschieße der Englischen Flieger. – Na ja – wann werden wir erst mal Ruhe haben –

*Samstag, 2. Oktober 1943.* Ganzen Morgen 6 Bilder fertig entworfen, trotz Hölle und Tod. Warum? – weil ich muß.

*Sonntag, 3. Oktober 1943.* Morgens Amstelspaziergang mit Kanonendonner und cirka 40 amerikanische oder englische Flieger. Recht ungemütlich, da mein Fuß noch immer klappt beim Gehen und hinderlich ist. – Nachmittag viel Faust 3. Akt. – Abends wieder Geschieße, später Fußmassage von Q.

*Montag, 4. Oktober 1943.* 4 Stunden noch vergeblich am linken Flügel des Carneval-Tryptic. Nachmittag mit Q. in Bar, ganz dunkle Straßen.

*Dienstag, 5. Oktober 1943.* Nochmals linker Flügel von Carneval, denke bin weit gekommen, 3–4 Stunden mit viel Schmerzen im Bein gearbeitet. – Frankfurt, München, Corsica gebombt. – Melancholisch –

*Mittwoch, 6. Oktober 1943.* Viel gearbeitet an neuen Entwürfen. Cypressen, Marmorstilleben etc. – Noch viel Schmerzen, aber lokalisiert.

*Donnerstag, 7. Oktober 1943.* Viel an neuen Bildern gearbeitet – viel Schmerzen.

*Freitag, 8. Oktober 1943.* Sehr viel gearbeitet am Entwurf für Cap Martin. Van Vliet Massage des Klapp-Fußes. – Abends viel Gefliege, recht müde und recht nervös, – später aber gut geschlafen.

*Sonntag, 10. Oktober 1943.* Na ja, warten wir ab was das Leben uns noch bringt. Vorläufig sieht es dunkel genug aus – und leider hab' ich oft recht. Trotzdem wir haben gekratzt und gekratzt aus lauter Genauigkeit, bis fast nichts mehr übrig blieb.

Selbst eigene Cadaver-Knochen sollen uns nicht hindern, bis zum letzten Moment unseren Mann zu stehen, stolz und müde gegenüber der schwarzen Wand, die um uns gezogen.

*Montag, 11. Oktober 1943.* Die 6 Bilder fertig untermalt. Sehr angestrengt, trotzdem noch im Cabaret nachmittag, malerische Sensationen. Spät – aber doch geschlafen – aber doch überarbeitet – neue Art von Müdigkeit, – gesünder.

*Dienstag, 12. Oktober 1943.* Das ist ja eben das Schwierige, das Spiel mit der Sünde – ganz schön, aber wer es tut, tut es auf eigene Gefahr. Ich glaube es macht nur dann Vergnügen, wenn man ein Gewissen hat – oder wenigstens gibt es eine Sensation – hat man aber keines – so ist es eben keine Sünde – und dann wahrscheinlich langweilig. – Wieder die ewige Frage – Seele als autonome Angelegenheit oder nicht. Es scheint mir doch, daß sie irgend eine selbstständige Existenz führt. T'ja t'ja. – Ganzen Tag in Laren, trotz Klappfuß und Neurithis.

*Mittwoch, 13. Oktober 1943.* Trotzdem daß G. da war und sonst gute Nachrichten, ist noch nicht alles vorbei, »das Schiff ist untergegangen« Brandung also – und wir schwimmen. – Morgens recht gut am Selbstportrait mit violettem Hintergrund gearbeitet. Ungeheuer angestrengt.

*Donnerstag, 14. Oktober 1943.* Viel am Faust, Ende 3. Akt. – Nebel . . .

*Freitag, 15. Oktober 1943.* Bei van Vliet wegen Klappfuß. Neurithis noch immer.

Nachmittag mit v. d. B. viel Schnäpse. Man kann beobachten, daß aus dem größten Dreck noch Schönheiten zu ziehen sind.

*Samstag, 16. Oktober 1943.* 4 Stunden am Carneval, Kopf vom linken Mann fertig. – Etwas kühler. War lange im Cabaret.

*Sonntag, 17. Oktober 1943.* 6 Stunden am linken Flügel vom Carneval, wohl ziemlich beendet und recht gut. Todmüde, natürlich, aber irgendwie befriedigt. Merkwürdige Sensationen gibt die Malerei, aber nur, wenn man zum Zerreißen sich anspannt. Nachher zur Belohnung in tiefster Dunkelheit mit »Klappfuß« vor verschlossenen Restaurants.

*Dienstag, 19. Oktober 1943.* Besuch von G. und Fr. – Trotzdem neuerliches Geld – nun ja, auch das brauche ich – aber wesentlicher ist die Stimme der Überzeugung. Leider machte dieselbe sich nicht absolut bemerkbar. – Sah meine Bilder in ferne Götter aufstrahlen in dunkler Nacht – aber – war ich das noch? – nein –, fern von mir, meines armen Ich's, kreisten sie als selbständige Wesen die höhnisch auf mich herabsahen, »das sind wir« und »Du n'éxiste plus« – o ho – Kampf der selbstgeborenen Götter gegen ihren Erfinder? – Nun auch das muß ich tragen – ob Ihr wollt oder nicht – bis jenseits der großen Wand – dann werde ich vielleicht ich selber sein und »tanzen den Tanz« der Götter – außerhalb meines Willens und außerhalb meiner Vorstellung – und doch ich selber. Denn klar sollte Euch nur sein, daß ich aus Eurem zügellosen Mysterium solchen Glanz fabriziere. (»O – sind wir es nicht?!«)

*Mittwoch*, 20. *Oktober 1943*. 12 Uhr nachts. England wieder mal vorbei geflogen . . . also wieder weiter und wieder allein, aber ganz angenehm . . .

*Donnerstag*, 21. *Oktober 1943*. Faust 3. Akt gearbeitet . . . Es regnet.

*Freitag*, 22. *Oktober 1943*. 3. Akt Faust fertig . . .

*Samstag*, 23. *Oktober 1943*. Terrasse von Cap Martin fertig. – Brief von Bummi aus zerstörter Wohnung.

*Sonntag*, 24. *Oktober 1943*. Schöner Spaziergang am Frederiksplein. – Hedda zu Mittag. Im Cabaret zu viel Sonntag.

*Montag*, 25. *Oktober 1943*. Landschaft mit Birken fertig . . .

*Dienstag*, 26. *Oktober 1943*. In Laren schön und neblig, sahen Frau K. und aßen Wildpastete. – Klappfuß noch immer.

*Mittwoch*, 27. *Oktober 1943*. Die beiden Tänzerinnen noch einmal endgültig umgearbeitet . . .

*Freitag*, 29. *Oktober 1943*. Meerlandschaft mit großer Wolke fertig. – An der Amstel und im Dunklen zurück . . .

*Samstag*, 30. *Oktober 1943*. Viel am Selbstportrait mit grau und rosa.

*Sonntag*, 31. *Oktober 1943*. . . . Spaziergang mit Q. nach der Amstel und zurück.

Es dauert doch alles zu lange.


NOVEMBER

*Montag*, 1. *November 1943*. Doch, das wäre ganz schön, so der letzte Triumph – und dann abkratzen aus diesem Dreckloch mit dem Attest von 10000000. – Aber es wird mir nicht vergönnt sein. – 4 ½ Stunden Selbstportrait mit Pelzmantel, ob's gut ist – ich weiß es nicht. Sehr übermüdet.

*Dienstag*, 2. *November 1943*. In Overveen schön auf dem Sandhügel und unerlaubt na ja herumgelaufen. Viel Luft und Wind und immer allein ausruhen.

*Mittwoch*, 3. *November 1943*. Spazierengehen, Amstel – sehr heiß mit Luftalarm. Dann Indische Tänzer im Varieté nachmittag . . .

*Donnerstag*, 4. *November 1943*. Morgens Bilderschau der letzten Produktion. – Zufrieden. – Etwas am Mais-Stilleben gemalt . . . Traurig im Cabaret . . . Wenn man doch endlich wirklich teilnahmslos bleiben könnte.

*Freitag, 5. November 1943.* Parklandschaft mit Lerchenbaum fertig gemacht. Abends mit Q. in Bar. Hörten scheußliche Sängerin. Es wird kalt.

*Samstag, 6. November 1943.* Grünes Stilleben mit Mais fertig gemacht. – Abends Odyssee – t'ja t'ja – wie viele Odysseuse gibt es? – Heute les Anglais über dem Dach mal wieder.

*Sonntag, 7. November 1943.* Seit langem mal wieder morgens viel Luftalarm. – Stilleben mit Helm und rotem Pferdeschwanz und Spiegel fertig. Sehr müde.

*Dienstag, 9. November 1943.* Etwas leerer Tag zum ausruhen. – Brief von Minna. Hedda Typhus-impfkrank.

*Mittwoch, 10. November 1943.* Im Haag mit Q. und Butshy. Komisch mal allein und ohne Besuch in einer fremden Stadt . . . Zum Schluß recht müde. –
Noch 2 Jahre?

*Donnerstag, 11. November 1943.* Herum gelaufen, wieder etwas mehr Klappfußschmerzen. Viel Luftalarm. – Morgen geht's wieder an die Arbeit.

*Freitag, 12. November 1943.* 6 Stunden Selbstportrait mit rot und gelbrosa – glaube fertig. Enorm angestrengt.

*Sonntag, 14. November 1943.* Fest am Tryptic Carneval linker Flügel.

*Montag, 15. November 1943.* Linke Mittelfigur vom Tryptic nochmals umgearbeitet – bin nun bald fertig – komische Sache.

*Donnerstag, 18. November 1943.* Schluß des »CARNEVAL«.

*Freitag, 19. November 1943.* Pause und unangenehme Folgen. Ach ja, wie lächerlich Müdigkeit nach übergroßer Anstrengung und Magenweh – Omnium – schlechter Zauber.

*Samstag, 20. November 1943.* Etwas Sonnenspaziergang bei fast Null Grad. 2 Stunden Nachmittagsschlaf. – Abends Salammbo mal wieder gelesen und viele schwarze Gedanken.

*Montag, 22. November 1943.* Abends große Schnaps-Tour mit Quappi, zum Zirkus in Sturm und Regen. Zirkus gut aber nicht aufregend.

*Mittwoch, 24. November 1943.* Etwas an den südlichen Fischen. Endlich fertig, und noch gefeilt an älteren Bildern. – Berlin 2 mal bombardiert gestern.

*Donnerstag, 25. November 1943.* Im Haag allein, ganz ulkig, und schön in der Bahn.

*Samstag, 27. November 1943.* An den »Fischen« – und die »Reise« angefangen.

*Sonntag, 28. November 1943.* 2 Elephanten-Bilder entworfen. Gute Stimmung. Es scheint mir trotz allen Dramen der Welt doch wirklich besser zu gehen. – Mein Gott, seit wie viel Jahren?

Abends Gide »Isabelle«: »Kurz vorher noch lächelt einem alles zu und man gab allen ein frohes Lächeln zurück. – Da steigt mit einemal ein rußartiger Rauch aus der Tiefe der Seele und stellt sich zwischen Wunsch und Leben. – Wie ein fahler Vorhang trennt er uns von der übrigen Welt, und ihre Wärme, ihre Liebe, ihre Farben, ihre Harmonie kommt verwandelt zurück und ihre neue Gestalt erkennen wir nicht mehr und obgleich man innerlich ohne Leben ist, würde einem das verzweifelte Bemühen, die trennende Wand von der Seele zu durchbrechen, zu allen Verbrechen führen: Mord Selbstmord Wahnsinn ...« A. Gide.

*Montag, 29. November 1943.* Viel Regen, viel Luftalarm – mußte eine Stunde beim Buchhändler warten ...

*Dienstag, 30. November 1943.* Rotes und grünes Stilleben. Rotes nochmals gefeilt. Erstmalig wieder den »Carneval« angesehen und auch noch gefeilt am Profil des Jungen in violett. – Nachts schlecht geschlafen – aber trotzdem –

## DEZEMBER

*Mittwoch, 1. Dezember 1943.* Feilung vom Carneval fertig. Nachher grau-grünes Selbstportrait angesehen. Hm, hm – ... Nachts zu viel im L. B. gelesen, o Gott, wie kann man einen so interessanten Stoff so langweilig machen. Um ½ 4 zu Bett.

*Donnerstag, 2. Dezember 1943.* Austern eingekauft mit Q. und Butshy. Etwas überanstrengt von gestern, aber eine Zitrone tut gut. Im Amstel mit v. d. B. ganz nett. Vortrag über die Nacht der Zeiten – und das Roastbeef von Quappi war ausgezeichnet mit Feldsalat. – Zum Schluß die Engländer – hin und zurück – mit viel Geschieße.

*Freitag, 3. Dezember 1943.* Etwas an der »Reise«. – In der Nacht platzte eine herabfallende Granate auf dem Rokin!!

*Sonntag, 5. Dezember 1943.* »Carneval« noch ein allerletztes Mal durchgesehen – endgültig fertig ... Noch unter dem Eindruck der letzten Gra-

nate die herunter fiel von der Abwehr und auf dem Rokin platzte. –
Q. erkältet.

*Montag, 6. Dezember 1943.* . . . Nicht gelungener Fasan – »und trotzdem werden wir nochmal Fasan essen« – Q. hat Husten.

*Dienstag, 7. Dezember 1943.* War das erste Mal seit der Katastrophe in
Rotterdam. Im starken Nebel. Aß im Regina und konnte die Stadt nicht
mehr finden. Recht beeindruckt. Dann noch Haag. Im Dunklen, und mit
Verspätung zu Quappi und Butshy. Dachte viel an die letzten Rotter-
damer Tage – vor – ich weiß nicht mehr wieviel Jahren, und jetzt? Sieht
Berlin wohl auch so aus?

*Montag, 13. Dezember 1943.* Alles wie im Theater, große Schiphol-Be-
schießung, Fenster wackelten und Granate platzte wieder. – Dann
Lütjens zum »Carneval«, große Begeisterung, Première.

*Dienstag, 14. Dezember 1943.* G. war in Frankfurt wo »Guthi's Hand«
einen großen Erfolg hatte im »erlauchten Kreis«. – Erstaunlich wenn
manchmal Dinge real werden an die man nichtmehr geglaubt hat. –
Abends in ganz gutem Kino mit Q. –

Also, man lebt wieder – na – ja.

*Samstag, 18. Dezember 1943.* Schwer sind die Nebel zu durchstoßen,
die einen von den andern trennen. Doch ist es möglich überall zu sein,
wenn man im Hier und Dort nicht mehr vorhanden. – Der Tod ist
Trumpf. Veränderung und Hemmung gehen in rasender Schnelle. Die
Leitung wieder langsam zu gestalten, ist noch die Aufgabe.

*Sonntag, 19. Dezember 1943.* Weiter an Südseefischen gearbeitet.
Abends schlechter Werfel-Verdiroman. Intelligenz ohne Gestaltungs-
kraft – zu lange gelesen – Augenweh.

*Dienstag, 21. Dezember 1943.* An alten Aquarellen, »Kinderindianer«
etc.

*Mittwoch, 22. Dezember 1943.* Braun-rotes Selbstportrait angefangen
und am Elephant und Clowns gemalt.

*Donnerstag, 23. Dezember 1943.* . . . Etwas an der »Reise« gearbeitet, –
Dunkel – und der übliche Luftalarm . . .

*Freitag, 24. Dezember 1943.* Weihnachten; vorher im Cinema, sah wieder Krieg – déprimé. – Später Q.-Zeichnungen. Morgens großer Amstelspaziergang.

*Samstag, 25. Dezember 1943.* Fest an »Messingstadt« gearbeitet. Hedda

zu Mittag. – Schlechter Fest-Sonntag, noch déprimé – jetzt wieder besser
– nun ist auch das vorbei.

*Sonntag, 26. Dezember 1943.* Morgens etwas spazieren. Nachmittags
im Zirkus. Schöne Trampolin-gruppe . . .

*Montag, 27. Dezember 1943.* Morgens Selbstportrait mit Arm über der
Lehne fertig gemacht . . . Déprimé.

*Dienstag, 28. Dezember 1943.* Etwas Faust 4. Akt. – Dicker Nebel.
Stimmung etwas besser.

*Mittwoch, 29. Dezember 1943.* 4 gute Faustzeichnungen 4. Akt. – Nachmittag im Cabaret ziemlich mies . . . Abends Flieger wieder nach Berlin.

*Donnerstag, 30. Dezember 1943.* Etwas in der Morgenschnee-regen
Stimmung spazieren. Frederiksplein . . . Viele Gespräche mit Quappi bis
nachts 2 Uhr. Trotz allen Pest und Tod wieder ein bißchen Optimismus.

*Freitag, 31. Dezember 1943.* Sylvester. – T. war da und besah erstaunt
das Vollbrachte. Abends Eugen Aram, den Ur-Raskolnikoff gelesen und
dann mit Quappi »trocken« angestoßen.

Viel Sorge und nerveux für 1944.

Dunkel ist das Leben – ist der Tod.

Schluß 1943.

# 1944

*Samstag, 1. Januar 1944.* Ein grauer kühler erster Tag im Jahr. Nach spätem zu Bettgehen – noch etwas sorgenvoll morgens herumgelungert, dann um drei zu Lütjens. Hörte dort manches von den Bildern und »Rue de la paix«. Unbestimmt in weiter Ferne schwammen Möglichkeiten – und Frieden wünscht sich die ganze Welt.
Bekam zum ersten Mal zwei zehn Gulden Zigarren und echten Kaffee, das will manches sagen.
Q. und ich aßen dann im Restaurant K. Hasenkeule.
. . . Trotz Sorgen – vielen – ach ja – meinte Q., es wäre ein schöner Jahresanfang gewesen.

*Sonntag, 2. Januar 1944.* Letzter Feiertag – Sonntag mit etwas »Faust« und solchen Sachen. Gott sei Dank, daß dieses »Fest« mal wieder vorbei ist. – Nervöse Stimmung . . .

*Montag, 3. Januar 1944.* Ganzen Tag gezeichnet (Habenichts, Haltefest und Raufebold) »Faust«. – Sonst Sturm und Regen und schlechte Stimmung . . .

*Mittwoch, 5. Januar 1944.* . . . Mittag zu Dr. de Lange . . . Alles in Ordnung – auch der Klappfuß soll wieder werden. Vorher hatte ich noch Selbstportrait mit Arm über Stuhllehne fertig gemacht und aßen am Concertgebauw, dann Hedda besucht und zu Fuß zurück, nicht unerhebliche Leistung . . .

*Freitag, 7. Januar 1944.* Recht unangenehmer Tag in einer peinlichen Gewitterstimmung . . . Etwas »Faust« und außerordentlich ermüdet, später im Café wo sich großer Freitags-Stumpfsinn breit machte . . .

*Samstag, 8. Januar 1944.* T'ja. Selbstportrait mit Stück »Englischrotem Vorhang« fertig . . .

*Montag, 10. Januar 1944.* Spazierengelaufen – Frederiksplein . . .

Abends in Erwartung von Pierre und etwas Augenweh ... Soeben rief Pierre an, 12 Uhr nachts.

*Dienstag, 11. Januar 1944.* Ankunft und Begrüßung von Pierre im Suisse. Dann Bilder ansehen, zehn Stück mitgenommen auch letztes Selbstportrait. Lunchte bei uns. Dann um 6 in Bar mit Pierre – Gespräche. Abendessen bei uns, Fasan zwei Fl. Sekt. – Gespräche – bis ziemlich spät ...

*Mittwoch, 12. Januar 1944.* Pierre um 11 Uhr, packte Bilder ein – geluncht zusammen. Ich kaufte vorher Billets zum Zirkus ... Um 6 Uhr ich und Pierre im Cabaret, wo ich wissenschaftliche Vorträge bekam. Abendessen, nachher noch im Kaperschiff eine Fl. und brachten Pierre ins Suisse.

*Donnerstag, 13. Januar 1944.* Pierre wieder abgefahren ... G. sagte ab für morgen Zirkus ... Abends indische Philosophie ...

*Freitag, 14. Januar 1944.* Spaziergang im alten Amsterdam, nicht gearbeitet ... Wieder besserer Stimmung ... Abends noch einmal Zirkus dann zu Fuß nach Haus.

*Samstag, 15. Januar 1944.* 4. Akt »Faust« beendet, werde ihn aber wohl wieder mal durchsehen – oder noch einmal ...

Starker schwarzer Nebel und zu Hause geblieben.

*Sonntag, 16. Januar 1944.* Fest an der »Reise« wird jetzt interessant. – Schlechter Nebelsonntag ... Ach, ich möchte so gern mal wieder »echte« indische Tänze sehen ...

*Montag, 17. Januar 1944.* Fest an den »Südseefischen«, wird vielleicht was. – Hartmann schrieb nett über »Faust«.

*Dienstag, 18. Januar 1944.* Viel am 5. Akt von »Faust«, drei Zeichnungen mit Mater Gloriosa – nicht zufrieden ... Abends dann noch einmal in dem von Q. eingerichteten Zeichenzimmer, Mater Gloriosa bis 12 Uhr nachts, sehr gut.

*Freitag, 21. Januar 1944.* Spaziergang mit Q. im Vondelpark und Butshy. Plötzlicher Schmerz im rechten Bein ... Nachmittag trotz Beinschmerzen noch im Amstel etwas melancholisch. – Hörte von Berlin Bombardement. Miese Stimmung – nervös.

*Samstag, 22. Januar 1944.* Morgens Faust 5. Akt, etwas müde und melancholisch bei furchtbaren Schmerzen ... Allerlei Bombensorgen – na ja –

*Sonntag, 23. Januar 1944.* Als ich mich heute früh begierig in die »Südseeleute« stürzen wollte, rief G. an und da war's Essig. – Kam zum Lunch mit viel Gerede, auch zeigte ich ihm etwas Faust 5. Akt. Dann zeichnete ich ihn noch unter Klängen von Ravel, recht gut übrigens. Später zu Fuß an naßkalter Amstel »Auf den Spuren Rembrandt's«. Ha ha – o – ich Elender – Nachher durch wüste Nachtstraßen im Regen zu Q. und Butshy nach Haus.

*Montag, 24. Januar 1944.* Besuch von Lütjens, Bilderabholungen mit ihm besprochen. – Munch ist gestorben – wann komme ich?! – Er hat tüchtig lange ausgehalten!!

*Mittwoch, 26. Januar 1944.* Vergebliche Versuche zu arbeiten. Nachmittag kam G. Dann Fr., wo ich die unerfreuliche Nachricht bekam. – Zu Hause abends endloses Gerede mit Q. über den Fall – na ja –

*Freitag, 28. Januar 1944.* Noch immer sehr schlechter Laune und déprimé, – sterben schon, aber endlos gequält zu werden, ist nicht meine Sache ... Dazu werde ich in vierzehn Tagen 60 Jahre – welcher Hohn des Schicksals ... Beinschmerzen wieder weg.

*Samstag, 29. Januar 1944.* Schlecht an den »Matrosen« heftig herumgemurkst – sonst gewisse Selbstberuhigungen – »Nichts soll mich mehr aus der Fassung bringen« – – etc. ...

*Sonntag, 30. Januar 1944.* Furchtbar viel Gefliege – (Berlin?). Etwas am »Südseefischen« – sehr nervös und in ewiger Erwartung von irgend was –

*Montag, 31. Januar 1944.* L. holte Bilder ab, Adieu »Monte Carlo« und »Carneval« – was nun? Sah die blonde Dame im Lastwagen verschwinden. Dann zu Fuß zum Neurologen Dr. M. Eingehend und ganz sympathisch. Pyrenäus Nerv gelähmt. – Na ja ... Abends Lord Byron.

FEBRUAR

*Dienstag, 1. Februar 1944.* Gut an dem »Fischer« – und ein paar Entwürfe, darunter »zwei Artisten«, – Cabaret viel Anregung ...

*Mittwoch, 2. Februar 1944.* Entwurf zu »Frau mit Kapuze« ... Etwas Augenweh. – Im Dunklen hin und zurück zur Amstel trotz Klappfuß –

*Freitag, 4. Februar 1944.* Großer Sturmtag. Schlußbild vom 5. Akt Faust.
Spaziergang um den Bahnhof im Blizzard. Nachmittag im Halbdunkel

zur Amstel, ziemlich melancholisch. Beim nach Hause fand ich Schornstein im Atelier. Q. ziemlich gefaßt. – Inzwischen nahm der Sturm noch zu. – Ob die Welt nun endlich untergeht?

*Sonntag, 6. Februar 1944.* Äußerst intensiv am 5. Akt Faust. – Hedda zum Mittag. – Ich arbeitete.

*Montag, 7. Februar 1944.* War wieder beim Doktor, rechte Unterlähmung endgültig durch Electrik festgestellt. »Blonde Frau« im Profil angefangen. Abends mit Q. im Kaperschiff.

*Dienstag, 8. Februar 1944.* Da etwas Augenweh, Spaziergang durch winterkalten Overveenwald. Schön. – Abends Kant.

*Mittwoch, 9. Februar 1944.* Intensiv an der »Reise« gearbeitet. Dann noch intensiv – »Die Götter lächeln«, sehr schön geworden. – Sauwetter, Sturm, Regen. – Etwas Augenweh . . . Müde aber nicht schlecht.

*Donnerstag, 10. Februar 1944.* Unzweifelhaft beschäftigt man sich zu viel mit sich selber, vielleicht habe ich das ganze Leben viel zu ernst genommen – na, jeder nach seinem Talent – wir sprechen noch drüber. – Dreimal Luftalarm . . .

*Freitag, 11. Februar 1944.* Blonde Dame mit grauem Capuchon an einem Morgen fertig gemacht. Sehr übermüdet dadurch. – Letzter Tag meiner »Jugend«. Morgen werden wir 60 – immerhin – viel Hoffnung ist nicht mehr – aber arbeiten kann ich immer noch. – Alles was morgen sein sollte, hat sich in blauen Dunst aufgelöst und die Q. aber bleibt »energisch«.

*Samstag, 12. Februar 1944.* Zum 60. – Es wäre vielleicht angebracht, einige bedeutende Worte loszulassen – je m'en fiche – und mache weiter!!!! – Lütjens war da. »Sie sind eine Figur geworden« sagte das Publikum und ein roter Blumenbusch und eine Friedens-Zigarre sagte dasselbe . . . Abends im Zirkus.

*Sonntag, 13. Februar 1944.* Gut gearbeitet – guter Laune, müde. – Wegen 60 – schlechter Laune. Im Cabaret sehr schlechter Laune. Zum Schluß Butshy Bad, Laune besser!

*Montag, 14. Februar 1944.* Reise mit Q. nach Rotterdam und Haag. Trümmer – und Austern komische Zusammenstellung . . . Im Pariser D-Zug zurück. – Schön.

*Dienstag, 15. Februar 1944.* »Faust« beendet! . . .

*Mittwoch, 16. Februar 1944.* Spazieren zu Victoria Hotel. Bücher ge-

kauft. Nachmittag bei Hedda – ganz nett. – Gestern abend war »Man«
wieder in Berlin.

*Donnerstag, 17. Februar 1944.* Noch immer Augenschonungs-Spazier-
gang, Kälte, mit Butshy und Q. . . . Ordnung im Atelier gemacht. Nachmittag v. d. Berg, viel Pratjes und Invasionsgeschrei – glaub's nicht
recht . . .

*Freitag, 18. Februar 1944.* Kalt. Q. hat Halsweh. War bei Lütjens. – Es
war sehr dunkel und ich war sehr traurig – o die Bilder –

*Sonntag, 20. Februar 1944.* Spazieren in kalter Luft am Hafen – Ziemlich mies und déprimé, den ganzen Tag und Nacht die Flieger in der
Luft – man weiß schon nicht mehr – ob englisch oder deutsch . . . Abends
nach deprimierten und weisheitsvollen Gesprächen mit Q., rief Pierre
aus München an und verschaffte mir dadurch eine ruhige Nacht.

*Montag, 21. Februar 1944.* Ganzen Morgen den Donner der Amerikaner über meinem Kopf im Atelier. Trotzdem »Das Modell« fertiggemacht unter sehr anstrengender Arbeit. – Nachmittag Cabaret in
etwas besserer Stimmung . . .

*Dienstag, 22. Februar 1944.*

> Sorglos zu leben ist eine »Lust«.
> dieweil man doch mal sterben muß.

Großes »Hahnentheater« mit Musik und Amstel. Die neue »Walküre«
tauchte auf . . .

*Mittwoch, 23. Februar 1944.* In strahlender Sonne und schlecht rasiert
Zirkusbillets gekauft. Dann noch 3 Entwürfe gemacht. Die »Fressenden«
und »Atelier« . . . Schrieb viele Briefe an Peter, Hartmann, Buchholz,
Minna, Franke.

*Donnerstag, 24. Februar 1944.* Intensiv gearbeitet. Nachmittag mit alter
»Auferstehung« beschäftigt. Unglaublich wie ähnlich die Zeit den Vorigen wird. – Alles wiederholt sich. Nur umgekehrt. – Sonst etwas ruhiger,
aber schlecht geschlafen . . . Viel Unglück in Nymwegen.

*Freitag, 25. Februar 1944.*

> »Noch hell ist meine Seele
> mit allem Leid und Freud
> Der Erde frisch gepaart«. –

Besuch von H. und Lütjens. Tante Ilse zum Lunch. Abends nochmals H.

Anstrengender Tag. War noch im Zirkus, Abschieds-Vorstellung. Ob ich ihn wohl wiedersehe? – Die Flieger brummen.

*Samstag, 26. Februar 1944.* Schwer geplagt am »Goldenen Bergwerk« und Medea, nochmals überarbeitet . . .

*Sonntag, 27. Februar 1944.* Immerhin Erfreuliches zu berichten. Frau H. war da. Der »Odysseus« und zwei kleine Bilder sollen dran glauben. – Ich bin nur schrecklich müde aber nicht unfroh . . . Noch nicht zufrieden mit Medea.

*Montag, 28. Februar 1944.* Werde krank – war noch mit Frommel – konnte nicht warm werden, dann kam auch Fieber. Hielt es für Grippe. Im Zimmer fast 50 Grad um warm zu werden – Alles sehr schwummerig.

*Dienstag, 29. Februar 1944.* Des Morgens konstatierte Dr. de Lange linksseitige Lungenentzündung! Ich muß die neuen Tabletten schlucken, die die Sache ungefährlich machen sollen. Morgens war's noch 39.9 – abends war H. da. »Odysseus« und zwei andere Bilder.
Abends Temperatur 38.5.


MÄRZ

*Mittwoch, 1. März 1944.* Morgens 38.2. Dr. de Lange fand Zustand besser. Den Tag so rumgemurkst. Abends besser, Temperatur 37.5! Befinden im allgemeinen besser – auch etwas Appetit.

*Donnerstag, 2. März 1944.* Den ganzen Tag fieberfrei – Doktor war zufrieden. Ich glaube eigentlich daß ich gar nicht krank bin. Na, abwarten. Sonst? – Nix.

*Freitag, 3. März 1944.* Morgens nur 36.5. Dr. de Lange erlaubt abends etwas aufstehen. Viel Wichtiges und Unwichtiges geschmökert – Abends 1 ½ Stunde auf, nachher 37.4. Gut geschlafen.

*Samstag, 4. März 1944.* Morgens 36.6. Dr. de Lange erlaubt weiteres Aufstehen. – 4. und 5. Akt Faust durchgesehen. Endgültig nummeriert. Besah auch die Apo mal wieder. – Wie die Zeit vergeht. Abends Schweinsgoulasch, recht gut und wieder 36.6. 1 ½ Stunden auf gewesen.

*Sonntag, 5. März 1944.* Morgens 36.7. Im Bett etwas gezeichnet. Hedda Besuch. Mittags wieder auf, gegen Abend etwas ermüdet und 37.3. Um Mitternacht wieder normal.

*Montag, 6. März 1944.* Acht Tage krank – nun ziemlich wieder so weit.

De Lange erklärte, könnte aufstehen wann ich wollte. Er hört nichts mehr.

*Dienstag, 7. März 1944.* Aufgestanden und schon wieder gearbeitet. Drei Zeichnungen – Na ja, war ganz schön – aber vielleicht ein bißchen zuviel . . .

*Mittwoch, 8. März 1944.* Darf in den nächsten Tagen wieder etwas ausgehen! Soll ganz gesund wieder sein. – Na also. – Netter Brief von Fr. und einen komischen von K. G. aus Laren. Viel Gefliege und Melancholie in der Luft . . . T'ja, wenn man nicht aufpaßt, ist das Leben gefährlich. – Trotzdem rauche ich schon wieder Zigarren.

*Donnerstag, 9. März 1944.* Erstes Mal draußen, ca. 15 Minuten, scheinbar gut bekommen. Nachmittags Frau H. da, nette Gespräche. Nahm »Odysseus« und kleine holländische Landschaft und Stilleben mit. – Merkwürdig einmal ein anderes Publikum zu haben – Laotse –! Sonst abends müde und noch keinen Appetit – Na kommt noch. – Nahm zwei Erholungspillen. (Pervitin). – Viel Tagesgefliege.

*Freitag, 10. März 1944.* Weiter fieberfrei. Morgens kaufte ich Bücher was mich noch sehr anstrengte. Nachmittag zu Hause.

*Samstag, 11. März 1944.* Morgens in ziemlicher Kälte fast eine halbe Stunde auf dem Rokin. Nachmittag erstes Mal in Madrid-Bar und Schnäpse und guter Appetit abends. Später abends dann etwas neurasthenisches Herzklopfen, aber kein Fieber. Na vielleicht wird's doch noch mal alles –

Übliches Gefliege und Luftalarm zweimal.

*Montag, 13. März 1944.* 14 Tage krank, nun noch reconvalescent. Ganzen Tag zu Hause. 2 Stunden wieder im Atelier gearbeitet. Apo für G. und blonde Frau, – glaube ganz gut bekommen. – Sonst Sturm – Sturm.

*Dienstag, 14. März 1944.* Mit der langsam wiederkehrenden Gesundheit kommen auch die Sorgen wieder. Wie schön war es doch krank zu sein und damit außerhalb all dieser Jämmerlichkeiten dieses Daseins. – Das Komische ist, daß alle Besucher direkt »enttäuscht« sind, daß man schon wieder da ist, ja man ist direkt indigniert und will daß man noch krank ist. – Wegen schlechtem Wetter war ich nicht draußen . . .

*Donnerstag, 16. März 1944.* Alten Trott wieder aufgenommen. Das erste Mal wieder im Cabaret, leicht stumpfsinnig und noch etwas wackelig . . . Morgens auch schon fast eine Stunde spazieren. Mittags intensiv an Q. »Glypse«. – Es scheint, daß ich weiter leben soll. Auf Wiedersehen, Herr Beckmann.

*Freitag, 17. März 1944.* Nochmals »Frau mit Kapott«, jetzt glaube ich **wesentlich.** Auch andere angefangene Bilder gut gefunden. Es lohnt sich doch noch. – Trotz alledem was noch kommen mag.

*Samstag, 18. März 1944.* Morgens noch im Bett. Nachmittag Besuch von G. Brachte Geschenk mit, Armagniac, Schlips, und Taft für Quappi und Blumen. Faust wurde unter Begeisterung schön abgenommen und er blieb unter sehr langen trostreichen Reden bis ¾9 Uhr. – Später starke Erschöpfung meinerseits. Auch zuviel geraucht.

*Sonntag, 19. März 1944.* Noch halte ich den Kopf hoch, wie ein Ertrinkender – einmal müssen doch die schwarzen Wellen des Nichts über mir zusammen schlagen. – Nun ich bin darauf gefaßt wieder ein Nichts zu werden – trotzdem ich mir so große Mühe gegeben habe ein »Ich« zu werden. – Mein Gott – wie oft werden wir dieses furchtbare Martyrium noch über uns ergehen lassen müssen, bis endlich endlich die ewige Bewußtseins Klarheit über uns kommt?!!

*Montag, 20. März 1944.* Intensiv an der »Reise« – wird gut. – Es geht wieder. Des Morgens löste sich eine Sorge und Quappi tanzt.

*Dienstag, 21. März 1944.* Morgens: »In der Jugend hat man sich den Alten gegenüber zu verteidigen, im Alter gegen die Jungen. Ein reizendes Spiel.«

Fr. und Giselle waren da nachmittag und sie bestätigten den oben am Morgen geschriebenen Satz. – Es ist ja möglich, daß ich vielleicht müde geworden bin. – Aber es langweilt mich, die ewigen Fratzen. – Ich kenne sie so gut und es ödet mich an. – Dies ist nun der Endpunkt einer Entwicklung seit 1870 und nun muß mal was Neues kommen. – T'ja, T'ja, T'ja –

*Mittwoch, 22. März 1944.* Am Morgen während Luftgefecht über der Stadt, beendigte ich die »Reise«, wohl so ziemlich. Vielleicht mach' ich noch was dran, aber im wesentlichen ist sie wohl fertig. – Nachmittag im Cabaret-Bar wo sich so langsam meine Geniusse wieder einfinden. – Wie sich auch sonst mein Zustand langsam wieder dem Normalen nähert. Abends zur allgemeinen Quintessenz Kater Murr. Recht schön doch immer noch!!

*Donnerstag, 23. März 1944.* Allerhand, allerhand dieser Halbakt-

Clown – aber auch sehr anstrengend. Ziemlich fertig. Merkwürdig wenn man es fühlt – eben das – und anderes auch . . .

*Freitag, 24. März 1944.* Schöner erster Spaziergang zum Amstel Hotel, erstes Mal seit Krankheit. Kam wohl, aber arg verschwitzt nach Haus. Nöte mit Lebensmittelversorgung. – Abends »Murr« und Großangriff Berlin wieder.

*Samstag, 25. März 1944.* »Comtesse Roquin« unter schwierigen Umständen fertig gemacht. Merkwürdige Sensationen verschaffen einem doch Pinsel und Farbe. – Mit Q. und G. im Restaurant, Caneton und Rotwein. – G. schlief unten. Dann große Premiere mit gutem Tam Tam. Ein wirklich netter Tag trotz Jammer und Schrecken. Zum Schluß rief Pierre an – »In acht Tagen!« –

*Sonntag, 26. März 1944.* Dreiviertel Stunden abends katalepsiert durch scheußliches Gebrumm und Überfliegen. Heute mittag Bombardement in der Nähe, daß alle Fenster etc. wackelten. – Ein erfreuliches Leben – und trotzdem geht alles weiter. – Durch Kater Murr – bis zur Zigarette und – Nun ist mal wieder Nacht. – Auf Wiedersehen.

*Montag, 27. März 1944.* In »Spagat«-Zeichnung durch Telephon-Anruf gestört . . . Nachmittag »Spagat« unbefriedigend beendet . . .

*Dienstag, 28. März 1944.* »Spagat« 2 befriedigend beendet. Im Atelier noch herum gelungert und alte Graphik studiert. Nicht immer befriedigt . . .

*Mittwoch, 29. März 1944.* Schwer gepinselt an der »Reise«, 5 Stunden und immer noch kein endgültiges Resultat . . . Abends Elixiere.

*Freitag, 31. März 1944.* Leider kann ich wegen Augenweh nicht viel berichten, trotzdem meine Stimmung gut und ich glaube sehr produktiv ist. – Den Tag etwas um die Ohren geschlagen. Spazieren gegangen, und versucht die Überanstrengung von gestern auszugleichen. – G. rief an.


### APRIL

*Samstag, 1. April 1944.* Zeichnung als Eintragung.

*Sonntag, 2. April 1944.* Absolut ist nichts und alles nur – Fantasie und dies soll jetzt verdammt nochmal was auf die Beine stellen was sich gewaschen hat. Das werdet Ihr sehen – trotz Augenkater Zeichnung No. 2 fertig.

Peter rief an, kommt Mittwoch.

*Montag, 3. April 1944.* Schwäche – Dein Name ist Mensch. Seele – Dein Name ist – Wo –?

Immer wieder weiter durch alle Arglist der Welt. Wo ist der geheime Faden der uns führt aus dem Labyrinth der Sinne? – Setz Dich wieder vor Deine Leinwand – warum o armer Maler??

*Dienstag, 4. April 1944.* Trotz allem habe noch immer mich selber und auch diese Etappe wird zu überwinden sein. – Viel gearbeitet und etwas müde aber malgré ça mit Quappi und Butshy im Cabaret und Tivoli . . .

*Mittwoch, 5. April 1944.* Pierre war da und brachte Einiges . . . Aßen zusammen abends Schweinernes und zum Schluß eine Fl. im Kaperschiff. Na – ja.

*Samstag, 8. April 1944.* . . . Unter Maschinengewehr Lärm (Luftgefecht) und greller Sonne »Eiermenschen« fertig gemacht . . .

*Montag, 10. April 1944.* »Madame Roquin« wirklich ausgezeichnet, bleibt jetzt so. – An der »Messingstadt« gearbeitet . . .

*Dienstag, 11. April 1944.* Das »Gelächter« ja, glaube das ist irgend etwas – Viel spazieren gelaufen im warmen Frühling . . .

*Mittwoch, 12. April 1944.* Großer Surinam-Vondelparkweg Spaziergang in heißer Sonne. Sah die Engländer (Flieger) vom Meer kommen in Riesenstreifen wie die gesträubten Haare des Zeus Jupiter. – Hörte Frankfurt alles kaputt. Traurig . . .

*Freitag, 14. April 1944.* Zuviel am G. Portrait, fast fertig oder nicht? Sehr ermüdet.

*Dienstag, 18. April 1944.* Trotz schlechter Stimmung »Accordionspieler« fertig gemacht, ganz gut. Schönes Wetter, kam aber erst spät heraus . . .

*Mittwoch, 19. April 1944.* Morgens im Institut für Elektrik. Von morgen ab wird mein Fuß behandelt. Bin neugierig ob es was nützt. Der Doktor war sehr nett . . .

*Donnerstag, 20. April 1944.* Na ja, es regnete, war morgens im »Elektrischen Bad« – glaube nicht daß es viel nützen wird für den Fuß. –

Hier allgemeiner Glaube von Frühjahrs-Invasion – »abwarten – – Tee trinken« . . .

*Freitag, 21. April 1944.* Gut an der »Akademie« gearbeitet, wird hoffentlich endlich was. – »Große Invasie-Angst«. Überall . . .

*Samstag, 22. April 1944.* Eigentlich solltest Du nun langsam begriffen haben, daß sich jede Situation – welche es auch sei, mit einiger Intelligenz und Scharfsinn lösen läßt. (Mit Ausnahme natürlich der kosmischen Gewalten). Also – fasse Mut »Setz auf den großen Künstlerhut. etc.« – Zeichnung der »Weihnachtsmann« gemacht . . .

*Sonntag, 23. April 1944.* G. war da, und Zeichnungen wurden mit Begeisterung abgenommen . . .

*Freitag, 28. April 1944.* Erste Autofahrt ins Grüne – – Vreeland, Laren, schön im jungen Grün. Komisch es geht immer noch weiter . . .

*Samstag, 29. April 1944.* Zweites Elefantenbild fertig und noch an verschiedenen anderen gearbeitet. – Hedda war da, sah sie aber nicht – arbeiten –

*Sonntag, 30. April 1944.* Endlich mit »Akademie« fertig. – Sonst – Sonntag und keine Invasie . . .

MAI

*Dienstag, 2. Mai 1944.* G. Portrait fertig gemacht – sehr müde . . . Er kam um 7 Uhr Abschied für drei Wochen.

*Mittwoch, 3. Mai 1944.* Morgens im Städtchen bei Sonne und Sturm. Nachmittag mit der Tram nach Harlem durch viele Überschwemmungen. Bei Frau K., ganz nette dicke Tochter dort und angenehme Atmosphäre. Mit der Bahn zurück. Abends zu Hause endlich wieder in China – »Rote Kammer« –

*Samstag, 6. Mai 1944.* War sehr traurig wegen Brief. – Ganzen Tag wie unter bösem Traum . . . Schlechte Nacht – schlechte Träume. Rauche wieder.

*Sonntag, 7. Mai 1944.* Morgens noch sehr mies, nachmittag Heilbrunn's da, war ganz gut wegen großer Nervosität. Nette Leute, zeigte ihnen Bilder. Später mit Q. zur Amstel und zu Fuß zurück. Abends etwas bessere Stimmung.

*Dienstag, 9. Mai 1944.* Herumgelungert . . . Zwielicht-Stimmung. Nachmittag waren v. d. Berg's da und man zeigte ihnen den Faust . . .

*Donnerstag, 11. Mai 1944.* Viel an der »Messingstadt«. Heiß. Cabaret,

Laune sank nachts 2 Uhr – trotz allem noch eine Zigarette – Dann schlafen gehen –

*Freitag, 12. Mai 1944.* »Entkleidetes Café« gezeichnet . . . Sehr heiß. Abend-Spaziergang mit Q. zur Amstel . . .

*Sonntag, 14. Mai 1944.* »Spiel der Schwerter« fabriziert. Sonst etwas verkatert und daher starke Baissestimmung. Q. war bei P. Geburtstag und auch etwas verkatert.

*Mittwoch, 17. Mai 1944.* »Den Gefesselten« gezeichnet . . .

*Samstag, 20. Mai 1944.* Sehr intensiv am G. Portrait gearbeitet. Vielleicht fertig. Q. schreibt Briefe und mir geht's schlechter denn je . . . Abends »Marmorklippen« und Gide gelesen.

*Montag, 22. Mai 1944.* Stimmung etwas besser. Waren bei Dr. de Lange, alter Chinese – »U werd afgekeurd!«

Viel spazieren im Vondelpark.

Eben krachte es sehr. – Bombe?

*Dienstag, 23. Mai 1944.* Man wehrt sich noch ein bißchen – und dann wird die Sache wohl bald ihr Ende haben. – 5–6 Stunden an der »Messingstadt« – wieder neue Fassung – ob ich's noch zu Ende bringe?

Wieder viel Gefliege.

*Donnerstag, 25. Mai 1944.* Allerlei Aktionen. Befriedigt und nicht befriedigt . . . So ist das kleine Leben . . . Morgen fahren wir nach dem Haag. T'ja?!

*Freitag, 26. Mai 1944.* Waren im Haag, um 5 Uhr nach dreiviertel Stunden erschien E. und hatte allerhand Ideen.

*Sonntag, 28. Mai 1944.* »Messingstadt« sehr stark entworfen. (Neu.) – Hedda zum Mittag. Pfingststurm mit Knallsonne . . . Abends »Traum des roten Zimmers«.

*Montag, 29. Mai 1944.* ½5 Uhr morgens. Draußen wird es langsam hell und schwarze Figuren stehen hart gegen einen grünen Morgenhimmel. – Noch lebe ich – trotz und alledem. Mein Wille ist noch stark . . .

*Dienstag, 30. Mai 1944.* »Die Weitertreiber« – eine bedenkliche Schar – aber es muß wohl so sein. – Das Schlimme ist, daß man immer weiter leben muß und daß man es »gerne« tut – ob man will oder nicht . . . G. sagte ab für heute abend. Ganzen Tag zu Hause. Viel gezeichnet. 3 Uhr nachts – wie lange noch?

*Mittwoch*, 31. *Mai 1944*. Le grand jour. Schon um ½10 erschien G. Hatte nur knapp 3 Stunden geschlafen. Im Auto zur – »Halle der großen Fülle« – Beschreibung erspart sich. Urteilsverkündigung rechtskräftig. Arme Q. mußte 1½ Stunden im Auto warten. Danach einige Schnäpse. – Abends noch recht angestrengt gefühlt. Beschluß im Kaperschiff – »Die Freiheit«.

## JUNI

*Donnerstag*, 1. *Juni 1944*. Erster Tag der sogenannten »Vita nuova«. Spazieren im Regen – wieder Luft. – Abends noch müde und elend.

*Freitag*, 2. *Juni 1944*. Merkwürdige Windstille . . . Sah wie die Morgenröte kalt und schön lächelnd über den Düften der Verwesung aufging. – Nein – seelenlos bin ich nicht. – Aber ich kenne und muß meine Grenzen halten – denn ich bin trotz allem Zuschauer. – Diese Sorgen sind heute gestorben, der Krieg herrscht noch gewohnheitsmäßig. – Die Toten schweigen. –

*Samstag*, 3. *Juni 1944*. Stilleben entworfen und »Elefanten zwei« ganz fertig gemacht . . .

*Sonntag*, 4. *Juni 1944*. Welch klägliches Gewimmer ist ach in meiner Brust. – Ich war schon einmal weiter – was Optimismus und Pessimismus anbelangt. Beides geht nicht. – Bleibt nur ruhig weiter abwarten – eine schlappe Parteilosigkeit dem großen Unbekannten gegenüber. – »Herr, ich verstehe nicht Deine Wege«, sagte das Kaninchen mit den ausgerissenen Augen . . . Sonst Sonntag und viel Bilder. –

*Dienstag*, 6. *Juni 1944*. . . . Die Invasion kam nach Calais . . . Nachdem wir in der Zeitung und die Anschläge gelesen, zum Bahnhof, um plötzlich nach Overveen im Krantje-Leck Pfannkuchen zu essen. – Schöner, kühler, grauer Sommertag mit etwas Regen und mehr oder weniger großer Sorge um Existenz. – Bahnfahrt schön. – Später noch zum Zahnarzt. – Verschiedene Beruhigungspillen (Pervitin). Am Abend fühlte ich mich besser.

*Mittwoch*, 7. *Juni 1944*. »Je wohler Einem ist, desto mehr ist man um sein Wohl besorgt«. Aus Traum der roten Kammer.

Invasion noch unentschieden –

Wartete auf Q. !! Nervös –

Abends Sekt mit Q. im Cabaret (Bar). – Sehr müde.

*Freitag, 9. Juni 1944.* Intensiv am orange Stilleben gearbeitet – etwas zuviel und unnötig. Abends große Invasie-Gespräche bis nachts ½4 Uhr. Eine Stunde geschlafen.

*Sonntag, 11. Juni 1944.* . . . Überall Zittern und Zagen – Invasie hin – Invasie her. Teils Glück und Unglück und manche verbreiten Katastrophen und Leichen-Atmosphäre . . . Morgens noch sehr am Stilleben mit Brot und Pfirsichen, etc. – Alles letzten Endes nur noch komisch.

*Mittwoch, 14. Juni 1944.* Ein großer Fatalismus wäre ja nun am Platze. – Fahre morgen nicht nach Laren – Ganzen Tag unangenehmes Zeug geschwätzt . . . G. rief an.

*Donnerstag, 15. Juni 1944.* Wehre mich zwar nicht ungigantisch gegen mein Schicksal, das dunkel und verworren noch immer vor mir liegt – na, aber immerhin jedenfalls ein »Schicksal« ist. – Ferien gemacht.

*Freitag, 16. Juni 1944.* Wesentlich beruhigter – warum weiß ich nicht. Na jedenfalls spielen wir hier »Laren« (Ferien) gehen spazieren und in der Nacht brummen die Engländer oder Amerikaner gemütlich und alles ist »harmonisch und ideal«. Nachts hat man herrliche Nachtmahren-Träume und am Tage friert man und ergötzt sich an Kohl- und Salat-gärten . . .

*Samstag, 17. Juni 1944.*

> »S' ist kein Teppich
> S' ist kein Bild
> Ne Mißgeburt ist es
> Führt Unglück im Schild«

Weitere Beruhigungen. – Habe »Kinder der Nacht« fabriziert . . . – Abendspaziergang mit Q. und Butshy durch Alt-Amsterdam.

*Sonntag, 18. Juni 1944.* Öde und ausgelaugt ist mein Sonntagsgehirn. Endlos dunkle Wolken vor einem bleifarbenen Strand – Trostlose Sonntagsstimmung überall fraß sich mir bis ins Herz von Pao Ju. – Fleißig, fleißig, fleißig.

*Montag, 19. Juni 1944.* . . . Schöner Vondelpark-Spaziergang. Die Engländer durchqueren die Halbinsel Cherbourg.

Abends noch ein Ginger Ale mit Quappi und Butshy.

½ Jahr –?

*Dienstag, 20. Juni 1944.* . . . Vergeblich sucht man ein Gefühl von Sicherheit zu konstatieren – es ist vergeblich . . .

*Donnerstag, 22. Juni 1944.* . . . Höchste Zeit daß ich wieder male –
In Ruinen??

*Samstag, 24. Juni 1944.* Fahrt nach Overveen, Blumental mit viel
Rheuma zur Abwechslung. Viel Sonne und eiskalter Wind. In verschollenen Hotels Tee getrunken und in einem verwaisten Garten Blumen gepflückt.

*Sonntag, 25. Juni 1944.* Man kann nicht sagen daß das alles recht langweilig wäre und die Atmosphäre des Feuers ist im Steigen begriffen . . .
Edgy war gegen Abend da. – Oben brummt das »Gewitter« – scheinbar
ewig.

*Montag, 26. Juni 1944.* Die Engländer fliegen nach Hause (3 Uhr
nachts). Cherbourg ist gefallen und das Wetter ist endlich wieder warm
nach einem Monat heißkaltem Sturmwind. Butshy ist afgekeurd und der
Spaziergang über den kaputten Fußweg schön . . .

*Dienstag, 27. Juni 1944.* Von gelindem Wahnsinn leicht getrieben tänzelt die Menschheit von Blume zu Blume. Andere retten sich durch Zaubersprünge vor dem Entsetzen des Nichts.

*Freitag, 30. Juni 1944.* Ja, die Nacht. – Eva Becker gestorben – tat mir
leid. – Intensiv nochmal an »Akademie«. Stilleben mit grünen Gläsern
fertig. – Schön wieder zu malen. – Nachmittag mit Fr. – die Nerven
möchte ich haben! – Viel Rheuma und Ischias.


JULI

*Samstag, 1. Juli 1944.* Zuviel Schopenhauer gelesen. Vielleicht wieder
erkältet. – Rheuma – Vergeltung – Invasion . . . 1. Juli. – Wenn unser
individuelles Prinzip, gebunden an Zeit und Raum und Kausalität, in
dieser einmaligen Form nur sich äußern könnte, warum sollte es nicht
möglich sein, daß dieser individuelle Atomkomplex sich auch unter anderen Bedingungen auf einer anderen Bewußtseinsebene äußert? – Feind
dieser Theorie sind immer nur Menschen die kollektiv sehr gut (d. h.
wissenschaftlich . . .), aber nicht individuell denken können.

*Sonntag, 2. Juli 1944.* Endlich »Atelier« (Akademie) wirklich fertig . . .
Viel geschwitzt.

*Dienstag, 4. Juli 1944.* »Schwarz graue Bar« und »Artisten im Café«
gemalt (zuviel). Es regnet wieder. Rheuma trotzdem besser . . .

*Mittwoch, 5. Juli 1944.* Fand Oliven und andere merkwürdige Dinge. Gute Stimmung trotz Rheuma. – Abends mit Quappi im Variété ...

*Montag, 10. Juli 1944.* Vergeblich beim Masseur. Dann wie verrückt an der »Messingstadt«, glaube fertig ... Abends Kino »Les derniers Six«, ganz hübsch.

*Donnerstag, 13. Juli 1944.* War in Harlem und aß Erbsensuppe am großen Markt und dachte an Frans Hals – T'ja t'ja – na das Armenhaus war wohl auch nicht besonders angenehm! ...

Las abends King Ping Meh –

*Freitag, 14. Juli 1944.* Einst wird kommen der Tag.

Noch einmal denke ich – »Erster Entwurf zum Labyrinth« (in groß) – ob es noch fertig wird vor dem Untergang?

*Samstag, 15. Juli 1944.* Fußbehandlung, dann großer Spaziergang Nassaukade, fand Thymian. – Nachmittag Fr. verabschiedet, geht nach Laren ...

Saumüde und kann noch nicht schlafen, – 2 Uhr nachts.

*Sonntag, 16. Juli 1944.* Morgens blöder- oder nicht blöderweise nochmals am »Atelier« ... Ziemlich ausgelaugt.

*Montag, 17. Juli 1944.* Bis zur Ohnmacht nochmals am »Atelier« und »Messingstadt« – hoffe es nun doch im Wesentlichen geschafft zu haben ...

*Dienstag, 18. Juli 1944.* Morgens ausgeruht, spazieren »geloffen« ... Nachmittags war G. da und schenkte mir ein Buch über Rembrandt Zeichnungen ... Noch sehr müde und überanstrengt von gestern. Wieder mal ½ Stunde wildes Gedonner der Amerikaner über meinem Kopf, ½ 3 Uhr nachts.

*Donnerstag, 20. Juli 1944.* Noch am »Goldenen Horn« – endgültig beendet. Nachmittag Cabaret, sah schöne Kellnerin von der Zuider See. Abends dann mit G. in Taverne ganz nett mit mancherlei Gespräch.

*Samstag, 22. Juli 1944.* Fußbehandlung. Abgespannt und müde, Hedda zum Lunch, ganz nett ...

*Sonntag, 23. Juli 1944.* Fr.'s waren da. Q. zeigte Bilder ... T'ja die Mythologie. Viele Zeichnungen – und die Götter –

*Montag, 24. Juli 1944.* Sehr ermüdet und Augenkater. Zu allem unfähig ... Abends Butshy gebadet, jetzt etwas besser.

*Dienstag, 25. Juli 1944.* Noch immer sehr müde und Augenkater, ganzen Tag herumgelaufen, heiß ohne Sonne, viel geschwitzt ...

*Mittwoch, 26. Juli 1944.* Heftig gearbeitet an »Brandung« mit drei Masten, Vulkan und Tintenfisch. Stilleben in rot und violett mit Blumen und Kamel-Statuette fertig gemacht. – Sehr viel geschwitzt ...

*Samstag, 29. Juli 1944.* Großer Ausflug nach Volendam und Marken. Genoß einige Stunden reines Glück mit Marken ...

Abends Restaurant gegessen – 20 Gulden für »Nichts«.

*Sonntag, 30. Juli 1944.* Morgens »Goldenes Horn« nochmals überarbeitet, nur kurz aus nachmittags, nach dem Abendessen sofort nochmals »Goldenes Horn« ...

*Montag, 31. Juli 1944.* Großer Ausflug nach Overveen mit etwas Augenpein von gestern. Schön war's am Seeweg und wir entdeckten Alt-Blumenthal. – Um ½9 Uhr zu Haus. – Der »Oorlog« nähert sich Warschau.

*Ende Juli.* Ad infinitum zu segeln ohne Fuß – ohne Ziel – welch merkwürdiger Einfall! Welch grausame Fantasie – immer warten, ob sich nun das Geheimnis entschleiern wird und immer mit dummem Gesicht vor dem grauen Vorhang zu sitzen, hinter dem die Geister rumoren oder auch das Nichts. – Welch grausamer Einfall, welch drolliger Witz, sich dieses alles auszudenken, und dann dem Probeexemplar die Kritik zu überlassen zu seinem eigenen Wohl und Wehe. – Glaubst Du an einen Sinn des Rummels, wirst Du selig werden – oh so weit weg – glaubst Du dem Zufall, so ist es Dein Pech. – Du mußt mir aber immerhin zugeben, daß es doch eine Leistung ist, aus dem Nichts ein Vorstellungsgeflecht zu schaffen, was immerhin alles in einer stetig gesteigerten Spannung erhält?

»Geht aber nur durch ein Versteckspiel Deines Selbst.«

– Alles um Euch zu unterhalten.


## AUGUST

*Mittwoch, 2. August 1944.* Felsen bei Bandol fertig. In 3 Stunden. Nachmittags bei Zahnarzt. – Schon im ersten Herbstnebel im Vondelpark ...

*Donnerstag, 3. August 1944.* Noch den kleinen »Vulkan« fabriziert,

recht hübsch glaube ich, und Entwürfe noch aus Cap Martin. – Mit Q.
im Amstel, fühlte mich schlecht . . .

*Freitag, 4. August 1944.* Lütjens war da und nahm das »Goldene Tor«
ab, recht angetan. – Abends um 7 noch Spaziergang um den Bahnhof.

*Samstag, 5. August 1944.* Wollte mit der Bahn nach Harlem. Gerade
hatten die Engländer die Strecke beschossen und kaputt gemacht. Sehr
heiß. – Taxi nach Harlemer Meer. Herumgeirrt am See mit vielen Segelbooten. Dann zu Fuß nach Kalvje. Brötchen und Bier. Dann zu Fuß nach
Amstelkerk – Kaffee (Ersatz). Dann zu Fuß nach Hochhaus. – Fußweh
– bekamen noch letzte Elektrische um 9 Uhr –

*Sonntag, 6. August 1944.* Ganzen Tag gearbeitet, fast nichts von der
Welt gesehen – (Brustweh).

*Montag, 7. August 1944.* Fahrt nach Overveen. In Krantje Leck mit Q.
Bröderl'n gegessen. – Herrliches Wetter. – Zu Fuß nach Blumenthal. –
Schopenhauer hat schon recht, aber ihm fehlt der Künstler.

*Dienstag, 8. August 1944.* An vielen Bildern gearbeitet . . . Fast acht
Tage nicht geraucht.

*Mittwoch, 9. August 1944.* T'ja T'ja die Sorge um das nicht wieder
Gutzumachende – also die Bilder verloren – Bin ich auch? – Ich war
schon weiter, wieder mehr Mensch – Wie schade? oder wie gut . . .
Morgens 5 Stunden gearbeitet – auch Quappi Portrait mit Blumen ent-
worfen.
Sonst: Qui en sabe –

*Freitag, 11. August 1944.* Beim Morgenspaziergang sah ich merkwürdige Bilder auf steilen Treppen. – Nachmittag mit Q. im schönen Blumenthal, Ruïne und Tierpark. Zurück am Abend bei herrlichem Wetter
und ohne beschossen zu werden.

*Sonntag, 13. August 1944.* »Prunier« fertig gemacht. – Nur etwas im
Savoy.

*Dienstag, 15. August 1944.* Stilleben mit Krone und Clownshut angefangen. Nachtgarten im Cap Martin ebenso . . . Edgy rief an – daher
etwas besserer Stimmung . . .
Landung in Toulon . . .

*Mittwoch, 16. August 1944.* Vielfach gewartet und etwas deprimiert zu
Bett gegangen. G. kam nicht und überall auf den Bahnen sind Be-
schießungen.

*Donnerstag, 17. August 1944.* . . . Lange an Zirkus Busch herumgelungert in praller Sonne, war schön und sah viele Bilder von mir –! Nachmittag erschien dann G., abends noch Gespräche.

*Sonntag, 20. August 1944.* »Schwimmbad am Meer« und Quappi Portrait heftig verarztet. Sonst Sonntagshitze und Stumpfsinn – Müdigkeitsrekord.

*Montag, 21. August 1944.* Oh diese ungeheure Energieverschwendung beim Gewitter – sinnlos und unerkennbar. Nein, ich liebe Victor Hugo doch nicht, trotz Strindberg. Bombastisch. Ich glaube die Franzosen und auch Strindberg lieben ihn nur, weil er eine Dynamik vortäuscht, die sie letzten Endes doch nicht haben.

In Overveen, entdeckte Elswood. Unglaubliche Bäume.

Beim Zahnarzt, letzte Goldkrone. Optimistisch? Na wenn schon. S' ist ja doch gleich vorüber alles.

Riesengewitter, 5 Blitze in nächster Nähe.

*Dienstag, 22. August 1944.* Fest am »Zaubergarten« . . .

Geographie – dans la nuit –

Heiß – heiß.

*Mittwoch, 23. August 1944.* Am Quappiportrait lange gearbeitet. – Sehr heiß. Was wird????? –

*Donnerstag, 24. August 1944.* Gerüchte von einer Räumung Paris haben sich nicht bestätigt. – Rumänia gibt auf. – So die Lage. – Sonst enorm heiß und etwas müde . . .

*Freitag, 25. August 1944.* »Schwimmbad auf Cap Martin« fertig. »Bar Tivoli« fertig . . . Übermüdet wie immer. – 150 km von Verdun! . . .

*Samstag, 26. August 1944.* Schöner Spaziergang Elswood Overveen – Sonnenbad im Krantje Leck –. Abends Aal in Bloemendaal. – Angst vor Zugbeschießung. – Hörte in Paris kämpft man auf den Champs Elysée –

*Sonntag, 27. August 1944.* »Nächtlicher Garten auf Cap Martin« beendet. Kleines »Labyrinth« angefangen. – Vreni war da . . . Man wartet – Um's Jahr 2000 ist ja doch alles erledigt.

*Montag, 28. August 1944.* . . . Leerer Tag, zuviel gestern gearbeitet. – Kämpfe in Paris dauern an. Engländer und Amerikaner brummen weiter über meinen Kopf – »und Friede ist auf Erden« . . .

*Dienstag, 29. August 1944.* . . . Nicht gearbeitet, mit Q. herum gelaufen. – Paris geräumt. – Sah Fr. im Kaperschiff. – Recht mutlos heute abend. – Victor Hugo doch gut.

SEPTEMBER

*Freitag, 1. September 1944.* Morgens trauriger Spaziergang über dem Y . . .
Abends trank ich allein
Eine Fl. Frenshwein
und besah mir den dunkel werdenden Rembrandtplein.
*Samstag, 2. September 1944.* Müder Augenwehtag. – Herum gelaufen. Viel Unruhe und Nervosität. – Das Ende scheint zu kommen. Auch das Meinige? Ich bin bereit –
*Sonntag, 3. September 1944.* An Quappi, und »Garten auf Cap Martin« heftig.
Sonst langsames Ansteigen der Panik . . . 60 km von Aachen, sagt man – Gerüchte schwirren . . .
*Montag, 4. September 1944.* Großer Rummel. – Die Engländer vor der Tür? – Morgens holte L. Bilder ab, rührend schleppte er. Gegen Abend zogen wir dann gemeinsam hin . . . Alles erwartet morgen die Engländer. Sollen schon in Rotterdam sein. Erster Abend in der Küche bei gutem Essen und lieben Menschen.
*Mittwoch, 6. September 1944.* Engländer nicht gekommen. Zweiter Tag mit allerlei Unterhaltungen . . . Mittag mit L. und zwei Herren zusammen, weise Gespräche. – Nachmittag sah ich Fr., nett aber noch alles unentschieden. In der Stadt bis auf gelegentliche Schüsse alles ruhig . . .
*Donnerstag, 7. September 1944.* Es regnet und die Nacht war ruhig. War im Jordaan und über Bahnhofsplatz zurück. Sehr müde. Mittag mit Lütjens, Nelly Friedländer und zwei Bankmenschen. – Mit Q. im K. Tee getrunken, auf dem Rückweg Tornado – mit Gekrach – enorm! Lebensgefährlich, viele Bäume geknickt. –
Abends nett mit L.
*Freitag, 8. September 1944.* Weiter Sturm, Gewitter und Regen. Die Engländer kommen noch nicht. Alles wartet, aber sie erscheinen nicht . . .
*Sonntag, 10. September 1944.* Sahen die Überreste des Taifuns. –

Abends noch Gespräche und Abschieds-Oranje-Bols. – Besseres Wetter . . .

*Montag, 11. September 1944.* Am Morgen um 12 Uhr wieder zurück zu Hause, L. schleppte Koffer und war auch sonst rührend. – Nachmittag mit Q. im Cabaret. – Die Engländer sind mit einem Bein schon hier, mit dem Anderen in Aachen und Saarbrücken. Komme was kommen mag. – Um 8 Uhr Ladenschluß.

*Dienstag, 12. September 1944.* Engländer in Eindhoven, müssen aber noch über Maas und Rhein . . . Morgens malte ich Quappi in rot und blau endgültig und recht gut zu Ende. – Hedda war da.

*Donnerstag, 14. September 1944.* Morgens kam Edgy mit der gewöhnlichen Verspätung. Lange Gespräche. Bekam noch Käse und Butter zum Abschied. Rührung und fast Tränen. Q. filmte Abfahrt.

*Freitag, 15. September 1944.* Morgens Spazierfahrt auf Edgy-Fiets . . . Abends mal wieder Karten studiert, denke doch noch ein halbes Jahr – Die Engländer brummen.

*Samstag, 16. September 1944.* »Atelier 2« ziemlich fertig. »Frau mit Katze« und »Labyrinth« weiter getrieben . . .

*Sonntag, 17. September 1944.* Schöne Radtour durch das tote stille Amsterdam, Polder abgesperrt . . . Tag und Nacht Flieger. Abends großes Gerede vor der Tür, Nachbarn etc. Alles glaubt, daß die Engländer bald da sind. Wasser in Flaschen gefüllt.

*Montag, 18. September 1944.* . . . Engländer noch nicht da, scheint nicht so schnell zu gehen. Fallschirm-Truppen sind in Nymwegen, Tillburg und Eindhoven . . . Abends las Quappi Graf Keßler Erinnerungen vor.

*Dienstag, 19. September 1944.* Weiter äußerste Spannung. Engländer haben Eindhoven. Morgens durch die tote Stadt gefietst. Überall Angst – Angst – Angst. Herrliche Herbsttage mit warmer Sonne – Oh Ironie.

Nachmittag Fr. Man sprach über alte Zeiten . . .

*Mittwoch, 20. September 1944.* Heftig Quappi in blau und rosa gemalt, trotz Fliegerradau und Beschießung von Nymwegen . . . Alles äußerster Wahnsinn. Alles in Allem Ähnlichkeit mit Kriegsanfang. – Kurz in Caliente Bar bei Kerzenlicht.

*Donnerstag, 21. September 1944.* Fête der Ontplofing – Der ganze

Hafen ... Lange auf der Brücke bei Amstel. – Abends las Q. Graf Keßler vor.

*Freitag, 22. September 1944.* Todesangst? Mais oui – und auch ein etwas groteskes Gefühl wie eine fast fremde Verantwortlichkeit für das in mir vorhandene positive Element. Die letzte Position war völlige Verzweiflung an irgend einem Sinn der Welt.

Wenn ich nicht 90 oder 100 werde, lohnt es sich nicht ... Letzter Explosionstag. Sah Schiffswerften in die Luft fliegen gesprengt von deutschem Sprengbataillon. – Sonst gearbeitet.

*Samstag, 23. September 1944.* Nochmals heftig an Quappi in blau mit grauem Hintergrund. Nachmittag schöne Radfahrt nach Richtung Halfweg. Abends las Q. Bernanos vor bei mächtigem Gedonner der Engländer. Nymwegen noch immer im Kampf. Stimmung so wie gestern.

*Sonntag, 24. September 1944.* Nachts halb drei Uhr von fürchterlichen Hohngelächtern, im tiefsten Schlaf ausgestoßen (um die Verfolger im Dunklen zu erschrecken) – stürzte Quappi ins Zimmer. Ich beruhigte sie und mir zündete ich die zweite Zigarette an. – Mittags an der Amstel per Rad, dann bei H.'s, wo ich allerlei »hörte« und erfuhr. – War dann noch eine halbe Stunde in der Stadt. Detonationen der Sprengungen. »Nymwegen noch immer unentschieden« – Mais? – Dann Fr. bei uns. Er las »Briefe im Kriege« von M. B. – oh Gespenst der Wiederholung. »Kein Friede« –

*Montag, 25. September 1944.* »Bernanos« zu Ende gelesen. Satan etc. ganz gut aber nicht vollendet. – Cap Martin mit gelben Blumen und »Atelier« fertig gemacht. Übergang über den Rhein, noch nicht – In verlöschenden Bars Schnäpse getrunken. Kritik am Papa vorbehalten mit Anerkennung seiner älteren Rechte.

*Dienstag, 26. September 1944.* Im allgemeinen eine etwas sicherere Stimmung, war nachmittag bei Lütjens. Alte Tryptics besehen ... Um Nymwegen nicht viel Neues. Sehr viel gefietst ... Morgens jenseits des Y's in alten kleinen Park. –

Alles noch in der Schwebe ...

*Mittwoch, 27. September 1944.* Schlechte Stimmung. Rutsch in den Abgrund doch ziemlich sicher. Es geht – es rutscht – – nur langsam. Kalte Bomben. Vernichtung von fünf Jahren Arbeit – all das steht in rosiger Klarheit für die Zukunft – und ein völlig zerstörtes Europa. –

Wo soll man da hinaus – – Rosa-violettes ruhendes »Caliente-Mädchen« fertig . . .

*Donnerstag, 28. September 1944.* Engländer verzeichnen Schlappe bei Arnheim. Die D. sagen viertausend Gefangene –? Front scheint vorläufig etwas zu stagnieren. Mit Q. im Jordaan und am Y bei schönem Wetter, auch Butshy. – Sah nachmittag v. d. B. der umgezogen ist wegen zuviel Stacheldraht . . .

*Freitag, 29. September 1944.* Heftig gearbeitet an »Maler und Modell« (Akademie) und »Lütjens Familie« und »Panoptikum«.

Nachmittag gefietst, sah Hedda. Regen im September. Fietste um den traurigen Bahnhof.

*Samstag, 30. September 1944.* Heftig am linken und rechten Tryptic-Flügel – »Das Konzert« oder so –

Sehr lange und etwas désespéré von all den Pratjes – Luft- und Militärgeräuschen . . .

Abends Q. Jünger vorgelesen aus den 3 im Mond. Ganz gut.


OKTOBER

*Sonntag, 1. Oktober 1944.* Nachts ½ 5 Uhr. Quappi ganze Nacht Übelkeit, etc. – und recht krank. Erstaunlich ist, wie in der Nähe des Vergehens alle anderen Dinge spielend leicht zu ertragen scheinen, die sonst (wie die Zeit) unerträglich waren. Nun schläft sie Gott sei Dank, fast eine Stunde. Es wird wohl vorüber sein. Aber es war aufregend, weil noch nie so schlimm . . .

*Montag, 2. Oktober 1944.* Scheinen doch wieder ins Gleis zu kommen. Nach schwerer Nacht konstatierte Dr. de Lange Bauchgrippe bei Quappi, jedoch besserte sich ihr Zustand bis heute abend zu 37.5, daß anzunehmen, daß die Sache bald in Ordnung kommt. – War anstrengend . . . Caliente Bar die übliche Weltuntergangsstimmung. – »Anatol« doch nicht wichtig.

*Dienstag, 3. Oktober 1944.* . . . Aussichten sind ja schlecht – soll mich aber nicht hindern – und wenn der ganze Schaum zerplatzt, doch noch mein letztes Wörtchen zu verkleistern. – Wenn ich nicht krank werde oder durch Bombe, etc. vernichtet – aber auch das müßte eigentlich in meiner Hand sein.

*Mittwoch, 4. Oktober 1944.* Aussichten nach wie vor faul. Bald auch kein Licht mehr – Holz – Kohlen, etc. Front wenig verändert. – Wenn ich an meinem »Großen Café« male, vergesse ich alles. – Das sind noch Stunden, in denen ich lebe ...

*Donnerstag, 5. Oktober 1944.* ... Kerzen bekommen, jetzt fehlen Streichhölzer ... Quappi geht's besser. – Sehe völlig schwarz – trotzdem Lütjens nette Karte schrieb, daß er Bilder von mir aufgehängt hätte.

*Freitag, 6. Oktober 1944.* Kerzen bekommen und nicht bekommen – »Aladin's« Wunderlampe. Nachmittag nahm L. die neuesten 4 Bilder ab »Quappi«, »Akademie 2«, »Südliches Meer mit gelbem Segel« und »Rosablaues Mädchen«. Große Begeisterung.

*Samstag, 7. Oktober 1944.* Wir sind bereit, die Dinge gründlich und bis zur Neige auszukosten. Vielleicht deshalb »blühte« das Licht wieder was wir gerade begraben und mit Kerzen – Leichen – List feierten. Nun? »Sauerstoff-Lampe« gekauft ...

*Sonntag, 8. Oktober 1944.* Verhältnismäßig friedlicher Tag. Heftig gearbeitet am »Großen«, rechten und linken Seitenflügel ... Sonst – sehr müde, im Stockdunklen gefietst ...

*Montag, 9. Oktober 1944.* Immer noch Licht?! – Mit Q. Einkäufe ... Trafen zufällig Fr. im American Hotel. Q. holte Karten für »Goulasch-Kanone« ... giftige Atmosphäre ...

*Dienstag, 10. Oktober 1944.* War morgens bei Lütjens und zeichnete für Portrait. Q. und Butshy holte mich ab. Mit Fiets zurück. Immer noch Licht aber bestimmt nicht mehr lange ...

*Mittwoch, 11. Oktober 1944.* Na also, wir wollen nicht den Kopf verlieren ... Man muß versuchen sich zu beherrschen –!! Wenn's auch schwer ist ... Ganzen Tag unfruchtbar am Quappi Portrait – très déprimé deswegen. Kühl, grau, düster. – Immer noch weiter?! So müde –

*Donnerstag, 12. Oktober 1944.* Erster Abend bei Kerzenlicht – diesmal echt, um 5 Uhr ging das elektrische Licht aus – wie lange? ...

*Samstag, 14. Oktober 1944.* War bei Lütjens und zeichnete Nelly und Kind. – Oh andere Welt ...

*Sonntag, 15. Oktober 1944.* »Labyrinth« fertig gemacht, ganz gut und zufrieden. Fr. kam wieder mal nicht. Abends bei Kerzen, Sternenbuch. Q. las vor.

*Montag, 16. Oktober 1944.* Stilleben mit Kerzen und Paletten fertig. Übermüdet, wie immer – aber es kam Holz. Achthundert Kilo – 370 Gulden! Große Freude . . .

*Dienstag, 17. Oktober 1944.* Pause gemacht. Bei Heilbrunn's mit Q. und Butsh. An der Amstel schön. – Verschiedene Lunchrooms alle geschlossen. Schließlich irgendwo etwas Bratkartoffeln mit Rotkohl für 17 Gulden. – Wird ein schöner Winter.

*Mittwoch, 18. Oktober 1944.* Quappi in blau endlich gut fertig. Viel und gut an »Die Große Bar«. Abends Caliente-Bar dunkel. Sehr müde. Quappi las »Sängerin« vor.

*Donnerstag, 19. Oktober 1944.* Waren bei Lütjens lunchen. (Schreibe bei Öl-Brilliantinefunzel – geht auch) Beim Rückweg Weh in der Brust. Angina-Pektoris?

Nachmittag besser nach Pervitin . . . Quappi las wieder vor.

*Freitag, 20. Oktober 1944.* War bei Lütjens Baby zeichnen. Ganz gut und anregend. Sehr schlechtes Wetter. Allgemeinbefinden besser, da rationeller lebe . . .

*Samstag, 21. Oktober 1944.* »Nackte Frau mit spielender Katze« fertig gemacht. Am Lütjens Portrait Untermalung . . .

Viel Kerzenlicht und abends »der Mond«.

*Montag, 23. Oktober 1944.* Linker Flügel der »Großen Bar« erstmalig untermalt. Stilleben mit Paletten fertig . . .

Nachmittag Caliente mit viel Gebrüll und Nerven-Brustweh. Abends »die roten Giganten«.

*Mittwoch, 25. Oktober 1944.* Heftig »Rosa Frau mit spielender Katze« fertig gemacht. – Sechs bis sieben Caliente-Bilder entworfen. Quappi bei Lütjens – ich malen. Schöne Spätherbsttage. Letzter Herbst?

Engländer in Hertogenbosch – oh! Hieronymus.

*Freitag, 27. Oktober 1944.* »Labyrinth« noch einmal überarbeitet. – Jetzt gut glaube ich. Aber sehr anstrengend . . . Scheußliches November-Nebelregen -Wetter mit Brustweh, noch ein Jahr?! Abends Roman, Primaner von H. Gut. Jetzt gute Stimmung.

*Samstag, 28. Oktober 1944.* Die ohnmächtige Rolle Schöpfer zu spielen, ist unser trauriger Beruf. Was zu denken wir uns zwingen, weiter muß es dann erklingen, kommt zurück nach wunden Lauf – frißt uns schließlich selber auf.

*Sonntag, 29. Oktober 1944.* Spaziergang im Vondelpark bei schönster Sonne aber kalt ... Nachmittag Frommel, Bilder zeigt Quappi. Gutes Verstehen. Dann noch Schnäpse an der Amstelbar.

### NOVEMBER

*Mittwoch, 1. November 1944.* Mit Fiets, Butshy und Quappi im Jordaan. Blumenkohl und Spruitjes »erreicht«. Nachher fielen wir vom Rad – halb ...

*Donnerstag, 2. November 1944.* Wieder schöne Radtour in den Polder, Richtung Zaandam. – Las morgens Klages, recht mäßig, »Be-Klage's«. – Bald darf ich wieder malen ...

*Samstag, 4. November 1944.* Nach schlechter Nacht (Brustzusammenziehen) zu Dr. de Lange, konstatierte leichte Angina-Pektoris. T'ja nicht sehr erfreulich. Behauptete in drei Wochen wahrscheinlich vorüber. Na ja. – Zu Fuß nach Haus. Nicht geraucht.

*Sonntag, 5. November 1944.* Morgens spazieren an die Amstel, natürlich jetzt mit mehr Schmerzen. Spät nachmittag Kaperschiff 10 Glas Sekt – Oh je ...

*Montag, 6. November 1944.* Morgens gefietst und kleine Bilder angemalt ... Politik stagniert völlig.

*Dienstag, 7. November 1944.* An beiden Flügeln von der »Großen Bar« – wird jetzt vielleicht ... Sonst – noch nicht viel besser.

*Mittwoch, 8. November 1944.* Mit Quappi im Jordaan, Blumenkohl, etc. per Rad. Im dicksten Regen um 5 Uhr Caliente. Fühlte mich heute etwas besser.

*Donnerstag, 9. November 1944.* Schlechter Tag. Morgens gefietst. Nachmittag mit Brustweh zu v. d. Berg. Dachte es ginge mir schlecht – Zwei Cognac.

*Freitag, 10. November 1944.* Merkwürdig gut spazieren gegangen! Bei Lütjens und C. alles fast gut. Denke wieder, daß alles doch noch gehen wird. – Wetter besser.

*Samstag, 11. November 1944.* An mehreren Bildern gearbeitet. – Immer noch Angina-Pektoris? ist auch egal. – Furchtbares Wetter, dunkel, Regen, Sturm.

*Sonntag, 12. November 1944.* »Loge 2« blaurosa fertig. –

Scheußliche Regentage ... Abends »dunkel, wie dunkel –«.

*Montag, 13. November 1944.* Scheußlicher Regen. In Pferdedroschke zu Dr. de Lange wegen Herz. Er behauptet Besserung?

Im American mit Quappi. Im Regen mit Droschke Jordaan Kartoffeln – im Regen abends wieder Weh. Q. böse – geraucht.

*Dienstag, 14. November 1944.* Gut an Lütjens Portrait gearbeitet und »Loge 2« nochmals. Nachmittag viel Weh hin und zurück Caliente. Sehr deprimé.

*Mittwoch, 15. November 1944.* Endlich fast zwei Grad Kälte und trocken. Allgemeinbefinden besser (abends Zigarettenkrach mit Q.) – Na, abwarten.

*Freitag, 17. November 1944.* Spaziergang und dann gearbeitet. – Englische Offensive bei Aachen. Nachmittag bei Sturm und Regen im Caliente, trotz Herzschwäche?!? Abends las Q. der »Jüngling«, Dostojewski.

*Sonntag, 19. November 1944.* Fünf Stunden vergeblich an Lütjens Portrait. Vorher herrlicher 7 Uhr Spaziergang bei aufgehender Sonne ohne irgend welche Schmerzen ... Gegen Abend natürlich wieder müde.

*Montag, 20. November 1944.* Nochmals »Lütjens« spät endlich mit Erfolg glaube ich. 4–5 Stunden wie gestern gearbeitet. Daher nachmittags sehr müde mit viel Angina nach Caliente und im dunklen Regen zurück. Zu Hause fühle ich nie etwas. – Abends »Der Jüngling« D.

*Dienstag, 21. November 1944.* Pause gemacht – mit Quappi im Jordaan Kartoffeln gegen Zigarren getauscht. Bei schönem Wetter sehr gut gelaufen. Auch nachmittag. Nur abends bei Rückweg mit Q. Leidschestraat Brustweh.

*Mittwoch, 22. November 1944.* Es ist unnötig Tragödie zu machen – Ich werde mich durchsetzen, wenn auch alles gegen mich ist.

*Freitag, 24. November 1944.* Bei Lütjens gezeichnet, immer sehr erholend.

Nachmittag Spaziergang Jordaan, sah »Fische«.

Caliente, Zigeunermusik, Dostojewski.

*Samstag, 25. November 1944.* Seit langer Zeit erstmalig ohne Brustpein. Mal sehen ob's anhält. – Sehr gut gearbeitet »Kleine Bar«, »Drei Männerköpfe« und »Loge 2« finito. Spaziergang im Regen erstmalig ohne Weh. Kartoffeln gekommen, ½ Mut. – Guter Tag.

*Sonntag, 26. November 1944.* Unangenehmer Tag, mit Luftgefechten,
Bombenabwurf . . .
Etwas an »Café Bandol« – müde. Auch etwas Weh am Abend. Kurz,
kein angenehmer Tag. – Die Engländer in Kehl? – Abends noch
»Jüngling«.
*Mittwoch, 29. November 1944.* Herrlicher Tag mit Früh- und Nachmit-
tagsspaziérgang. Es geht entschieden etwas besser mit Angina P. – Zau-
berhaft morgens früh an der Amstel . . . Kein Weh!!
*Donnerstag, 30. November 1944.* Mit v. d. B. – es ging wieder ganz gut
und das Weh scheint langsam verschwinden zu wollen . . . Auch zu
Fuß im Dunklen aus und ohne Weh zurück. Abends Karbidlampe, alles
viel besser.


### DEZEMBER

*Samstag, 2. Dezember 1944.* Um 7 Uhr aufgestanden, 4–5 Stunden
Lütjensportrait gearbeitet, vorher im »Früh-dunkel« mit Butshy
Gassi . . .
*Montag, 4. Dezember 1944.* . . . Zu Fuß hin und zurück zu de Lange.
Erklärte mich gesund – so, so. – na, ich glaub's noch nicht. – Weiter
Sorgen . . .
*Dienstag, 5. Dezember 1944.* Lütjensportrait beendet –? Glaube gut. –
Beim Ausgehen zuerst wieder etwas weh. – Bei Caliente 5 Schnäpse mit
gutem Nachhauseweg . . .
*Samstag, 9. Dezember 1944.* War heute das erste mal seit langem wie-
der fast gesund.
Sehr gut am linken Flügel von »Cabaret« gearbeitet. Stilleben mit Pla-
stik und Kerze fertig gemacht. – Im tollsten Nebelregen an der Am-
stel . . . Lage hier ziemlich verzweifelt – Hungersnot . . .
*Sonntag, 10. Dezember 1944.* Nachmittag Besuch von Fr., traf ihn im
Dunklen vor der Haustür. Bilder gezeigt . . . »Brustbräune« scheint vorüber.
*Montag, 11. Dezember 1944.* 5 Stunden »Bandol« – fühle mich sehr
wohl! . . .
*Dienstag, 12. Dezember 1944.* Nochmal 5 Stunden gearbeitet an L.-
portrait . . . Sehr müde aber trotzdem nicht mehr krank.

*Samstag, 16. Dezember 1944.* Heftig am linken »Barflügel«, sehr ermüdet . . . und »un peu« Pein.

*Sonntag, 17. Dezember 1944.* Viel Regen. »Polderlandschaft« fertig . . .

*Montag, 18. Dezember 1944.* Deutsche Offensive bei Malmédy . . . Viel gelaufen, morgens gearbeitet.

*Mittwoch, 20. Dezember 1944.* Lütjens war da und kaufte Familienbild, – der erste Verkauf seit bald vier Monaten. – Auch sonst sehr nett. – Nachher geht's zu v. d. Berg, Kartoffelpuffer essen.

*Freitag, 22. Dezember 1944.* Morgens großer Spaziergang, traf auf dem Rückweg Lütjens, der Doppelbild schon abholt, très enchanté. – Später bei ihm, noch gezeichnet. – V. d. Berg verunglückt!
– Die Deutschen bei Lyk – scheint Wiederholung von erstem Vormarsch.

*Samstag, 23. Dezember 1944.* Eben um 7 Uhr aufgestanden, mit Butshy op straat. – Sehe den kommenden Dingen ruhig und mehr oder weniger resigniert zu. – Die Sonne will sich erheben – und ich an die Arbeit.

*Sonntag, 24. Dezember 1944.* WEIHNACHTEN –
Amstelspaziergang. Nachmittag Heilbrunn . . . Déprimé, aber nicht sehr. – Abends doch noch ganz nett mit Q. in der »Höhle«, Beckmann: Federzeichnung – sie: das »Labyrinth«.

*Montag, 25. Dezember 1944.* . . . »Choux de Bruxelles« entworfen. »Mutter mit 2 Holländerinnen«, auch an »Kino-aufnahme« gearbeitet . . .

*Dienstag, 26. Dezember 1944.* Nachmittag bei L. zum Tee mit Q. und Butshy. War sehr müde, aber die anderen fasziniert vom L. Familienportrait, auch Nelly. Kamen spät und friedlich nach Hause. L. scheint richtig prophezeit zu haben.

*Freitag, 29. Dezember 1944.* Zurück vom Morgenspaziergang . . . Sah am Morgenhimmel die P. 2 aufsteigen –
Quappi schläft seit 2 Tagen bei mir im Zimmer wegen Kälte.

*Samstag, 30. Dezember 1944.* Sehr intensiv bis zur Ermattung am rechten Flügel von »Cabaret« – ziemlich weit getrieben. – Im Caliente Gonzi-Zigaretten gekauft. Überall Hunger. – Trotzdem morgen wieder arbeiten . . .

*Sonntag, 31. Dezember 1944.* Letzter Tag im Jahr 1944. Morgens noch an der »Holländischen Landschaft« und »Apollo«.

Nachmittag einige Bolse inmitten scheußlicher Gesellschaft und Haß im
Herzen. Abends las dann Q. »Margrave« vor und um 12 Uhr scheußlichster Lärm – Getute und Feuerwerk, sodaß Butshy vor Furcht fast
starb. –

Finish 1944

ein schweres Jahr.

Wird 45

noch schwerer?

# 1945

*Montag, 1. Januar 1945.* Unter Fliegergeknall im herrlichen Morgen an der Amstel spazieren. Flüchtete ins Tuchinsky – Butshy war außer sich.

Dann kam trotz Krieg L. und im Gespräch über unser Metier vergaß man etwas das Elend. Auch sonst sehr nett – Na – ja.

*Mittwoch, 3. Januar 1945.* . . . Ganz intensiv nochmals am rechten Flügel vom Tryptic, rosa Strümpfe erfunden und blonden Margrave. Dann noch »Kleine Kinoaufnahme« fertig gemacht (König und Frau). In Rigo Bar, Bols rationiert. Überall Not und Geschrei.

*Samstag, 6. Januar 1945.* Erstmalig unten im Zimmer gearbeitet wegen Kälte. Schönes Wetter, 4 Grad Kälte. – Abends Fisch.

*Sonntag, 7. Januar 1945.* Früh im Kalten gearbeitet im unteren Zimmer . . .

*Mittwoch, 10. Januar 1945.* Sehr viel am linken Flügel des Tryptic des »Großen Cabaret« gearbeitet. Übermüdet und deprimé nach allen möglichen Aufregungen . . . Abends besser.

*Donnerstag, 11. Januar 1945.* Mit Quappi im Jordaan, fanden etwas Gemüse und bestellten Äpfel. – Dann zum American, wo alles ausverkauft war, zum Lunch für 1,50 Gulden. Aßen dann teuer und schlecht bei Dicker & Tyss, Stampot für 7,50. –

Nachmittag bei v. d. Berg, der Arme mit dem Armbruch! . . . Abends Margrave gelesen und Unterstellungen über das »Ich«. – Schön warm in diesem Zimmer.

*Freitag, 12. Januar 1945.* . . . Liege noch im Bett und Quappi kratzt die Schlacke und Asche vom Ofen aus. Gehe nachher zu L., bin neugierig ob Pessi- oder Optimismus Sieg erhält. Jetzt muß ich aufstehen . . .

Abends: Na ja also – L. kaufte unter anderem: »Dream of Monte Carlo«!

*Samstag, 13. Januar 1945.* Sehr intensiv am linken Flügel von »Cabaret«. Dann an »Zwei Mädchen in Grau«, dann noch drei Köpfe (Mädchen mit Orchidee) . . . Fühlte mich den ganzen Nachmittag schlecht und erschöpft. (Weh.) – Im eisigen Wind von Caliente Bar nach Haus . . . Wieder 5 Grad Kälte und eisiger Nordwind.

*Sonntag, 14. Januar 1945.* Schöner Sonntags-Spaziergang mit Butshy an der Amstel bis letzte Brücke. In nebliger Kälte, fühlte mich jung und frisch . . . Brachte 7 Pfund Peulfruchten und Kohlkopf mit nach Hause . . .

*Montag, 15. Januar 1945.* Bei L. zum Zeichnen. Er hatte 40 kg Erdäpfel erhalten. Sah alte Corinth's wieder . . . Ziemlich müde und vielerlei Brustweh . . .

*Dienstag, 16. Januar 1945.* Die beiden Flügel zum großen »Cabaret« endgültig im Schuß. Linke Kniende mit roten Strümpfen, junger Mann hat eine Kerze. – Recht zufrieden. – Neue Russenoffensive bei Boronov etc. . . . Etwas wärmer. – (Spät nachts im Bett geschrieben). – Quappi schnarchte und Butshy ging trinken.

*Mittwoch, 17. Januar 1945.* Neuer kleiner Potkachel im Atelier – Wohnzimmer eingeweiht. Ging ganz gut. An den »Holländerinnen« und »Kleine Drehtür« gearbeitet . . .

*Donnerstag, 18. Januar 1945.* Früh mit Butshy schöner kalter Spaziergang. Die »Brücke« entworfen und »Herd und Flamme«, alles bei 8 Grad Celsius. Nachmittag mit viel Weh zu v. d. Berg, der schon zwei Besucher hatte, und den Arm immer noch hoch –! Im Caliente frostige Pleitestimmung. Ein Liqueur 7½ Gulden. Im tollsten Nachtsturm nach Hause. Nach Margrave um ½11 Uhr ins Bett. – Russen in Krakau.

*Freitag, 19. Januar 1945.* Liege noch im Bett und will nachher zu Lütjens gehen, mein »Morphium« in diesen Zeiten. Quappi bringt gerade Holz und Kohlen. Man macht nicht vor ½10–10 Uhr Feuer. Jede einzelne Kohle wird dreimal umgewendet. T'ja, T'ja – wir sind tüchtige Leute geworden . . .

*Samstag, 20. Januar 1945.* Heftig Totenkopf-Stilleben und am »Morgen« gearbeitet. Nachher schöner Schneespaziergang mit Butshy, (Blizzard auf der Brücke.) Mittags neue Brotangst. –

Schlechter Nachmittag mit viel Brustweh . . .

*Sonntag, 21. Januar 1945.* Liege noch im Bett, Quappi auch. Draußen liegt ½ Meter hoch Schnee und wir machen Sonntag im Bett und warmem Ofen. – Ein unerhörter Luxus.

Später Amstelspaziergang, wurden von Professor L.'s abgefangen und bekamen echten Kaffee. Habe Kunstgespräche zurückgewiesen . . .

*Montag, 22. Januar 1945.* Zu Fuß im Schnee bis zu T. und auf dem Rückweg bei Dr. de Lange, der mich über Nase und Herz beruhigte. – Nachmittags kamen Lütjens. Ich las Vortrag aus London, und auch sonst gute Gespräche.

*Dienstag, 23. Januar 1945.* »Holländisches Levée« angemalt und »Kleine Drehtür 2« (rosa) fertig gemacht. Im Zimmer 7 Grad Wärme (Celsius). – Sonst im Zeichen des russischen Vormarsches . . .

*Mittwoch, 24. Januar 1945.* Mit Butshy im Schneegestöber zum Amstel Hotel. Er durfte nicht hinein, weil 6 Hunde jetzt im Amstel wohnen. – Vorher Brennholz aus altem Keilrahmen und Papier gemacht (anstrengend). – Nachmittag kam Fr. und erhielt den London-Vortrag vorgelesen, sah auch neue Bilder, alles im kleinen Schlafzimmer, das noch immer warm ist.

Russen besetzen Gleiwitz.

*Donnerstag, 25. Januar 1945.* Holz gesägt im Atelier (Keilrahmen). Kleiner Butshy Spaziergang. Es wird weiter kälter. – Nachmittag bei v. d. Berg im Krankenhaus . . .

Im Caliente Liebeserklärung der Garderobière – Oh Gott.

*Freitag, 26. Januar 1945.* Morgens bei L. Hörte daß nächste Woche nur noch 1 Brot. – Zeichnete Mutter und Kind . . .

*Sonntag, 28. Januar 1945.* Übliche Morgenpromenade, diesmal ohne Butsh weil zu kalt. Nachts schwere Kälte und Nordostwind. Froren auch im Zimmer trotz etwas Heizung. Versorgung schlecht. Bohnensuppe . . .

Man kämpft in Breslau.

*Montag, 29. Januar 1945.* Intensiv wenn auch nicht ganz gut bei 6 Grad Wärme (Celsius) im Zimmer, an der linken Hauptfrau – linker Flügel gearbeitet. Sonst noch 6 Grad Kälte und Heizmisere – und Essenmisere . . .

*Mittwoch, 31. Januar 1945.* Morgens erwacht und 5 Grad Wärme und Tauwetter. Schnee schmolz. Mit Butshy durch den Dreck.

Nachher fest am linken Flügel vom Tryptichon. Wieder weiter getrieben ... Russen 150 km vor Berlin.

## FEBRUAR

*Donnerstag, 1. Februar 1945.* Brachte des Morgens dem kranken v. d. Berg Adalin, und ging durch die hungrige Stadt bei kaltem Tauwind. Kein Hotel gibt noch Essen ...

*Samstag, 3. Februar 1945.* Fest am »Potkachel« – aber noch nicht beendet. Sonst etwas müde ...

*Sonntag, 4. Februar 1945.* An »Brücke« und »Frauen in gestreiftem Pelz« gearbeitet. Es regnet ... Russen 20 km vor Berlin.

*Montag, 5. Februar 1945.* ... Quappi hatte Geburtstag, 3 Orchideen ...

*Mittwoch, 7. Februar 1945.* Ganz groß am linken Flügel vom »Cabaret« gearbeitet. Ebenso »Potkachel«. Fertig. Zufrieden, endlich sieht man die Sache. Sehr müde ...

*Sonntag, 11. Februar 1945.* Fest nochmals »Mann und Frau in Drehtür« und »Zwei Frauen hinter der Säule« – fest und gut gearbeitet ...

*Montag, 12. Februar 1945.* – 61 – oh mon Dieu – na – ja, langsam bekomme ich Respekt vor mir selber – Solange schon – Also: Quappi machte echten Kaffee, Blumen kamen von L. und v. d. Berg. Fr. traf ich beim Morgenspaziergang. Nachmittags mit viel schönen Reden Lütjens und Familie. – Abends Gonzi-Zigarette und Kriminalroman. Alles in Allem lächerlich nett.

*Donnerstag, 15. Februar 1945.* Zum ersten Mal gründlich an »Nelly und Kind« gearbeitet. Wird mir noch viel Arbeit machen. Sonst wieder Geldsorge. – Nachmittag Nebelspaziergang – glaube nun wieder, daß es noch lange dauert ... Wieder Brustweh –

*Samstag, 17. Februar 1945.* Heftig an »Nelly mit Kind« und nochmals »Hotelhalle« bis spät gearbeitet. Später bei Z. wo ich mich erkältete.

*Sonntag, 18. Februar 1945.* Heilbrunn kam ... Q. nicht wohl, lag im Bett auf dem Sofa. – Anfang meiner Erkältung. – Las viel Van Gogh.

*Dienstag, 20. Februar 1945.* Trotz Erkältung heftigst an der »Hotelhalle« und »Nelly mit Kind« gearbeitet. Ziemlich ermüdet. Dann abends 10 Gonzi-Zigaretten gekauft ...

*Mittwoch, 21. Februar 1945.* Besuch bei Laqueur's mit schwerer Erkältung. Bekam einen Teller Suppe – »Der arme Mann« – und zahlte meine Schulden. Abends allerlei Schmerzen und Beschluß nicht mehr zu rauchen.

*Donnerstag, 22. Februar 1945.* . . . Erkältung noch stark, trotzdem gearbeitet (ohne Rauchen) an der »Brücke« . . . Schlechter Laune.

*Freitag, 23. Februar 1945.* Liege noch im Bett und denke – habe ich Lungenentzündung . . . soll ich zu Lütjens gehen – Quappi macht Feuer, Butshy liegt auf dem Sofa. – Trotz allem – ich werde noch eine kurze Spanne Zeit leben – was auch kommen mag – ha, ha – War bei L. der mich wieder aufmöbelte . . .

*Sonntag, 25. Februar 1945.* Sehr am Rikchen gearbeitet und abends etwas Temperatur. Erkältung, starke Bronchitis.

*Montag, 26. Februar 1945.* Fest-Tee bei L. mit Ch., ebenfalls krank und Mann. Ich bekam eine Zigarre, war aber innerlich schlechter Laune und hatte Weh.

*Dienstag, 27. Februar 1945.* Sehr heftig am »Rikchen«, daher nachmittag müde und Brustschmerzen, sogar abends im Bett . . . Erkältung heute vorbei, dauerte 10 Tage und war sehr unangenehm. – Warmer Vorfrühling, ging Ring verkaufen – Geldnot.


## MÄRZ

*Donnerstag, 1. März 1945.* Heftig an verschiedenen Bildern – an den »3 Meisjes« und »Genius«, etc. gemalt. Noch ziemlich müde von der Erkältung aber es geht wieder vorwärts. Scheußlich, windkalte Straßen. – Man ist dicht vor Köln und dem Rhein – ja – ja . . .

*Samstag, 3. März 1945.* Morgens und nachmittags bis zum Dunkelwerden heftigst am Rikchen – Nelly Portrait. Nur früh morgens op straat mit Butshy . . .

*Sonntag, 4. März 1945.* Trotz Nervosität intensiv an der »Holzbrücke«, gelb und grün gearbeitet, ziemlich beendet . . . Cologne perdue.

*Montag, 5. März 1945.* Très nerveux. Schlechte Stimmung . . . Im Amstel zu Mittag mit Quappi. Nachher Dr. de Lange (»Oh – nichts –«) Müde und déprimé – puh – ziemlich verzweifelt in Don Juan Bar wo es furchtbar voll war . . .

*Dienstag, 6. März 1945.* Lütjens erschien mit gelben Narzissen um ½11 Uhr. Später ging ich hinüber und er kaufte »Traum« (goldnes Horn), »Kleine Loge mit weißem Handschuh«, »Kleines Café Drehtür«, »Mondlandschaft Cap Martin« und »Stilleben mit den grünen Gläsern«. Allseitige Freude – Nun kann man wieder weiter –

*Mittwoch, 7. März 1945.* Äußerst heftig nochmal – zum 40. Mal am Rikchen gearbeitet – Jetzt ist sie gut. Nachmittag ausgezeichnet herumgelaufen, Abendspaziergang.

*Donnerstag, 8. März 1945.* Morgens großer Spaziergang mit Butshy nach der Wage und Hasenstraat. Kaufte Salz für 8 Gulden das Pfund und Öl eine Flasche 60 Gulden, immerhin ein Erfolg . . .

*Samstag, 10. März 1945.* Großer H. und Lütjens – Tee mit allerlei Theater. Apokalypse und Faust wurde gezeigt. Mit mehr oder weniger Erfolg. Nur Ritter L. war wie immer plein d'enthusiasme . . . Morgens noch im botanischen Garten –

*Sonntag, 11. März 1945.* Letzter großer Finish am Rikchen – Nelly-Portrait, 4–5 Stunden. Denke wirklich daß nun ein Ende. Wirklich sehr anstrengend daher Nachmittagsschlaf Weh und Pektoris-Gefühle. Abends David Copperfield. Q. Erkältung besser.

*Montag, 12. März 1945.* War morgens im Zoo in meiner stillen Ecke und besuchte das Nilpferd in seiner schönen Villa. Sie badete gerade. – Durch die zerfallenen Judenstraßen zurück.

*Dienstag, 13. März 1945.* . . . Nachmittag tauchte der wiedererstandene v. d. Berg auf mit dem Arm in der Schlinge und erhielt was zum Essen . . .

*Mittwoch, 14. März 1945.* Morgens bei Laqueur's mit Butshy hin und zurück zu Fuß, noch am Rembrandtplein Café K., erstmals Sonne gebadet. – Tag ohne Weh.

*Donnerstag, 15. März 1945.* Die »Holzbrücke« beendet, 5 Stunden gearbeitet trotz Dysentrie. Nachmittag noch zu Caliente fast ohne Weh . . .

*Samstag, 17. März 1945.* In Erwartung von L. der zur Abnahme von Rikchen's Bild um 11 Uhr kommt. Kalkuliere, daß es ihm nicht besonders gefällt. – Sonst noch immer etwas Dysenterie die ich mit Norit und Drugs zu heilen versuche.

*Sonntag, 18. März 1945.* Lütjens nahm Rikchen Portrait ab unter wollüstigem Geschrei. – Sonst noch stets darum krank und nachmittag leider auch wieder Peky, auch abends Weh. – Recht freudig wegen L. – traurig wegen P. – In Bar Rotwein, 5 Gulden ein Glas.

*Montag, 19. März 1945.* Mögen der Schmerz und die Trauer wiederkehren damit ich nicht im Wohlbefinden mich verschwimme –

*Dienstag, 20. März 1945.* 5 Stunden an den »3 Holland Meisjes« gearbeitet . . .

*Mittwoch, 21. März 1945.* Morgens im Zoo noch immer mit Dysenterie und Schnupfen. Abends eine Flasche Rotwein für 50 Gulden – eigentlich noch billig – da ein Paket Gonzi-Zigaretten jetzt 80 Gulden kostet! . . .

*Samstag, 24. März 1945.* Machte noch Mittelbild von C. Tryptic fertig und verschiedenes Andere. Müde und abgestumpft bis zur Gleichgültigkeit den entsetzlichsten Dingen gegenüber. – Warm, 20 Grad!

*Sonntag, 25. März 1945.* Nun naht langsam das Ende. Engländer bei Wesel über den Rhein. Rechne zwischen 8 Tagen – und 4 Wochen. – Morgens erstmalig an den »Sphynxen«. Schöner grauer Morgenspaziergang, viel Betrunkene.

*Montag, 26. März 1945.* Lange und unnötig eigentlich an dem verfluchten kleinen »Hotelbild« mit den beiden Frauen gearbeitet. Übertrieben erschöpft. Nachmittag etwas Peky und Whisky. Lange Unterhaltung. – Wenn die rote Kugel der Sonne des Morgens – dann weine ich – (Dickens). Na ja.

*Dienstag, 27. März 1945.* Großer Brückenspaziergang mit Butshy, Amstel. Später dann bei L. mit Bilder ansehen. Sah zum ersten Mal Familienbild L. wieder. – Recht gut . . .

Sonst: Karlsruhe – Aschaffenburg – Rees – – und oben brummen die Engländer noch immer.

*Mittwoch, 28. März 1945.* Das Ende naht immer mehr – Frankfurt, Hanau, ja schon Fulda sagt man, eben so Wetzlar, wahrscheinlich auch Nauheim – Bummi – oh mon Dieu . . .

Morgens am »Ochsenfest« gearbeitet und »Zwei Frauen im Café« fertig. (Glaube nicht das Ende noch zu erleben.)

*Donnerstag, 29. März 1945.* Fauler, müder Tag. Morgens Gemüse eingekauft in Jordaan, Endivien und Rotkohl – selbst nach Haus geschleppt. Nachmittag Don Juan Bar endgültig geschlossen . . . Sonst: Gießen, Frankfurt a. M., Grünberg. – Viel Pektoris.

*Freitag, 30. März 1945.* Etwas enttäuscht von Besuch bei L. Er hing das

»Carneval« auf und die drei neuen Bilder wirkten nicht so wie ich wünschte. (Feuerpotkachel, »Rikchen« und Holzbrücke.) Auch nachmittag war mies . . .

*Samstag, 31. März 1945.* T'ja, man ist in Paderborn und Herzfeld, Fulda, etc. Und ich habe heute nachmittag mit Entschiedenheit das Mittelbild von der »Großen Bar« angefangen und recht gut. Morgens war ich im Dierentuin und sah Mandril und Be-ku-ba-Vogel (schwarz) . . . Abends – Q. sah elend aus. – Trotzdem – esperanza. –

### APRIL

*Ostersonntag, 1. April 1945.* Gott sei Dank ein orkanartiger Oster-Sonntag mit katholischer Kirche Maria-Rose . . . Nachmittag Fr. und Giselle . . . Zuletzt Quappi und Butshy und kein Bericht – fühle mich müde und alt.

*Montag, 2. April 1945.* Morgens lange im Bett dann Butshy und Gonzi-Zigarette. Später großer Spaziergang über Waterloopplein, Amstel, und zurück, mit viel Sturm und etwas Weh. Giselle brachte Zeichnungen zurück. – Dann kamen Lütjens und brachten meine etwas verfahrenen Nerven wieder in Ordnung. »Sie sind kein alter Mann, Herr Beckmann« – ho ho – – zeigte ihm die letzte Fassung von den »Zwei Frauen in violett« . . .

*Dienstag, 3. April 1945.* Trüber Tag. – – Henlo – Enschede – geht's nach rechts oder links? . . . Butshy Spaziergang, starkes Aprilwetter muffig und Wind. – Mit R. – Lütjens sicher nichts . . . – Sonst: Eisenach – Würzburg – Wien??

*Mittwoch, 4. April 1945.* Drei Frauen mit holländischen Mützen fertig gemacht – trotz großer Müdigkeit. – Nachmittags viel Peky. – Grenzoorlog scheint sich nach dem Norden zu verziehen. – Sonst Gotha, Weimar, Österreich.

*Donnerstag, 5. April 1945.* Im Zoo. Lamm tot und fressendes Krokodil. Regen, Schlangen, schwarzer Kakadu. Müde, déprimé – Zweifel an mir und allem. Kurz das Übliche. Nachmittag Caliente.

*Freitag, 6. April 1945.* Ging morgens zu L. und erfuhr, daß R. endlich Doppelportrait von Q. und mir 1941, gekauft hat.

T'ja, merkwürdige Dinge geschehen im Leben . . .

Krieg zieht nach Bremen und Weimar.

*Samstag, 7. April 1945.* Ruhetag. Morgens im Zoo mit Quappi. Viel zu Fuß. Nachmittag zu Hause. Lia, Pratjes, Engländer bald hier. – Sah alten Meier-Graefe an.

Abends Kraut. – 50 Km. von Bremen und Weimar, auch Nürnberg?

*Sonntag, 8. April 1945.* . . . Nachmittag zu Hause. »Totenköpfe« fertig. Auch »Ostende« fertig überarbeitet. Sonst – keine Berichte und heller kalter Sonntag. Quappi war elend.

*Montag, 9. April 1945.* Quappi noch krank, Temperatur und alle möglichen Weh's. Ich bei L. sprachen über David, etc. Situation weiter ernst. Zuetphen etc. – Heller kalter Frühling. Mußte Hauswirtschaft machen. Q. gegen abend besser. Ich viel Alkohol in Don Juan Bar. – Hildesheim – Kissingen – Friedrichsroda –

*Dienstag, 10. April 1945.* »Totenköpfe« wirklich fertig. Ganz lustiges Bild – wie überhaupt alles ziemlich lustig und immer gespensterhafter wird. Quappi wieder wohl – Sonst – kann mich noch irgend etwas interessieren? Glaube nicht. An sich wird niemals wieder etwas so unmöglich werden wie der hiesige Zustand von Armut und Auflösung.

*Mittwoch, 11. April 1945.* Bei v. d. Berg mit Quappi und Butshy . . . – Zu Fuß nach Haus sahen die zerstörten Häuser.

*Donnerstag, 12. April 1945.* Gut an den »Sphinxen« – Wird jetzt was. – Nachmittag viele Schnäpse im Don Juan. – Alles wartet mal wieder auf die Engländer.

*Freitag, 13. April 1945.* Ja, Ja, ich weiß es geht zu Ende mit mir und mit G e r m a n y – was nützt und schadet es schon. – Immer die alte Leier – das alte Lied. – Trotz schöner Stunden bei Lütjens. Nachmittag Besuch vom kleinen C. der mir keine schöne Zukunft zeigte . . . Überall höchste Erschlaffung. Engländer in Apeldoorn. Krieg an der Elbe – Halle, etc. –

*Samstag, 14. April 1945.* Morgens im Zoo und durch die Amstelstadt, viel zu Fuß . . . Hörte von Halle und Leipzig. (Keine Zeitung)

*Sonntag, 15. April 1945.* Keine Zeitung. Nach Berichten im Don Juan soll man »in den Vorstädten von Berlin kämpfen«. Nun wollen sehen ob's wahr ist. Immerhin – möglich. – Nochmals »Vor dem Kostümfest« überholt und »Ostende im Sturm« fertig gemacht – 15 Gonzis gekauft.

Schönes Wetter – grau.

*Montag, 16. April 1945.* Blamabel zu notieren, daß man wieder über die Elbe bei Magdeburg zurück ist, und von Berlin keine Rede. – Es ist unangenehm immer Publikum machen zu müssen. – Nochmals vor dem »Kostümfest« überholt. (Graues Hemd statt gelbes) . . . Ich kaufte Käse. Q. war bei Lütjens erzählte Nettes. –

Chemnitz – Bayreuth – Oh Jean Paul –!

Die Illusion der Totgeborenen schaudert durch die Grüfte der Unendlichkeit. – (Amsterdam 16. April 1945)

> Ich werde die Klammern
> auch noch los
> noch los
> für was – für
> Nichts – –
> Sei's dann – –
> Amsterdam 16. April 1945

> Alles für sich allein
> Alles für sich All – Ein
> Amsterdam 16. April 1945 1 Uhr nachts

*Dienstag, 17. April 1945.* Sonne scheint es ist warm – Unglaublicher Sommer – Ich will eben zu Lütjens gehen, na ja, – »Es lopen die Menschen in endloser Zahl, hinauf und hinunter im Weltensaal« – Beckmann –. Nachmittag war Frommel mit Freund bei uns . . . 45 Km. von Berlin.

*Mittwoch, 18. April 1945.* Intensiv am Mittelbild vom Großen Cabaret gearbeitet. In Sachen Krieg nichts Neues. – Aber es geht weiter. Müde von großer Anstrengung.

Abends etwas Peky.

*Donnerstag, 19. April 1945.* Herrlicher 3 Stundenspaziergang mit Q. und Butsh übers Y über die Pontenbrücke unglaubliches Rivierawetter. Später noch im Jordaan Käse und Öl gekauft. – Man ist in Amersfoort. Letzte Russenoffensive bei Küstrin. – Fühlte mich wohl.

> Das Leben ist ein Spiel, das von Anfang
> an – – – – – verloren ist – – – – –
> Es gibt keine Schuld, aber peinliche
> Situationen für den Täter.
> Amsterdam, 19. April 1945

*Freitag, 20. April 1945.* Morgens am Y und bei L. Erhielt 2.600 Fl. für die Töppe. War etwas müde aber wohl. Politisch: Finsterwalde und Bauzen, Münsterberg. Die Ringe schließen sich alle.

*Samstag, 21. April 1945.* Morgens im Zoo bei kaltem Wind, »Die australischen Vögel«. – Lütjens war da und Fr. stand in der Tür. – L. nahm drei Bilder mit. »Hotelhalle«, »Totenköpfe« und »Ostende«. Gute Stimmung.

*Sonntag, 22. April 1945.* Nochmals »Drei Frauen mit Papagei« – nochmals und endgültig überholt. – Kalter windiger Sonntag ... Zervan wird auch dünn wie wir alle ...

*Montag, 23. April 1945.* Also: W. H. Bericht: Berlin O – Lichtenberg etc.

*Dienstag, 24. April 1945.* Mittelbild vom »Großen Cabaret« (Nicht) – und »Genius« fertig gemacht. Viel Weh. Nachmittags im sterbenden Caliente ...

*Mittwoch, 25. April 1945.* Es wäre festzustellen, daß ein gewisser lokaler Erfolg einen kleinen Schneeball bildet, der sich zu einer vielleicht unangenehmen Lawine auswachsen kann. – Das zu verhindern bin ich leider nicht in der Lage ... Morgens bei Lütjens in der Sonne mit Beruhigungspillen, nachmittags Frommel ...

*Donnerstag, 26. April 1945.* Wie man doch abstumpft. – Russen in Zehlendorf und Neuköln – nach deutschen Zeitungsberichten. Müder Tag, müder Spaziergang über das Y.

Müde im Jordaan. Müde mit Quappi. Müde im Don Juan, und müde und Weh des Abends bei Pessimismus.

*Freitag, 27. April 1945.* Kleiner historischer Tag. Begegnung mit »Holland« nach siebenjährigem Hiersein. Roëll usw. Hörte endgültige Doppel-Portrait Erwerbung; und unter schwerem Regenwetter nach Streiftour um Gonzis im Jordaan vollzog sich die Offizielle Einleitung zu dem Schlußakt (Oder Akten?) meines Lebens.

*Samstag, 28. April 1945.* ... Musée d'Amsterdam, t'ja, t'ja – na ja meine erste Etappe des neuen Weltfriedens. – Vor mir liegt wahrhaft neues und unerschlossenes Land und ich habe ein Boot hineinzufahren. Wenn mir im letzten Moment nicht noch ein Ziegelstein oder Bombe auf den Kopf fällt. – Vita nuova – novo cento?!?

*Sonntag, 29. April 1945.* Gerüchte schwirren durch's Städtchen. Hitler gefallen, etc.? Deutschland-Übergabe, etc.? Frommel nachmittags mit Giselle: Friedensangebot ohne Rußland –? Alles zusammen, bin noch sehr skeptisch. Mussolini durch Patrioten gefangen, schon erschossen, etc., etc. – Kaltes Wetter, morgens an der Amstel mit Butshy.

*Montag, 30. April 1945.* S. Gespenst fertig gemacht. Frommel Portrait angelegt. Nachmittag wieder Peky und Abend. Zuviel gearbeitet. – Man kämpft in der Potsdamer Straße. Mussolini tot.

> Gießt Schmeichelei auf Eure Seelenwunden
> An Schmeichelei wird alle Welt gesunden. –
> Amsterdam 30. April 1945

> Nichts ist lächerlicher als wenn man sich
> selber interessant vorkommt.
> Amsterdam 30. April 1945

## MAI

*Dienstag, 1. Mai 1945.* Lebensmittel-Pakete durch englische Flieger abgeworfen! – Morgens bei L. . . . Hier denkt man diese Woche zu Ende. Ich glaube nicht.

In München, Oberammergau – Italien fertig.

Mussolini erschossen – das ist wahr. Kämpfe am Anhalter Bahnhof.

Nachmittag in drei Bars. – Keine Peky.

*Mittwoch, 2. Mai 1945.* Hitler offiziell gesneuveld. Beschluß abends zu L. überzusiedeln. Sehr kalt. – Engländer bringen Lebensmittel.

*Donnerstag, 3. Mai 1945.* Am Tage wieder am Rokin. Frommel 5 Bilder verkauft! An Strengholt: »Mädchen mit Zigarette und Orchidee«, an Pleßner: »Mondlandschaft Cap Martin«, »Der Engländer« und »Loge 2«. – Hier schwirren dickste Friedensgerüchte, man kämpft aber noch bei Partenkirchen, Berlin-Übergabe. – Engländer fliegen täglich Brot – über Amsterdam! Abends bei Lütjens sehr harmonisch.

*Freitag, 4. Mai 1945.* Es ist kalt – abends.

Um 10 Uhr erschien hier bei Lütjens ein holländisch Meisje:

! FRIEDE !

*Samstag, 5. Mai 1945.* Na – noch nicht ganz – grüne Polizei fährt noch mit Maschinen-Gewehr herum, etc. Trotzdem große Friedensfeier mit Warnung von Eisenhower. – In der Stadt herumgelaufen, viel Besoffenheit. Im Don Juan – Heilbrunn brachte morgens Sekt. Abends bei Lütjens. Peky.

*Sonntag, 6. Mai 1945.* In der Stadt. – Unsere neuen Cartes d'Identités kamen zu großer Freude. – Vorher 6 Stunden am neuen Cabaret-Tryptic – viel Weh – viel Freude in den Bars . . .

*Montag, 7. Mai 1945.* Großer Einzugsrummel . . . Mit 6–7 englischen Tanks. Nachmittag wurde noch einmal Krieg gespielt am Palaisplein und Rokin. (Hammenhuis gefallen) – Abends Festessen mit Ch., G. und Lütjens und Sekt. (Eine Zigarre, that's all.)

*Dienstag, 8. Mai 1945.* Morgens alleiniger Morgenspaziergang über den Bahnhof. Die Engländer kommen jetzt massenhaft in Tanks – Lastwagen – überall sitzt die Bevölkerung jubelnd mit drauf. – Ich hab' feste noch den ganzen Tag gearbeitet . . . Na ja – es geht weiter alles wie ich's vorausgesehen.

*Mittwoch, 9. Mai 1945.* Große Fietstour. Sah grüne Polizei – gefangen in Lastwagen abtransportieren – und große englische Tanks ihnen entgegenkommen. – Nachmittag in alter Graphik und Zeichnungen, – zufrieden.

Zu L. am Abend gehend, sahen wir schauerliche Bilder, man sollte es nicht für möglich halten.

*Donnerstag, 10. Mai 1945.* Etwas gearbeitet. Lütjens hatten Panne, Panne, daher schlechter Stimmung. Potkachel versagte. – Germany in voller Niederlage.

*Freitag, 11. Mai 1945.* Man sieht die Canadesen mit holländischen Meisjes ausgewechselt gegen die Germans. That's all. Zu essen gibt's noch nicht mehr. Wird wohl noch 4 Wochen dauern.

*Sonntag, 13. Mai 1945.* Den ganzen Tag 7 Stunden am großen Cabaret – und viel gefietst. Daher abends bei L. ein wenig Weh und eine Zigarre vom Neffen, der spät in Kriegsbemalung (englisch) noch auftrat . . .

*Montag, 14. Mai 1945.* (Vor der »Rückreise« von Lütjens nach dem Rokin.) Q. packt und es ist etwas kälter geworden. Stimmung sehr resigniert – endlose Schwierigkeiten voraussehend. Allerdings ohne die

Entsetzlichkeiten des vergangenen Jahres – eh bien dann – sehen wir
was kommt.

*Dienstag, 15. Mai 1945.* Doch noch viel am großen Cabaret, trotz dem
ich eigentlich nicht wollte. Aber dann doch zufrieden ... – Abends bei
La's – très deprimé. (Weh.)

*Mittwoch, 16. Mai 1945.* Schon schlecht aufgewacht – und düsterster
Prophezeiung voll. – Schließlich war gar nichts mehr zum essen da –
und ich »zerschlug mit kräftigem Schwert am Jordaan den Käse«. Gegen
Mittag Stimmung besser. – Alles noch Niemandslandstimmung.

*Donnerstag, 17. Mai 1945.* Quappi spielt auf Grammo »Siesta«, – und
den ganzen Tag melancholisch, – Siesta – Zoo –. Kolonialmuseum ohne
grüne Ungeziefer ...

*Samstag, 19. Mai 1945.* Große Fietstour Polder, etc., kaufte auf dem
Rückweg Gemüse auf der Lindengracht – ojeu – dann noch 3 Stunden
Frommel Portrait. – Nachmittag in alkoholfreien Bars ... In allen Zei-
tungen Deutschen-Hetze natürlich.

*Sonntag, 20. Mai 1945.* Pfingsten. Heftig und unentschieden am großen
Cabaret, auch schlecht am Frommel.

Noch Knallsonne und Knall-Nationalismus. Deformierung Germany's in
bestem Gange. Nachmittag erschien Heilbrunn, wußte auch noch nicht
viel Neues. Alles wartet – nun sind's schon 14 Tage Frieden und man
kann noch nicht mal kabeln ... Vor Müdigkeit Zank mit Q. – des
Nachts Weh.

*Montag, 21. Mai 1945.* Soeben (8 Uhr morgens) fuhren endlich erstmalig 50 große Autolastwagen (englische) im Eiltempo mit Kohlen vorbei.

Kohlen, Kohlen, Kohlen!!! Alles liegt an der Kohlennot. – Lütjens,
Nelly nebst Rikchen waren zum Lunch da und L. möbelte mich ziemlich
Deprimierten etwas auf.

*Dienstag, 22. Mai 1945.* Nachmittag bei L. mit Prof. Pleßner und
Frommel. F. wie immer voller Pratjes ... (daß alle Germans sich melden
müssen). Na ja, das alte Lied.

*Mittwoch, 23. Mai 1945.* Schlechte Stimmung wegen Fremdenpolizei. –
Den ganzen Tag am großen Cabaret gemurkst. Gegen Abend etwas mit
Erfolg. Später dann nach dem Essen noch zu Lütjens, der mir »jüngerem
Bruder« den Standpunkt klar machte.

*Donnerstag, 24. Mai 1945.* Zurück nach 1½ Stunde Fremdenpolizei. Ganz nett – und überhaupt nur Registratie. Aber auch sonst nicht ungünstig – immerhin vielleicht der erste wirkliche Friedensschritt für uns – abwarten . . .

*Freitag, 25. Mai 1945.* War bei L. Derselbe erstand »Totenkopfstillleben« und »Architekt«. War auch sonst sehr nett. – Überhaupt war der Tag gut. Nachmittag netter Besuch von Frommel und Frau S., schenkte ihr eine Radierung. – Abends aß Q. und ich und Butshy im italienischen Restaurant . . . Und abends stand in der Zeitung daß »Duitschers Bonnen kregen«. Na also –

*Samstag, 26. Mai 1945.* Heftig am großen Cabaret Tryptic, das Holzgefüge erfunden . . .

*Sonntag, 27. Mai 1945.* Frommel kam nicht, wie so oft, und ich machte herrliche Fietspartie in den Polder gegen Abend – was wirklich s e h r s c h ö n war. (Nach Heembruk).

*Montag, 28. Mai 1945.* Gräßlicher Tag. 5 Stunden vergeblich wegen dieser lächerlichen Freßkarte zum Teil im strömenden Regen am Apollohall mit Q. in der Reihe gestanden. Und zum Schluß mußte man hören, daß man nur am Nieuwen Dyk bekommt. – Na – völlig zerrüttet nach Haus. – Trotzdem nachmittag noch 4 Stunden an den Sphinxen und abends bei La's . . .

*Mittwoch, 30. Mai 1945.* Große Fietstour über das zerstörte Schiphol, zurück lange in Sonne und Wind und Einsamkeit. – Nachmittag lange am F. Portrait, der jetzt langsam wird. Abends noch mit Q. und Butshy op straat wo das befreite Völkchen sein neues Selbstbewußtsein feierte. – Immer noch Sorge augenkrank.

*Donnerstag, 31. Mai 1945.* »Theater« wegen Stammkarte mit J. auf der Fremdenpolizei. – Blöd und dumm.

Entwarf trotzdem drei Bilder (Schiphol, etc.).

Nachmittag v. d. B. Great Drama – plein de Pratjes – »Stubenarrest for Germans das Mindeste« – Na – viel Schnäpse – (Nicht so schlimm). Rauchte wieder!

JUNI

*Freitag, 1. Juni 1945.* Chez Lütjens, Beruhigungsreden über »beschlagnahmte Bilder« – grotesk – man sollte es nicht für möglich halten ...

*Samstag, 2. Juni 1945.* T'ja – man muß mal wieder schreiben. Morgens an den »Sphinxen« – und Frommel fertig gemacht. – Sphinxe interessieren mich jetzt immer mehr. – Nachmittag sah Zervan in Rigo Bar, Pratjes Gerüchte über Germans in Holland – etc.!
– Enfin – abends müde mit Q. im Restaurant ...

*Montag, 4. Juni 1945.* ... Morgens ich mit Q. zum »Kartengespenst« – entsetzlich – 7 Stunden in Gestank von Menschen. Schließlich Erlösung und wir haben sie nun – puh ...

*Dienstag, 5. Juni 1945.* Sehr heftig am großen Mittelbild von »Großer Bar«, erster Versuch zur hinteren Figur. – Sehr übermüdet – schlechte Stimmung. Überall Brutalität und Gemeinheit.

*Mittwoch, 6. Juni 1945.* Überarbeitung von Dienstag. – War im Jordaan um Chokolade zu kaufen. Morgens im Zoo ... Wieder nicht mehr geraucht.

*Donnerstag, 7. Juni 1945.* Nochmal Mittelbild vom »Großen Cabaret« rechte obere zweite Figur erfunden ... Nachmittag mit v. d. Berg im Savoy. War wieder sehr zuversichtlich wegen Hierbleiben. Abends »Würstchen« mit Senf.

*Freitag, 8. Juni 1945.* Bei Lütjens, im Ganzen gut und besser. Viel Gespräche über Kunst. Wanderte zu Fuß zurück. – Sonst müder leerer Tag. Immer noch überarbeitet von Donnerstag. – Erstes Mal wieder im Kino, Damrak ...

*Samstag, 9. Juni 1945.* Liege noch im Bett und die Sonne scheint. Scheint jetzt immer. Q. ist mit Butshy zum Gemüsehändler und hofft auf Salat oder »vielleicht« Kirschen. Ein gewisser Gleichmut fängt an sich herabzusenken. Schade nur, daß ich bis 1. November nicht rauchen will. – T'ja man sitzt zu viert in Berlin und langsam formulieren sich Bilder.

*Sonntag, 10. Juni 1945.* Man könnte ja annehmen, daß das ein »neues Leben ist« was ich jetzt führe. Man müßte eigentlich Müller heißen, dann wär es noch angenehmer. – Jedenfalls bilden sich aus dem Quark überall etwas Käsestückchen und ich bin gezwungen, mich nun damit abzufinden, als ob ich eben geboren wäre. – Immerhin.

Morgens gefietst bei Sonne und kaltem Wind. Nachmittag bei Fr. und Giselle.

*Montag, 11. Juni 1945.* Morgens gefietst. Frommel nahm Portrait ab unter Geschrei. Nachmittag war Prof. Pleßner da, Besitzer von 3 Beckmann Bildern. Recht netter Mann und wir tranken Tee. – Abends während Quappi bei Postens war, konnte ich unter Weh sehr intensiv am Mittelbild Cabaret.

*Dienstag, 12. Juni 1945.* Abends bei O. . . . Hörte erste Nachrichten aus Deutschland und vom Tod Simolin . . . Franke lebt und die Bilder. – Sonst recht traurig alles. – Nachmittag viel gefietst am Kattenberg.

*Mittwoch, 13. Juni 1945.* An den drei kleinen Bildern (Schiphol, etc.) und an den Sphinxen. – Nachmittag war Berger da und exerzierte Beckmann im großen Maßstab. – Nicht schlecht, und auch sympathisch. Ich rauchte daher 2 Camel in Rigo Bar. – Wie lange noch zu leben?!

*Donnerstag, 14. Juni 1945.* Muiderport gefietst. Sturm und Sonne und alter Friedhof. – Abends mit v. d. Berg und Frau, Ausflug in die Welt bei Abend, erstes Mal seit – wie lange? man schwatzte allerlei.

*Freitag, 15. Juni 1945.* Bei Lütjens wo ich allerlei kleine Sorgen ablud . . . Etwas verkatert und sonst ganz harmonisch.

Leider wieder viel geraucht, daher wieder Weh . . .

*Samstag, 16. Juni 1945.* Festzustellen, daß nach vierstündiger Morgenarbeit Mittelbild von Cabaret (Grand) endgültige Fassung angenommen hat. Das gibt mir wieder Mut. – Trotz Peky, etc. . . .

*Sonntag, 17. Juni 1945.* Großarbeit an zu kleinen Bildern. Musiker, bunte Frau, Mann. – Zuviel. – Morgens gefietst nach der großen Brücke . . .

*Montag, 18. Juni 1945.* Müde im Zoo. Zuviel gemacht gestern. Nachmittag in der Spiegelstraat, traf Hedda. Brief von Franke kam aus Leiden. Erster Brief seit dem Frieden. – Hier in Holland alles durcheinander. Na ja, man lebt mal wieder darauf los ins völlig Unbekannte. Irgendwie wird's schon schief gehen. Wenn nur der Corpus aushält. Infam schönes Wetter.

*Dienstag, 19. Juni 1945.* Viel gefietst. War mit irgend jemand zusammen, vergessen. – Alles vergessen wäre schön – sich s e l b s t  a u c h?

*Mittwoch, 20. Juni 1945.* Irgendwo gefietst in der Hitze. – – Abends bei Berger dem Toevenar.

*Freitag, 22. Juni 1945.* T'ja also, – Telegramm von Valentin, New York!! Man sollte es nicht glauben –. War noch bei L. – Heiß.

*Samstag, 23. Juni 1945.* »Großes, großes Ochsenfest« – Sehr gut gearbeitet. Heiß – enorm 25–30 Grad C. Nachmittag durch heiße Stadt im Savoy. Q. war bei Hedda.

*Sonntag, 24. Juni 1945.* – Ach – bin ich müde – (11 Uhr abends) waren bei Berger, Summernight Dream mit vielen hübschen Mädchen und Männern. Nachher fietste ich allein durch den Sommerabend. – Na ja irgendwie und irgendwo –

*Montag, 25. Juni 1945.* Viel und gut am »Artis«, »Pengoe« und »Drehlicht« fertig. Totmüde . . . Doris telegraphierte aus New York!

*Dienstag, 26. Juni 1945.* T'ja – wenn ich das Fiets nicht hätte! – Schön – Jugendtag. Kühler . . .

*Mittwoch, 27. Juni 1945.* Befreiungstag. – Zuviel gefietst und gezeichnet, daher kaputt und krank – trotzdem muß es weiter gehen – (Brille verloren).

*Donnerstag, 28. Juni 1945.* Letzter großer Befreiungstag mit Königen, Tanks, Feuerwerk. Heilbrunn's und Freunde, Canadesen – Drachen. – Ganzen Tag war sehr müde . . . Gegen Abend zunehmendes Interesse an der Menschheit.

*Freitag, 29. Juni 1945.* Bei L. in Sonne und schönem Wetter zu Fuß. Gestern und vorgestern zuviel gefietst. – Hörte dort von meinem Conservenruhm. Brief von G. R. aus London, etc. – Noch im Jordaan wo ich Aal kaufte . . .


JULI

*Sonntag, 1. Juli 1945.* Sehr intensiv und »großartig« am Mittelbild vom großen »Ochsenfest«. – Glaube sicher daß es mein äußerstes Bild wird. – Etwas weniger gefietst am Abend und auch sonst gesünder. Immer noch Friede!!

*Dienstag, 3. Juli 1945.* »Männchen mit Leiter« fertig gemacht. Hundemüde . . . Engländer in Berlin, nettes Klublokal geworden. Russen, Engländer, Amerikaner. – Viel Peky – Ferien sollen gemacht werden.

*Mittwoch, 4. Juli 1945.* Gefietst, alter Judenfriedhof. – Nachmittag Heilbrunn, beruhigend. – Noch übermüdet.

*Donnerstag, 5. Juli 1945.* Herrliche Radtour Ostpark Schipol, durch die ganze Stadt hin und zurück. – Nachmittag v. d. Berg. Zervan, Quappi, Hendriksplein, Restaurant, Niggerbar. Friede – Friede. Charleston. – Man kann wieder mit New York telegraphieren.

*Freitag, 6. Juli 1945.* An Valentin telegraphiert. – Bei L. nichts Wesentliches, aber nett. Im Kino, Kriegsfilm, sahen kaputtes Berlin. – In alten Schriften gekramt. – Mimi Kijzer aus Gefangenschaft zurück. Gespräche. –

> Ich spaziere an der Peripherie
> des Lebens und bin – weiß Gott
> damit reichlich zufrieden.

– – – – – – – – – – – – –

IM TAIFUN WAR ICH FRÜHER
Wann komme ich in die absolute Stille?!

Amsterdam 6. Juli 1945.

*Samstag, 7. Juli 1945.* Mal ein schöner Tag. 3 Stunden sehr gut (Stiermensch im Frack) am großen »Ochsenbild«. – Schöne Fietstour. Keine Peki. –

*Sonntag, 8. Juli 1945.* Schlechter müder Sonntag. Viel gelesen, nicht gearbeitet. – Müde und mißvergnügt ins Bett.

*Montag, 9. Juli 1945.* »Artis« ziemlich fertig gemacht. Viel Sonne. Recht zufrieden mit der Arbeit. – Noch bei Zervan. Nach dem Essen leider wieder Weh.

*Dienstag, 10. Juli 1945.* . . . Heiß, gefietst. Im Garten ein etwas müder, aber wohler Tag ohne Peki . . .

*Mittwoch, 11. Juli 1945.* Viel gefietst am Wandelsweg, Mimi besucht. – Nachmittag war L. zum Tee da . . .

*Freitag, 13. Juli 1945.* Erstes mal wieder in Zandvoort. Alles verwüstet – ein anderes Bad – – aber schön das Meer –! Ein und einhalb Stunde warten hin und zurück. – Abends im Bett 2 rote Pillen – ah – Sensatie – –!

*Samstag, 14. Juli 1945.* Bei Lütjens dem ich Rouelle's Ernennung prophezeite. Heut nachmittag erfolgte sie. – Zu Hause – Empedokles. – Im Grunde ist »jeder« ein ängstlicher Mensch. In der Art dieses zu verbergen, kann man den Grad seines Lebenstalents erkennen.

*Sonntag, 15. Juli 1945.* 30 Grad C. Hitze im Schatten. – 5 Stunden an der Harfenspielerin – vom Mittelbild . . .

*Montag, 16. Juli 1945.* Mittelbild – »großes Ochsenfest« im Rohzustand fertig.
Nur etwas gefietst abends, natürlich etwas Peki!

*Dienstag, 17. Juli 1945.* Morgens beim Anwalt wegen Vermögensbeschlagnahmung. – Nach dem Anwalt noch bei Berger, wo's ganz lustig war.

*Mittwoch, 18. Juli 1945.* Ganzen Tag in Zandvoort bei blendendem Wetter. Wieder gebadet und Sonne gebadet. Hinfahrt erträglich, Rückfahrt hingegen fürchterlich. Tollste Menschen Quetschung die ich je erlebt. Abends daher doch wieder Peki und 2 rote . . . Schade. – Trotzdem soll's wiederholt werden.

*Donnerstag, 19. Juli 1945.* Quappi erhielt Nachricht aus London von Henriette. – Kati lebt!!?

*Freitag, 20. Juli 1945.* Bei L. der über lahme Beine klagte. – Vermeer – ha – ha! – V. d. Berg kam meinen Keilrahmen abholen . . .

*Samstag, 21. Juli 1945.* Stolz bei schlechtem aber warmem Wetter im wilden Meer gebadet!! Mindestens 20–30 starke Wellen. Große Alloha – wie schön. Auch Glück gehabt mit der elektrischen Bahn. Geschlafen, und den Tag relativ harmonisch verbummelt. – Kaum Peki. – Gute Nacht –

*Sonntag, 22. Juli 1945.* Recht vergnügt. 5 Stunden am »Großen Ochsenfest« – endlich endgültige Hauptfigur vom rechten Flügel. – Nachmittag trotzdem noch sehr schön gefietst am Rembrandtplein. Ha, ho die Canadesen. Es scheint mir auch körperlich besser zu gehen.

*Dienstag, 24. Juli 1945.* In Zandvoort. – Erste »Autofahrt« von Halfweg bis Harlem im Lastauto. Sonst Hin- und Rückfahrt angenehm. – Nachmittag noch in Rigo Bar wo der Cembalist fehlte. Abends ganz kurz etwas Weh, auch sonst etwas müde.

*Mittwoch, 25. Juli 1945.* 8–10 Stunden gearbeitet. Morgens und nachmittags, war aber sehr schön. Linker Flügel von »Ochsenfest« fertig überfeilt. Abends einsamer Spaziergang Amstel, Rembrandtplein. Wenig Peki!

*Donnerstag, 26. Juli 1945.* Lange gelesen (Der Spieler), dann kam Tante Ilse, später v. d. Berg der mir eine Tube Camium orange schenkte.

Noch lange gefietst, müde von gestern aber keine Peki den ganzen Tag und Abend. – Langsam wieder Geldsorgen.

*Freitag, 27. Juli 1945.* War bei L., hingen »Carneval« auf ... Kaufte später wieder Zigaretten. Ein Brief von Kati aus Monte Carlo. Gespenster aus den Gräbern. Man sollte es nicht glauben ... (Keine Peki).

*Samstag, 28. Juli 1945.* Erstaunliches geht vor sich, 8–10 Stunden gearbeitet, dann noch Bar am Rembrandtplein zwei Schnäpse – keine Peki – na wir wollen's nicht beschwören. – Aber nicht zufrieden mit Mittelbild Tryptic.

*Sonntag, 29. Juli 1945.* Hundemüde, nochmal 5 Stunden: »Ochsenfest« (fast fertig) »Im Park« (fertig) »Mann mit Leiter« (fertig). – Nachmittag ein klein wenig Peki, ging aber rasch vorbei. – Gefietst am Y. – Sonst nichts – und alles.

*Montag, 30. Juli 1945.* Leider zu starkes Bad in Zandvoort (Riesenwellen) und kalt – daher ganzen Tag mehr oder weniger Peki! Sonst schöne Fahrt und wildes Meer. – Aßen im chinesischen Restaurant Bami – und Piz schickte Liebespakete aus London. L. rief an, hing neue Bilder auf.

*Dienstag, 31. Juli 1945.* Schöner ruhiger Tag mit keiner Peki ... Morgens sehr gut massiert von neuer Masseuse. Nachmittag große Fietstour zum Friedhof. – Churchill verweigert Hosenband-Orden.

> Was soll man den Menschen sagen –
> sie sollen sich nicht beklagen,
> denn es ist – Nichts – was sie denken
> und was sie tun – verschenken
> sie an den nächsten Traum.
>
> denn es ist verboten zu sein
> und hilft auf dieser Welt
> nur was uns gefällt –
>
> Amsterdam Ende Juli 1945

## AUGUST

*Mittwoch, 1. August 1945.* Kopf von Harfenspielerin geändert. – Kino Corregidor-Film mit der Colbert, na ja, manches ganz lustig. – Sehr müde aber keine Peki.

Schöner Brief von Roëll, wegen Bilder und Vermögen.

*Donnerstag, 2. August 1945.* Vielerlei gemacht wegen Vermögensfreigabe, Photokopien, etc. – Mit Q. und Butshy schöner Amstelspaziergang ... Nach dem Tee fühlte ich mich leider wieder schlechter – zu langweilig. (Peki.)

*Freitag, 3. August 1945.* Hörte bei L. von der Kastrierung Deutschland's – na ja – tu l'a voulu George Dandin –. Den ganzen Nachmittag und Abend an der Harfenspielerin gearbeitet (noch nicht ganz zufrieden).

*Samstag, 4. August 1945.* Endlich Mittelbild vom großen Tryptic bis auf Feilungen fertig!!! Nun kann ich wohl noch etwas pausieren ... 600 Deutsche nach Deutschland abgeschoben. – No Peki.

*Sonntag, 5. August 1945.* Müden Sonntag gemacht. Spaziergang mit Q. und Butshy über dem Y mit abgeschnittenem Park und im Ostpark. Q. war nicht ganz wohl ... Jetzt donnert es, aber ohne Krieg. Drunten lärmen die Urlaubs-Canadesen. Keine Peki.

*Montag, 6. August 1945.* Grausliche Bahnfahrt Zandvoort, viele Stunden Schlange gestanden und kaum das Meer gesehen. – Nachmittag machte dann G. V. mies, wegen Hierbleiben oder Rausschmeißen. Müde – (ganz wenig Peki) trotzdem.

*Dienstag, 7. August 1945.* Man sollte keine Chokolade essen – man wird zu dick und die Frage der Willensfreiheit ist dann noch schwerer zu lösen. Trotzdem 5 Stunden – »Blinde Kuh« Tryptic (am Ganzen) wieder gearbeitet ... Wenig Peki.

*Mittwoch, 8. August 1945.* Wieder 7 Stunden gearbeitet an allen drei Bilder-Tryptic. Als Belohnung nachmittag Besuch von Militär-Gezag. Alle Deutschen unter Kontrolle. Na ja. Es darf einem ja wohl nicht gut gehen. – Noch bei L. Beruhigung. (Viel Peki.)

*Donnerstag, 9. August 1945.* Trüber Tag mit viel Regen draußen und in mir. Noch sehr unruhig. War mit Q. bei den Meesters. Aßen im American. – Nachmittag mit v. d. Berg der mich etwas aufmunterte. – T'ja, ja. Alles nicht so wichtig ... Viel Peki – viel geraucht.

*Freitag, 10. August 1945.* Noch deprimiert, – bei Lütjens etwas Trost. – Nachmittag und Abend am »Blinde Kuhfest« gearbeitet. – Japan perdue!! Friede?

*Samstag, 11. August 1945.* Bei Berger. Französische Chansons von Frau

Hagedorn. Sehr amüsant. Sah mal wieder so eine Art gesteigerte Monde und kam mir vor wie vom Mond gefallen. – Angenehm festzustellen daß ich das alles nicht mehr brauche. Man lebt nur für Einzelne in Vergangenheit und Zukunft – und am allerrichtigsten nur mit sich selbst. – Morgens mit Q. im Zoo. Butshy wurde an der Kasse eingesperrt. Japan hat aufgegeben und der Mikado will nicht gehen. – Sonst, was die Deutschen anbelangt, ist weiter nichts passiert. – Vielleicht geht alles soweit gut. Il faut voir. Adieu.

*Sonntag, 12. August 1945.* Die Zeit verstreicht und bald ist der Sommer dahin. Ziemliche Beendigung von »Blindekuh-Fest«. Endlich linke Flügelfrau beendet. Nachmittags mit Pervitin bei v. d. Berg zum Tee. Recht nett. Hin und zurück mit Fiets, Quappi zu Fuß. Viel über die Lage, scheint soweit sicher, nur was auf die Dauer werden wird, weiß Keiner. Es gab echten Kaffee . . .

*Montag, 13. August 1945.* Große Fietstour über den neu eröffneten Vondelpark. Die blonde Kellnerin zündete das zusammengefegte Herbstlaub an, und sah im Rauch wie ein blonder Teufel aus. – »Verzauberter Sommer« von Ann Bridge recht hübsch, teilweise sogar sehr! . . .

*Dienstag, 14. August 1945.* Morgens massiert durch Coki und dann noch vier Stunden »Blindekuh« – ein wenig zuviel – man wird alt und es regnet . . . T'ja, Berger, Mozart, Hagedorn, Lütjens Abend . . . Ganz nett, Mevrouw Hagedorn amüsant (französische Chansons). – Im Regen und mit viel Peki in der Nacht auf Fiets nach Haus. – Quappi marode.

*Donnerstag, 16. August 1945.* Siegesfeier über Japan. – Oh comédie humaine . . .

*Freitag, 17. August 1945.* . . . Viel Regen – alles eine Riesenpleite – na mir soll's recht sein, ergebenst M. B.

*Samstag, 18. August 1945.*

Na endlich fertig mit der
! Blindekuh !

*Sonntag, 19. August 1945.* Ferien gemacht. Nachmittag waren Heilbrunns da und man redete viel von der »Großen« Reise nach Bergen. Es wird wohl aber nichts werden. – Sam Dodsworth gelesen.

*Montag, 20. August 1945.* Ferien gemacht. Mit Q. Fisch gegessen im Tolhuis. Übersicht gemacht über Kriegsproduktion von Bildern . . .

Überall langsam Friedensberuhigung. Ob wir bleiben können? Alle sagen es. Kalt und etwas Regen.

*Dienstag, 21. August 1945.* Im Regen mit Q. und Butshy Rendezvous im Vondelpark. Dann Bevolkingsregister per Fiets. Mit Q. hinten auf Fiets vergnügt zurück. Nachmittag Regen. – Überholte noch einmal »Parktuin« – noch bei Nacht. – Schön –. Aßen chinesisch Flunder, nachdem wir im Polen vertrieben waren. T'ja – aber malen ist schön.

*Mittwoch, 22. August 1945.* Leider sieht es so aus, als ob das »furchtbare Drama« meines Lebens in einer ganz gewöhnlichen Banalität enden wird. Oh mein Gott – aber schließlich ist das wohl immer so, wenn einer eine Sintflut überlebt hat . . . Todmüde zu L. gefietst und noch todmüde dann zu Berger, Chansons. Abend der Hagedorn. Etwas lächerlich dann den ausgepumpten Künstler gespielt der ich wirklich war und mit viel Peki in der Nacht durch die erleuchteten Straßen nach Haus – wo Quappi elend war.

*Donnerstag, 23. August 1945.* . . . Kauften Tomaten (schwarz). Aßen im Italienischen Bami mit Huhn, zusammen für 25 Gulden. – Oh Leichtsinn. – Nachmittag mit v. d. Berg der sehr optimistisch war und drei Schnäpse spendierte. Am 1. September würden wir alle Holländer – ha ha – sonst mäßig und müde von vieler Arbeit der letzten Tage. – »Blindekuh« gut?

*Freitag, 24. August 1945.* Nein verflucht nochmal, ich werde mich nicht mehr um pekuniäre Demütigungen kümmern, sondern nur noch lachen – wie akademisch in jedem Sinne die Rolle der Tragödie des Talents sich immer wiederholt.

. . . Ein langer alter Herr kam aus London und brachte Farben von Piz und schwärmte für von Dongen –

Es regnete und stürmte und ich hörte die »schwarze Nachtigall«.

*Samstag, 25. August 1945.* Es ist schon ein verfluchtes Schicksal, das zu sein was ich bin. In äußersten Räuschen der Empfindung zu leben und dann wieder Demütigungen wie ein kleiner Bureau-Angestellter zu erleiden. – Die Sprünge sind groß. – Allhier nimmt allgemeine Verwirrung zu und auch sonst ist meine Stimmung düster. – »Schipol« fertig gemacht. Nachmittag große Fietstour bei düsterem Himmel und etwas Regen und mit armen Zigaretten.

*Sonntag, 26. August 1945.* Ganzen Tag gearbeitet, kleine Bilder. »Der

Brief«, »Im Kino«, »Caféhausgeiger« fertig gemacht. Immer noch besser
wie denken – und das ist zur Zeit wo sich alles wieder verdüstert hat,
das Allerunangenehmste. Abends noch gefietst, Lunapark – (zwei englische Zigaretten) und schließlich doch 10 Gulden eine Tafel Chokolade.
Abends dann B., der recht trostreich ist.

*Montag*, 27. *August 1945*. Erster Ausflug per Eisenbahn und Fiets nach
Overveen. Allein. Erstes Mal wieder im Zug seit einem Jahr. Schönes
Gefühl der Schnelligkeit und auch sonst. – Viel Sonne und Hitze. Zee-
weg war noch gesperrt und am Strand ungeheure Menschenmassen, die
alle den Sprengungen von Seeminen beiwohnten. Tolles Geknalle und
Riesenfontainen. – Zu Hause erster Brief von Morgenroth aus Santa
Barbara, Calif.

*Dienstag*, 28. *August 1945*. Noch müde und Peki von den letzten
Tagen . . . Schrieb an Lackner großen Brief. – Nachmittag mit Q. und
Butshy zum ersten Mal zu Dreien nach Overveen. Dort war viel ab-
geholzt und vieles Schöne und die Sonne brannte heiß. Wir schleppten
uns hindurch und im »roten Löwen« saßen die Canadesen und tranken
Bier.

*Mittwoch*, 29. *August 1945*. Doch trotz Müdigkeit »Selbstportrait mit
Staffelei etc.« entworfen und an der »eisernen Brücke« gearbeitet . . .
Der Morgen war träumerisch und schön, grau, warm und feucht. –
Nachmittag müde und sehr melancholisch . . . Abends Schopenhauer, –
Brief von Frau St. und ein Riesen Farben- und Leinwandpaket von Piz
aus London.

*Donnerstag*, 30. *August 1945*. Nein es ist nicht schön, immer abhängig,
immer zitternd um Existenz und Daseinsberechtigung, größenwahnsin-
nige Dinge vollbringen zu müssen. Besser wäre – ja was ist das Andere
(Welches) Schöner? – Nachmittag bei v. d. Berg, der viel Magenschmerzen hatte. – Viel Peki auf Heimfahrt mit Fiets.


SEPTEMBER

*Samstag*, 1. *September 1945*. Merkwürdigerweise scheint nun doch (als
Resumé der letzten 10 Tage) noch nicht alles zu Ende zu sein mit Max B.
Leichte Zusammenballung einer verschollenen Energie.

*Sonntag*, 2. *September 1945*. »Gone with the wind.«

Kleiner Sonntagsspaziergang mit Q. und Butshy an der Amstel. V. d.
Berg zum Tee. – »Gone with the wind« –

*Montag, 3. September 1945.*
>         »Ach wie schön ist es allein zu seien
>         Besser aber ist es doch zu zweien!«

Mit Q. und Butshy in Harlem, Overveen.
Abends bei Berger, »Measure for measure«.

*Dienstag, 4. September 1945.* Morgen – ja ach Morgen ist auch ein
Tag – und ich habe verloren – verloren – etc.
Nun ich habe mich angestrengt »ein Herr« zu sein.
Daß man mir das übel nimmt ist zu verstehen.
Steinigt ihn, damit wir ihn lieben können . . .
Schrieb nutzlos an Valentin und Pizchen –
Warmer Tag, ja ja – Prognose für ferneres Leben: Rückkehr nach G.
und langsames ruheloses Verenden –

*Mittwoch, 5. September 1945.* Vielleicht werde ich doch wieder malen.
Nahm ein Pervitin – und fühlte mich den Tag über sauwohl (Morgens
très melancholic). – Mit Q. alten Gramophon Apparat für 3 Schachteln
sweet C. Zigaretten (75 Gulden) verjuxt. ha, ha, ho, ho, – Nun gehen
wir totmüde zu Bett . . .

*Donnerstag, 6. September 1945.* Doch (nach 8 Tagen) wieder gearbeitet. »Schiffswerft« fertig gemacht und »Schiphol« überholt und
»Berger« entworfen. Nachmittag mit v. d. B. der wieder recht nett
war . . . Auf der Rückfahrt wurde ich von einem englischen Offizier
angehalten, der sich als Hans Jaffé entpuppte. Will Sonnabend kommen . . . Abends Rotkohl und Pellkartoffeln . . .

*Freitag, 7. September 1945.* Bei L. wo alles wieder langsam zu Recht
ging. »Sie verlieren jetzt die Nerven« . . .
Paket aus Amerika.

*Samstag, 8. September 1945.* Heftig an »Clown, etc.«, »Selbstportrait«
(Rosa Hemd) und »Cinema« gemalt. Zuviel. War daher übermüdet wie
immer, als Jaffé wirklich kam, und alles war wie früher . . . Abends
noch mit Q. und Butshy versucht zum chinesischen Feuerwerk. Impossible, Menschheit trop, trop, trop.

*Sonntag, 9. September 1945.* Nochmals »Parktuin« überholt, nun aber
genug, genug . . .

*Montag, 10. September 1945.*

1. Zum Rechtsanwalt
2. Vondelpark gefahren
3. Mit Q. Hazenstraat
4. Zu Haus ausgeruht
5. Rosengracht, Grammo, Zigaretten
6. Mittag geluncht
7. 4 Uhr zu Lütjens, $\frac{1}{2}$7 Uhr »Blindekuh«, Abnahme 2
8. Fietstour bei lauer Luft, Wage, Kolonialmuseum, Amstel
9. Pearl-Book abgelehnt
10. Chokolade mit Butterbrot Q. und Butshy
11. Tagebuch – zu Bett . . .

Dazwischen noch an »Die Sphinxe«.

*Dienstag, 11. September 1945.* Charles Buchholz telegraphiert aus Madrid. Ha ha – Bertram geht nach Madrid. Abends bei Berger . . .

*Mittwoch, 12. September 1945.*

> Die Tage verrinnen ohne Zweck ohne Ziel –
> Wann werden sie enden?
> Sind ihrer noch viel –

Na und so weiter dichten.

Morgens Berger gezeichnet. Nachmittags war Bertram da. Noch bei Zervan – Es ist wieder heiß, und langweilig immer zu klagen.

*Donnerstag, 13. September 1945.* Berühmt? – Berühmt ist immer nur der andere – Woher soll man es von sich selber wissen zumal wenn man kein allzugroßer Esel ist. – Berühmt, ich soll es ja mal gewesen sein. – sagen viele – und jetzt – fängt das wieder an, diese Krankheit, sowie meine Peki. – Es scheint so – aber wissen tun es auch wieder nur die »Andern«.

Morgens noch gefeilt an »Eiserne Brücke« und »Clown«. – Nachmittags hörte von »10 Gulden wöchentlich« . . .

*Freitag, 14. September 1945.* . . . »Geldkastratie« – 10 Gulden pro Woche von Staatswegen ab 26. Sept. . . . T'ja – und sonst – es regnet, ersten Herbstregen und des Nachts ist der Rokin wieder hell und ich dachte an mich als Kind in Leipzig, wenn ich mit Lixer auf die nächtlich erleuchteten Straßen sah . . .

*Samstag, 15. September 1945.* Berger im Atelier gezeichnet. Hörte
von Bildern Beckmann's ausgestellt im Stedelijk Museum . . .

15. *September*, 45 historisch, erstes Ausstellen in Europa seit 1932 –
12 *Jahre* verfemt –
Nachmittag schön gefietst, Heembruk am Abend.

*Sonntag, 16. September 1945.* . . . »Hagedörnchen« sagte ab und v. d.
Berge's kamen. Zeigte »Blindekuh«. – Im Dunklen mit Laterne noch
gefietst durch die abendlich erleuchtete Stadt. – Spät noch über Atombombe diskutiert. Prophezeite Vereinigte Staaten der Welt in ca. 200
Jahren.

*Dienstag, 18. September 1945.* T'ja richtig das Tagebuch – Fast hätten
wir's vergessen. Ziemlich spät in der Nacht – ½ 4 Uhr denke ich. Zuviel gearbeitet, noch wieder an »Blindekuh« aber heute gut und endgültig (violettes Kleid – total!!) Sonst ist es wieder heiß geworden.
(Mücken) . . . Sehr übermüdet – Daher nicht schlafen. Trotzdem nicht
rauchen. Viel mit Kunst beschäftigt und festgestellt, daß nicht vom
Wege abgekommen.

*Mittwoch, 19. September 1945.* Nun bin ich wirklich mit »Blindekuh«
fertig und ich muß leider diese dunklen und doch so festlichen Räume
verlassen.
Wieder nähert sich die scheinbare »Jetztzeit« –
Quappi macht nebenan Steuererklärungs-Vorarbeiten und stöhnt – Wir
hatten im chinesischen Restaurant Bami zu uns genommen und ich bin
noch allein durch die nachtdunkel – jetzt wieder hellere Stadt gebummelt. Schön gestört durch gellendes Kindergeschrei ging ich über den
Bahnhof zurück . . .

*Donnerstag, 20. September 1945.* Per Fiets zum St. Museum – »Zi-
geunerin«, »Sekt-Stilleben«, und Van Gogh angesehen. Besah meinen
etwas in die Ecke gedrückten Nachruhm wie ein unsichtbarer Revenant.
– Nachmittag mit v. d. B. der anstatt Delikatessen eine Broschüre über
»Atemübungen« von Kandinsky vom Museum New York erhielt. –
Äußerst erschöpft und müde von gestern.

*Freitag, 21. September 1945.* Abends Kino »Kiew« mit Strohheim und
Renoir, alter Film, aber entspannend bis auf Atombombe, die wirklich
spannend war –

*Samstag, 22. September 1945.* Berger nochmals gezeichnet. Ganz nett auch gesprochen – St. Sebastian etc., Rosenkreuz – Steiner und Blavatsky und Sch. –

Viel, sehr viel Regen . . . Gegenwart soll und müßte (Zukunft) sein –

*Dienstag, 25. September 1945.* Letzter Tag des »Alten Geldes«. Morgens 2 Stunden Selbstportrait mit rosa Hemd auf Olivgrund. – Mit Fiets zu Dr. de Lange. Herz in Ordnung keine Pektoris – etwas Herzneurose. Darf rauchen – na ja.

Lütjens war da, sehr nett. Viel Geldpratjes . . .

*Mittwoch, 26. September 1945.* Drei Stunden gefietst. Neues Schipol (Flughafen). Nachmittag beim Rechtsanwalt . . .

*Donnerstag, 27. September 1945.* Mit Q. am Meer sehr herrlich grau, wild und ziemlich allein – wieder das Alte ohne Ferienmenschen – und düstre Löcher in den Dünen mit alten Forts, winkte der Oorlog mir zu, nur noch aus weiter Ferne und zur rechten Seite das grau und weiße, fast raumlose Unendliche.

Nachmittag erstes Mal 2 Stunden am Berger – (wird gut).

Tiefe Depression und wildes Selbstgefühl . . .

*Freitag, 28. September 1945.* Morgens Geburtstagsfeier bei L. wegen Nelly alles recht sympathisch und heiter, auch sonst – Abends regnete es furchtbar und wir wollten nicht zu Berger gehen. Darauf kam ein Auto und holte uns und plötzlich waren wir in großer Gesellschaft, was etwas schwindelerregend war. »Prinz von Homburg« etc., etc. und ebenso plötzlich war man wieder im Auto zu Hause.


OKTOBER

*Montag, 1. Oktober 1945.* J. B. Neumann entstieg den Grüften einer Vergangenheit. – L. kam . . . Beim Zahnarzt per Fiets . . .

*Dienstag, 2. Oktober 1945.* Berger ziemlich fertig gemacht. Auch noch »Abtransport der Sphinxe« nochmals, nun wohl endgültig überholt . . .

*Mittwoch, 3. Oktober 1945.* . . . Allgemeine Geldnot, sowie früher Brotnot, da Zwangs-Sparmaßnahme. – Nachmittag Heilbrunn und »Blindekuh« zeigen. Recht nett und verständig . . .

*Freitag, 5. Oktober 1945.* Bei Lütjens, hörte vom Besuch Sandberg und Gefolge. Wollen Doppelportrait umtauschen. – Diskussionen bei L. über Zeichnungs-Ausstellung. Glaube nicht daß er's macht. Also

werden sie nächste Woche nach Amerika gehen. 2 Pakete, eins von
Valentin, und eins von Morgenroth, mit Tee, Kaffee, Zigaretten, etc.
»Delikatessen« trafen ein! . . . Abends mit Q. im schlechten franzö-
sischen Kino. Sah aber Weltkino (Wochenschau): Einzüge in Rom und
Berlin.
Zeiten ändern sich – (Aber nicht im Wesentlichen).
*Samstag, 6. Oktober 1945.* Unterzeichnete die 37 Zeichnungen, von
denen noch nicht entschieden ob L. oder New York.
War sonst sehr nett, schenkte Rikchen eine Tafel Valentinchokolade . . .
Abends Gespräche mit Q. über die »Gefahren« der nächsten Zeit – ja,
ja, man hat seine Sorgen.
*Mittwoch, 10. Oktober 1945.* Etwas besserer Tag, sehr schlaff und alle
vier von sich streckend morgens im Städtchen . . . Die ersten 4 Bols
wieder seit 5 Monaten. Stück 80 cents. Das war immerhin eine Sen-
sation. War lange erst in Rigobar wo ich mein erstes Englisch sprach,
und dann im Mont Parnasse-Bar wo es anfängt etwas gemütlicher zu
werden.
*Donnerstag, 11. Oktober 1945.* Mit Berger im Stedelijk Museum. Van
Gogh doch schön, aber auch meine »Zigeunerin«.
Quappi erstes Mal allein nach Hedda – Naarden. Kam gut zurück.
Nervenverkrampfung bei mir nun vorbei . . .
*Freitag, 12. Oktober 1945.* Hauptereignis des Tags, daß endlich 37
Zeichnungen nach Valentin in New York per eingeschriebene Rolle ab-
geschickt sind . . . T'ja, so geht's weiter.
*Samstag, 13. Oktober 1945.* Wieder mal 2 Zeichnungen – »Frau im
Bett Brief lesend« und »Die Säcke« gemacht. War ganz wohltuend. –
Quappi sandte Probedrucke der Apokalypse nach Gubler – Schweiz,
per Flugpost . . .
*Sonntag, 14. Oktober 1945.* Berger war da und sah sein Portrait. –
Brachte 10 Player Zigaretten und ein paar Socken aus Amerika mit . . .
Nachmittag mit Q. im Kino – amüsant. – Abends »A Farewell to
Arms« von Hemingway zu Ende gelesen. – Der Kaiserschnitt am Ende
etwas unangenehm zufällig überraschend. – Aber sonst ein gutes Buch.
– Der Petroleumofen brennt und ich habe mal wieder Schnupfen . . .
*Montag, 15. Oktober 1945.* T'ja, t'ja – zuviel Feder und Tusche ge-
macht. »Frau und Dreimaster« experimentiert. 5 Stunden Blödsinn.

Nachmittag weckte mich der wiedererstandene Frommel und besah »Blindekuh« und »Sphinxe« –

*Dienstag, 16. Oktober 1945.* War in Zandvoort und wieder zweimal von irgendwelchen verirrten Kugeln zweimal beschossen, – und in der Nähe explodierte eine alte Bombe und fuhr gen Himmel wie ein graues Zaubergespenst aus 1001 Nacht. Außerdem sah ich den unbekannten Weg im Nebel in den Dünen. In der Ferne verschwand er und sah aus als ob das Geheimnis der Welt dahinter verborgen wäre. – Vielleicht gehe ich ihn einmal ganz.

Zu Hause hatte Fr. angerufen und C. – Faust und Bilder träufelten etwas Honig in meinen Wermuth ...

*Mittwoch, 17. Oktober 1945.* Bißchen besserer Tag. – Noch immer sehr müde von Montag. Morgens goldene Uhr für 50 Gulden verkauft. – Angenehm ... Abends rief Frau Levi aus New York, hörte daß »Goldfisch« bei Nierendorf Gallery ausgestellt und gekauft werden sollte ...

*Donnerstag, 18. Oktober 1945.* Verrückter Tag. Fremdelingeninquisition. Später Laqueur's. Bibi – Giselle, und dann noch als letzter Trumpf Haja-Abend mit jüdisch getanztem Liederabend. Zum Schluß noch mit Q. im Mont Parnasse Bar und des Morgens von Herrn Cohn ein Paket aus Amerika – mehr kann man nicht verlangen!

*Samstag, 20. Oktober 1945.* Nachts ½1 Uhr. Allein – Quappi in Naarden. Noch einen Abschiedsgruß an den linken Flügel bei elektrischem Licht – war schön ... Den Tag über nicht viel getan – so herumgelungert. Aber endlich mal wieder in der Nacht bei Knallelektrik – großartig!

*Sonntag, 21. Oktober 1945.* Erster Ausflug nach Hilversum–Laren – gut gelungen. Seit 2½ Jahren. Im Hamdorf 8 Gulden ein Hasenbout aber freundlichste Behandlung wie früher gegen den »Deutschen« – Bei Hedda's in Naarden nett und nette Leute. Musik.

Das erste Mal seit 2½ Jahren wieder in einem fremden Bett. – Erstaunlicher Weg zu Fuß von Hilversum über Laren nach Naarden, doch zum Schluß etwas anstrengend. Zwei Rote – – na ja, wird wohl auch wieder.

*Montag, 22. Oktober 1945.* Rückfahrt nach Amsterdam, sofort nochmals linker Flügel (rosa) mit großem Erfolg – sehr zufrieden. Nachmittag war Bertram da und sah »Blindekuh« und erklärte die Braque-Ausstellung meiner Arbeit nachgestellt.

Auch das erste Mal, daß ein kultivierter Holländer sich diese Gotteslästerung einem französischen Halbgott gegenüber gestattet. – War noch im Richbar, und vielerlei Telephon, auch von Giselle.

*Dienstag, 23. Oktober 1945.* Der Herbstschnupfen stellt sich ein und eine »linker Flügelmanie«. Heute wieder. – Nun schwöre ich aber – Ende Ende Ende. – Giselle war zwei Stunden da. Lütjens ebenfalls zwei Stunden. – Ich bin halb tot – muß Pause machen. – Gute Nacht. (Weh.)

*Mittwoch, 24. Oktober 1945.* Schnupfen geht normal nicht sehr stark weiter.

Natürlich doch noch einmal linker Flügel, umgekehrte Figur erfunden. – Nun wirklich Schluß. Etwas Zervan.

Quappi allein zum Quartettspielen mit Ono und Berger. Ihr erster Abendausgang. War allein mit Butshy und dem Schnupfen.

*Donnerstag, 25. Oktober 1945.* Gut ist, endlich einmal ein etwas größeres Quantum Alkohol im Blut – mein Gott wie lange war ich nicht mehr richtig besoffen. Heute haben wir immerhin 7–10 »Oude Clare« intus ... War sehr glücklich – seit langer Zeit. – Linker Flügel ist nun wirklich fertig. 4 Zeichnungen heute morgen gemacht – ein reizender Brief von Piz aus England – der Petroleumofen brennt und mit Alkohol im Blut schert einen weder das Geld noch das Herz.

*Freitag, 26. Oktober 1945.* Bei Lütjens ganz harmonisch ... Nachmittag Fr. mit Frau S. Blindekuh-Abnahme mit halbgöttlichem Wollust-Beifallsgeschrei ... Schnupfen noch stark, schmecke nichts aber kein Fieber – »Gefährlich ist's die Götter zu wecken –«

*Samstag, 27. Oktober 1945.* ... Je mehr man mit Menschen zusammenkommt, um so unwirklicher bin ich mir selbst. – Gut daß es nicht so oft ist. Totmüde. Schnupfen besser aber noch nicht vorbei.

*Sonntag, 28. Oktober 1945 (Vormittag).* »Das Ganze« ist eine ungeheure Selbstbespiegelung. Aufgemacht, um sich – »den Atman« – »das Selbst« immer wieder neu zu genießen. –

Und es muß zugegeben werden, daß der Trick – sich in männlich und weiblich zu teilen, ein wirklich fabelhaftes und »fast« nicht zu erlöschendes Reizmittel ist, um immer wieder an die Candare geschleift

zu werden. Ob durch das Auslöschen der Sinneseindrücke (Buddhismus oder Trappisten) eine endgültige Erlösung möglich ist, erscheint mir durchaus zweifelhaft, da das absolute Selbst ja selbst diese Verkleidung in die Empirie gewählt hat. – Es kann sich also höchstens um eine Veränderung und hoffentlich höhere Steigerung des visuellen Aspekts in einem anderen Dasein handeln. – Das wollen wir hoffen und in Ruhe abwarten. Bis dahin handelt es sich wohl darum, Böses und Gutes, Häßliches und Schönes, nach Maßstab der Kräfte, immer wieder festzustellen. Die Gefahr der Negation, bei Feststellung der bedeutenden Unzulänglichkeit der gegebenen Reizmittel bleibt aber bestehen. Zufall, Fatalismus, Prädestination aus Gott, Freiheit des Willens, Moral a priori, oder rein physiologische Erfahrung, die bedeutenden Feinde einer absoluten Bestätigung. – Unser Zeitalter wohl nicht anders zu bezeichnen – als »Zeitalter der absoluten Désillusion«.
Die Schamlosigkeit der beiden letzten großen Kriege ein Mißbrauch der Gewalt des Atman's?
Da wir mit einer Unfreiheit a posteriori und vielleicht doch auch a priori rechnen müßten, – letzten Endes unser eigener Fehler und tierische Sünde. – Da wir endlos leben, müßte auch das wieder gutzumachen sein.
Entscheidend dabei, die Unzerstörbarkeit des Individuums in Ewigkeit. – Trotz des pantheistischen Chokoladenmuß des Atman's – oder Universalseele.
*Sonntag* (Nachmittag) Im Begriff zu Ono's zu gehen.
*Sonntag* (Abend) War noch bei Ono's, Musik. Rückweg im Savoy, Liebeserklärung des Toilettemädchens: »Wie mein Vater«. –
Und Butshy mußte auf Kommando ins Bett huppen. – Ilias – ganz komisch.
*Montag, 29. Oktober 1945.* Zeichnung, »Frau auf Sessel mit Tambourin« und »Mann mit schwarzer Kappe« . . .


NOVEMBER

*Donnerstag, 1. November 1945.* Soweit sind wir, d. h. Q. ist zu Bett und ich zum letzten Tagebuch bereit . . . Nehme zur Zeit Lebertran gegen meine Brustschmerzen und immer noch vorhandene Müdigkeit

und Nachkriegs-Abgespanntheit . . . Es wird kälter 7–8 Grad. Der
Schnupfen ist im Aussterben.
Morgen geht »Blindekuh« zu Lütjens.
*Freitag, 2. November 1945.* Es nebelregnet und die Blindekuh hat das
Lokal verlassen. Neue Rahmen sind gespannt trotz Not und Teufel . . .
Nachmittags Ilias, doch sehr schön. Q. bei B. und ich in drei öden Bars,
wo verlöschende Kriegstheater-Romantik muffig jatzte.
*Samstag, 3. November 1945.* Noch von Berger verabschiedet am Mu-
sikabend mit Quappi und O. und Maria. Bach Haendel etc. . . . O.
machte mir zum Schluß noch eine Eloge über »Blindekuh«. – Zu Fuß
in der Sonntagsnacht zurück mit Quappi. – Morgens zwei Zeichnungen,
danach Brustweh. Nachmittag Ilias gelesen, sehr schön . . .
*Sonntag, 4. November 1945.* . . . Nachmittag v. d. B., bei kaltem Wind
mit Fiets zurück und etwas Brustweh. Weiß noch immer nicht ob ich
Geld haben werde, ob ich krank oder gesund – alt oder von neuem
lebensgierig – oder ob alles barer Unsinn ist – ja Unsinn.
*Montag, 5. November 1945.* . . . Schöne Zeichnungen gemacht, »Ve-
nus – Mars« und »Telephon«. Sonst, na ja man lebt weiter und ganz
gut. Schnupfen am Ende.
*Dienstag, 6. November 1945.* . . . Man kann sparen und darin etwas
leisten und man kann verschwenden und auch darin und damit etwas
leisten. Beides zusammen geht nicht. Schöner neuer Rahmen wurde ge-
sandt und ich berechnete die Summe meiner Bilder –
*Mittwoch, 7. November 1945.* . . . Schöne Fietstour mal wieder über
Foetpad im milden Spätherbst. – Schrieb an Piz London und Valentin
New York.
*Donnerstag, 8. November 1945.* Recht mieser Tag, trübe, Regen Hei-
zungssorgen, Heizungssorgen – das Petroleum geht wieder mal aus –
wenig Kohlen. Beinah voriges Jahr besser. Wartete ½ Stunde an der
Wage auf Petroleumbonnen zwischen Huren und Zuhältern – um-
sonst . . .
Auf Fiets im Regen nach Haus mit Brustweh – man wird alt –
*Freitag, 9. November 1945.* Erst kalt gefietst, Petroleumbonnen erstan-
den, ha ha . . . Lütjens Mittagessen bei uns, trug den »Dictator« von
Chaplin vor. Abends regnete es und ich pumpte 10 Gulden in Rigobar.
– Indifferente Stimmung aber keine Flieger mehr über mir!!

*Samstag, 10. November 1945.* Telegramm von Valentin, Zeichnungen angekommen.

Na ja immerhin etwas, hoffentlich klappt es nun bald.

Den Tag stellungslos so hingeludert. Abends bei O. mit Musik, etc., ganz nett, war nur sehr müde.

Bei eisigem Wind nach Hause.

*Sonntag, 11. November 1945.* »Bißchen« geheiztes Atelier. Zeichnung »Das Vergrößerungsglas« und »Frau im Pelz« gemacht. Viel Regen . . . Q. abends noch einmal allein zum Abschieds-Quartett bei Berger. Ich allein, müde, aber auch angenehm. Bonne nuit.

*Montag, 12. November 1945.* »Congreß der Waldbesitzer«. Wie verrückt herumgefietst, Neumann-Vettin, Lütjens, alles wegen dieser blöden New Yorker Zeichnungen. Nachmittags nochmal gefietst, Leid'sche Plein, Savoy, wo ich endlich glaube einen neuen Sitzplatz erwischt zu haben. Petroleumofen kaputt, Kohlenfeuer. »Sparen – sparen – sparen«.

*Mittwoch, 14. November 1945.* Historischer Tag. War auf dem Amerikanischen Konsulat und anstandslos ging Unterschrift aller Invoice Papiere vor sich, sind bereits auf dem Wege nach Amerika – war ein recht angenehmes Gefühl. Alles das spielte sich im Angesicht der Festungshügel, die durch die Germans erbaut waren, ab. – Nun wir werden weiter sehen. Aber es sieht alles ein bißchen rosiger aus. – Las Frau Dostojewski's Memoiren zu Ende.

*Donnerstag, 15. November 1945.* Man weiß nicht mehr was man glauben soll. Schwarz ist weiß und weiß ist schwarz. – Wie es Euch beliebt – leer ist schön und schön ist voll, alles zerrinnt und ist nicht einmal toll . . .

*Freitag, 16. November 1945.* . . . Bekam Zigaretten, Kaffee und Chokolade von Schueler aus New York . . .

*Samstag, 17. November 1945.* . . . 3 Grad Kälte und etwas malade von heute Nacht . . . Müde und indigniert über die Schäbigkeit der Welt.

*Sonntag, 18. November 1945.* Eine aussichtslose Geschichte – der einzige Trost ist, wohl anständiger »kein Glück zu haben« – sonst – zwischen Atombombe und Abstraktivität (non objective Art) und kläglicher Geldnot vegetiert man weiter. 3 Stunden schön bei der Arbeit, alles Andere ein kläglicher Mist . . .

*Montag, 19. November 1945.* »Fröhlich« ausgeruht fietste ich, um schwarze Kreide zu kaufen am frühen Morgen durch das geschäftige Amsterdam und passierte alle Stop und Non-Stop Straßengefahren wie ein 18jähriger. Nicht leicht. – Dann schwer gezeichnet, verkorkste erst »Savoy-Café« nach drei Stunden um nach dem Essen noch einmal alles in 1½ Stunden wieder richtig zu machen . . . Piz schickte Zigaretten aus London.

*Dienstag, 20. November 1945.* Zwei Zeichnungen gemacht. »Frau Rigobar« und weiblicher Akt überarbeitet. Doch noch gefietst und abends mit Q. im City Kino und später Rienstra (Restaurant). Sehr übermüdet beim Fiets-Rückweg, sehr Brustweh.

*Mittwoch, 21. November 1945.* Wieder einen Tag ver-lebt. Englische Stunde gehabt. – Morgens sehr lieber Brief von Eltern Morgenroth der mich in eine Art Zukunftsvision versetzte. – Na ob's was wird, jedenfalls lerne ich jetzt wirklich englisch.

*Donnerstag, 22. November 1945.* Raskolnikoff – versuche damit meine »Tote Seele« wieder etwas aufzuwärmen. – Die Angst vor der Biologie. Erstickung des Enthusiasmus. Alterserscheinung?
Schwieriges Problem bis zur letzten Arterienverkalkung weiß glühend zu bleiben.

*Freitag, 23. November 1945.* Manchmal habe ich wirklich keine Lust mehr Tagebuch zu führen. Alles ist so ereignislos und stumpfsinnig geworden. Nur mickrige und kleine Begebenheiten reihen sich an einander zum bösen Novemberwetter. – Trotzdem fange ich wieder an, wohl aus einer Art Angst mich ganz zu verlieren in dieser eintönigen Monotonie des ersten Nachkriegsjahres. Holland fällt immer mehr in sein altes Leben, die verschiedenen Invasie's fangen an, langsam zu verschwinden und über bleibt das alte Philistertum. – War bei Lütjens zum lunch. Q. bei Hedda. Freute mich als sie zurückkam . . .

*Samstag, 24. November 1945.* Heftig gearbeitet am Zeichenentwurf von neuem Selbstportrait mit den großen Händen. Außerdem noch weiblicher Akt sich abtrocknend. – Morgens sehr frisch abends dann wie immer etwas müde. – Raskolnikoff zu Ende gelesen. – Sswedrigailoff – Problem besser gelöst wie Rodion. Rodion bereut nicht, er büßt nur widerwillig. Das ist aber nicht wichtig. Wichtig wäre, die metaphysische Zwangskraft des Gewissens zu gestalten.

*Sonntag, 25. November 1945.* Schluß für heute. Heilbrunn Zeichnungen gezeigt, schon wieder ca. 20 – doch das wird sich finden. Le temps passe. – Recht impatient geworden. Kalter Novembertag. Viel über Individualseele und Collectivseele nachgedacht. Menschendasein, höhere weiße Ameise? Würde aber doch meinen Individualansprüchen nicht genügend sein. – Gute Nacht.

*Montag, 26. November 1945.* Zwei Briefe von Valentin, aber immer noch nichts Endgültiges wegen der Zeichnungen ... Aber ich soll ein Vorwort für meine präsumptive Ausstellung in New York im Februar schreiben. Na, man wird Einiges zu hören bekommen. – Etwas aquarelliert, ganz nett. Abends bei der Darieux auch ganz nett ...

*Dienstag, 27. November 1945.* »Die Bienenkönigin«, »Lamm und Krokodil«, »Schwarzer Kakadu« und »zwei Schwatzköppe«, »Puppe und Schmetterling«, na und sonst noch – sind zu machen. Noch sehr müde. – War im Zoo per Fiets.

Frommel und Frau S. waren da, brachten Hegel? Na ja, zeigte Zeichnungen. War nicht zufrieden. Es ist noch viel zu tun und ich bin noch weit vom Ende.

*Mittwoch, 28. November 1945.* Resumé, ja der Feuerhahn der tut sich manchmal manches an. Z. B. englische Stunde mit R. – elektrische Bahn – (entsetzlich) ... Immer noch nichts Entscheidendes aus New York ... Kabeljau mit butterloser Sauce und viel geraucht, nervös aber kein Weh.

*Donnerstag, 29. November 1945.* Nur keine Angst Rosemarie – t'ja, wenn man bedenkt mit was für einem Strohhalm man lebt so könnte man schon – na ja – Kein Brief aus Amerika. Das Gold-Etui geht in den nächsten Tagen zu Ende ... Deutschland im Sterben, et moi – Selbstportrait 1945 beendet und kleiner Clown. In der Nacht gefietst, gut und ohne Weh.

*Freitag, 30. November 1945.* Allerhand über mich ergehen lassen. War eben im Stalingrad-Film (sehr depressiv mit recht bedenklichen Bildern. Scheußlich ist immer im Bild der Menschheit, die Herabsetzung und Brutalisierung des Besiegten) ...

Morgens bei Lütjens wo's mal wieder sehr nett war, ich konnte manches sagen was ich bisher nicht formulieren konnte. – Von S. Morgenroth kam Paket, morgen schon wieder eins ...

DEZEMBER

*Samstag, 1. Dezember 1945.* Morgens im Stedelijk Museum Werkmanns Ausstellung ... Hin und her durch Sinter Clas gefietst. Nachmittag erstand Frommel mit Buri Giselle-Zeichnung ... Ganz nett nur sehr utopisch ...

*Sonntag, 2. Dezember 1945.* »Ich habe einen Clown gemalt« – doch nein, das war vor ein paar Tagen. Heut großer Entwurf für den »Teppichhändler«, Landschaft mit alter Draisine fertig, ebenso »Kino«. Sonst stiller Sinter Clas, fast den ganzen Tag gemalt nur abends ein bißchen in den südlichen Wind im Dezember, war schön und Q. und Butshy empfingen mich an der Tür.

*Montag, 3. Dezember 1945.* Allerlei angetuscht – (»Bogenschütze«), etc. »Music-Clown« fertig gemacht (mit Hütchen). Viel geschlafen. Traurig weil noch nichts aus Amerika ... Abends »Schweinswürstchen mit Rotkohl« oh oh oh – la paix.

*Dienstag, 4. Dezember 1945.* Na ja also, Brief von Valentin daß das Invoice angekommen und er die Zeichnungen in circa 8 Tagen – also morgen zu bekommen hofft. – Also wohl alles in Ordnung. Trotzdem sandte ich das Telegramm was ich schon senden wollte, doch ab. – Schön mit Butshy spazieren und guter Laune. – Nur der Puls könnte besser sein.

*Mittwoch, 5. Dezember 1945.* Wieder mal Versuch nicht zu rauchen, da Herzbeschwerden (Aussetzen und zu langsam gehen) fühlte mich daher schlecht. – Dollars von Valentin werden ausbezahlt – enorm was?!

*Donnerstag, 6. Dezember 1945.* Nun ist Kabel von Valentin:

FIND DRAWING EXTRAORDINARY AND BEAUTIFUL

endlich eingetroffen – und ich habe wieder trotz aller Widerstände und absoluter Unmöglichkeit festen Fuß in Amerika ... Noch schlechtes Herz, aber –!!

*Freitag, 7. Dezember 1945.* ... Herz – Tabak-Affectionen. Briefe an Morgenroth Swarzensky, Urban etc. – Frost. Erstes Mal im Bett gelesen. Werde nicht mehr lange leben – Ne fait rien –

*Samstag, 8. Dezember 1945.* Genügsam ist das Menschentier und nimmt immer wieder geduldig die Kandare des Schicksals auf sich ... Eltern mit Kinder sind immer wieder zur Lebenslüge gezwungen.

*Sonntag, 9. Dezember 1945.* Bei 5 Grad Kälte spazieren gefietst über dem Y – herrliche Wintersonne, fuhr bis zur kleinen Holzkirche und mit dem Pontje zurück. War dann bei L. und bekam Sinter Clas Gebäck. – Nachmittag zu O. im Berger Haus wo Quappi im Bach, »Musikalisches Opfer«, Trio, recht gut spielte ... Zurück gefietst, mit Q. noch im Savoy.

*Montag, 10. Dezember 1945.* »Der Mord« aquarelliert. »Auf dem Sofa Kauernde mit zwei Frauen im Hintergrund«. Sonst sehr ruhiger Tag ...

*Dienstag, 11. Dezember 1945.* Kaufte per Fiets Petroleum, etc. – Nachmittag mit Q. Hilfe und Lütjens telephonisch Liste von Bildern für New York fertig gestellt. – Hat doch keinen Zweck. Abends mit viel Brustweh im Kino, mäßig.

*Mittwoch, 12. Dezember 1945.* »Giganten« und »Akrobat mit Schwergewicht« ... Abends nur einen Kaffee am Rembrandtplein ... Alles ziemlich gleichgültig.

*Donnerstag, 13. Dezember 1945.* Also Neumann-Vettin's Abgesandter war im Haag wegen Bilder Amerika – na, neue Papiere. Experten-Besuch, etc., etc. Das kann ja nett werden; und Neumann krank und nur sein Stellvertreter – na ...

Mit Fiets eisiger Nordwind, Brustweh – nun schon länger wie ein Jahr. – Bin recht pessimistisch, trotz Q. Optimismus. – Wenn alles gut geht rechne ich mit Ende Januar als Abgangszeit.

*Freitag, 14. Dezember 1945.* Bei L. Besprechungen der Ausstellung in New York ... Nachmittag war Neumann's Mann da.

*Sonntag, 16. Dezember 1945.* Im Regen mit Butshy Sonntagsspaziergang. Ging mir den ganzen Tag gut. 2 Zeichnungen, »Tanz im Labyrinth«. O. und v. d. Berg war da. – Abends aßen wir im Elysa schlechten Hasenpfeffer, aber es ging mir gut.

*Montag, 17. Dezember 1945.* Morgenspaziergang. – »Der wirkliche Don Juan« noch aquarelliert. Am »Tanz im Labyrinth« gearbeitet ... Gar kein Brustweh mehr – Komisch, na wird schon wieder kommen. Abends »Idiot« zu Ende gelesen. – Doch schön.

*Dienstag, 18. Dezember 1945.* Herumspaziert. Q. holte Pakete von der Post aus Amerika . . .

*Freitag, 21. Dezember 1945.* Bald, bald – Friede sei Euch und den Menschen ein Wohlgefallen . . .

*Samstag, 22. Dezember 1945.* Noch die »Liegende abwehrend« gezeichnet. Viel spazieren gelaufen des Morgens. Abends Gogol, tote Seelen.

*Sonntag, 23. Dezember 1945.* Viel Regen. Nachmittag Frommel mit S., kauften Golem-Selbstbildzeichnung . . . Quappi war bei Ono's geigen. Wir fraßen Bami beim chinesischen Kellner für 20 Gulden.

*Montag, 24. Dezember 1945.* Wieder mal Weihnachten. Oh Gott wer hätte das geglaubt – und doch sprechen die Menschen schon wieder von neuem Krieg . . . Abends nettes und sehr müdes Weihnachten mit Q. – Butshy bekam 2 Würstchen. Lütjens schickten Azalee.

*Dienstag, 25. Dezember 1945.* Abends bei L. mit Hase und Rotkohl und eine Flasche Rotwein . . . Am Tage spazieren und auch mit den toten Seelen (Gogol) herumgeschlagen. Trotz sehr großer Kunstformung nicht befriedigt. Lütjens morgen per Flugzeug nach Zürich.

*Mittwoch, 26. Dezember 1945.* Heftigst grün rosa Orchideen Stilleben untermalt. – »Traum des Mädchens« entworfen . . . Zweiter Festtag zu Ende, beide sehr müde.

*Donnerstag, 27. Dezember 1945.* Friedlicher Vorfrühlingstag. Im Atelier geordnet, Pinsel gewaschen . . . Sonst ging's den ganzen Tag gut, mit Frühlingsgefühlen. Nur man wird so früh müde.

*Freitag, 28. Dezember 1945.* Besuch bei der Strohwitwe Nelly, ganz nett . . . Im Sturm nach Haus. Fr. kam nicht . . .
Großer Sturm. Fühlte mich den ganzen Tag besonders wohl.

*Samstag, 29. Dezember 1945.* »Laboratorium« und »Atelier« untermalt. Wird sehr gut!! Leider noch zuviel nachher an dem langweiligen Marsbild, daher nachmittag beim Besuch von Savoy viel Schmerzen. Konnte kaum zurück kommen . . . Heute besonders schlecht – Drei rote –

*Sonntag, 30. Dezember 1945.* Ganz vergnüglicher Tag, der eigentlich recht melancholisch anfing . . . Dann sich langsam bis zu einem traumhaften Zustand steigerte, der mit Butshy und einem nebligen Wintermorgen einen merkwürdigen Abschluß erreichte. Das »Netzbild« wurde fertig . . . und ich hatte den ganzen Tag und Abend kein Weh.

*Montag, 31. Dezember 1945.*

Letzter Tag des »Historischen Jahres«

1 9 4 5.

Na, het is afgelopen. Gott sei Dank. Wir tranken Limonade aßen englisch Bocking (Bückling) in Essig und Öl. – Morgens fietste ich bei Null
Grad und zeichnete »Die Haltestelle« . . . Den Abend bis 12 Uhr verbrachte ich mit Gonzi's Quappi und Butshy, der bei den ersten Neu-
jahrsschüssen wieder in Kriegspsychose geriet. – Prost Neujahr.

# 1946

*Dienstag, 1. Januar 1946.* Wenn dieses Jahr ebenso langweilig verlaufen sollte, wie dieser erste Tag und Feiertag, dann – naja – dann –, was ist dann noch? – Müde für z w e i Tage wenn ich intensiv e i n e n Tag gearbeitet habe. Geldnot . . . etc. na, schöne Aussichten, vor allem Geldnot, Steuern vom vorigen Jahr, »Non-Enemy« Papier, etc. – einen ganzen Sack voll Sorgen, na – trotzdem. – (War mit Fiedler im Savoy. Wieder 4 Grad Kälte.)

*Mittwoch, 2. Januar 1946.* »Mädchen mit Hahn« untermalt. Vielerlei Herz- und andere Beschwerden. Nachmittag ein Pervitin. Tagsüber besser. Noch kalt.

*Freitag, 4. Januar 1946.* T'ja, allerhand Export aus dem Haag war da. Ausfuhr nach Amerika genehmigt . . . »Non Enemy« fast sicher. – C. kauft Zeichnung »alten König mit Frau im Kino« . . . Viele Schnäpse – soll alles noch einmal wiederkommen?

*Samstag, 5. Januar 1946.* War bei Dr. de Lange. Leider wieder Blutdruck 22 – und Herznervenentzündung, na – wie ich mir schon dachte. Möglich daß es nochmal besser wird. Bin aber ziemlich resigniert. – Abends war Giselle da, später Frommel. Man sprach über die Liebe und sahen meine Zeichnungen.

Cajoeti?!!

*Sonntag, 6. Januar 1946.* Also aus – ruhen. Ha ha. – Zu Fuß zu Bergeronomaria wo wir im schönen Schloßzimmer jeder einen gebratenen Fleischfetzen bekamen. Auch Butshy. Später Bach und zu heißer Ofen. – Abends etwas Weh, aber gemütlich.

*Montag, 7. Januar 1946.* Also weiter etwas ausgeruht, aber doch das kleine Meeraquarell fabriziert. Morgens spazieren, nachmittags und Abend zu Hause. – Tut ganz gut, aber noch erkältet.

*Dienstag,* 8. *Januar 1946.* »Jedenfalls trage ich das Gesicht der Zeit« wie kein Anderer. Das ist sicher (beim Anblick neuer Photos meiner Bilder). Sonst stark erkältet aber kein Fieber. – Heilbrunn's waren da und besahen meine Zeichnungen. – Gehe eben abends nicht aus.

*Mittwoch,* 9. *Januar 1946.* Endgültige »Vergunning« für Bildertransport nach New York. Na – Dieu soit bénit – für mich fängt jetzt vielleicht der Friede an. – Noch stark erkältet. – Berger schrieb aus London.

*Donnerstag,* 10. *Januar 1946.* Noch Ruhepause. Nur wenig op Straat. Nachmittag war Nelly mit Rikje da. Ganz gemütlich mit Chokolade essen und Butshy spielen. Abends etwas nervöses Brustweh. Trotzdem recht vergnügt. – Novo Cento.

*Freitag,* 11. *Januar 1946.* Möchte nur wissen warum das Malen so anstrengend ist. – Das bißchen Farbe verschmieren – Du mein Gott, – »Laboratorium« fertig gemacht. 4 oder 5 Stunden gemalt. – Schönes Ausruhen, das. – In dem Sturmabend durch's Städtchen, aber noch nicht in Kneipen. Ausruhen abends doch sehr wichtig. – Valentin Radio – »delighted, thank you«. – Dämonen, Riesensturm.

*Samstag,* 12. *Januar 1946.*

> »Die Bilder schwimmen
> von Rotterdam
> man kann nichts gewinnen
> kommen sie auch an
> die ewige Dummheit
> sie starren sie an
> was hat man Dir
> Du armes Kind getan –«

Brief von Lackner, große Abrechnung . . . Ich war spazieren ohne Weh. – Schrieb an Lackner. – »Dämonen«.

*Sonntag,* 13. *Januar 1946.* Brief an Berger geschrieben. Spazieren in Sonntag-Vijzelstraat, Weteringsschans . . . Später Frommel und Frau Strengold – »und wenn die Unendlichkeit anfängt zu brennen, dann wird es ihm zu heiß werden.« – Abends Würstchen mit Rotkohl. – »Dämonen« I. fertig.

*Montag,* 14. *Januar 1946.* Unruhiger Tag, der so dahin lief. Schönes Wetter und ähnliche Dinge, zwischen den Eisbergen im Zimmer mit

Abendroth sah ich erstaunliche Sachen und in der Rigo-Bar soff ich mit
Quappi Borreltjes und aßen Bami. Im Ganzen neun Borrels.
*Dienstag, 15. Januar 1946.* Friedlicher Morgen bei Nelly und Rikchen.
Friedlicher Tag mit »Dämonen« und Quappi. Ontspanning mit etwas
Resignation.
*Mittwoch, 16. Januar 1946.* »Frau mit den 3 Köpfen« gezeichnet. Am
Morgen im kalten Wind, Leidschestraat und Plein, Spiegelstraat zurück.
»Dämonen« – und Bratkartoffel mit Rauchfleisch. – Eisiger Wind, Pe-
troleumofen kaputt. – Buchholz schrieb aus Madrid.
*Donnerstag, 17. Januar 1946.* Nachmittag war v. d. Berg mit Magen-
entzündung und Pessimismus da. Fürchte etwas für ihn. – Kati schrieb
– noch immer hoheitsvoll.
*Freitag, 18. Januar 1946.* Vergeblich bei de Lange. Ging im Zuid
spazieren, und sah nachmittag Marlene in einem schlechten Farbfilm
wieder. – Abends las ich noch St.'s Beichte, aber das unvollständige
Bild von St. in den Dämonen bleibt. Abends Orangeade, aus Amerika
spendiert.
*Samstag, 19. Januar 1946.* Wieder bei de Lange, Blutdruck auf 20
herab. – Na ja, wie gedacht. Wird wohl wieder ganz normal. Sonst
Rausch-Zeichnung, »Jupiter und Jokaste«. – Ganzen Nachmittag und
Abend zu Haus. – Nach de Lange noch etwas im Zuiderpark. Schön,
etwas wärmer.
*Sonntag, 20. Januar 1946.* Viel an den beiden Stilleben (»Laborato-
rium« und »große Orchideen«) gearbeitet, Experimentiersaal fertig,
Orchi, weiß noch nicht. –
Ganzen Tag zu Hause.
*Montag, 21. Januar 1946.* Bei Nelly, nett und freundlich ... Nach-
mittag Besuch vom großen »Klein«, Blicke nach Deutschland – oh mein
Gott. – Lütjens kommt Sonnabend zurück.
*Dienstag, 22. Januar 1946.* »Zauberer und Hexe« aquarelliert, ebenso
»Jupiter und Jokaste«. – Nachmittag und Abendessen war Frommel
da und wir sprachen viel über seine projektierte Deutschlandreise.
Halte vorläufig alles noch für Utopie, wenn es auch vielleicht die letzte
Rettung sein könnte.
*Mittwoch, 23. Januar 1946.* Spazieren. Aufgegabelt von Frau L., Cof-
fee, Busen, Beine, Kind, Mann, Garten, altes Gerümpel. – »Frau mit

Meermann« zu viel überzeichnet... Madrid, Buenos Aires, Kalver-
straat, Schnee.

*Donnerstag, 24. Januar 1946.* Schöne Fietstour über Kolonialmuseum
bei 1 Grad Kälte und Glatteis. – Abends zwei Bols im Kaperschiff. –
Peau de Chagrin, schrieb an Waldemar George. – Bekam ein Paar
wunderbare Lederhandschuhe von Valentin New York.

*Freitag, 25. Januar 1946.* ... Fühlte mich nicht sehr wohl. Nachmittag
4–5 Stunden am »Traum des Mädchens« und Orchideenstilleben. Letzteres nun endgültig zur Zufriedenheit fertig. – Cordan rief an. – Also
es geht weiter. Leider gestern und heute Abend etwas Peki.

*Samstag, 26. Januar 1946.* Großer schöner Spaziergang, Leidschestraat
und Bosch, Hazenstraat 10 englische Zigaretten. – Nachmittag allgemeines Wohlbehagen. Abends zu viel Krautsalat und Orangen. – Chartreuse de Parme, langweilig?

*Sonntag, 27. Januar 1946.* »Retour de Lütjens«, – erzählte mancherlei, Ausstellungen in Basel und Zürich etc. – Feilchenfeld. – Nachmittag in »the Ramblers Symphonie« – mittelmäßig zusammengesetzt
aus Chaplin und Russen. – Mit Q. getanzt in Villa d'Este – zum
Schluß allerlei Congestionen.

*Montag, 28. Januar 1946.* »Zank im Fischladen« und »dicke Frau« gemacht. – Im kalten Nebelregen etwas am Bahnhof. – Nachmittag
waren Giselle und Buri da und man amüsierte sich mit meinen Zeichnungen. – »Chartreuse de Parme« – schön.

*Dienstag, 29. Januar 1946.* ... E. ganz komisch bei Betrachtung meiner Zeichnungen. Man erlebt dabei ganz neckische Dinge – wenn sie
Quappi beim Schein der Lampe aus dem Kasten holt. Laterna Magica.

*Mittwoch, 30. Januar 1946.* Etwas verkorkster Tag, da Cordan Grippe
hatte und nur Boten sandte... Na, vielleicht wird's noch was...
Sonst Drucksachen von Cordan und Valentin und überraschend Zigaretten von Frau Urban, die in unsere Zigarettenpleite gut hineinpaßte.
Noch bei Zervan, ging mir körperlich recht gut heute.

*Donnerstag, 31. Januar 1946.* Ziemlich vertrödelter Tag mit spazieren
am Bahnhof, schlafen, nachmittag v. d. B. im Krasnapolsky und abends
Schluß mit »Chartreuse de Parme«. Schön ... Paket von Doris, Kleider.

FEBRUAR

*Samstag, 2. Februar 1946.* ... 4–5 Stunden gearbeitet und der »Traum des Mädchens« ist fertig, im geheizten Atelier. – Tuschinsky – erstes mal seit fast ein-einhalb Jahren – oh Gott wie anders. – Kaperschiff auch neu – auf »fein«.
Hedda's waren zum Abendessen da.

*Montag, 4. Februar 1946.* Viel gearbeitet, neues Quappiportrait im grünen Sweater angefangen. Stilleben mit Strelizien angefangen. »Im Kino« fertig, »weißer Clown« fertig. – Im Tuschinsky schwere Depression ... Abends rief Cordan an, berichtete ganz nett.

*Mittwoch, 6. Februar 1946.* War in Zandvoort und zu Fuß nach Overveen, ziemlich anstrengend, aber das Meer war wieder Meer und sagte guten Tag Herr Beckmann. Auf Schienen und Brücken Schwindel, ziemlich wenig weh. – Abends schrieb Doris. Valentin Zeichnungen Ausstellung April.

*Donnerstag, 7. Februar 1946.* T'ja, man muß sich eben Emotionen verschaffen. Das ist der Sinn der Welt – wenn man da nachläßt, ist man erledigt ... Ja, ja. – Morgens holte Q. Zigaretten von Valentin New York. Nachmittags die American Giselle, Abschied nehmen ...

*Sonntag, 10. Februar 1946.* Große Frau mit Plastik und grünes Portrait von Quappi angefangen. – Sehr down.

*Montag, 11. Februar 1946.* Telegramm von Valentin »Paintings arrived – happy« etc. Na also – teils sehr erregt – teils erkältet.

*Dienstag, 12. Februar 1946.* – 62 – ha, ha, so weit haben wir's immerhin gebracht. Alter eines besseren Großpapas. Nun – viel wird wohl nicht mehr werden. – Immerhin Lütjens gratulierte wie immer, mit Azalee und Bilderbesichtigung ...
Mittags gab's Austern. V. d. Berg's schickten Petroleum, und Herr Post stiftete 3 Zigarren, Lütjens übrigens auch 4. – Ich arbeitete nach L.'s Weggang noch heftig am »Teppichhändler« und verbrachte ruhigen Nachmittag und Abend mit sehr lieber Q. . . . und sonst: »wir warten von einer Illusion auf die andere«. Auch mit Amerika wird nicht alles herrlich werden. – Nur ab und zu ein »Tröpfchen«.

*Mittwoch, 13. Februar 1946.* Unnötig viel am »Teppichhändler« – daher sehr müde.

*Freitag, 15. Februar 1946.* ... Abends Frommel, Buri und englischer Freund, große Begeisterung und Fanal ...

*Samstag, 16. Februar 1946.* Großer Brief von Piz mit einer eventuellen Einladung nach London bei Delbanco. Nun mal sehen, jedenfalls nicht uninteressant. Abends zum Kartoffelpufferessen bei v. d. Berg's. Hin und zurück zu Fuß, ging ganz gut.

*Sonntag, 17. Februar 1946.* Erfreuliches zu berichten, daß das »Bildnis eines Teppichhändlers« fast oder ganz fertig geworden ist. Trotz Schnupfen und Erkältung. Und recht gut glaube ich. Nachmittag im »Gaité« wie's jetzt heißt. Quappi war bei Ono Flöte Maria, Bach spielen. – Abends E. A. Poe.

*Dienstag, 19. Februar 1946.* Morgens v. d. Berg gezeichnet für sein Buch ...

*Mittwoch, 20. Februar 1946.* Elektrisches Licht heute im Kaperschiff ... Festessen über Valentin's Vorschlag, Angebot die Hälfte der Bilder zu kaufen. Erstaunlich wie viel Ruhe einem so etwas gibt. – Le temps passe – immerhin vor 26 Jahren war es J. B. Neumann und man war erheblich jünger. – Schade, noch sehr erkältet.

*Donnerstag, 21. Februar 1946.* »Roter Clown« verläßt das Haus, sogar im Auto ...

Man ist müde, verschnupft aber vergnügt. – Mit v. d. Berg im Pays Bas – begoß ihn mit Alkohol und erhielt weise Ratschläge für meine Neurasthenie. – Nett abends mit Q.

*Freitag, 22. Februar 1946.* Man soll sich hüten, zu sehr in einen Rausch eines Erfolges hinein zu steigen, der bis jetzt jedenfalls noch immer nicht fundiert ist. – Aber nach den letzten Briefen aus Amerika und auch hier, sieht es doch erheblich rosiger aus. Man wird noch manchen Ärger haben – aber es wird wieder interessanter. – Heute in 3 Stunden »Atelier« (Frau mit Plastik) fertig gemacht. – Abends mit Q. in netten Film, »Chinesisches Landhaus«. – Es regnet viel.

*Samstag, 23. Februar 1946.* Dann kommen natürlich auch wieder die rückfälligen Betrachtungen. Sollte es mir doch noch mal wieder schlecht gehen? Money meine ich – ja, natürlich, denn Amerika kann immer noch ein Mißerfolg werden, sodaß der Horizont doch wieder dunkel wird.

*Sonntag, 24. Februar 1946.* Viele Entwürfe gemacht, 2 Neger, kleiner

weiblicher Akt, Soldatentanz, Frau mit Vogel schwarz. – Nachmittag
im Gaité. – Abends Maugham.

*Montag, 25. Februar 1946.* Bei herrlichem Glatteis – nizzawarmem
Wetter an der Amstel und bei den großen Altären. Es war ganz amü-
sant und kratzte auf trotz erheblicher Schlappheit und Rheuma. –
Nachmittag im Gaité fiel mir Simolin Tryptic ein.

*Dienstag, 26. Februar 1946.* (Abends im Bett) Vielerlei Gefühle von
Freude, Schmerz, Triumph, Gelangweiltsein fuhren gemischt mit Peki
und Ischias oder Rheuma durch meine Brust. Konnte vor gemischten
Schmerzen heute kaum ins Café und abends aus dem Kino zurück. Aß
mit Q. im italienischen Restaurant. – Morgens bei Lütjens Geburtstag.

*Mittwoch, 27. Februar 1946.* Februar ist bald zu Ende und Quappi
hat Halsentzündung. Hoffentlich nicht schwer. – Sonst war Buri, der
Ersatz-Frommel, da und bewunderte meine beiden letzten Bilder, »Teppichhändler« und »Frau mit Plastik« – ich nicht so sehr. Na mal sehen.
Könnte alles noch vollendeter sein.

Mein Hexenschuß scheint kein Ischias zu werden und die Elektrischen
gehen wieder bis elf Uhr abends was mich sehr beruhigte.

*Donnerstag, 28. Februar 1946.* Valentin bietet per Kabel für 8 Bilder!

> Tryptic Akrobaten
> Selbstportrait
> Dutch girl's
> 4 men arround the table
> young men on the beach
> Café und
> two stillifes

Was sagst Du? Agree per Cable heute morgen. – V. d. B. mißgestimmt
über sein Portrait. – Viele Schnäpse im Gaité. Mit Quappi im Italienischen. – Noch Rheuma.


MÄRZ

*Freitag, 1. März 1946.* Viel Schnee, Sturm, Rheuma und Lütjens ...
Er kaufte noch zwei Zeichnungen. »Haltestelle« und Selbstportrait in
grau, Feder und Tusche ... Art News mit der alten »Kreuzigung« von
1917 hat mich sehr bewegt – schrieb an Valentin.

*Samstag, 2. März 1946.* »Traum des Mädchens« noch einmal 4 Stunden – Viel Schnee aber schön milde Luft. Ischias besser, noch nicht ganz. Große Erkältung 3 Wochenschnupfen und Husten beendet. – Abends Maugham.

*Sonntag, 3. März 1946.* Noch einmal »Mädchen's Traum« – Heilbrunn mit Frau war da. Man wühlte im Erfolg und »spiegelte« sich wie eine alte Frau. – Noch viel Schnee und Dreck. – Übermüdet.

*Dienstag, 5. März 1946.* Den »Teppichhändler« nochmals fertig gemacht. – Schön geworden. Große schwarze Frau entworfen. Sehr müde. Kalt, etwas weh. – Maugham abends schön zu Ende.

*Donnerstag, 7. März 1946.* Waren heute auf dem Beheers-Institut wegen »non Enemy« – es ist möglich daß die Sache nun endlich in Gang kommt. – Valentin schrieb lang, möchte noch Zeichnungen... Dann kauften wir Käse in Amstelveen bei abenteuerlicher Kälte, Wind und Expeditionsschwierigkeiten, aber nett... Kein Weh den ganzen Tag trotz Schwierigkeiten.

*Freitag, 8. März 1946.* Schon wieder sehr netter Brief von Valentin. – »Akrobaten« Tryptic wahrscheinlich verkauft – spricht schon von neuem Tryptic senden und offeriert Graphikmappe. – Recht angenehm. – Morgens nochmals furchtbar am »Mädchentraum« bis zum Umfallen aber mit etwas Pervitin darüber hinweg.

Abends Winkelmann – oh je –

*Samstag, 9. März 1946.* Photos der Ausstellung New York kamen, 25. April Eröffnung. – Tag verbummelt, da noch übermüdet vom »Traum des Mädchens« von gestern. Abends bei Lütjens, gutes Essen und sogar Whisky, reichlich. – Befürchte Complikation wegen Schweizer Ausstellung und Valentin's neue Tryptic Wünsche.

*Sonntag, 10. März 1946.* Glaube trotz allen netten Sachen doch nur sehr wenig an größeren Erfolg meiner Sache. Alles ist wieder völkischer denn je und alle meine Bemühungen um eine allgemeine Menschheit sind verlorener denn je... War in schlechten englischen Film »2000 Frauen«. – Mittags schlechte »Kreuzabnahme« gemacht – kurz mies – mies – miese Stimmung – trotz allem –

*Montag, 11. März 1946.* Müder Tag, war aber im Zoo, und Marinus bekam Brot zu fressen – auch die Affen... Zigaretten aus New York.

*Dienstag, 12. März 1946.* Ziemlich aufgeregt, da abends noch 2 Stunden gearbeitet am »Mädchentraum« – glaube nun doch daß das verfluchte Ding endlich fertig ist. – Nachmittag war Frau Strengholt da – heftig erkältet ... Ich war den ganzen Tag ziemlich nervös auch Brustweh etwas, jetzt nach der Arbeit ist mir wohler. Komischer Corpus. Aber ich bin eben ganz vergnügt, Wiedersehen –

*Mittwoch, 13. März 1946.* Schon wieder Telegramm von Valentin, will alle Tryptic's ... Muß sehen was daraus wird. – Lütjens kauft »Abtransport der Sphynxe« ...

*Donnerstag, 14. März 1946.* Na, gehen wir ins Bett. – Von Valentin noch keine Antwort ... V. d. B. verkündete heute Abend im Pays Bas wahrscheinlich neuen Krieg mit Rußland – wegen Persien – na das wäre ja – und das Ganze nur eine Erholungspause ...

*Freitag, 15. März 1946.* Bei Lütjens, noch große Debatte ... Abends fiel Quappi von der Treppe –

*Samstag, 16. März 1946.* Dr. de Lange konstatierte Gehirnerschütterung, aber leicht.

– Neumann-Vettin war da und holte Papiere für New York, neue Tryptic's?! Na, mal sehen. – Nachmittag Quappi etwas besser. Ich aß bei Saur, und jetzt abends, glaube ich daß es bald vorüber gehen wird –

Lang »entbehrte« Töne schwirren durch die Luft – wieder Oorlog – na – denn man zu. Dann muß ich das Heft aus der Hand geben, dann ist der absolute Wahnsinn da, der sich bis jetzt seit einem Jahr so niedlich versteckt hat. – Was soll's auch schließlich noch. – Mein Dasein ist ja doch nur noch eine unbestimmte Farce und längst vorüber.

*Sonntag, 17. März 1946.* »Großkampftag«. – Weiblicher Akt mit Plastik, fertig, »Teppichhändler« endgültig. Morgens Öfen angemacht, Kaffee gekocht etc. etc. – grotesk alles. Quappi geht's soweit gut. »Fest im Paradies mit Simolin« und »weißer Perücke« – »Kellner mit Engelsflügel« –

Laqueur rief an.

*Montag, 18. März 1946.* Freudige Überraschung, 12 000 Gulden Steuern für vergangenes Jahr! Na, wie wir das schaffen sollen das weiß der »Azazael«. – Depression. – Nervenschwäche.

Quappi besser. Dr. de Lange da gewesen. – Frau G. kauft die »Brücke«.

*Dienstag, 19. März 1946.* Endlich wärmer – man glaubt es gar nicht. Und Herr Bersma will mit dem Steueronkel reden. – Sonst schwankte der Tag auf und ab. Valentin schrieb beglückt über die 15 drawings und auch sonst –

Besuch von Herrn Bertram ... Abends herrliche Luft.

»Kinder des Zwielichts«.

*Mittwoch, 20. März 1946.* Abwechslung muß sein, drum wieder andere Töne mit der Post. Eine andere Muse flötet heftig für ihren Canarienvogel und alte Töne kamen auf Irrwegen an mein Ohr ... »Kinder des Zwielichts« etwas matter Schluß wenn auch rosig.

*Donnerstag, 21. März 1946.* Nochmals 4 Stunden am »Mädchentraum« mit orange, – Quappi kann das erste mal wieder aufstehen ...

*Freitag, 22. März 1946.* Friedlicher Besuch bei Lütjens. Besah alte und neue Bilder. L. sehr nett ... Sonst nicht viel. Zweite Bilderserie scheint auch los zu gehen. De Gruyter war schon da. Im Gaité Indisch-Französische Tänzerin. – Es regnet furchtbar.

*Samstag, 23. März 1946.* Bekam heute das erste mal 300 Dollar, das heißt 760 Gulden auf mein Conto von der Amsterdamer Bank ausgezahlt. Noch nicht »non Enemy« Papier aber immerhin. – Erste Freiheitsgefühle – – –!!??!!?? – – –

Schön an neuen Bildern herumgepinselt (tanzende Soldaten) etc. – Quappi das erste mal wieder richtig auf. – U. S. machte lächerliche Szene. – Pervitin – einmal.

*Montag, 25. März 1946.* Was will ich noch und worauf warte ich noch? Sollte aller Enthousiasmus verrauscht und nur flauer Ehrgeiz noch übrig sein. – Schon möglich. Aber immerhin heute morgen in Artis bei Marinus, und den blauen Cacadu's und den schwarzen Papageien war es sehr schön. –

Brief von Valentin ...

*Dienstag, 26. März 1946.* Soll interviewed werden – oh mon Dieu, am Samstag, glaube von der New York Time, – na, auch das muß man noch durchmachen. Vielleicht eine Epoche eines Riesenerfolgs – oh wie beschämend. – Lackner schrieb, Pakete aus Amerika gemeldet. – Abends mit Quappi im Pays Bas. Des Morgens wüstes Gerenne um Lithostifte.

*Donnerstag, 28. März 1946.* Zeichnete 2 Lithographien, Frau mit

Fischschwanz und Pfeil und Raben, führte dann Quappi wieder endgültig ins Gewerbe (einkaufen, Haushalt etc.) ein . . .
*Freitag, 29. März 1946.* Vergunning für 2te Sendung nach Amerika
eingetroffen . . .
*Samstag, 30. März 1946.* Die Wüste wächst, wehe dem der W. birgt.
Das ist nämlich Berühmtheit. – Heute 1½ Stunden Interview für Time
Magazine. Cordan brachte »Centaur« mit Londoner Lecture und eine
wirklich schöne 3 Seitige Abbildung der »Temptation«. – Morgens
kamen Zigarren und Zigaretten etc. von Urban aus Amerika, wo Q.
1½ Stunden um das Paket zu bekommen schwitzen mußte. – Ich dann
allein im Gaité wo mein Herz entzückt wurde von einem neuen Tän-
zerpaar.
*Sonntag, 31. März 1946.* . . . Am Morgen 2 schöne Litho's gemacht,
»Tango« und »I come back«. – Quappi verspätete sich bei Lütjens und
ärgerte mich. – Nachmittag übermüdet mit Heilbrunn. – Noch Miß-
Stimmung wegen »Non Enemy« – – überhaupt Flaute und Reaction
von gestern.

### APRIL

*Montag, 1. April 1946.* Wunderbar gefietst nach Heembrug. Nachmittag Cordan da. Langes Genöhl, aber ich war noch nicht zufrieden
mit den Bildern. Abends im Kino, schlechter französischer Mittelalter-
film mit Theater-Teufel. – Zu viel gemacht und zum Schluß überanstrengt. (Brustweh.) – Wieder Postverkehr mit Deutschland – aber
Welches?
*Dienstag, 2. April 1946.* Erstes mal wieder massiert, dann noch 4
Stunden an dem verfluchten »Besuch« und »Atelier mit Frau und Plastik«. Daher ziemlich erledigt für den Tag. – Im Gaité neues Orche-
ster aus Brüssel, klingt wie schlechter Zervan Spinat.
*Mittwoch, 3. April 1946.* Heute fuhr die 2te Sendung Tableaux nach
Rotterdam und am Freitag geht die Reise nach New York. – Morgens
doch noch ein bißchen gearbeitet trotz sehr großer Müdigkeit. Nachmittags als ich gerade weg gehen wollte, erschien Frau Ono mit Blumen für Quappi etwas verspätet wegen Gehirnerschütterung und interessiert wegen New York und Time. – Hörte dabei daß »Kreuzab-

nahme« sogar schon erschienen war. – Dann noch im ziemlich leeren
Gaité, wo ich etwas sehr Hübsches sah. – Abends dann Swedenborg
der mir wieder etwas Luft verschaffte in dieser großen Öde in der
alles wieder zu versinken droht.

*Donnerstag, 4. April 1946.* Also heute um halb drei sind die 13 Bilder wirklich abgefahren von Rotterdam und kommen eben in England
an. – – Jo, jo, man wird langsam alt – fange schon an mich für meine
ganz alten Arbeiten aus Berlin zu interessieren . . . Das Einzige was
wir haben, die Realität unserer Träume in den Bildern. –

*Freitag, 5. April 1946.* Etwas zersplitterter Tag, aber mit guter Post.
Valentin kauft und verkauft wieder zwei Bilder. »Genius« und »Elephant mit Tänzerin« und Bersma berichtet Gutes über Steuer und Berger schreibt große und gute Berichte aus New York. – Viel gefietst.
Zum Schluß Sauwetter – Gaité – Savoy – »Begin the Beguin« –

*Samstag, 6. April 1946.* Noch 5 Stunden am »Afternoon« – und 7
Stunden »Cabaret 3 black devils«. – Italienisches Restaurant mit Q.
und »ich sehe was Du nicht siehst«, bester Film seit Jahren! – Gute
Nacht. Schrieb gestern an Valentin.

*Montag, 8. April 1946.* An der stehenden Tänzerin erstmalig mit Farben gearbeitet. Nicht sehr viel getan da noch etwas müde . . . Abends
lerne ich jetzt öfter englisch aus irgend einer utopischen Phantasie heraus es doch einmal brauchen zu können. – J. B. Neumann schickte
Einladung für Gatsch und Paket aus Amerika angekündigt für morgen.
– (nicht viel, was?)

*Mittwoch, 10. April 1946.* Telegramm aus London, Lütjens, (Hartmann Schweiz) – weckten mich mit unserer Masseuse; viel telephoniert, viel telegraphiert an Valentin. Glaube nicht daß Zeit für Zürich
ausreicht. – Furchtbar müde . . .

*Donnerstag, 11. April 1946.* »Kaiser und Politiker« fertig und recht
gut geworden . . . Abends Ludwig Richter Lebenserinnerungen. – Na
ja – und recht langweilig – noch kein Telegramm von Valentin wegen
Zürich . . .

*Freitag, 12. April 1946.* Ganzen Tag herum gefietst, ohne Peki übrigens . . . Im Vondelpark dann bei Maria mit Q. und Frau Ono geluncht. Dann zum Zahnarzt der sein Bein beim Tennis zersprungen
hatte . . .

*Samstag, 13. April 1946.* Gerade hatte ich einen lächerlichen und unangenehmen Traum, in dem irgendwie ein gestiefelter Kater eine Rolle
spielte, die mich heftig lächerlich machte, da klingelte es ... ½8 morgens und Valentin Telegramm erschien, nett und beruhigend. – Na
also, – ging mit Butshy op Straat, mooi wieder warm, und arbeitete
dann nochmal 6 Stunden am »Afternoon« – erschöpft fraß ich mittag
und als ich schlafen gehen wollte, tot müde – kam plötzlich der ent-
scheidende Einfall mit dem Blattgewächs! – Ich wieder hinauf – also
im ganzen 7 Stunden gearbeitet. – Der Rest des Tages mit Gaité und
Quappibutsh ist Schweigen.

*Sonntag, 14. April 1946.* Schrieb an Berger. Ging mit Butshy ohne
Leine spazieren, schöner warmer Tag. Aß mit Q. das erste mal seit
langem wieder im Amstel Hotel und freuten uns, daß diesmal die
Decke bestimmt nicht durch eine Bombe auf uns herab stürzen würde.
– Abends Luigi Richter, oh mein Gott. Das Gesetz? Compensation ist
Eins der allermächtigsten – ausgleicht die Verschleierung – verschleiert
den Ausgleich.

*Montag, 15. April 1946.* Waren im Joos-Ballet unter erschwerenden
Platz und Publikumsumständen. Totentanz nicht schlecht – sonst schon
viel Tageskonjunktur – aber immerhin zu begrüßen ... Fand nach
dem Ballet meine »Blinde Kuh« (tryptic) wieder besonders gut und bin
nun gespannt ob ich sie gegen die Schweiz verteidigen werde ... Viel
gefietst. Zum Schluß noch ein Wettrennen zwischen Butshy und
mir ...

*Dienstag, 16. April 1946.* Recht unangenehmer Tag. S. Besuch der
ziemlich resultatlos verlief ... Mit viel Nerven- und Pekischmerzen
ziemlich zerdetscht ins Gaité gefietst. Dort war auch nichts los. Quappi
bei Ono-Musik und sackte dort Tagesruhm ein, während ich mit dem
aus London zurück gekommenen Lütjens über Zürich sprach. – Na, es
war mir ganz angenehm ... Morgens übrigens machte ich das »Gewitter« fertig, nach cirka 16 Jahren, Gouache – Öl.

*Mittwoch, 17. April 1946.* Sehr fest am grünen Quappiportrait gearbeitet, vielleicht fertig. – Netter Brief von Piz aus London mit sym-
pathischer Absagebeschreibung der Delbanco's. – T'ja, t'ja – Noch im
Gaité viele Bilder gedacht, »die alten Frauen«, »die Lachende«. –
Abends langes Gespräch mit Q. über Geschick und Zufall.

*Donnerstag, 18. April 1946.* Ein lächerlicher alter Clown bin ich und nichts anderes ... Im Zoo, kalt gefietst. – Abends im Film mit Quappi und Butshy, Hin- und Rückweg viel Weh und deprimiert. Schluß der Vorstellung sehr bald – a Dio.

*Freitag, 19. April 1946.* What about Cigarettes? Langsam verliere ich mich immer mehr im Uferlosen. Aussichten auf Paß oder ähnliche Dinge immer unmöglicher. Gesundheit schlecht – immer wieder Brustweh – das Herz muß doch schon sehr schlecht sein. – Bei Lütjens nett. – Außerdem Karfreitag, alles geschlossen. Keine Post und am 23. soll mein »Weltruhm« in New York gestartet werden. Oh, oh, oh, –

*Samstag, 20. April 1946.* Recht gute Post heute ... Na ja, ich bin wohl so ziemlich aus dem Schlamassel, wenn's auch noch lange dauern wird bis alles ganz normal ist. – Entwurf »Begin the Beguin«. – Wieder liegt (bis auf die angekränkelte Gesundheit) neues Land und Leben vor mir. Na, es muß abgelebt werden. (Dienstag ist Eröffnung in New York.)

*Sonntag, 21. April 1946.* Ostern. Litho »ich esse meine Suppe nicht«. Ziemlich öder Sonntag ... Noch etwas müde, und entsetzlich viel Kinder 3000! Fackelzug etc.

*Montag, 22. April 1946.* Letzter Tag meiner Anonymität in Zeit und Raum. Von morgen ab bin ich wieder (äußerlich) im Centralnervensystem der Menschheit – nun abwarten. Es wird vielleicht ganz lustig. – Morgens noch einmal Kopf von »Afternoon« überarbeitet und morgens nachher großer Fußweg hinter das Amstel Hotel, ging großartig. Nachmittags war Lütjens Nelly und Rikchen da, sah die neuen Bilder auch »Afternoon« und war heftig angetan. Abends noch Bergerfilm, »Dieb von Bagdad« mit lustigen Teileinfällen. Als Ganzes etwas zu lang.

*Dienstag, 23. April 1946.* Na ja, die Eröffnung in New York. Klassisch wie immer. Nicht mal eine Einladung. Vielleicht hört man später mal was ... Traf mich mit Quappi im Pays Bas zu einer Flasche Lançon. Alles englisch und noch cirka 10 Bols.

*Mittwoch, 24. April 1946.* Im Gespensterreigen ziehen nackte und halbbekleidete Figuren in mir vorüber und ich sehe ihnen traurig nach und kann keine halten. Nichts ist zu halten und alles zerfließt – mein »Ruhm« – das Land – die Lieder, die Frauen und so Vieles. Nichts kann man halten. Wozu immer wieder diese lächerlichen Anstrengungen. Nicht einmal recht besoffen kann man werden von diesem traurigen Schnaps hier und dem Lançon Sekt ... Pleßner war da, recht nett.

*Donnerstag, 25. April 1946. Laren.* Ausbruch nach Laren. Früh im Auto zum Hamdorff durch blühenden Frühling. Nach 3 Jahren das erste mal wieder logieren im Hamdorff. Japanische Kirsche in Unmassen blühend, die große und schöne Sensatie am weißen Haus. Noch sehr elend. –

Maler Nolten im kalten Zimmer.

*Freitag, 26. April 1946.* Einen ganzen Tag mit mir allein in Sonne und Frühling. Wunderbar Spätnachmittag nach kurzem Frühlingsregen bei meinem »Sandbild« mit viel japanischer Kirsche. Er dachte »der Sieger« nun ja und »Krieg im Harem«. – Abends dann Nolte, und wahnsinniger Lärm überall.

*Samstag, 27. April 1946. Amsterdam.* Traf Quappi in Naarden – nach einigen Schwierigkeiten. Bei Schoonderbeek's mit langem Riesen geluncht. Mit der Bahn und Butshy zurück. An der Tür fuhr gerade L. vorbei und grinste. – Vorgestern schickte Valentin Katalog mit vielen amerikanischen Verkäufen. – Now we are going to sleep.

*Sonntag, 28. April 1946.* Mit Gier in meine Unternehmungen gestürzt. Große Frau in schwarz mit blauen Streifen mit Tambourin fertig gemacht. Ebenso Quappiportrait in grünem Jumper. – Recht gut geworden und zufrieden aber äußerst elend danach, sodaß abends bei Maria, wo sich Pleßner und Ono versammelt hatten, nicht viel von mir übrig blieb. – Mit Schmerzen nach Haus. Das Abendessen mit Pleßner Maria und Quappi übrigens recht nett. Es gab »Goulasch« o ho –

*Montag, 29. April 1946.* Herum gefietst und im Chevalier d'Or (Süd) Café Erinnerungen an meine erste »Zuider-Zeit« betrieben. Recht nett. Müdigkeit durch ein Pervitin angenehm übertüncht.

Nachmittag in überfüllter Elektrischer zum Zahnarzt der mich durch Besuch in Picasso Ausstellung überraschte und einen geplatzten Muskel am Bein hatte. – Durch den Frühlings-Vondelpark mit Station am Savoy ...

»Cup of Gold« fast zu Ende gelesen.

*Dienstag, 30. April 1946.* »Alte Dame« und »Mutter und Kind« entworfen. Auch »Begin the Beguin« weiter geführt – gut jetzt ... Herrlich Frühlingsgrau und grün an der Amstel.

       – Aus Amerika – nothing.


MAI

*Mittwoch*, 1. *Mai 1946.* Massage Cock. – Sonnenbad vor Polen (schön), per Fiets Artis ... Abends Novalis, sehr müde den ganzen Tag.

*Donnerstag*, 2. *Mai 1946.* Erfolg, nicht Erfolg, Irrsinn und Langeweile über- und unterfluten mich. – Vor 15 Jahren war ich amüsanter. Vor allem mir selber. Nun geht das normale Successleben an, was man wohl Angst hat zu verlieren – trotzdem man nur noch das Gespenst einer Kraft ist die man vor 20 Jahren repräsentierte. Mit Lorbeer wird der alte Leichnam gekitzelt den man dem strahlenden Hiloten vorenthielt. – Mit v. d. Berg im Gaité, und im italienischen Restaurant mit Quappi Butshy. Nachher noch Marlene's milder Engel – oh Gott.

*Samstag*, 4. *Mai 1946.* Absende Beschwerdetelegramm an Valentin, erhielt eine halbe Stunde später Telegramm von ihm mit allen Tönen der Freude über Erfolg der Exposition und wieder 2 Bilder verkauft. »Akademie 1« und »Swimming Pool« in Cap Martin. So sind bis auf die 2 Portraits und eine holländische Landschaft die gesamte Ausstellung ausverkauft – bis jetzt nicht erlebt!

Nachmittag Frau S. und Buri da, und sahen neue Bilder, schon etwas eifersüchtig auf New York. – Abends machte ich noch eine Riesenfietstour bis ans Zuidermeer im tollen Sturm.

Wo ist meine Peki?

*Sonntag*, 5. *Mai 1946.* Befreiungstag – !! 1 Jahr !! – Kein Krieg und noch nicht Frieden ... Abends früh ins Bett.

*Dienstag*, 7. *Mai 1946.* Mit Buri beim Schneider, Maße genommen für Amerika. Ein bißchen an der »alten Frau im Hermelin« gearbeitet. Beim Zahnarzt etwas allerlei Entzündungen an den Zähnen. Zurück gefietst ...

*Mittwoch*, 8. *Mai 1946.* Morgens netter Brief von Rathbone St. Louis. Dann rief v. d. Berg an und verkündete Erscheinen 6. Mai Interview in Time. Dann wurden neue Schuhe gekauft und Bami gegessen. Dann

»draußen ist Wind« und dann sah man sich Churchill an der zum Fenster herein winkte. – Dann noch zu Lütjens wo wir Hummer, Roastbeaf und eine »nachtschwarze Frau«?! vorgesetzt bekamen. Im kalten Wind am erleuchteten Palais vorbei, mit viel Weh nach Haus.

*Donnerstag, 9. Mai 1946.* »Mädchen in grau und schwarz mit rosa Vogel« wahrscheinlich fertig. – Brief aus Chikago Art Museum wegen Graphik. – Nachmittag v. d. Berg der mir ersten Probeabdruck von Probelitho Federzeichnung brachte. – Abends in alten Chaplinfilmen. Vieles verstaubt, aber vieles bleibt auch. – Nun sehen wir weiter.

*Freitag, 10. Mai 1946.* Nichts ist belangreich außer der Arbeit! – In Time abgebildet und besprochen. Ziemlich lächerlich, aber – die Closetfrau in Chatauqua muß auch was haben. Nachmittag aus lauter Ödigkeit im Gaité viele, auch gute Schnäpse. Schrieb an Valentin, St. Louis und Chikago. – Q. beim Zahnarzt mit Time.

*Samstag, 11. Mai 1946.* »Der Sieger« (oder Zirkusszene) fertig. »Kriechende Frau von vorn«. Lithos für Valentin. – Sonst ermüdeter Tag, sehr –

Wegen Sonnabendgeschrei im Krasnapolski, dort jetzt immer sehr schön . . .

*Sonntag, 12. Mai 1946.* Einen Tag der menschlichen Schwäche durch Hineinnahme von Publicity auch in schwächeren Formen, wenn sie auch immerhin aus London kam. Was willst Du eigentlich, alter Esel. Es geht Dir doch ganz gut, wenn Du auch immer noch ein bißchen eingesperrt bist in diesem Plättbrettland. Alles andere ist ja noch viel schäbigere Illusion – also sei still.

Heilbrunns waren da und ich überreichte Frau H. Time mit »Ego von Beckmann«, und Churchill fährt dauernd an unserem Fenster vorbei.

*Montag, 13. Mai 1946.* »Hoki – Poki« – – fertig gemacht. Noch kalt, Frau Levi schrieb. – Kalte Straßen – warmes Zimmer.

*Mittwoch, 15. Mai 1946.* Am 15. Mai nach Laren, Witte Huis. Die ganze Zeit spazieren gegangen und versucht wieder einigermaßen auf die Beine zu kommen. – Zum Teil jedenfalls wieder erholt. Brustweh viel besser und allgemeine Nervenkraft wieder stärker. Heute am elften Juni mit dem Auto zurück aus Laren bei wechselndem Wetter. – Also nehmen wir den alten Dreh wieder auf.

JUNI

*Dienstag, 11. Juni 1946.* Abends ½7 Uhr zurück mit Auto, Quappi und Butshy, im chinesischen Restaurant zu Abend gegessen, dann 3 Stunden bei elektrischem Licht gearbeitet. – Keine Post aus Amerika. Trotzdem schön wieder einmal zu Hause zu sein.

*Mittwoch, 12. Juni 1946.* Großer Posttag, – natürlich, viel und intensive Kritiken. Brief von Rathbone aus St. Louis ... Na also. Aber da gestern Nacht zu viel gearbeitet – auch heute, recht elend. Trotz Erholung. – Na, nun geht's wieder etwas besser.

*Donnerstag, 13. Juni 1946.* Zigaretten und Zigarren rauchen ist das Schlechteste was es für die Nerven gibt, sagte Q. eben zum 2000sten mal, als ich sie verließ. – Na also, stecken wir uns eine an. – War Nachmittag endlich bei der Druckerei mit v. d. B. zusammen und nach skeptischer Besichtigung, wird der Auftrag des Druckens gnädigst ausgeführt. – Viel Wind – viel Peki Leidsche Plein. Viel Erfolg (zahllose Kritiken und Zeitschriften). Brief von Valentin aus Paris, kommt in einem Monat.

*Montag, 17. Juni 1946.* Endgültig zurück aus Laren, wo wir uns noch drei Tage – (nicht geraucht) – aufgehalten haben bei mittlerem Wetter und viel spazieren gehen und nichts passiert. Allgemeinzustand natürlich viel besser als vor fünf Wochen, fast kein Weh mehr oder unbedeutend und also zu neuen Leinwandtaten frisch aufgemöbelt. Es ist nicht viel mehr zu berichten. Die Tage ziehen und eine gewisse lässige, nicht unfreudige Resignation über Gott und Welt befächelt zur Zeit meine Seele. Mein Gott – 62 Jahre – noch immer da, mit Erfolgen in New York, einem überstandenen Weltuntergang und mit hilflosem Kraftüberschwang. Nur nicht zu viel denken mein Lieber, das ist noch immer Deine größte Gefahr. Man kann alles ad absurdum führen – je dümmer man ist um so mehr. – Denn nimmer vergiß die Unsichtbaren die hinter Dir stehen und mitleidig oder ängstlich lächeln –

*Mittwoch, 19. Juni 1946.* War gestern zu müde, da morgens enorm gearbeitet. »Frau mit Plastik« überholt – und noch an vielen Kleinen fertig gefeilt. Ebenso Larener Landschaft entworfen, daher kein Wunder, wenn bei Besuch der Litho's und kalter Regen Peki anfiel. Trotzdem zu Fuß bis Riche Café zurück. (Litho's noch unentschieden).

Konnte nachts nicht schlafen. Aber heute Morgen ersten Step mit Erfolg für Ausreisepaß getan. – War mit Q. auf Bevolkingsregister. Wieder eine Trauma-Einbuchtung beseitigt. Dann noch sehr schön mit Q. im Zoo, wo wir alle unsere Freunde herzlich begrüßten ... Später noch im Gaité wo ein ungarischer Tänzer und ein Telepath versuchten, die Langweile der Welt zu vertreiben.
450 Gulden kamen aus San Francisco als verspätete Zahlung für 1. Preis (1000 Dollar) – in der golden Gate Ausstellung in 1939. Auch ging's mir gesundheitlich recht gut den ganzen Tag ... Ja, ja, das Unterbewußtsein! – (»es hat aufgeregt zu hören«).
*Sonntag, 23. Juni 1946.* Schreibe jetzt öfter nur alle paar Tage, da nicht viel geschieht. – Gestern großer Reisetag nach Rotterdam, Haag, Scheveningen, am Samstag ziemlich schweißtreibend, besonders die Elektrische nach Scheveningen. In Rotterdam Beurs-Café Wildschweinragout, enorm. In Scheveningen das Meer wieder!! Leider war man noch etwas müde in dem Auto zurück. Im Bahnhof etwas Peki, auch auf dem Nachhauseweg. Alles in Allem eine Mordsanstrengung. – Heute Sonntag viel gearbeitet, Hoki – Poki, zwei Nigger, recht gut. – Nachmittag schön spazieren nach Hendriksplein – mein neuer Weg – Sommerweg. Große Strecke heftig gelaufen (ohne Peki) um mir wieder Selbstbewußtsein einzuflößen. – Sonst schrieb Sneewind Chikago, Kati.
Quappi und Butsh geht's gut und ich bin soweit es möglich ist zufrieden. – Hoffentlich bleibt mal etwas Ruhe und Friede und eine gewisse Stille.
*Montag, 24. Juni 1946.* Also die Litho's, »Time-motion« 15 Stück endgültig fertig. – Na, Gott sei Dank. – Glaube sind ganz gut geworden ...
*Mittwoch, 26. Juni 1946.* Also, Dr. de Lange meinte, wie immer, daß besondere Verkalkung nicht vorliegt und die Schmerzen, die gelegentlich die Brust zusammen ziehen, rein nervöser Natur sind. Außerdem war Blutdruck 17 – letztes Mal 19–20. Also seien wir zufrieden. – Ruhiger heiß-kühler – aber nicht mehr heiß-kalter Tag der mit einem Besuch von Maria – etwas müde abends beim Lesen, sogar mit etwas Weh und einer Michelangelo Biographie von Rostand, endete.
*Donnerstag, 27. Juni 1946.* »Verboten für Frauen« war ein lustiger

Film aus Paris ... Des Morgens 5 Stunden »Begin the Beguin« – schon untermalt und wird glaube ich recht gut. – Außerdem verstarb Herr Nachbar Heidenrijk vor ein paar Tagen (erfuhr es von v. d. B.) an Angina Pektoris, hat niemals geraucht – und ich lebe noch – ging mir gut heute.

*Samstag, 29. Juni 1946.* War lang allein in Zandvoort, das Meer hat mich mal wieder – konnte mich gar nicht trennen, daher etwas zu lange und bei nach Hause noch etwas Weh, auch beim Lesen dann. Aber am Meer sehr gut ... Gestern nachmittag noch gearbeitet – unnötig ... War heute recht normal.

Valentin soll am 16. Juli kommen, Feilchenfeld's, Giselle und Frommel auch ...

*Sonntag, 30. Juni 1946.* Noch einmal letztes Mal Revue passiert über »Afternoon«, »Frau mit Plastik« und »Frau mit Vogel« (schwarz) – Gut. – Heilbrunn's kauften für Freund Zeichnungen.

Abends mit Q. im Pays Bas gegessen, – hundemüde – aber immerhin.


## JULI

*Mittwoch, 3. Juli 1946.* Vielerlei Kleinkram, gestern Morgen 2 schöne Entwürfe, »schlafender Bildhauer« und »Spiegelatelier«.

Montag in Zandvoort mit Q. und Butshy, wo letzterer ziemlich irrsinnig war. – Den großen Nebel gesehen.

Heute hatte Quappi den ganzen Tag Magenkrämpfe – 2mal Dr. de Lange angerufen. Jetzt alles vorbei und 30 Grad Hitze. Ich weh und müde – aber ganz vergnügt – na ja –

*Donnerstag, 4. Juli 1946.* Der kalte Zorn herrscht in meiner Seele. Soll man denn nie von dieser ewigen scheußlichen vegetativen Körperlichkeit los kommen. Sollen alle unsere Taten immer nur lächerliche Belanglosigkeiten im Verhältnis zum grenzenlosen Universum bleiben. – Eins ist uns wenigstens noch frei. Haß – Zorn und innerlicher Gehorsam aufkünden den widerwärtigen ewig unbekannten Gesetzen die über uns verhängt sind seit Endlosigkeit in namenloser schauerlicher Unfreiheit des Willens. – Nichts bleibt uns als Protest – Protest und Hochmut, des elenden Sklaven – die einzige innerliche Freiheit – und mit der zu leben ist.

Grenzenlose Verachtung gegen die geilen Lockmittel, mit denen wir immer wieder an die Kandare des Lebens zurück gelockt werden. Wenn wir dann halb verdurstet unseren Durst löschen wollen, erscheint das Hohngelächter der Götter. – Salz leckst Du, armer größenwahnsinniger Sklave und Du tanzt lieblich und unendlich komisch in der Arena der Unendlichkeit unter dem tosenden Beifall des göttlichen Publikums. Je besser Du's machst, umso komischer bist Du. Am komischsten die Asketen, die sich immer noch eine neue Sinnlichkeit im Entsagen oder Selbstpeinigen erfinden – am traurigsten der absolute Wollüstling, weil er Pech säuft statt Wasser. – Halten wir uns an die Verachtung.

*Freitag, 5. Juli 1946.* Friedliches Zandvoort gefahren, das erste Mal wieder gebadet bei stürmischem aber heiterem Himmel. Noch sehr vorsichtig und nur eine Anzahl Wellen. – Abends nach Rückkehr noch gearbeitet und großen »Zauberspiegel« erfunden, wird nett glaube ich. – Was soll man sonst sagen – weiter.

*Samstag, 6. Juli 1946.* . . . Bestätigung vom Ministerium wegen Paß. Nachmittag Giselle aus New York mit Paketen, Kleidern und ähnlichen Scherzen, auch Buri dabei . . .

*Sonntag, 7. Juli 1946.* »Nackte lachende Frau mit Hemd vor dem Gesicht« angefangen. »Italienerin« fertig. »Kleines rosa Tanzlokal« angefangen.

*Montag, 8. Juli 1946.* Telegramm von Valentin – kommt Sonntag. Quappi bestellt Zimmer im neuen Europe Hotel. Frau Strengholt mit Tochter war da und holte Bild ab. – Hose aus New York kam zum Schneider. – Bami im Chin. Restaurant. – Mit Fiets in Artis, schöne Ecke und Möwen. – Abends noch Kaperschiff seit langem. Frau »Kaperschiff« unkte wie immer. Heute viele Schnäpse.

*Dienstag, 9. Juli 1946.* Dolle Sache da in München, 81 Bilder im Stuckpalais mit 400 Personen, darunter Pierre und Minna und eine Eröffnungsrede von Hausenstein. Verrückt traumhaft. Man will mich nach München berufen, und American Bergrün schreibt großen Artikel in seiner Zeitschrift (350 000 Auflage). – Ausstellung dauert den ganzen Sommer. – Nun, invisible man, Du wirst unangenehm sichtbar und es ist höchste Zeit, ein neues Pulver des Verschwindens zu erfinden. – Schöne Fietstour Wandelpad . . .

*Mittwoch, 10. Juli 1946.* ... Heute ziemlich endgültigen Entwurf zum »Begin the Beguin« und »Italienerin« fertig gemacht ... Mein Gott, was ist Schweinebraten für ein gutes Essen – und mit Gurkensalat!

*Donnerstag, 11. Juli 1946.* T'ja, Valentin rief aus London an. Kommt am Sonntag oder Montag. – Wir waren an der See, zweites Bad recht schön, aber immer noch mit Vorsicht. – Abends Leonardo.

*Samstag, 13. Juli 1946.* 4–5 Stunden an der grünen Larenlandschaft, trotzdem am Nachmittag große Hitze – 30 Grad im Schatten, recht frisch. Scheint mir langsam wirklich besser zu gehen.

Von Minna, Peter und Schnitzlerin Briefe die alle nach meiner Rückkehr schreien, wozu ich aber nicht die Absicht habe. Wissen auch alle von Amerika. – Morgen soll Valentin kommen oder übermorgen. Vorläufig glaube ich überhaupt nicht.

*Sonntag, 14. Juli 1946.* ... Morgens noch (unter anderem) »die frühen Menschen« aquarelliert. Sind gut jetzt. Nachmittag waren Heilbrunn's da. – Abends Merle Oberon –

*Montag, 15. Juli 1946.* Valentin war da, sah viel, fraß mit uns im Pays Bas, er kam rechtzeitig mit Flugzeug. – 2 Flaschen Champagner, Whisky's, Q. und Butshy waren sehr vergnügt!

*Dienstag, 16. Juli 1946.* Anstrengender Tag mit Kater; Bilderverkauf an Valentin ... darunter das Carneval-Tryptic von 1943. Waren noch bei Lütjens wo die weitere Auswahl stattfand. – Quappi die Gute besorgte Auto zur Rückfahrt im strömenden Regen und wir futterten dann mit Butshy im Chinesischen.

Fühlte mich recht schlecht nach dem gestrigen Exzeß im Pays Bas, aber trotzdem melancholisch vergnügt im Gaité, wo plötzlich Gespenster anfingen zu tanzen.

*Mittwoch, 17. Juli 1946.* Letzter Abend mit Valentin im Europe ziemlich ermüdet, kaufte noch eine ganze Menge Zeichnungen ...

*Donnerstag, 18. Juli 1946.* Valentin wieder abgereist. Kommt in 6 Wochen wieder ...

Des Morgens schöne Fietstour bis fast Zuidersee – in Sonne ... Man freut sich wieder auf den Blödsinn der A r b e i t.

*Freitag, 19. Juli 1946.* 4–5 Stunden am »Begin the Beguin« – noch nicht sehr zufrieden und heftig ermüdet. Abends mit Quappi neue Lithomappe für Valentin signiert. – Ist doch recht gut geworden ...

*Samstag, 20. Juli 1946.* 5 Stunden nochmal am »Begin the Beguin«...
Endlose Unterzeichnung von Litho's für New York.

*Sonntag, 21. Juli 1946.* »Viel Geschrei und wenig Wolle« sagte am
Abend der kleine Wüstling. Furchtbar viel Tee getrunken und noch ein
paar hundert mal meinen Namen geschrieben... Morgens viele Briefe
nach D. geschrieben.

*Montag, 22. Juli 1946.* Bekam aus Iowa Tryptic-Carneval-Katalog –
oh Gott – wie sich alles ändert. Sonst den ganzen Tag noch Litho's
New York signiert...

*Dienstag, 23. Juli 1946.* Den ganzen Tag an der »großen Windmühle« – gut fertig geworden, zufrieden – heiß... Abends nur etwas
auf die sommerheiße Straße. – Sehr harmonischer Tag.

*Mittwoch, 24. Juli 1946.* In Zandvoort gebadet und unter unmensch-
lichem Volksgedränge zurück. – Im Ital-Chinesischen gegessen. Schöner Tag alles in allem.

*Donnerstag, 25. Juli 1946.* Neue Rahmen im Atelier und schöner
Einfall zum »Künstler«. – Dann Ärger wegen »Non Enemy« Papier
und Geld-Stopsetzung. Später trostreiche Botschaft durch Bank und
Peters (Rechtsanwalt)... Abends ärgerte ich mich über den Kunst-
betrieb überhaupt. Keiner weiß wirklich was von mir.

*Freitag, 26. Juli 1946.* Bei wahnsinniger Hitze und Gewitter 5 Stunden an den »Exzellenzen« – sonst nichts Erwähnenswertes als größter
Ärger über »Non Enemy«. – War bei Lütjens, heiß.

*Samstag, 27. Juli 1946.* Früh morgens nach Zandvoort, Bad nach
wahnsinniger Gewitternacht. Meer ganz groß – ich ziemlich gut erhalten. Sonst noch miese Stimmung wegen »Non Enemy«... Leid –
ebenso produktiv wie Freud!!

*Sonntag, 28. Juli 1946.* Schlechte Downstimmung, trotz morgens noch
sehr schön, Kopf am »Afternoon« und »Neger« gemalt. Heilbrunn's
waren Abends da und versuchten mein gesunkenes Selbstbewußtsein
wieder etwas zu heben. – T'ja. – Nachmittag mit Quappi im Gaité,
ganz nett, nur zu viele Schnäpse. Überhaupt ausgepumpt bis auf's
Letzte. – Ob's noch lange weiter geht die Quälerei?!

*Montag, 29. Juli 1946.* Dämonen wieder etwas zurück getrieben. War
im Auto bei Peters. Es wird wohl alles gehen. – Sonst etwas verkatert
und überarbeitet. – Valentin schickte Leonardo aus London...

*Dienstag, 30. Juli 1946.* Kann jetzt drei Tage nicht malen. Heute noch »Mutter und Tochter« ziemlich sicher zu Ende geführt. – Aber nun schrecklich übermüdet. – Quappi kam mit guten Nachrichten in Betreff Bank – »Non Enemy« etc. zurück. – Ich noch im Gaité müde geträumt. – Minna schrieb ganz Lustiges aus München.

## AUGUST

*Donnerstag, 1. August 1946.* Komme eben aus dem Zirkus, das erste mal wieder seit 3 Jahren im Weltkrieg. Sehr schön ein Feuerradmensch und eine in die Luft geworfene Frau die sich dort 4–5 mal drehte. – Ach ja, der Zirkus ... Morgens war Pleßner da und bekam Litho's und Zeichnungen vorgesetzt – Alles durchzogen von Ärger über noch nicht »Non Enemy« – und Geld (Unfreiheit). – Schrieb an Valentin Paris.

*Freitag, 2. August 1946.* Im allgemeinen komme ich aus Gesellschaft mit Menschen immer mit dem unangenehmen Gefühl zurück – na – wen hast Du heute wieder beleidigt oder auf die Hühneraugen getreten ... Morgens beim Frommel, krankes Knie – mit Giselle, Buri, Major R. – Abends mit Pleßner, Maria, Quappi, später Ono. Zuerst nett, sprach mit Pleßner über Rig Veda – Viele Briefe aus Deutschland. Berufung nach Darmstadt.

*Samstag, 3. August 1946.* 8 Stunden an »Begin the Beguin«, na ja ziemlich müde, nur 10 Minuten op Straat. – Glaube ziemlich fertig, wohl noch etwas feilen.

*Sonntag, 4. August 1946.* Ferien gemacht, mit Q. in Paardendroschke zum Botanischen Garten. Herrliche Blumen, herrliche Hitze. Sah die »blaue Nymphaie«. Nachmittag im Gaité, wo der Geiger immer dasselbe Motiv spielte. Zwischendurch Quappi und Butshy. Dann noch allein einen Schnaps im Europe. Nachdenken über unnötigen Klamauk der Welt. – Na ja, wie so oft. – Abends Forester, »Verlorenes Paradies«. –

Schrieb an Darmstadt, Minna, Stephan.

*Montag, 5. August 1946.* Hast Du Zwergpferdchen zu Mittag gegessen mit gerösteter Aloe in Elephantenschmalz gebacken – vorzüglich! – Mit tiefer Depression erwacht, unsanft an meinen »Ruhm«

durch v. d. B. Telephon aufgescheucht: Time (Magazine) Tryptic Carneval abgebildet, bekam Preis als Einziger in Iowa –

Ha, ha – im Auto »schwarz« nach Zandvoort, gebadet heiß kalt. Abends war Johannes da und spannte Leinwandrahmen für 2 neue Tryptic's. Ha Ho – Ha, Ha – na-ja –

*Dienstag, 6. August 1946.* Große Fietstour an der Zuidersee mit 2 mal übersetzen (in Fähre) . . . Diese Zeit ist nun der dritte Start meines Lebens. Der Letzte??!

*Mittwoch, 7. August 1946.* Viel zu viel an »Begin the Beguin« tief ermüdet zugebracht, wurde durch optimistische Telephonanrufe von Peters (gnädige 250 Gulden vom Beheer gestattet) und ähnliche Dinge – künstlich erheitert. Im Vondelpark mit Quappi . . . ha, ha. – Etwas Weh bis zum American Hotel – im Auto nach Haus. – Mit v. d. Berg Tee, »Berühmtheitsparade« – mit ihm noch im Kaperschiff. – Chinesisches Restaurant, Butshy bellt den Koch an und Valentin schrieb nett aus der Schweiz.

*Freitag, 9. August 1946.* Morgens bei Lütjens, der schön gerahmte und aufgehängte Beckmanns zeigte und nichts verkauft hatte – aber es ist immer ganz gemütlich bei ihm . . . Nachmittag 2 Stunden »Begin the Beguin« . . .

*Samstag, 10. August 1946.* »Mutter und Tochter« in Blau – wohl fertig. Glaube ziemlich wichtig geworden. Wollte eigentlich nicht arbeiten, denn ich muß morgen wieder »Begin the Beguin« – aber trotzdem.

Nachmittag mit F., Augenmigräne . . . Gewitterstimmung – müde – aber abends besser –

*Sonntag, 11. August 1946.* T'ja – »Begin the Beguin« ist wohl fertig – heute nochmals 4 Stunden. – Ich auch glaube ich. Quappi hat Zahnweh. Ich war per Wagen am Leidsche Plein und sah das Tanzen. Zu Fuß recht gut zurück.

Zum Schluß den bitteren Lebenstrost der »Schattenlinie«.

*Montag, 12. August 1946.* Gefietst über Kalfjeslaan durch Vondelpark zurück . . . Abends Urwaldfilm – werde immer mein »Begin the Beguin« noch nicht los.

*Dienstag, 13. August 1946.* »Begin the Beguin« fertig. Puh – Sauarbeit. –

War mit Quappi beim Zahnarzt im Auto, sonst nichts weiter als »Begin the Beguin«.

*Mittwoch, 14. August 1946.* Viel herum gefietst. – Pastelle gekauft, geschlafen, elend übermüdet von gestern. Abends im Amstel mit Q. sehr gut gegessen, dann im Carré wo ein gutes Varieté-Programm mich wieder erweckte. Mit Fiets nach Hause, fast ohne Peki. Butshy mußte noch mit mir trainieren auf der Straße.

*Donnerstag, 15. August 1946.* »Larener Windmühle« endgültig bei Seite gestellt. – Kommst später mal dran. Ist aber in dieser Fassung nicht zu gebrauchen. (Ho ho – falsch. 26. August). – Abends ein »lebender Brief« von Irma Simon in Gestalt eines Herren. Ganz netter Mensch – für einen Diplomaten merkwürdig ungeschickt. – Sehr übermüdet.

*Freitag, 16. August 1946.* Alles schwarz. Kein »Non Enemy« – nächste Ausfuhr verweigert – viel Weh etc. – Amstel-Europe – na ganz nett.

Schwarzes Rundgemälde mit Quappi –

*Samstag, 17. August 1946.* »Cimetière« gezeichnet, ganz guter Laune und auch sonst. Es ist immer erstaunlich, wenn man in den Schoß der Mama Natur zurück kehrt! – und Sonne und Meer gaben goldene Reflexe. – Abends im amerikanischen Kriminalfilm. Erstaunlich heiß und trotzdem fühlte ich mich erstaunlich wohl – wieso?!

*Sonntag, 18. August 1946.* Finish »Begin the Beguin« – morgens noch heftig am »Begin«. – Regensonntag, müde und schlechter Laune.

*Montag, 19. August 1946.* Ziemlich zerstört von gestern. – Übermüdung – Peki – rote Pillen – etc.; trotzdem große Fietstour Zuidersee, Y, zum Schluß doch müde. – Bei Peters wegen Valentin, Amerikanisches Consulat etc. – er war sehr optimistisch wegen »Non Enemy« – glaub's noch nicht. – Abends vielerlei Schmerzen.

*Dienstag, 20. August 1946.* In Zandvoort gebadet. Großes Gewitter. – Abends Cinema. Noch nicht erholt vom Sonntag. – Briefe aus München. Illustrierter Aufsatz von Grünberg. Brief von Lilly.

*Mittwoch, 21. August 1946.* Wiedermal ein »historischer Tag« – die »Non Enemy« Erklärung ist e n d l i c h nach f ü n f v i e r t e l J a h r e n g e k o m m e n ! Zuletzt wurde es ganz schlimm, Bank gesperrt etc. etc. nun ist endlich für mich der »Friede« da, 5 viertel Jahr länger hat für mich der Krieg gedauert wie für die anderen. Jetzt wird sich noch mancherlei ereignen und vielleicht werde ich noch einiges von der Welt zu sehen bekommen. – Na, il faut voir . . .

*Donnerstag, 22. August 1946.* Valentin erscheint, ankommt hier um ½6 Uhr. Sehr bald Bilderbeschauung. »Mutter und Tochter« und »Begin the Beguin«, auch »Afternoon« große Begeisterung –
Abends sehr viel Sekt nochmals im Europe – er brachte uns – und wir ihn – nach Haus –

*Freitag, 23. August 1946.* Kater. – Valentin luncht im Haag. Abends mit Q. im Kino. Alles sehr harmonisch.

*Samstag, 24. August 1946.* Valentin gezeichnet. Traf Lütjens auf Fietstour im schönen Sonnenschein. – Abends noch mit Valentin. Quappi fuhr noch mit Butshy spazieren.

Mehr als lächerlich ist die Welt und eine Täuschung beruht auf der anderen. Einer glaubt dem Anderen, der auch nichts weiß – aber es mit wichtiger Miene zu wissen vorgibt. So ist im wahrsten Sinn des Wortes die Welt ein Narrenhaus, das meistens vom Frechsten und Dümmsten geleitet wird – denn das ist fast immer identisch.

*Sonntag, 25. August 1946.* Herrliche Autotour mit Valentin, nach Nordwyk. Trafen dort Strengholt's. Gebadet im stillen Meer alle zusammen. Nachmittag Geschäft mit Valentin. Zeichnete ihn noch. Sogar ganz gut – wurde mir aber dann doch zu viel und war dann down . . .

*Montag, 26. August 1946.* Große Konferenz von Valentin, Peters, Quappi und Neumann-Vettin. Beschluß alles Peters zu übergeben um die Ausfuhrschwierigkeiten zu beheben. Il faut voir. – Ärgerlich – aber die anderen sagen »kein Grund«.
Valentin wieder nochmals nach Zürich. – Ich im Gaité . . .
Abends scheußlicher französischer Film. Zu Fuß mit Q. und Butshy zurück. Etwas déprimé –

*Dienstag, 27. August 1946.* Lange allein im Atelier ohne zu arbeiten. Larener Landschaft doch gut. – Machte mich wieder guter Laune. Habe doch Talent. – Nachmittag Gaité, schöne Espagnole, – Russensportfilm nicht sympathisch, zu viel »decoratives Volk«, und zu wenig Menschen. – Telegramm von Valentin aus Zürich, kommt morgen Nacht. Donnerstag Abschied.

*Mittwoch, 28. August 1946.* Ganzen Tag vertrödelt und gelesen. Mit

Q. nach Abholung Paket Amerika im Victoria geluncht. – Abends um elf Uhr Telephon Valentin, aus Zürich zurück. Brachte Farben und Pinsel mit und wäre beinah nicht zurück gekommen.

*Donnerstag, 29. August 1946.* . . . Um ½6 Uhr mit Valentin Abschied gefressen, Steak und Sekt. Ganz harmonisch. Abends zu Hause noch etwas müde, lange gelesen.

*Freitag, 30. August 1946.* War in Zandvoort bei wildem Sturm und greller Sonne und recht down . . .

*Samstag, 31. August 1946.* Telegramm New York Valentin: »Home sweet home – miss you«.

Entwurf: »Luftballon und Windmühle« ziemlich einheitlich . . . Koniginnentag. – Abends Vortrag über Zentralsonne, Bäume, Sinnlosigkeit und Logik.

### SEPTEMBER

*Sonntag, 1. September 1946.* Mit Quappi und Butshy gefietst, Kalfje u. s. w. über Vondelpark zurück. Vergeblich auf Swarzenski gewartet. – Sonst nichts getan – gelesen.

*Mittwoch, 4. September 1946. Nordwyk.* Am 4. September ging's ins Huis ter Duin. Montag 9. September zurück.

*Montag, 9. September 1946. Amsterdam.* Lange nicht geschrieben – aber Ausspannung war so gründlich nötig, daß ich am Mittwoch fluchtartig im Auto Amsterdam verließ und das Haus ter Duin in Nordwyk bezog. Ja, ja, und allein. In den nächsten Tagen werde ich gelegentlich etwas davon berichten. Jedenfalls habe ich Einiges erlebt . . .

*Dienstag, 10. September 1946.* Entwürfe zu »Damen im Hotel« mit Meer. Noch sehr müde . . .

*Mittwoch, 11. September 1946.* »Begin the Beguin« endgültig gefeilt. Ebenso »Mutter und Tochter«. Letztere weiß ich noch nicht genau. – Aber »Begin« ist – großartig – geworden. – Nachmittag war Lütjens da und großes Geschrei im Atelier. Nelly und Rikchen waren auch mit.

*Donnerstag, 12. September 1946.* Entwurf zum »Odysseus und Sirenen« . . . Sonst nichts wichtiges als eine gewisse stumpfsinnige Zufriedenheit wegen momentaner Saturierung.

*Freitag, 13. September 1946.* Massiert. Lange geschlafen... Mit Quappi gefietst über das Y. Morgens sehr wohl gefühlt – aber nachmittags schlecht...

*Samstag, 14. September 1946. Laren.* (Sonntag, 15. – Montag 16. –)

*Dienstag, 17. September 1946.* Quappi war bei Peters (Amsterdam) und hier regnete es heftig, holte sie in Hilversum ab. Sie war teilweise erfolgreich. Mit Peters bei American Consul (da unsere Erlaubnis Bildergeschichte-Ausfuhr noch immer nicht erledigt). – Alles in Allem ziemlich hoffnungslos – trotzdem wahrscheinlich alles werden wird. Noch immer kann ich mich nicht zurecht finden in der Welt, die gleiche maßlose Unzufriedenheit wie vor 40 Jahren erfüllt noch mein Herz, nur daß durch das langsame Alter alle Sensationen zusammenschrumpfen und das triviale Ende – der Tod – langsam näher tritt. Ich wollte ich hätte mehr von der phantasielosen Unbekümmertheit der Spießer um mich herum. Um ½ 12 Nachts machen sie den größten Krach mit Wasser etc.... – Oh wie schön muß es sein, sich als Mittelpunkt der Welt zu empfinden. – Bei mir wird es immer weniger. Hopenlos – ja hopenlos – wenn – und wann ich wieder malen werde – und wozu?... Oh no, schlecht ist das Leben – ist die Kunst. – Aber was ist besser? – das ferne Land – rette mich oh großer Unbekannter –

*Donnerstag, 19. September 1946.* Na ja, es hilft nichts – wenn der Corpus es gestattet, werde ich wohl noch einiges machen müssen. – Sinn und Zweck der Geschichte ist mir unklarer denn je zuvor. Mais tant pis. – Spazieren und gefietst bei besserem Wetter. Koki (Masseuse) bestätigte mir wieder einmal, daß ich vielleicht doch nicht so krank bin, wie ich mir letzthin manchmal vorstellte. – Also weiter –

*Montag, 23. September 1946.* Zur Abwechslung mal wieder was Angenehmes. Portland-Museum kauft »zwei Frauen in spanischem Costüm« – ganz angenehm. Mein Gott – wie ich das Bild malte, glaube 1943 – welche Zeit damals und welches Elend. Nachklänge noch heute durch Briefe... Gestern platzte noch eine Ader in meinen »schönen« Augen und ich dachte, der längst erwartete Schlaganfall wäre endlich da, es scheint aber wieder nichts zu werden. – Übrigens gestern feudale Radtour nach Tabak und Tafelberg. Heute viel Nebelregen aber warm.

*Freitag, 27. September 1946.* Friedliche Tage; unterdrücke durch spazierengehen, Fietstour und Kriminalroman jede geistige oder andere persönliche Regung und stumpfe angenehm und naturbegeistert dahin. Seit vorgestern herrlichstes Wetter. Heute zum ersten mal mit Fiets den Tafelberg hinauf, allerdings mit 3 kurzen Pausen. – Immerhin nach Herzkrankheit sieht das nicht aus. Gestern Abend Bols und Austern und eine heiße Nacht – seit vielen Jahren wohl das erste mal, daß ich ohne zu große Sorgen alle 4 von mir strecke. – Seit 20 Jahren in fast immer schlimmster Verteidigung und Fluchtstellung. Das sollte mal einer aushalten.

*Montag, 30. September 1946.* Dicker Nebel und Nebelfietspartie zum blinden Mann über Eemnes zurück. Schön – aber ein bißchen viel – weiß nicht ob immer noch etwas runter – oder doch Herz – na egal. – Briefe, von J. B. (U. S. A.), Gurlitt (Franken), Valentin (U. S. A.). Ziemlich große Schritte nach allen Weltteilen. Immerhin trotz allen Gejammers ist diese Art die Welt zu genießen immer wieder interessant und muß bemerkt werden – wenn auch im Prinzip das Fehlende bleibt. – (Morgen »Verkündigung« in Nürnberg – oh Dürer!!)

## OKTOBER

*Dienstag, 1. Oktober 1946.* Letzter Abend hier recht guter Abschluß was Gesundheitszustand anbelangt. Ging heute den ganzen Tag so gut und ohne Weh wie noch nie seit 2 Jahren. – Wollen sehen ob es etwas anhält – dann kann man die Kur hier fortsetzen.

Jetzt muß erst mal wieder gearbeitet werden.

Herrlicher warmer Tag noch . . . Also bis Amsterdam. –

Es geht weiter –

*Donnerstag, 3. Oktober 1946. Amsterdam.* Gestern Abend mit Auto retour . . . Heute schon Entwurf zum »gestiefelten Kater«, wird ganz interessant. »Spiegel im Atelier« beendet, ebenso »Mutter und Tochter« . . . Ärger wegen Umsatzsteuer. Brief von Swarzenski.

*Freitag, 4. Oktober 1946.* Zeichnung.

*Sonntag, 6. Oktober 1946.* Fast bis Zaandam gefietst mit sehr viel Gegenwind. Erstes Mal wieder Leidschestraat gegangen und zurück, ging sehr gut. Chinesisch gegessen. Abends dann müde aber wohl.

*Montag, 7. Oktober 1946.* Excesse der Nacht und des Abends, schauriger Wille des Vergangenen und Zukünftigen, glitzern rot am Horizont – Gespenster kreisen und wollen mein Blut trinken – komm Brüderlein – ach Schwesterlein wo bin ich – wo bist Du – bist Du ich – hast Du endlich Ruh? Bin ich Ich? Es schweigt die Nacht und aus kristallenen Pokalen leer ich mit dummem Grinsen blutige Schalen.

*Dienstag, 8. Oktober 1946.* »Kleine Hölle oder Großaufnahme 2« und »Valentin und Swarzenski« entworfen. Friedlicher, wenn auch etwas unzufriedener Tag mit la Gaité und nicht viel Bewegung. Jetzt tief in der Nacht noch etwas B.V.L., die noch immer sehr einleuchtend ist. Ja, der Vorkosmische Mensch, wo kommt er her?

*Donnerstag, 10. Oktober 1946.* Morgens am »Mann in der Flasche« gearbeitet. – Etwas gefietst. Q. bei Lütjens. Swarzenski kommt um halb drei. – Abends noch Discussion mit Q. über Endlosigkeit und geschlossenes Weltsystem. – Etwas zu viel.

*Freitag, 11. Oktober 1946.* Ziemlich heftig an der »Kostümprobe« gearbeitet. – Im Gaité Cary Grant mit Genossin tanzen sehen. Dachte erst es wäre Kino-Aufnahme. Seltsam unwirklich ... Viel vom »Monster-Tryptic« geträumt. Ob das jemals was wird – wenn ja, schauerlich großartig ... Gute Nacht.

*Samstag, 12. Oktober 1946.* »Garderobenschauspielerinnen« fertig, nach 4–5 Stunden heftiger Arbeit. Sehr schnell gegangen, nur 4 mal dran gemalt.

Nach Schlummer erschien nun Swarzensky aus London über Mailand und war recht nett. – Abends mit Q. im Bagno Cinema ... Aßen dann im Europe Beafsteak und nun ist man recht müde – aber wohl, erstaunlicher Weise.

*Montag, 14. Oktober 1946.* Swarzensky-Tag. Zeichnete ihn morgens und sahen viele Bilder an. Nachmittag sahen wir ihn noch im Europe, wo auch Giselle auftauchte mit vielen Amerikanern. Swarzensky wieder abgereist. Aßen allein China, vorher noch 3 Borreltjes ...

*Dienstag, 15. Oktober 1946.* ... Viel gearbeitet, »Tanzlokal« und »Meerlandschaft«. Netter Brief von Valentin ...

*Mittwoch, 16. Oktober 1946.* War in Zandvoort, sah das Meer mal wieder und ein paar andere ganz nette Sachen. Fahrt ging gut von Statten ... Abends war man in der Schlacht von Arnheim.

*Donnerstag, 17. Oktober 1946.* T'ja, man hat schon manches durch gemacht. Dachte eben an die Pariser Zeit vor dem Krieg in der Rue Massenet. Mein Gehirn muß eigentlich ganz gut sein, denn niemals stand ich so dicht vor dem Wahnsinn. – Na vorbei, – noch leben wir, teils ist's erheblich uninteressanter geworden – teils nähert man ja langsam sich dem Ende der Tragödie.
Gefietst an der Zuidersee. – War mit v. d. Berg, ganz nett.

*Freitag, 18. Oktober 1946.* ... Bei Lütjens wo ich sehr müde war ... Erstand 2 Bände »Seelenhypothese«, bin neugierig wie das sein wird. – Nachmittag war Frommel da zum Abschied nehmen, geht auf 3 Monate nach Deutschland, gründet dort ein Erziehungsheim. Faut voir. – War sonst nett und lustig wie immer ... Im Chinesischen zu Abend gegessen, wo uns eine alte Frau Professor in Schrecken versetzte. – Gute Nacht.

*Samstag, 19. Oktober 1946.* Mitternacht im Bett. – Valentin und Swarzenski angefangen zu malen. »Frau im Hemd« und »Butshy« ebenso ... Abends Hypothese der Seele.

*Sonntag, 20. Oktober 1946.* Erstmalig am »gestiefelten Kater«. Butshy-portrait fertig – aber auch ziemlich tot und Weh. Abends erst Giselle, Kuß von ihr wegen »Begin the Beguin«. Dann netter alter Fairbanksfilm, »Leben des Don Juan«, ja jo –

*Montag, 21. Oktober 1946.* Morgens im Zoo. Nachmittag beim Zahnarzt ... Morgens rief Fremdenpolizei an, Paß marschiert. Cigaretten und Choco aus Amerika. Q. bei Lütjens.

*Dienstag, 22. Oktober 1946.* Kaufte Kohle und Pastelle per Fiets. – Nachmittag mit Fiedler ...

*Mittwoch, 23. Oktober 1946.* »3 Mädchen im Zimmer« gearbeitet. Fertig gemacht »rosa gelbgrünes Tanzlokal« ...

*Freitag, 25. Oktober 1946.* !! Ausfuhrbewilligung endlich erhalten!! Frau Peters rief am Morgen an. – Na, nun kann es weiter gehen. – Quappi ist im Konzert und ich allein.

*Montag, 28. Oktober 1946.* In Laren, abends mit dem Auto zurück. Viel schlechtes Wetter gehabt, trotzdem spazieren – Autofahrt in die Nachtstadt schön. – Fand viel Post aus Amerika vor. – Später kam noch Heilbrunn und wir sprachen über London.

*Dienstag, 29. Oktober 1946.* Am »Bildhauer« und »Perseus 2«, noch etwas müde später aber sehr gut. Tuschinsky war zu und ging noch in's Riche. Zu Fuß nach Haus. Müde, aber alles ohne Weh.

*Mittwoch, 30. Oktober 1946.* Melancholisch »Nordwyk« fertig gemacht. Puh – immer sehr anstrengend. – Abends Wallace Beary, netter Wild-Westfilm. – Hautausschlag an Händen . . .

*Donnerstag, 31. Oktober 1946.* Ausruhtag. Morgens im Sturm gefietst. An Valentin geschrieben, dessen letzter Brief wirklich sehr nett war – mehr wie früher – trotz der ersten Erfolge. – Noch immer Streik in Amerika – Litho's noch nicht in Händen von Valentin . . . Nun und so. Im Ganzen sehr wohl gefühlt – »Lebensabend« heute etwas friedlicher entgegen. – Es regnet.


NOVEMBER

*Freitag, 1. November 1946.* Allerlei Shocks: Bei Massage entdeckte Joke (Masseuse) viele Pünktchen. Dr. de Lange lachte – »allergisch«. – Ich ging zu Lütjens . . . Nachmittag Zahnarzt, Leidsche Plein, und nur Obst!

*Samstag, 2. November 1946.* Sehr heftig noch einmal »Bildhaueratelier« angegangen. Auch Nachmittag bis zum Abendessen. (Sehr gut.) Sonst – Nichts, – kein Ruhm – kein Geld – und nur Obst.

*Montag, 4. November 1946.* . . . Verkorkstes Valentinportrait, verkorkster Kinoabend. Trotzdem warm. Brief an Pierre.

*Mittwoch, 6. November 1946.* »Abtransport der Sphynxe 2« und »kleine Diana« – etwas erschöpft.

*Donnerstag, 7. November 1946.* »Café« Aquarell, und »Cimetière 2« Zeichnung. – Im Gaité – Tuschinsky Film belanglos, aber herrliche schottische Dudelsackpfeiferinnen. – Schlechtes Wetter und etwas verzweifelt. (Allergie ziemlich zu Ende.)

*Freitag, 8. November 1946.* Viel gute Post. Valentin schreibt Litho's endlich frei, »Totenköpfe« angekommen. – Sehr nett Peters. Geld aus Amerika. Zum Schluß rief Lichtenhahn aus Basel an. Na, assez für einige Zeit. Morgens war Heilbrunn da wegen Portrait und London, zeichnete ihn. Nachmittag Lichtenhahn, Bilder, Ausstellung in Basel etc. Assez. – Quappi war bei Hedda.

*Samstag, 9. November 1946.* Müder Tag, müde Zeichnung »Absturz«.

– Regen. – Im Auto zu Maria, Pleßner ... Zum Schluß eine »Apfelsine« von Quappi.

*Sonntag, 10. November 1946.* Hörte abends durch Frau Strengholt – Telephon (sie ist zurück aus Amerika) über meine Bilder daselbst bei Ludington und Lackner. – Sonst große Fietstour nach Schiphol, lunchten im Kellerlokal dort. – Manchmal regnete es auf der Rückfahrt. Lütjens rief nicht an trotz Schweiz etc. – aber das Telephon Strengholt war nett.

*Montag, 11. November 1946.* Anzeichen mehren sich weiter, daß in weiter Entfernung die Menschen mich als neuen – auf Thron zu setzen Absicht haben. – Nun il faut voir. – (Vergiß nicht die 3 Anderen!!). – Große Fietstour beinah bei Edam mit Fraß draußen. – Dann geschlafen und nettes englisches Kino, mit nachfolgender Swarzenski-Weißweinflasche – und Darstellung des Amsterdamer Theaters, Butshy war auch dabei.

*Dienstag, 12. November 1946.* Erlebe das Leben. – Erstmalig wieder am Valentinportrait gearbeitet, wird jetzt. – Sonst grauer November. – George starb in russisch. Conzentrationslager – vor 3 weeks.

*Mittwoch, 13. November 1946.* Valentin macht Montag, den 18. Nov. neue Ausstellung mit »the Actors«, »Geburt« und »Tod«, Zeichnungen und den neuen Litho's. – Na – na – wir werden sehen. – Jedenfalls lebe ich noch und nicht uninteressant ...

Etwas ramponiert von gestern.

*Donnerstag, 14. November 1946.* Die Flieger brummen wie im Kriege engl. Privatkriegsfilm, in alte Zeiten unangenehm zurück versetzt. – Na, geht vorüber. – Immerhin überlegt man sich Karten nach Amerika. In Paris neue Kommunisten und so. – Man ist etwas vorsichtiger geworden. Noch einmal all diese Sch ... impossible. – Morgens intensiv am »Perseus 2«, »Kino« und »Mutter und Tochter« gearbeitet ...

*Freitag, 15. November 1946.* Schlecht am »Valentin« – déprimé – aber sonst wohl ...

*Samstag, 16. November 1946.* Sehr gut am »Valentin« – Italienisch Spaghetti-Zugo gegessen. – Herr G. rief an.

*Sonntag, 17. November 1946.* Ach Gott ja, man bejammert immer die Lüste des Fleisches. Mein Gott was hätten wir denn sonst noch, wenn nicht wenigstens die Illusion des Wunsches vorhanden wäre. Das Eine und absolute Néant. – Schließlich sind die Wünsche nach Gott und Unsterblichkeit auch nichts anderes als Glaubensillusionen – sicher ist nichts und den mehr oder weniger jämmerlichen Kraftanstrengungen des Individuum angemessen.

Ich bin immer erstaunt und wundere mich, noch die Kraft zu haben, irgend etwas zu wünschen, denn im Prinzip ist man als »vernünftiger Mensch überzeugt, daß alles Unsinn ist«.

Morgens gefietst Heembrück. Novemberregen und Nebel.

*Montag, 18. November 1946.* Dachte viel an die Zeit von 1899–1903. Muß das mal genau entwirren. Nicht uninteressant die embryonalen Regungen zu beobachten.

Wichtig ist »erschreckte Frau« – nach 4–5 stündiger Arbeit fertig und glaube recht gut. – Dann als gerade übermüdet in den dicken Regensturm gehen wollte, waren im Briefkasten die Kataloge von Valentin, »the Actors« von B. recht pompös. Zeigte sie zunächst meiner Garderobenfrau und Toilettenmann im Gaité. – Sonst – abwarten. Glaube nicht an den ersten Erfolg. – Morgens war übrigens noch der Hutfabrikant G. da, der wie ein Nachtfalter in das Licht meiner zurzeitigen Berühmtheit flatterte.

*Dienstag, 19. November 1946.* Schlafrock kam aus Amerika! – Kleine Fietstour mit Q. . . .

*Mittwoch, 20. November 1946.* Nochmals am »Atelier«, wird interessant jetzt. – Schlechter Bericht von Peters, natürlich noch nichts über die »Actors« aus Amerika, und schlechter E. Bergnerfilm bewirkten, daß schlechte Laune . . . Sonst müde. – Gute Nacht.

*Donnerstag, 21. November 1946.* Morgens mit Q. gefietst, Vondelpark bis XM Monument und zurück. Recht tüchtig . . . Nachmittag beim Weggehen fand ich im Briefkasten bei Regen und Sturm Valentinbrief mit Liebe, Depression, verkauften »Totenköppe« und Zeichnung »Waldkongreß« . . . Abends nett mit Q. bei Saur, Champus, Hasenkeule, Padrijs zum ersten mal seit 5 viertel Jahren.

*Freitag, 22. November 1946.* Morgens gefietst zu Frau Nelly Lütjens um eine alte Gewohnheit auszuführen. – Schrieb auch an Valentin . . . Q. war in Naarden.

*Samstag, 23. November 1946.* Nochmals 4 Stunden oder 5 am »Valentin« gearbeitet.

*Mittwoch, 27. November 1946.* 4te Bildersendung wurde abgeholt. Fuhren noch mit Neumann-Vettin zu Lütjens, wo die »Blindekuh« abgeholt wurde ... Später zu Hause amerikanische Tragödie – sollte das ein schlechtes Vorzeichen sein? »The Actors«?

*Donnerstag, 28. November 1946.* Sehr heftig am »Valentin« und »Atelier« –

*Freitag, 29. November 1946.* Schlechter Tag, Augenweh, zu viel Dreiser gelesen. Im Atelier Weh. – Nachmittag reizender Film mit Virginia Bruce. – Mäßiger Brief von Valentin – nichts verkauft – na – geht's wieder bergab? Schon möglich.

*Samstag, 30. November 1946.* Schrecklich überanstrengt am Valentinportrait. Aber heute gut.

Frau Königs gestorben.


DEZEMBER

*Sonntag, 1. Dezember 1946.* Pause. – Maria Abfahrt. – Lütjens rief an. – Europe-Bar.

*Montag, 2. Dezember 1946.* Sehr netter Brief von Lackner und Valentin. Lackner teilt mit, daß das Ludington Tryptic in St. Barbara mit großem Erfolg ausgestellt ist. – Valentin wünscht Plastik zu gießen und bestellt neue Illustrationen, also muß doch irgend welcher Erfolg da sein, wenn ich auch sonst nichts hörte ... Na alles in allem ganz nett, außerdem arbeitete ich gut an »Mühle« und »3 Frauen mit alter Frau«. –

Also auf Wiedersehen.

*Dienstag, 3. Dezember 1946.* »Windmühlen« gezeichnet. – Vergeblich beim Zahnarzt, allein in Villa d'Este Bar, viele Borreltjes. Q. war bei engl. Theater.

*Mittwoch, 4. Dezember 1946.* Doch wieder Valentin-Swarzenski-Portrait – vielleicht wird's was? Heftig übermüdet, nicht aus dem Haus.

*Donnerstag, 5. Dezember 1946.* Valentin-Swarzenski – fertig!?! »Schicke Photo's der 2ten Ausstellung« (berichtet Valentin).

*Sonntag, 8. Dezember 1946.* An der »Mühle« gearbeitet. – Regen. – »Marine-Reiter« fertig, gut geworden. – Mit Q. im Film. – Gespräch über die Riviera.

*Montag, 9. Dezember 1946.* Große Zeichnung »Letztes Aufgebot« gemacht. – Aß allein im Europe.

*Dienstag, 10. Dezember 1946.* Netter Brief von Valentin, Ausstellung im Januar in Philadelphia. – Sonst Zahnarzt. – Nebel.

*Donnerstag, 12. Dezember 1946.* Morgens war Tannenbaum da. – T'ja, naja. Valentin schrieb treu und brav. Alle Zeitungen sind erschienen und kommt noch. Auch ist wieder eine Zeichnung verkauft. Maria schickte farbige Reproduktion in »Life« Magazine, von Iowa Carneval-Tryptic . . .

*Freitag, 13. Dezember 1946.* »2 Frauen im Hotel Huis der Duin« angemalt, begonnen. Stark an »Mutter und Kind« in violett und rot gearbeitet. Sonst postlos, aber noch warm. Q. hat noch Husten . . . Herr Tannenbaum will Bilder kaufen.

*Samstag, 14. Dezember 1946.* Pause. – Schrieb lange an Valentin. Es wird kalt. – Nachmittag Astoria, Würstchen. Abends Huhn und Salat.

*Sonntag, 15. Dezember 1946.* »Die Mühle« f e r t i g – ich auch. – 5 Grad Kälte . . .

*Montag, 16. Dezember 1946.* Na ja, die alte Geschichte. – Massenhaft gute Zeitungen und Abbildungen. – Valentin will kommen.

*Dienstag, 17. Dezember 1946.* Toter Tag. Eisiger Wind. Quappi morgens krank – Abends gut. – Astoria, viele Beine.

*Mittwoch, 18. Dezember 1946.* Erstens, letzte Hand an »Atelier«, zweitens »Toilette Schauspielerinnen«, drittens »Mother mit Kind«, – äußerst ermüdet . . .

*Donnerstag, 19. Dezember 1946.* Müder Tag. Schrieb an Piper. War mit v. d. Berg. Sah Eisfilm, ganz nett. Sehr kalt. Auf Hinweg viel Brustweh.

*Freitag, 20. Dezember 1946.* Besuch von begeisterten v. d. Berg. – Spaziergang in Winterkälte . . .

*Samstag, 21. Dezember 1946.* Schlechter Tag, müde, Weh – schlechtes Kino – NIX.

*Sonntag, 22. Dezember 1946.* Valentinportrait endgültig überholt – weniger Weh – Befinden besser. – Wärmer.

*Montag, 23. Dezember 1946.* Telegramm von Valentin! Kommt Mittwoch. – Tannenbaum kauft »Strelizien« Stilleben.

*Dienstag, 24. Dezember 1946.* Weihnachten. Gefietst, Krasnapolski – Weihnachten, Rasierzeug, Lammskoteletten, – ganz nett.

*Mittwoch, 25. Dezember 1946.* Valentin wirklich angekommen nach fast 20 Stunden Flugzeug von New York! Sofort Atelierbesichtigung. Freude – etc., abends Krasnapolski.

*Donnerstag, 26. Dezember 1946.* Nochmals große Bilderbesichtigung. Conferenz mit Peters, – Paß – Riviera etc. – Um 6 kaufte Valentin »Mühle« und »Interieur«. Geschenk sein Portrait. Abends Europe.

*Freitag, 27. Dezember 1946.* Valentin wieder abgereist. Gestern Abend im Europe noch Irroy Champ., und Peters und Q. tanzten. – Abschied von Valentin.

*Samstag, 28. Dezember 1946.* Drei NAKIE Frauen und Alte mit Kerze gut weiter gearbeitet. – Im Auto zum Savoy, vergnügt zurück, mit Q. bei Saur, Poularde. –

*Sonntag, 29. Dezember 1946.* »Lesende im Bett bei Kerze« Zeichnung gemacht . . .

*Dienstag, 31. Dezember 1946.* Neujahrsnacht 1946–47.

Also 46 ist erledigt und es ist nicht abzuleugnen, daß die Kugel sich etwas von schwarz nach weiß gedreht hat.

Thank you 46! Vielleicht werden Deine Folgen meinen »Lebensabend« etwas erleichtern.

Lütjens war da, begeistert von Valentin-Portrait und den Anderen. Chinesisches Schwein – und stiller Buddha-Abend mit Quappi. – Butshy hatte wieder Angst vorm Neujahrsschießen.

# 1947

JANUAR

*Mittwoch, 1. Januar 1947.* Nachmittag Besuch von J. N. und Giselle W. Netter Mann, mit Gesicht. Q. zeigte Bilder ... Morgens Telegramm von Valentin aus St. Moritz.

*Donnerstag, 2. Januar 1947.* Besuch von Tannenbaum der mich über Exportsachen beruhigen sollte und selbst nach Amerika geht. – Nachmittag v. d. Berg der Einladung nach New York von Museum hat und sehr stolz war. – Ich war heute müde im Gegensatz zu gestern und vorgestern. Abends noch Gespräch über Willensfreiheit. – Ich machte ein Gedicht.

*Freitag, 3. Januar 1947.* »Zwei Tänzerinnen« gezeichnet ... Photos kamen aus New York und Valentin schrieb noch aus St. Moritz. – Abends Fairbanks jun. – ganz lustig, war aber sehr müde.

*Samstag, 4. Januar 1947.* Gefaulenzt, Vondelpark gefietst. 3 Grad Kälte. Abends im Auto hin und zurück bei Lütjens ... Schön ist's wieder allein zu sein. – Dr. E. Werner, Züricher Zeitung 23. 12. 1946.

*Sonntag, 5. Januar 1947.* Erstmalig am linken Flügel von »l'Enfant«. – Eisiger Wind ... Noch eine Züricher Zeitung von Unbekannt im Kasten.

*Montag, 6. Januar 1947.* Gefaulenzt, Kitschbücher gekauft. 10 Grad Kälte. Scheußlich. – Nachmittag, als ich gerade melancholisch werden wollte, kam 4te und letzte Ausfuhrvergunning. Auch Neumann-Vettin kam mit Frau, geht nach Amerika ... Abends dann Steinbeckfilm und später schlechte Pastetchen. Viel Natron etc. – Hier heiß.

*Dienstag, 7. Januar 1947.* Das habe ich eigentlich schon alles wieder vergessen – »unser einziger Factor –«, – ja, ja, und zusammengeballt – lettre de Pierre, wie von B. gezeichnet – nun ja – wenn man ihn hat ist es wenig, wenn nicht ungeheuerlich. – Kalt, mäßiger Zircus Knie –

gelangweilt – schwer immer dieselbe Selbstsuggestion zu finden. – Aber immerhin – weiter, immer weiter – wohin? Vielleicht finden wir uns doch einmal auf jener fernen Insel und in dem tiefen tiefen Wald?!

*Mittwoch, 8. Januar 1947.* Rechter Flügel von »l'Enfance« aufgezeichnet. Wird interessant. – Letzte Bilder abgeholt. Nun ist fast die ganze Oorlogsware raus, außer einigen Quappi-Bildern ... 2 Grad Kälte, Eiswind – alles noch schwer vereist.

*Donnerstag, 9. Januar 1947.* Etwas verlorener Tag. – Korrektur am Tannenbaumbild – daher etwas müde an der »schreienden Frau« – und nicht befriedigt. – Hier ist Frühling (!) – und ich fietste etwas müde bis Amstel. Später Gaité. – Libby T. schrieb aus Brüssel und Bummi aus Nauheim. – Fühle mich etwas verloren – naja.

*Freitag, 10. Januar 1947.* Autotour nach Zandvoort mit entzückendem Himmel aus dem Nebel. Zurück über Seeweg ... Savoy und Extase-Bar, im Auto nach Haus. Müde, nach dem Essen stark Weh –?! Später besser. – A-Dieu.

*Samstag, 11. Januar 1947.* »Erschreckte Frau« fertig! – Gaité, Regen, zu Hause.

*Sonntag, 12. Januar 1947.* Noch etwas am linken Engelsflügel – und neues Bild angefangen, aber noch unsicher. Quappi war bei Gesangskonzert de Lange, wo mein alter Doctor auch noch lebte. – Noch im Auto am Leidscheplein, wo ich von Hansje J. überfallen wurde wegen Frankfurter Ausstellung – Ha, Ha. Zu Hause brauner Kohl und Wurst. – Es ist wieder warm.

*Montag, 13. Januar 1947.* Viel gefietst, nachmittag mit viel Brustweh weil heftiger Sturm ... Oh düstre Welt.

*Dienstag, 14. Januar 1947.* Valentin meldet Ankunft in New York, also geht es weiter. Ausgeruht. – Joke knetete sehr nett ...

*Mittwoch, 15. Januar 1947.* An »Jeunesse« links, und »Bildhauer« gearbeitet. – Sonst gefietst, nix besonderes.

*Donnerstag, 16. Januar 1947.* ... Giselle rief an und abgeholt Tuschinskyhall von ihr und Q. um 7 Uhr. Im Auto zu J. N., Borreltjes, später im Europe gegessen und dann noch Sherezade-Bar.

*Freitag, 17. Januar 1947.* Mit Kater (seit langem) im Vondelpark gefietst. Um 4 Uhr Libby Tannenbaum aus New York ...

*Samstag, 18. Januar 1947.* Tannenbaum gezeichnet. – Nachmittag im
Auto Leidscheplein, zu Fuß zonder Schmerzen nach Haus. – Ananas.
*Sonntag, 19. Januar 1947.* »Bildhauer« fertig – 4 Stunden gearbeitet.
*Dienstag, 21. Januar 1947.* Am American Consulat mit Neumann-
Vettin. Alles schwimmt nach Amerika ... Butshy war beim Doctor
wegen Augenprellung, heute Abend besser. – Morgen kommt Peters.
*Mittwoch, 22. Januar 1947.* Besuch von Peters, Wiegers, Lütjens, Frau
Heilbrunn – – Wolken scheinen zu ziehen.
*Donnerstag, 23. Januar 1947.* Viel Kälte: 3–5 Grad. – Brief an Va-
lentin. – Butshy's Auge besser. – Schöne Gespräche mit Quappi über
Unsterblichkeit.
*Freitag, 24. Januar 1947.* An der »Jeunesse« gearbeitet und »Hotel
Nordwyk« ziemlich fertig. Muß aber nochmal nachgesehen werden ...
*Sonntag, 26. Januar 1947.* »Massengrab« und »Eishöhle« bearbeitet.
Nachmittag im Auto bei Eiswind Leidscheplein Savoy – Großes Flug-
zeugunglück, Prinz Gustav Adolph und Grace Moore tot.
*Montag, 27. Januar 1947.* Kalt, Sturm. – Unerwartet – »Tannenbaum
is going to America« fabriziert. – Sehr interessanter Brief von Franke.
– Übermüdet. – Abends Deana Durbin-Film. – Eiswind. Es schoß auf
dem Rokin und Butshy hatte Angst. – Brief von der Fremdenpolizei?!
Naja –
*Dienstag, 28. Januar 1947.* In der Kälte herum gelungert und Abends
mit J. N. und Giselle und Q. in Villa d'Este. Aal in Gelée, Hühner-
suppe und Pommes frites mit Schweinskottelets. Später dann in Extase-
Bar etwas getanzt mit leichtem Brustweh.
Rotwein, Genever und Whisky.
*Mittwoch, 29. Januar 1947.* Morgens am G. Bild. Später dann großer
Tag: Paß avisiert!! Haag holen. – Valentin schrieb, Modern Art Mu-
seum will wahrscheinlich »Blinde Kuh« ausstellen. Auch sonst Ange-
nehmes. K. G. sandte Kritik aus St. Barbara. »Picasso et moi« – na,
manchmal scheint's zu tagen.
*Donnerstag, 30. Januar 1947.* T'ja, Haag – Pässe. Rückreise volle
Eisenbahn. 10 Grad Kälte. Haus of Lords gegessen. – Mauritshuis,
Rembrandt – Jan Steen –

FEBRUAR

*Sonntag, 2. Februar 1947.* Frommel war da und berichtete aus Deutschland. – Paß-Visa-Demande ausfüllen für Frankreich. – Kälte etwas weniger.

*Montag, 3. Februar 1947.* Mäßiger Tag mit French-Paß Beschäftigung, Photo's dafür, wo man Frommel traf – der ebenfalls – Nachmittag zu Hause »Salomon« – oh no –. Im Auto zu Peters immerhin vielleicht Paß French-Visa. Nachher im Schneegestöber nach Tuschinsky, »Rebecca-film« – oh Gott.

*Dienstag, 4. Februar 1947.* Tannenbaum-Portrait fertig. – Schnupfen, – nicht aus dem Haus.

*Mittwoch, 5. Februar 1947.* Schnupfen, zehn Minuten am Rokin. Lütjens zu Q. Geburtstag. Schnupfen. – Nette Post aus Philadelphia.

*Donnerstag, 6. Februar 1947.* Die »Drehmühle« – 4 Stunden gearbeitet. Quappi in Naarden. Schnupfen, zu Hause. 10 Grad Kälte. – Valentin schrieb, »Blindekuh« angekommen. Exposition in Philadelphia nächstens.

*Freitag, 7. Februar 1947.* 5 Stunden »Drehmühle« gearbeitet . . . 11 Grad Kälte. Schnupfen fast weg.

*Samstag, 8. Februar 1947.* Nochmal »Tannenbaum« – Wohl fertig. Noch etwas »Huis ter Duin« gearbeitet. – Erstes mal im Auto wieder Savoy, wo ganz allein, kalt und drei Weiber und ein Mann. Im Auto zurück.

*Sonntag, 9. Februar 1947.* Schlechter Sonntag, trotzdem Nachmittag Frommel und Giselle. Schenkung von »Day and Dream«. Sonst Kälte, Eiswind, Kälte.

*Montag, 10. Februar 1947.* Deprimé sehr stark seit langem. Schlechter Brief aus Paris (Galerie L.). – Besuch von Tannenbaum, besah sein Portrait und Apokalypse – Faust – ganz nett. Nachmittag erstes Mal old Dutch Kino in Kälte und Eiswind. – Wasserleitung eingefroren.

*Dienstag, 11. Februar 1947.* Briefe aus Deutschland. Minna hat CARE Paket erhalten. – Im Auto beim Zahnarzt der mich von Schmerzen befreite.

Eine Jewell-Picasso-Besprechung lustig, aber abwarten.

Mit Quappi im Europe. Wiener Rostbraten und Sekt. Nett. – Noch kalt.

*Mittwoch, 12. Februar 1947. – 63 –.* Das einzige Mittel um der Misere und dem Elend der Welt zu entgehen ist der Rausch der Kunst. Nicht neu, ich weiß, aber immer wieder neu. – Lütjens, Giselle und Frommel gratulierten persönlich, v. d. Berg, Frau Strengholt – Telephon, Schnaps. – Ich malte eine große Zeichnung an, »Garderobe und Clown«.

*Donnerstag, 13. Februar 1947.* »Huis ter Duin« fertig gemacht . . . Entsetzlich übermüdet – Weh –

*Freitag, 14. Februar 1947.* Pause, recht erschöpft, aber schon wieder neue Leinwandrahmen bei Johannes im Schnee bestellt.
– Sah im American Hotel – Orleans . . .

*Samstag, 15. Februar 1947.* Oder mittelkalter Tag. – Besuch im Gaité. – Kriminalroman.

*Sonntag, 16. Februar 1947.* Besuch von Tannenbaumfamilie, die das Papaportrait nicht kauften. – Hinterher noch allein im Kaperschiff mit Whisky und weisem dummem Genöhl. – Recht reduziert. – 10 Grad Kälte.

*Montag, 17. Februar 1947.* Enfin Valentinbrief. »Blindekuh« soll im Modern Art Museum erscheinen 23. März. – Na immerhin. – Fritz Kempner rief an und abends schlechter Film.
Wieder kalt und Weh . . .

*Dienstag, 18. Februar 1947.* . . . Prinzessin Nummer 4 geboren, viel Lärm und wenig Wolle. Viel geschlafen. – Im Polen (Restaurant) zwischen Landbevölkerung Kalfsballetjes gegessen . . . 9 Grad Kälte.

*Mittwoch, 19. Februar 1947.* Der Londoner Heilbrunn kehrt zurück . . . – Morgens bei Lütjens . . .

*Donnerstag, 20. Februar 1947.* Drei Bilder entworfen. »Kleine 3 Badende«, »Selbstportrait mit linker Faust am Kinn«, »Selbstportrait Cabaret«. – Nachmittag mit v. d. Berg ganz nett, wie immer, wenn man die Menschen lange nicht gesehen hat. Meinte, mehr Erfolg wie ich könnte man nicht haben – ha, ha. – Johannes brachte neue Leinwandrahmen.

*Freitag, 21. Februar 1947.* Etwas an »Frauen mit Kerze«. Wieder kalt. Trotzdem zu Fuß im Schneesturm Leidschestraat und Platz mit Q. und Butshy . . . Es schneit.

*Samstag, 22. Februar 1947.* Besuch von Streb und Heilbrunn. – Kohlen kamen (Schwarzkauf).

Abends allein im Europe. Sah hübsche Dinge.

*Sonntag, 23. Februar 1947.* Besuch von Pleßner und Frommel, Bilder besehen. War recht lustig und angenehm.

Setzte allerletzte Hand an »Drehmühle«. – Nachmittag Besuch von W. recht sympathisch und vielversprechend. Buch soll über mich erscheinen. Kälte läßt »vielleicht« nach – Lampe und Schnaps gestohlen von Kohlenleuten!! Ha, ha, – Quappi war »verzweifelt« –

*Montag, 24. Februar 1947.* ! Visa aus Paris ! Abschluß der schwarzen Epoche – beinah noch zu müde um sich zu freuen. – Natürlich – Briefe von Minna – Valentin. Letzterer leider immer noch ohne »Success«. Na abwarten.

*Dienstag, 25. Februar 1947.* Zufallsbesuch von John Streb. Na, nach langem hin und her kaufte er 2 kleine Bilder. »Gelbrote Frau« und »Küchenmaschine« . . .

*Mittwoch, 26. Februar 1947.* Geburtstagsbesuch bei Lütjens, Quappi brachte noch Blumen . . . Immer noch kalt.

*Freitag, 28. Februar 1947.* Valentin schrieb sehr nett auch wegen Frankreich. Buffalo Ausstellung für April . . . Noch mehr Schnee aber die Wasserleitung geht wieder.


### MÄRZ

*Samstag, 1. März 1947.* Sieben Stunden mit Finish am »Saul«, – ist fertig? . . .

*Sonntag, 2. März 1947.* Müder Morgen nach gestriger Überarbeitung, aber »Saul« ist fertig und sogar schon Wiegers und Genossen gezeigt . . .

*Montag, 3. März 1947.* Kampf zwischen Sonne und Winter. – Sonst nicht viel passiert. Valentin schrieb. Ich war im Old Dutch Cinema, sehr schlecht, und schrieb an Minna.

*Dienstag, 4. März 1947.* Tief in der Nacht. Wieder ein wahnsinniger Schneesturm. Es heult in dem Ofen und in den Dächern – und Schnee – Schnee bläst mit weißem Bart. – Alles leichenweiß und immer wieder wird einem die ewige Vergänglichkeit unter die Nase gerieben. Übrigens war Tannenbaum da, erhielt und kaufte sein Portrait . . . Ich sah noch Einiges im Pays Bas und im Europe.

*Mittwoch, 5. März 1947.* Mädchenstube (»Siesta«) nach 4 Stunden fertig gemacht. Natürlich ziemlich anstrengend. – Noch immer mehr Schnee bei geringer Kälte. – Bei Saur mit Quappi, die in der Nacht viel Schmerzen hatte. Nun geht's wieder. – Sonst soweit alles gut.

*Donnerstag, 6. März 1947.* Es taut, aber mickrig. – Für Quappi Silberfuchs gekauft . . . Schrieb an Valentin.

*Sonntag, 9. März 1947.* Abends bei Wiegers, brave Leute, ganz nett . . . Noch Null Grad. – Karte an Valentin und Pierre-boy.

*Montag, 10. März 1947.* Herumgefaulenzt, das heißt viel gelesen, zu viel über Chaldäa und Babylon etc. – Es regnet. – Gespräche über Entwicklung und Reincarnation. – Peter schrieb.

*Dienstag, 11. März 1947.* Doch noch einmal den »Saul« überholt – nun ist er ein echter Saul geworden. Todmüde . . . aber abends vor dem Zubettgehen noch eine halbe Stunde Rokin. Ausgezeichnet, wird von jetzt ab immer gemacht.

*Mittwoch, 12. März 1947.* Großes Bilderausgesuche von Bosmann für das Boekje, – na, vielleicht wird's was. – Hundemüde im Café. Herumgeirrt, auf dem Rückweg traf ich Giselle, die von »Herrn Beckmann« kam, und aß mit Q. im Suisse. – Ging noch auf den Rokin eine halbe Stunde.

*Donnerstag, 13. März 1947.* Es dooit-dooit – dooit, 6 Grad Wärme – Gott sei Dank . . .

*Freitag, 14. März 1947.*

> ! T'ja, Telegramm von Valentin !
> ! »The Actors« verkauft !

Na also, es geht weiter. – Doch allerhand. War aber auch nötig. – Noch bei Peters wegen Sorgen. Q. war bei Hedda. Abends übermüdet im Europe, Hors d'oeuvres, ha, ha.

*Samstag, 15. März 1947.* Erstaunlich, seit ein einhalb Monaten wieder gefietst auf noch nicht eisfreien Straßen. Traf dabei Heilbrunn. – Abends bei Frau Strengholt mit Frommel und Buri und Giselle . . .

*Sonntag, 16. März 1947.* »Kati« Telegramm, meldet sich wieder. – »Mädchenzimmer« nochmals überholt – tot – aber gut. – Viele Debatten über Reiseschwierigkeiten – Paris. – Kurz im Gaité.

*Montag, 17. März 1947.* Brief an Pierre. – Frühlingswinde. Regenjas gekocht. Q. erkämpfte 2000 Francs Devisen vom Devisenamt für

Reise . . . Kurz im »Caliente« wo alle Gespenster wieder auf tauchten . . .

*Donnerstag, 20. März 1947.* »Gesellschaft« 1931 Paris, umgearbeitet.
Recht gut geworden. – Heilbrunn war da und las Q. über Beckmann
vor.

*Freitag, 21. März 1947.* Es wird Zeit, daß man verduftet – Dienstag
geht's los – immerhin offizielle Beendigung von – ach ich weiß schon
nicht mehr wie lange –
War fast in Buiksloot, im Regen gefietst.
Mäßiger Stroheimfilm.

*Sonntag, 23. März 1947.* Heute wird »Blindman's Buff« im Modern
Art Museum eröffnet – faut voir. – Schrieb an Holzinger wegen den
deutschen Ausstellungen. – Nachmittag war eine ganze Frommel-
Cohorte da. Frau Strengholt, Billi aus London, Buri und Giselle. Zum
Schluß Frommel, der seine ersten Xzigtausend für sein Philosophium
in Deutschland verkündete – wünsche ihm alles Gute. Quappi zeigte
Bilder und man war sehr angetan. – Nette Menschen. – Ich nachher
noch im Europe. – Die Zeit rückt näher – mir graust noch etwas vor
der Reise, diese Loslösung vom »Standort« nach 8 Jahren – schauerliche Sache – na, aber es geht weiter. – Gute Nacht.

*Samstag, 29. März 1947.* Nice. Hotel Westminster. Enfin kommt
man etwas zur Ruhe, und ich will versuchen die Reise seit Dienstag
den 25. März kurz zu berichten.

Dienstag um halb neun Uhr morgens schleppte Lütjens pünktlich das
Auto herbei und unter allerlei Abreisegestöhn und Abschied von Lia
und Frau Post sauste das Auto mit Butsh und Quappi und mir zur
Bahn. Pünktlich eine Stunde vorher. – Alles ging glatt. Das große Ge-
päck wurde aufgegeben, die Ticketplätze 2ter Klasse stimmten und
zur gegebenen Zeit ging's los.

Gemütlich erst durch Holland (8 Jahre ohne dieses Plättbrett zu verlassen) – Haarlem, Haag, Rotterdam – Rosendal Grenze, langwierige
Zoll- und Ausreisegeschichten. Aber alle Papiere klappten und man
befand sich in Belgien. – Das erste Mal aus dem Ausland ins Ausland.
Alles sehr voll und ich noch recht nervös. Schließlich Brüssel. (Alte Erinnerungen) – Französische Grenze – Frankreich zog an mir vorüber –
Traum alter Zeiten. – Speisewagen überfüllt, wie alles in diesen

Zeiten und schließlich abends 10 Uhr Paris. – Autojagd und Hotel
Edouard VII Rue de la Paix wo aufgeregte Kati informiert wurde. –
Alles ziemlich übermüdet. Komisch verstaubt wirkte da alles – und
verarmt und kümmerlich geworden. – Nächsten Morgen bei C., vorher noch schöner Spaziergang mit Quappi und Butshy Champs Ely-
sées. – Immer noch schön. C. ganz amusant. Gegenseitig höchste Man-
schetten und diplomatische Reserve. – Sah den üblichen konfusen
Weltmarktsrummel. – Nachmittag sah Nolde's, kurz noch Kati, früh
ins Bett. – Nächsten Morgen weiter nach Lyon, wo wir ziemlich ermattet im Hotel Nouvelle landeten.
Komische Stadt, auch so – alt – aber sehr schön die Rhône mit dem
Gemüsemarkt (ersten Datteln und Oliven) – und eine alte schwarze
Kirche und ein schöner Ludwig 14ter von Lemot auf einem herrlichen
Platz. Wunderbar in einer alten Brasserie Civet de Lièvre et Saucisse
gegessen. Das Hotel noch im Umbau von Kriegsexplosionen und ich
in falscher Neurasthenie wegen meinem Paß.
Abfahrt nächsten Morgen I. Klasse (Supplement ein Reinfall). Herr-
lich bei Avignon und Arles. (Möchte dahin). – Abends todmüde mit
gutem Taxi etc. im Hotel Westminster gelandet. Es regnete und
stürmte nach schwerem Orage.
Hotel sehr schön. Enfin ça.
*Samstag, 29. März 1947.* Schön, schön – schön. Wunderbar geschlafen.
Nice ... Place Municipale ... Grapefruit ... grünes Meer ... gutes
Dinner. Tanz im Hotel Municipal. Regen, Sturm, Taxi, Dinner. Butshy während der Zeit im Käfig im Municipal. Wieder Gewitter. Alles
herrlich. Entdeckte alte Autocars. Viel Post, Berufung nach Berlin.
Ha-Ha –
*Sonntag, 30. März 1947.* Autotour nach Monte Carlo. Es regnete.
Kaffee im Casino de Paris, schöne Fahrt. Noch sehr müde. Quappi
spielte.
*Montag, 31. März 1947.* Morgens zu Fuß durch Nice, entdeckte den
großen Corso – Nachmittag im Autobus nach Antibes. Herrlich bei
dem großen Hotel. Vorgeschmack von Cap Martin. Abends ich allein
im großen Casino, 250 Francs für eine Orangeade! Als ich nach Haus
kam, hatte Quappi Halsentzündung – ich ihr noch Umschlag gemacht ...

APRIL

*Dienstag, 1. April 1947.* Großes Doctor P. Theater mit Quappi Diphterie – ou non? Man nahm einen Abstrich – na und so weiter. Schließlich kam der Doctor zum 2ten mal und »il n'y a rien trouvé ... etc«. Quappi aber noch krank. Mais non troppo. Morgens moi zum Place de liberté, Grapefruit etc. – Todesgespenst etc. – aber man soll nicht. – Schönes Wetter – schlechtes Wetter. – Abends im Casino le roi de Suède – 85 oder ! 90. Besser wie ich.
Ein altes Weib gewann 100 000 Francs.
*Mittwoch, 2. April 1947.* Schlechter Tag – ich schwer erkältet – Nachts sogar Schüttelfrost. Quappi noch im Bett.
*Donnerstag, 3. April 1947.* Morgens noch matt von schlechter Nacht, mühsamer erster Ausbruchversuch mit kaum geheilter Quappi in strahlender Sonne und kaltem Wind. Im Taxi zurück. Mittags schöner Hering und trauriger Turkey – aber Beschluß im Taxi nach Monte Carlo zu fahren. Um 3 Uhr noch sehr entkräftet und nervös losgefahren. Heiß im Auto – kalt draußen. – Jardin des Plantes Monte Carlo – kolossal klotzig. – Café de Paris, viel schwarzer Kaffee. Rückwärts schön am Bord de la mer und hier dann recht erholt, kein Fieber. Jetzt wird zu Abend gegessen in besserer Stimmung mit noch viel Husten. – Abends zu Hause.
*Freitag, 4. April 1947.* Entschieden besser aber noch reduziert, genau so wie bei Quappi. Nachmittag im Cimier, schöner alter Garten – unheimliche Hotelgräberstadt. (Hotel Regina etc.) ... Abends mit Quappi Spielsäle, ganz nett aber noch reduziert.
*Samstag, 5. April 1947.* Morgens mit Quappi auf das Schloß, Nachmittag zu Hause, abends Spielsäle.
*Ostersonntag, 6. April 1947.* Heiße Sonne, morgens gebummelt beim Schiffchen-Springbrunnen. – Nachmittag très bien mit Auto nach Mentone wo lauter Schweizer waren und dann Cap Martin, sogar alter »Zaubergarten«! Aber etwas durch den Oorlog reduziert aber doch schön und wird wieder. – Mit viel schwatzendem Chauffeur über Monte Carlo Hotel durch den dunklen Abend. Nachher noch Spielsäle, Q. verlor 700 Fr. – Ha – Ha. Erkältung besser, ziemlich zu Ende bei allen beiden.

*Montag, 7. April 1947.* Herrlicher Blumen-Corso, war ganz gerührt!
– Abends Palais »Méditerranée«.

*Dienstag, 8. April 1947.* Morgens noch auf dem Cimier allein, entdeckte alte Villen, Reine d'Angleterre Hotel, alles sehr schön und
melancholisch. Im car zurück. Brief und Anzeige von Valentin. »Blindman's Buff« also mit Erfolg ausgestellt.

*Mittwoch, 9. April 1947.* Morgens Sonnenbad am Segelbootchensee.
Nachmittags zu Haus und »Schau rückwärts Engel« gelesen. – Abends
Spielsäle, Q. verlor 500 Fr.

*Donnerstag, 10. April 1947.* Billets, wenn auch schlechte, zur Rückfahrt geholt. – Sonnenbad. Strahlender Himmel. Nachmittag wunderbare Tour Antibes, Swimmingpool etc.
Abends gewann Q. 500 Fr. – Schrieb an Valentin. – Immer noch erkältet.

*Freitag, 11. April 1947.* Morgens Sonne gebraten am Schiffchensee.
Nachmittag wieder wunderbare Autotour nach Lanterne, St. Isidor,
Blick auf den Pauw de St. Janet und Einmündung des Flusses von
Grenoble her. – Kati ist da. – Lackner schrieb aus New York über
»Blindekuh«. Er kommt 17. nach Paris. Abends Spielhölle, mit junger
und alter Spielteufelin.

*Samstag, 12. April 1947.* Etwas ermüdet (Weh) so daß wir Palais
Mediterranée früh abbrachen und ins Bett gingen. »Schau rückwärts
Engel«.

*Sonntag, 13. April 1947.* Bahnfahrt nach Monte Carlo um Kati zu besuchen. Sie war am Bahnhof, und bei ihr im »mystischen Heim letzter
Tage« erschien ein ramponierter surrealistischer etwas vampirierter
ami Graf und ein »feiner« Frenchman, die mich bis zum Abendessen
anstrengten mit viel Französisch und wenig Neuem. Nachher noch im
Café de Paris viel Kaffee. – Nette Nachhausefahrt mit 3 hübschen
Französinnen und einem Auto vom Bahnhof mit Nachttaxe à 200 Fr.

*Montag, 14. April 1947.* Viel spazieren, viel Sonne, Backofen fertig.
Netter Brief von Valentin. Mister Soby schreibt über Beckmann (ich
war aber kein Schüler von Corinthen!) – Jetzt gehen wir essen, nachher noch Spielsäle. Machte Zeichnung.

*Dienstag, 15. April 1947.* . . . Morgens Plage Massena. – Nachmittags
Autotour Cap Farrar, reizender alter Hotelgarten etc. – Ich etwas ner-

vös. – Abends Spielsäle. Q. gewann 1000 Fr. Dort erst sehr müde, dann wie immer angeregt.

*Mittwoch, 16. April 1947.* Herrlicher Sonnentag, morgens am Plage, sah Luftathleten – sehr schön. Nachmittags und Abendessen Kati, die 2 Aquarelle erhielt. Abends noch Spielsäle mit King und Kokotte.

*Donnerstag, 17. April 1947.* Abfahrt Abends um 10 Uhr aus Nice. Noch Strand, Sonne – und Stadtspaziergang. Nachmittag Reisevorbereitungen. Dann also los in die Nacht. Eine äußerst Schlaflose – bis Lyon – und der Morgen brach fahl und leuchtend in ein etwas confuses Coupé.

*Freitag, 18. April 1947.* Von Lyon – Paris Speisewagen, Ankunft bei Gewitter in Paris. Erreichten mit Mühe und 300 Fr. ein Auto und kamen etwas todmüde ungefähr um 4 Uhr ins Hotel d'Arcade. (Wanzen.) Regen. Ich allein Café de la Paix. Tee getrunken im Ritz. Quappi fasziniert von allen Hüten. Sah schöne unzerstörte Gesichter. – Abends bei Prunier Langusten mit Majonnaise. War etwas ärmlich geworden.

Dann schleunigst übermüdet ins Bett. – Warm –

*Samstag, 19. April 1947.* – Wanzen. – Da von Stephan noch nichts gehört, ihn später (per Taxi) eingefangen wie er gerade mit Weib und Kind umziehen wollte. Toll genau! Dann im Louvre. – Schöner Louvre-La Concorde-Spaziergang mit Q. und Butshy. Um halb zwei Stephan im Café de la Paix, aßen zusammen bei Prunier mittelmäßig erfreulich. – Q. abends bei Nolde's, ich toute la nuit in Paris. Erst im Auto Mont Parnasse. Sah alte Closerie de Lilas, aß irgendwo russisch. Dann im Auto Folies Bergères, schön ... Dann im Auto »Jocky«, ganz schön. Dann lange bis 2 Uhr la Coupole, Sandwich, dann im Auto nach Hause. (Zufrieden.)

*Sonntag, 20. April 1947.* Lange geschlafen im Hotel d'Arcade. Etwas kalter Wind. Aßen herrliches Choucroute garnie rue Royal und erwarteten Stephan-Ernst um ½ 4. Er kam angepackard und wir fuhren Royal Monceau zu seiner Baby Frau. Schließlich kam sie, noch viel Baby-Theater und wir aßen in einem Restaurant près de la Madeleine recht gut zu Abend. Seine Frau nette Österreicherin mit blauen Augen. (Champagner.) – Dann also Tabarin Mont Martre, alles mit Stephan, Frau und Quappi. Tabarin zuerst sehr schön, später Krach mit einem

Chauvin-Nachbar – machte es aber richtig. Zum Schluß sehr heiß und
müde von gestern. – Im Stephan-Auto nach Hotel.
*Montag, 21. April 1947.* Morgens im Auto nach dem hübschen, für
mich so »melancholischen« Passy. Sahen Rue Massenet wieder und
Saumure. Im »Chauffeur« Bistro geluncht. Auf der Straße Boxkampf.
Im Saumure-Café Erinnerungen. Um drei holte Stephan uns ab, und
wir fuhren in ein riesiges altes Haus mit Lift, wo ganz oben viele
workingbilder von mir standen. Meistens Stephan gehörend, aber
»Selbstportrait im Frack 1937« und »Dame mit Tambourin« tauchten
wieder auf und sagten »guten Tag, Herr Beckmann«. Dann fuhr Stephan uns noch ins Ritz, dort tranken wir noch einmal friedlich Tee, –
auch noch in der Bar. Dann Stephan nach Haus zum Bébé und Frau
und wir aßen im »Enterich« wirklich glanzvoll zu Abend. Champignons
gab's da, na, und die Rognons für 1000 Fr. vom Oberkellner vor
unseren Augen zubereitet und gemacht. Feudal, – oh Simolin. – Ein
guter Riesling, na und wir waren heiter, trotz meines Sonnabend-
Katers. Friedlich mit Quappi und Butshy in der Nacht nach Haus.
*Dienstag, 22. April 1947.* Na, schließlich ist nicht allzuviel zu berichten. Es klappte alles ganz gut. Anständige Pullmannplätze, schöne
Reise durch's schöne Nordfrankreich. Lächerliche Speisewagen, wo
man in Belgien nichts bekommt. Glück mit Rozendaal wo wir nicht
heraus mußten. Und endlich wieder in Holland, wo es regnete und
stürmte wie auf Bestellung. Am Bahnhof Autokampf, traurige alte
Französin die keins kriegte. – Und schließlich wieder zu Hause, wo's
auch ganz schön ist. – Nun wird wieder gemalt. Viel Post war da,
dumme und gute Kritiken.
*Mittwoch, 23. April 1947.* Versuch wieder einzugewöhnen. T'ja, t'ja,
Rokin ist wieder da. Viele Briefe von Bekannten und unbekannten
Menschen. – Dann schon wieder gearbeitet am »Saul«, nun gut. –
Nachmittag im verödeten Tuschinsky, dann Astoria besser.
Holland doch recht nett. Abendessen mit Q. im Europe.
Nachher noch Gespräche über Amerika – oui oder non – glaube be-
stimmt – non –
*Donnerstag, 24. April 1947.* Drei Entwürfe von Nice gemacht und
zwei alte Bilder fertig gemacht. – Chinesisch gegessen, Bami, wieder
sehr schön – für mich ist's ganz schön wieder da zu sein.

Unangenehm nur gegen »die Anderen« daß man wieder da ist – so »zu ihnen gehört«. – Noch etwas Thomas Wolfe gelesen.

*Freitag, 25. April 1947.* Ausruhtag, gefietst bei Sonne ... Nachmittag Briefe, abends Ingrid Bergmann – Dali.

*Samstag, 26. April 1947.* Alles in Allem ein recht erfreulicher Tag. Viel gemurkst. »Blumen-Corso« auf altes Selbstportrait entworfen. »Chambre rouge«, »Eishöhle« etc. fabriziert. »Saul« gut, (Gott sei Dank). Unruhig in Seele wegen »Blindekuh« – Schlaf – Saur, Quappi, Butshy, Austern – man kann ruhig drüber reden. – Zu Bett.

*Sonntag, 27. April 1947.* Nach Fiets-»plattfuß« Autotour nach Schiphol bei schöner Sonne. Nachmittag 3 Stunden »Hotel de l'Europe« – wird was. – »Engel« von Th. Wolfe zu Ende gelesen.

*Montag, 28. April 1947.* Wieder ein Tag – uff – na ja, man ist doch freier. War noch in Extase-Bar und Caramella dem alten Lokal – oh Gott nun wieder elegant. – Morgens »R. vor dem Spiegel« fertig gemacht – ziemlich anstrengend. Mittelkalt, und Brief aus Indianapolis.

*Dienstag, 29. April 1947.* Allerlei, Einladung nach Deutschland (Frankfurt) durch Holzinger – – Farbige Beckmann's durch Franke, College-Katalog aus Amerika mit Beckmann. Schrieb Brief mit relativer Zusage nach Bloomington. Heilbrunn's und Hedda sehr für Amerika. Aß im Amstel nach Fietstour zu Mittag. Immerhin, – allerhand.

*Mittwoch, 30. April 1947.* Verspäteter Depressivbrief von Valentin via Paris.

Viel gearbeitet an »Nice«, fängt an mich zu interessieren. Auch Selbstportrait umgeändert mit Spielern ...

Abends »dritter« Blight Spirit Film, nicht erfreulich.


MAI

*Donnerstag, 1. Mai 1947.* v. d. Berg's waren da, ganz nett nach langer Zeit. – Morgens gefietst, etwas müde und Pervitin, war aber ganz schön. Schrieb an Valentin Indianapolis.

*Samstag, 3. Mai 1947.* Heftig am »Bono« und nochmals die »Frauenstube« überarbeitet. Recht gut. Nachmittag Amstelhotel gefietst im eisigen Frühling. Oh böser Norden – wie lange noch –

*Sonntag, 4. Mai 1947.* »Promenade d'Anglais« fertig. – Regen. Q. bei Hedda. Abends Frau von Stein gelesen.

*Montag, 5. Mai 1947.* ! ! Befreiungstag ! ! – Endlich schönes Wetter. Im Atelier geordnet und gekramt. Nachmittag Frommel und Giselle ... Abends »Frau v. Stein.«

*Dienstag, 6. Mai 1947.* Weiterer Faulenzertag, morgens etwas gefietst, herrlicher Frühling. Nachmittag Frau v. Stein, Europe – China – Frau v. Stein. – Gespräche über Germany. Reisen oder nicht?! Schrieb an Holzinger. – Frommel rief an wegen Parolmann. Am Samstag um 5 Uhr.

*Mittwoch, 7. Mai 1947.* »La Lanterne« fertig gemacht ... Frau v. Stein zu Ende.

*Donnerstag, 8. Mai 1947.* Herrliche Frühjahrstour mit Q. und Butshy nach Heembrug. Nachmittag war Amerika-Tannenbaum da und unkte hie und da, aber ganz nett. – Aß allein im American, Sommerabend ... Nachher Stroheim spannender Abend ...

*Freitag, 9. Mai 1947.* »Saul« nochmals – »Mädchenstube« und »Huis ter Duin« nochmals. »Lanterne« und »Promenade d'Anglais« gut gefunden. – Sehr überarbeitet. Trotzdem gefietst gegen Abend bis zum Judenfriedhof. Herrlich schöne blühende Bäume etc. ...

*Samstag, 10. Mai 1947.* ... Ging in die Sonne am Palaisplein. Nachmittags kam »Parole« und Frommel und man war mal wieder vom »alten Beckmann« begeistert. – Dann 3 Borrels, Europe, Gewitter, Butshyangst ...

*Sonntag, 11. Mai 1947.* »Die Sammlung wird fortgesetzt«. »Promenade d'Anglais« und »Lanterne« fertig (nochmals). – Still im einsamen Europe ... V. d. Berg rief Schweiz – Werk – Beckmann – an. Die Sensation des Tages.

*Mittwoch, 14. Mai 1947.* – Träume der Nacht und Träume des Tages entgleiten ...

*Donnerstag, 15. Mai 1947.* Himmelfahrt ... Lütjens brachte »Werk« aus Schweiz mit. Es ist wieder kalt.

*Samstag, 17. Mai 1947.* Am »Selbstportrait im Spielsaal« gearbeitet. »Eisbeer-Varieté« fertig gemacht. »Jery« fertig gelesen. – Hindemith Konzert recht hübsch mit vielen guten Einfällen. Manchmal etwas ermattet nach Convention. Aber immerhin ganz liebenswert, alldieweil etwas Leben in der Bude. – Im Auto nach Hause, wo sich Butshy freute.

*Sonntag, 18. Mai 1947. Laren.* Abfahrt nach Laren, schöne Autofahrt, nachmittag im Regen gefietst, Wittebergen. Traf dort Huis ter Duin Geiger – Erinnerungen. – Noch sehr müde.

*Montag, 19. Mai 1947.* Laren. Schönes Wetter. Fußpartie über Doodsweg nach Gefangenenstation und zurück. Noch etwas müde und Pein und Brustweh, aber nicht viel. Nachmittag landeten wir ganz gegen den Willen auf dem Tafelberg, was mein physisches Selbstbewußtsein wieder etwas hob. – Vor dem Essen le jeune K. – mais rien à faire. Pauvre jeune homme. – Abends noch eine Stunde im Dunklen spazieren (schön). – Kleine Freundinnen. Befinden besser.

*Dienstag, 20. Mai 1947.* Bin in unruhiger und ungewisser Stimmung über Amerika – Valentin – Indiana etc., Baisse etc. Glaube nicht daß viel daraus wird, wie zur Zeit sich alles in Dunst auflöst (siehe holländische Monographie, Parole, etc.) –

Trotzdem war Laren heute wieder schön. – Morgens Eier- und Ginsterweg. Nachmittag ohne Quappi die zu Hause bleiben mußte, Witteberge gefietst. Abends früh schlafen, da Luft gut aber anstrengend.

*Mittwoch, 21. Mai 1947.* Nur in der Sonne herumgelungert, allein. »Götterjüngling« K. zeigte »Werk« dem Publikum.

EINSCHLAFEN

1. Der Tag klingt ab
   die Bäume rohren
   und fern am südlichen Kamin
   sind weiße Tulpen still erfroren
   ich schlafe schon, die Hand am Kinn –

2. von früh und späten Heldentaten
   sind Herz und Seele mir bedrückt
   ich glaube daß der Schweinebraten
   mich schließlich doch noch mehr beglückt

3. Die Enden jedes dummen Leben
   sie wachsen stumm in meiner Hand

und Fruchtbonbons und tote Seelen
ziehen mich sanft ins fremde Land.

(SCHLAF)

1. Rastlos wachsen die Bäume
   über den Leib Dir hinaus
   und schnarchend ruht die Seele
   in den Gedärmen aus.

2. Sind die Laster zu Ende
   treibt die Hölle ihr schwarzes Spiel
   strahle ich Sonnen in Hände
   Pensionszeit für's Alter ist viel.

Beckmann am Mittwoch nach 8 Tagen –
Tanz mit der Bäuerin.

*Freitag, 23. Mai 1947.* Immerfort spazieren. Quappi in Naarden,
(Hedda), pünktlich ½7 retour. – Ich fabrizierte »Tanz der Cancer-
freunde« (Zeichnung). – Abends im Hamdorff jeder zwei französische
Schnäpse. Herrlicher Abend, warm bei offenem Fenster. – Nichts aus
Amerika.
*Samstag, 24. Mai 1947.* Eierweg. – Einbruch der Pfingstgäste. – Erster
Angriff auf »Engelsturz« (Zeichnung). – Abends gefietst, um Eier-
restaurant bei Licht zu sehen. Komisch. Wettlauf mit Butshy. – Im
Eisenbahnhotelrest. Borrels . . .
*Sonntag, 25. Mai 1947.* Pfingsten! (Ausgießung des hl. Geist) – viel
zu viel Fleisch und zu wenig Geist. – Herumgefietst. – Abends Krach
mit Q. wegen Butshy.
*Montag, 26. Mai 1947.* Ein Gewitter ist zu verzeichnen mit den ge-
wohnten Effekten. Nach dem Essen nach Wittenberge gefietst und im
Abend über Bahnhotel wo eine Person mich an Graz erinnerte. – Mor-
gen geht's wieder in die grrroße Welt (ha, ha).
*Dienstag, 27. Mai 1947. Laren-Amsterdam.* Abfahrt bei strahlendem
Wetter. Morgens noch Eierweg. Später über das 5 Uhr geschlossene
Muiderschloß zurück, wie immer melancholisch bei nach Hause. –

Nichts aus Amerika, aber netter Brief von Hentzen aus Berlin, und Q. brachte von Frau Post »Parole«artikel mit Selbstportrait das bei dem hiesigen Kryterium scheinbar großes Aufsehen gemacht hat –

*Mittwoch, 28. Mai 1947.* Wieder Amsterdam. Den »Engel« endgültig fertig. Abends viel Borreltjes.

*Donnerstag, 29. Mai 1947.* Rechts und links Telephon. V. d. Berg, Lütjens, Heilbrunn, zum Schluß noch Valentin aus Paris-Telephon. (Große Liebe und St. Louis taucht auf – mal sehen) –
Muß morgen nochmal »Saul« – oh je.

*Freitag, 30. Mai 1947.* Ha, ha, »Saul« fertig!! Am »Baccarat« und »Blumen-Corso« intensivst 6 Stunden gearbeitet. Zu Hause große Hitze. Abends um 12 Uhr auf dem Rokin gefietst.

*Samstag, 31. Mai 1947.* Wieder mal eine Sensationsnachricht: Washington University St. Louis wünscht Herrn Beckmann als Teacher. Na, – Hoppla – da kann man stolpern. Habe daher telegraphisch zugesagt, walte »Gott« was daraus wird. – Oh Bloomington. – Sonst war Prange wieder da mit 2 Herren, einer vom »Gemeenteraad« und es herrschte dicke Begeisterung. – Irgend wann rief auch Hans Jaffé wieder an. – Abends schöne Nachtfietsfahrt mit Butshy und Quappi und morgens Besuch bei R. der Rheumatismus hatte. – Heiß!!!! – Herr Jünger ließ durch Frommel Bewunderung für »Odysseus« mitteilen.


JUNI


*Sonntag, 1. Juni 1947.* Landschaft bei Beaulieu fertig! (Glaube wenigstens.) Amerika rückt bedrohlich näher. – Hu – mir graust. – Heiß – Gewitter? – Valentin rief wieder an. Telegramm aus Bloomington, sagte St. Louis wäre in Ordnung?!!

*Montag, 2. Juni 1947.* Zandvoort gebadet, heiß, Wasser kalt – noch etwas mißtrauisch. Nachmittag Heilbrunn da, der wieder ungeheuer zu Amerika redete. Na, nun wollen wir die offizielle Einladung abwarten. Abends dänischer Film, sehr lustig.

*Donnerstag, 5. Juni 1947.* Briefe von Valentin – Berlin Hochschule (Ehrensenator angeboten), Franke München auch. – Ha ha. Prof. Valentiner schickte Telegramm aus Paris über St. Louis. – Minna Brief. –

Noch heftig an »Lanterne« gearbeitet. – Zu Fuß und im Regen zum
Amstelhotel. Es ist wieder kühl. – In der Nacht bis ½ 5 Uhr »Lanterne« gearbeitet.

*Freitag, 6. Juni 1947.* T'ja also, die Berufung mit St. Louis ist gekommen. Ziemlich aufgeregt, bin neugierig ob wir hinkommen (Paß,
Visa, etc.). – War mit Frommel im Europe, »Gespräche« – oui ou
non die Welt. – Abends Gespräche letzten Endes alles Flucht vor
dem Tode – aber wie gesagt – nicht uninteressant – ziemlich aufgeregt!!!!!!

*Samstag, 7. Juni 1947.* Mir träumte heute Nacht, daß mein Körper
an irgend einer Stelle in irgend einem Hause begraben werden sollte,
in dem ich – (auf welche Weise weiß nur der Traum) – einmal wieder
verkehren sollte. Ich bat davon Abstand zu nehmen – (wen weiß nur
der Traum) – mit der Begründung, das wäre zu gefährlich für mich,
denn dann könnte ich mich vielleicht doch wieder in mich verlieben
und – (ich sah dabei eine Hand von mir – vor mir, die ich sehr
schön fand) – das wollte ich nicht. Das wäre zu gefährlich für
mich. – – – Sonst englische Stunde und Brief an Hudson St. Louis . . .

*Sonntag, 8. Juni 1947.* Intensiv am »Blumencorso« – vormittags und
nachmittags gearbeitet. Regnerischer Sonntag . . .

*Montag, 9. Juni 1947.* Bei Peters (Rechtsanwalt), Genöhl wegen Amerika. Unruhig und nervös . . . Unangenehme Stimmung.

*Dienstag, 10. Juni 1947.* Massage. – Englische Stunde, komme ein
bißchen vorwärts . . . Abends Q. Freude, gute Peters-Nachrichten . . .

*Mittwoch, 11. Juni 1947.* »Baccarat« fertig (?). Sehr müde im
Europe . . . Kühl, sonnig . . . Der Frankfurter Bürgermeister lud ein
zur Eröffnung der Beckmann Ausstellung.

*Freitag, 12. Juni 1947.* Den »Pauw« endlich wirklich fertig, auch
Landschaft bei Beaulieu. Lange gearbeitet. – Ungewisse Stimmung
wegen Amerika. Kein Schiff!!?! – »Weiße Götter« gelesen.

*Samstag, 14. Juni 1947.* Morgens war Prange da und zeigte mir seine
Arbeiten, hm, hm. – War etwas melancholisch. Nachmittags englische
Stunde, und als ich – I am going for a walk, kam Q. hinter mir her,
mit der Meldung, Jaffé und S. Dienstag 4 Uhr. Ha, ha, ha – na mal
sehen. – Abends Spargel mit Schinken und viel Gerede über Reise
nach Amerika.

*Sonntag, 15. Juni 1947.* Etwas an den kleinen »3 Badenden« gearbeitet. – Giselle war da, sah die neuen Bilder (Südfrankreich) und erzählte viel von St. Louis, wo sie 7 Jahre gewohnt hat. Will sich auch um Überfahrt (Schiffspassage) bemühen ...

*Montag, 16. Juni 1947.* Noch 7 Stunden gearbeitet am »Baccarat« – die übliche Übermüdung ... Giselle telephonierte »herrliche Amerikanerin« – für Donnerstag. – Schönes Wetter.

*Dienstag, 17. Juni 1947.* ... Quappi und Giselle im Haag und erreichten »Ordre de Mission« (für Schiffspassage) und erschienen hier mit Freudengeheul, wirklich nett. T'ja, nun wird's wohl doch etwas mit Amerika.

*Mittwoch, 18. Juni 1947.* Waren noch im Haag um noch ein prachtvolles Schriftstück vom Minister für die Schiffskarten zu bekommen. »Urgent –« etc. – Schöne Autotour Haag. Minister, Hitze, Huis ter Duin Kaffee, Meer, heiß. Wassenaar über Harlem zurück. Trank noch einige Schnäpse im Kaperschiff, wohin auch schon mein »Ruhm« gedrungen war.

Zum Schluß »weiße Götter« beendet ...

*Donnerstag, 19. Juni 1947.* Heute war die Vogue-Maid bei mir unter stürmischer Affinität von den Empfindungen bis »Schau rückwärts Engel« aufgebauscht. Giselle und Q. assistierten discret – kurz es war eine lächerliche und erhitzte Stimmung, wie ich sie noch selten erlebte und im Hintergrund stand drohend Amerika – bis Mexiko strahlend –

*Freitag, 20. Juni 1947.* »Blumencorso Nice« fertig.

Valentin meldet Perry Rathbone für 4. Juli an.

Piz schrieb aus London. – »Frau im Fenster« (Picture).

*Samstag, 21. Juni 1947.* »Überfall« von Prof. G. Gilkey und Genossen, als amerikanische Offiziere. Erstes Debut in amerikanischer Sprache. Drohten mit erneuter Einladung und Telephon aus Frankfurt. – Morgens kam die sehr liebenswürdige Antwort von K. Hudson aus St. Louis, und abends wurde Weihrauch gestreut von v. d. Berg im Europe, sodaß man nicht wußte was »süßer« war, der Champagner, die Vorspeisen, oder die Hymnen auf »the famous painter Max Beckmann«.

*Sonntag, 22. Juni 1947.* Leider doch noch mal »Blumencorso« – sodaß übermüdet nachmittags zur entblinddarmten Frau Strengholt, und ich,

– auch um wieder zu Luft zu kommen, Q. im Auto nach Hause schickte und den weiten Rückweg im Regen und zu Fuß machte. – Alle Gespräche sind jetzt immer durchsetzt mit Amerika. – Vielleicht noch heute Abend ein paar Worte. – Auf Wiedersehen.

*Montag, 23. Juni 1947.* ... Erhielt ein sehr gutes Gedicht über die »4 men by the sea« aus St. Louis von »Nobody« – (anonym).

*Dienstag, 24. Juni 1947.* Vergeblich auf American Consulat – Wütend – Trotzdem »2 Frauen in Hotelhalle« übermalt. Etwas erkältet. Europe, Rigobar – Weh.

*Mittwoch, 25. Juni 1947.* Miß Riley Telegramm aus dem Haag, kommt Montag für die Vogue photographieren. – Viel für die Erkältung getan, besser, bisher ohne Fieber. – Viele Briefe aus Deutschland und London. Kann leider nicht fahren – will auch nicht ... Mal wieder im leeren Gaité.

*Donnerstag, 26. Juni 1947.* Wahnsinnige Hitze, überall 25–30 Grad. Herumgelungert. Mystik-Geschwätz mit Quappi.

*Freitag, 27. Juni 1947.* Heiß!!! 39 Grad im Schatten. – Marées-Biographie und »Laster armer Leute« gelesen ...

*Samstag, 28. Juni 1947.* Heiß. – H. v. Marées gelesen. – Telegramm von Valentin aus Stockholm. Kommt Montag. Später noch gefietst mit Q. und Butshy am Bahnhof.

*Sonntag, 29. Juni 1947.* Frommels waren da. »Wir sind deutsch –«. Alles lauert, ob sich »Er« nicht bald die nötige Blöße giebt. – Es ist wieder kühler.

*Montag, 30. Juni 1947.* T'ja, großer Besuchstag, die Vogue mit Miß Rosamund Riley und Herr Serge J. waren nachmittags da, und photographierten. – Noch etwas am »Baccarat« gefeilt und abends um 10 Uhr sauste Valentin via Stockholm–Kopenhagen par Avion ins Europe, wo bei einigen bitteren Whisky's die einleitenden Präliminarien für morgen festgelegt wurden. – Alles sehr nett.


JULI


*Dienstag, 1. Juli 1947.* Valentin im Atelier. – Aßen zusammen, Hering mit Pellkartoffeln, und nachmittag ich noch einmal »Blumencorso« übermalt, gut. Lütjens hat sein 3 tes Kind noch nicht ...

*Mittwoch*, 2. *Juli 1947*. T'ja also, Valentin kaufte fünf Pictures.
»Drehmühle«, »Frau vor dem Spiegel«, drei Nice Landschaften – ganz
nett, nicht wahr? Außerdem lud mich die jüdische Frauenschaft von
St. Louis ein, ha, ha, zu Vortrag, als leader of the expressionist paint-
ing – Ha, Ha – zwischendurch wurde noch am »Baccarat« gear-
beitet.
Tannenbaum verabschiedete sich für New York ... Abends im Pays
Bas Hummer und Moselwein der jetzt teurer ist als der teuerste Champagner. Nachher noch Scheherezade-Bar wo wir Valentin zurück-
ließen.
*Donnerstag*, 3. *Juli 1947*. ... Mit Rathbone und Gattin, Miß Riley,
Mr. S. (great english poet), Valentin, Europe – Sekt – Begeisterung.
Scheherezade . . .
*Freitag*, 4. *Juli 1947*. Vielleicht kommt doch noch das Gewitter. Es
murrt im Hintergrund. Jetzt lauter. – Schwer ist der Erfolg zu er-
tragen. Man wird in eine Art Morphiumrausch versetzt aus dem sich
last not least eine Art negative Depression entwickelt, in der Erkenntnis der Unzulänglichkeit von Allem und des zu spät Kommenden. Jetzt
werde ich ihn ertragen können (wenn er auch immer noch gefährlich
ist) doch to late – to late –
Ganzen Tag mit Rathbone und Frau, morgens Bilder, auch Neue (auch
»Pariser Gesellschaft«) von Rathbone für St. Louis ausgesucht (für
Ausstellung dort). – Jetzt kommt der Regen. – Mittag chinesisch gegessen. Abends wieder mit Rathbone's, Europe dann Dinner im Amstel
(Oh entschwundene Zeit) – lernte Schniewind aus Chikago kennen
und Frau Palmer, übrigens eine reizende alte Frau. Im Auto zurück
zum Europe, später noch Peters ...
*Samstag*, 5. *Juli 1947*. Ganzen Tag mehr oder weniger erfolgreich am
»Blumencorso« gearbeitet . . .
*Sonntag*, 6. *Juli 1947*. Q. ist in Naarden bei Hedda's und ich habe
wieder den ganzen Morgen am »Corso« gemurkst. – Nun ist wieder
eine grundlegende Veränderung eingetreten – na mal sehen. – Draußen ist es kühl und windig und meine Gedanken sind natürlich (of
course) sehr mit Amerika beschäftigt. Ziemliches Grausen zunächst mit
Sensationslust und Angst vor der Sprache, die ich sicher niemals lernen
werde – trotz aller Liebenswürdigkeit.

Doch was soll man machen. Wenigstens braucht man einen Winter nicht hier herumsitzen und außerdem – das Leben ist ja doch wohl bald zu Ende.
Heute Abend kommen meine neuen Bosses.
Rathbones waren abends da, sehr harmonisch.
*Montag, 7. Juli 1947.* Müder Tag. Morgens englische Stunde. – Viel Geschwätz über St. Louis. Hotelzimmer oder Universitätsflat? Etc. etc. – Nachmittag ordnete ich Graphik für Schniewind.
Astoria 4 Borrels. – Etwas zu viel – immer noch erkältet.
*Samstag, 12. Juli 1947.* Morgens große Fietstour Heembrug, schön. – Nachmittags Heilbrunn mit weisen Reden. Brief von Piz. – Dann im ehemaligen Ratskeller (schrecklich) – und im City-film noch schlimmer. Karikatur (aber nicht gewollte) auf Amerika. Per Fiets mit Q. zurück – down –, bei Tee, (vor dem zu Bett gehen) wieder etwas aufgeheitert.
*Sonntag, 13. Juli 1947.* Englische Stunde, – 2 Stunden gearbeitet, dann nachmittags Lütjens, Bilder. Later Mr. Philip James, Art Councel London – Bilder. Dann Europe, Quappi, Champagne, später Scheherezade . . .
*Montag, 14. Juli 1947.* Frühmorgens schon Vondelpark gefietst . . . Dann bei Dr. de Lange geimpft für Amerika (trotzdem ich ja eigentlich nicht glaube daß wir hinkommen). Dann Farben gekauft für James London – mit Q. im Amstelhotel abgeliefert. Nachmittag netter Brief von ihm – dann noch 2 Stunden an den »Zwei Frauen« gearbeitet die hoffentlich endlich fertig sind. Kurz im leeren Don Juan und »nicht nach Germany« Abendgespräch.
*Dienstag, 15. Juli 1947.* Etwas Augenpein. Sehr netter Brief von Rathbone aus Brüssel . . . Katalog aus Iowa »Begin the Beguin«. Nachmittag Peters, Vondelpark, Extasebar, Europe, Huhn, Tee mit Quappi. – Sehr heiß.
*Mittwoch, 16. Juli 1947.* Autobus nach Zandvoort mit schönem Bad. – Noch in Ymuiden. Abends zu Hause recht müde.
*Freitag, 18. Juli 1947.* Ziemlich heftig impfkrank, Fieber – und entsetzliches Gejucke und elend. – Quappi rettete Pässe vom ohnmächtigen Kriminal. – Telephon mit Peters.
*Samstag, 19. Juli 1947.* Noch recht schlecht, nach schlechter Nacht.

Trotzdem englische Stunde mit Frau Dr. Heilbrunn. Dann natürlich
wieder gearbeitet auch nachmittags, an den beiden Mädchen und
»3 Akte am Meer«. Am Nachmittag Besserung, gegen Nacht fieberfrei.

*Sonntag, 20. Juli 1947.* »Blumencorso« ... Immer noch etwas krank
aber kein Fieber.

*Montag, 21. Juli 1947.* Noch immer impfkrank. Waren bei Dr. H.
(Nachfolger von Dr. de Lange der nicht mehr praktiziert) – consta-
tierte traurig übermäßig starke Reaktie – na abwarten. Mein Arm ist
jedenfalls coloristisch. Mittwoch nochmal hin.

*Dienstag, 22. Juli 1947.* Leichte Besserung der Impfsache. Verband
entfernt zeitweilig, kein Fieber und wieder normal Appetit. – Morgens
»3 Figuren am Meer« fertig, »Traum des Soldaten« No. 2 fertig.
Abends bei 30 Grad Hitze gräßlich im Suisse gegessen. – Briefe von
Peters und Hirsemann, Valentin (aus Spanien) und Hentzen.

*Mittwoch, 23. Juli 1947.* Na also, the bettering is beginning and I
think that's going very good now. Visit's by G. of New York with H.
Quite nice fellow, but a little »durchschnittlich«. By the Doctor and
very hot, 30 degree. For the dinner with Quappi at the Amstel (20 fl.)
but very agreable and quickly. With car there and back.

*Donnerstag, 24. Juli 1947.* »Soldat 2« fertig ... Abends Ch. Laugh-
ton-Film, »der Glöckner von Notre Dame«, ganz großartig. Eine
mir fast congeniale Begabung – sonderbar.

Tief in der Nacht erwacht – Dream of Amerika, umringt von zahl-
losen Reportern, frugen Quappi Erlaubnis zu filmen – »ja« she said
»einen Probefilm« – ha, ha. – Tiefe Angst und Bekümmernis wegen
der Reise. Größter Unsinn to do – aber trotzdem.

*Freitag, 25. Juli 1947.* ... Sehr heiß – malte nachts bis 12 Uhr nochmal »Blumencorso«.

*Samstag, 26. Juli 1947.* Briefe vom Theater St. Louis. Bitten um Bei-
trag und Photo. – Frau Heidn schrieb nett aus New York. – Letztes
mal Dr. H., auch Verabschiedung der Impfpocken. Lassen langsam
nach ... Wieder »Blumencorso« bis 7 Uhr ... Hansje rief an, sah
mein Bild neben van Dongen, oh – ha, ha.

*Sonntag, 27. Juli 1947.* Große Fietstour nach – beinah Edam – trop –
und heiß!!!

*Montag, 28. Juli 1947.* Zu heiß für Alles ... Post aus St. Louis, (immer noch Zimmer-Wohnfrage) und Butshy-Drama (darf nicht mit). Borchmann – Beckmann taucht wieder auf, nicht schlecht. – Abends erst allein dann mit Q. viel Ginfiz was alles wieder besänftigte ...

*Dienstag, 29. Juli 1947.* Großer Visa-Amerikatag, verlief alles programmäßig, wir können also losfahren. Schrieb viele Briefe und die Welt wird's nun bald wissen ...

*Mittwoch, 30. Juli 1947.* Eigentlich den ganzen Tag vergeblich am »Blumencorso« – 8 Stunden glaube ich – (Q. war in Naarden)

## AUGUST

*Freitag, 1. August 1947.* Tag schwerer Reaktion von übergroßer Müdigkeit –

*Samstag, 2. August 1947.* Langsam erholt. – Erst englische Stunde, dann kam Marie-Louisepiz aus London, blieb zu Mittag und sah mit Q. Bilder an. Recht nett, nach 10 Jahren – oh Gott –!!
Ich fietste noch etwas und ruhe weiter aus.

*Sonntag, 3. August 1947.* Tu es nicht – tu es nicht – sagt immer eine angstvolle Stimme in mir – geh nicht hinüber. Es ist eine Gefahr und Dein Verderben und außerdem noch eine große Blamage – die Armen an Geist und Körper warten, auf daß Du sie erquickest und Du kannst nicht. – Warum tust Du's dann? – Reiner Irrsinn und vielleicht sogar Selbstzerstörungstrieb – gerade weil es so angenehm ist.
Sonst, ein betrunkener Freund und immer noch übermüdeter Sonntag. Nachts 2 Uhr.

*Montag, 4. August 1947.* Abends kamen Piz und Julia (zu spät). – Fraß später im Kaperschip mit Coca-Cola ...

*Dienstag, 5. August 1947.* ... Neumännchen-(Vettin) war da, geht nun auch endlich U. S. A. – Sonst ziemlich trostlos nervös. Mag nicht mehr arbeiten, lerne englisch, fällt mir schwerer wie malen – kurz – übel. – (Schrieb an Lilly.)

*Mittwoch, 6. August 1947.* Ganz nette Post aus »Berlin« (Akademie) von Frl. K. –, »Ausfuhrvergunning« endlich auch. – Trotzdem – (ich schäme mich): »Blumencorso« nochmal – glaube sehr gut. – Im ganzen bessere Stimmung. – Wiegers rief an, kommt morgen.

*Donnerstag, 7. August 1947.* Viel Augenpein. Große Fietstour Zuider-see-Kanäle. – Piz zum Lunch. – D. und Wiegers Bilder ansehen . . . Abends mit Piz Quappi Europe. Piz zeigte Photo's.

*Freitag, 8. August 1947.* . . . In dunkler Nacht sah ich Odysseus und Calypso in überraschender Deutlichkeit. Traumhafte Schönheit in der Bewegung – verfluchte Welt.

In Scheherezade mit wirklich großartigem Tanz und Menschenorgie. Auf dem Rückweg beobachtete ich in dem Grachtenwasser Milliarden und aber Milliarden winziger Geschöpfe die verrückte Tänze aufführten, wie ein Gott, der in einer anderen Welt steht. – Ja – ja, und dann nach Haus – oh Odysseus –

*Samstag, 9. August 1947.* . . . Nochmal 4 Stunden am »Blumencorso« – (eine Schande). – Q. war mit Piz bei Lütjens, wo Beckmann-Orgien gefeiert wurden. – Thats all.

*Sonntag, 10. August 1947.* Puh – morgens um 6 Uhr zurück vom »Blumencorso« – eine letzte Nacht. Dachte eigentlich ohnmächtig zu werden, wurde aber nicht. – T'ja –. Morgens etwas gefietst im Botanischen Garten, war herrlich, so viele schöne und seltene Blumen (Lotos –), Victoria Regia Knospe – na ausruhend. Nachmittag kam Frommel der sogar den »Nettesheim« zurück brachte, dafür erhielt er ihn auch geschenkt. – Er sah »Jupiter« und »Junge Männer«, recht nett mal wieder.

*Montag, 11. August 1947.* Die rosa Blütenzweige im »Corso« –. Abends Sekt und Austerncoctail mit Piz und Q. im Pays-Bas, recht nett mit viel Gequatsche.

*Mittwoch, 13. August 1947.* Bis zum letzten Moment der Bilderabholung noch am »Blumencorso« – wirklich schon pathologisch langweilig. Noch naß abgeschickt – na ja – Hol ihn der Teufel. – . . . Ich arbeitete noch den Rest des Tages am »Soldaten«. War so müde daß fast nicht mehr op straat. Abends noch Gespräche über Ankunft New York. – Sehe recht schwarz – aber was soll man machen. –

*Donnerstag, 14. August 1947.* . . . Abends rief Valentin aus London an. Geht noch nach Antibes. – Hotel Gladstone New York wohnen wir.

*Freitag, 15. August 1947.* Morgens »Soldat« endgültig fertig. Etwas sehr müde und etwas in »maßloser Hitze« gefietst. – Nachmittag Klaus

Mann mit Heilbrunn, (Bilderbeschauung) auch Faust und Apokalypse.
K. M. ganz netter kluger Junge.

Abend ich noch allein im Europe, wo der Kellner neuen Krieg mit
Rußland prophezeite. – So, das wäre alles.

*Samstag, 16. August 1947.* Valentin auf drei Stunden in Amsterdam
auf Durchflucht, ganz nett, brachten ihn noch nach Schiphol. Aßen vorher im Europe, wo ich einen Verweis erhielt, weil in Hemdsärmel wegen zu großer Hitze. – Außerdem bekamen wir noch unsere zweite
Typhusspritze.

*Sonntag, 17. August 1947.* »Vampyr« fertig. – Nachmittag Frommel,
Frau Strengholt, Giselle, (Giselle mopperte noch). Wahnsinnig heiß
und typhuskrank.

*Montag, 18. August 1947.* Noch etwas »Typhus« und schlechter
Laune, weil Schiffahrtkarten-Entscheidung erst morgen kommt. – Gefietst und tote Seehunde festgestellt. Sehr traurig. Heute Abend Abschied von Has und Piz – auch nicht gerade begeistert. – Eben ruft
Lütjens an wegen Übernahme der letzten Sachen. Gräßlich, dabei weiß
ich noch nicht einmal was wird. Vielleicht fahre ich doch noch nach
Deutschland wenn die Schiffsgeschichte nicht klappt – na – wir müssen
sehen. – Jedenfalls ist es noch immer schrecklich heiß, im Zimmer 25
bis 30 Grad – unglaublich.

Noch nachzutragen wäre, daß nach Abschied von Piz und Has, abends
um 9 Uhr Mister Richard D. aus Mineapolis erschien und mit großem
U. S. A. élan seine Freundschaft bezeugte. Hatte wieder ganz interessante Einblicke in den Zukunftsstaat. Zum Schluß kaufte er noch das
alte Aquarell »der Affe der die Ewigkeit malt«. Ganz angenehm, und
außerdem scheint es kühler geworden zu sein.

*Dienstag, 19. August 1947.* ! Große Trauer ! Holland-Amerika-Line!
verweigert Schiffskarten wegen 60% Amerikabestellung – (die restlichen 40% seien von Holländern vor einem Jahr schon bestellt und
ausverkauft). Telephon an Peters und Giselle um Hilfe. Glaube aber
nicht mehr daran... Abends Charlie Chaplin »the Dictator« – sehr
schön und neu.

*Mittwoch, 20. August 1947.* Deprimierter Tag mit allen möglichen
Versuchen der Überfahrt –

*Donnerstag, 21. August 1947.* Wiegers tritt auf als Ritter – ob als

**Retter?** – Cook-Reisebureau stellt belgisches Frachtschiff in Aussicht, gerade als ich verzweifelt fietsen gehen wollte. – Nachmittag war Giselle da, die auch noch schreiben will – na, und zum Überfluß erschien abends noch Swarzenski aus Italien zur Begrüßung und hielt Schwedische Dampfer zur Begutachtung. Ho Ho. Aßen zusammen und sprachen viel über das »Paradies St. Louis« von Janson, Rathbone etc. – Beide Swarzi und Giselle schwärmten von »Jupiter on the way«. – Gott ja, dritte Typhusimpfung auch noch und schon recht krank heut Abend.

*Freitag,* 22. *August* 1947. Nun ist es doch gekommen – anstatt einer Kabine haben wir zwei – oh mon Dieu. Also es geht doch nächsten Freitag mit der »Westerdam« los. E s g e h t l o s l o s l o s –. Na ja, heute riefen gleich zwei Schiffahrtsgesellschaften an. – Außerdem bin ich noch typhuskrank.

Nachmittag verkorkste v. d. Berg Rendezvous.

Tolle Sache – was für ein Unsinn!!!

*Samstag,* 23. *August* 1947. Geschrieben Sonntag Morgen. – Außer dem Tode ist das sicher die letzte große Sensation die mir das Leben bietet – (die Departure) ob schön oder häßlich – egal – darum will ich sie genießen. – Großartig vorbereitet durch die 10 Jahre eingesperrt sein und mit der ersten leichten Lockerung von Nice. – Gewiß, vielleicht werde ich noch andere Länder sehen – (! Mexico !) aber d i e s e Abfahrt werde ich nur einmal in meinem Leben haben – gehe ich dabei kaputt – auch recht – Vieles ist getan – ich kann noch mehr – wenn es sein muß – aber diese große Unterbrechung meines Lebens war in jeder Beziehung notwendig. – Sonst nur bei Cook (Absage für Passage Belgien) leider. Bei unserem miesen Reisebureau muß ich mit drei Anderen eine Kabine – (oh Gott) teilen, aber trotzdem.

Abends Jünger, Friede, Mann gelesen. – Schrieb an Peter.

*Sonntag,* 24. *August* 1947. Komischer Tag mit Packereien – Sonntagsgeschrei und Amerika-Meditationen unausgefüllt. Immer noch dieser ewig blaue Himmel mit der schrecklichen Wärme. Eine Katastrophe für ganz Europa, sagte Wiegers der mit seiner Frau heute Nachmittag Abschiedsbesuch machte . . .

Q. bei Post – letzter Sonntag – überhaupt!?!!

Letzter Sonntag in Holland!!

*Montag, 25. August 1947.* Im Auto nach dem Haag wo man sich ärgerte. Dann Scheveningen wunderbar gebadet hohe Wellen und warme klare See, ganz prima. Im Auto zurück, heiß und Gewitter, im Kurhaus geluncht, noch letzte Tragikomödie wegen der Billets und New York. Aber nun haben wir sie!!

Dann kam Swarzy um Abschied zu feiern und nahm noch die letzten Aquarelle mit – immer leerer wird's im Städtchen. Abends noch mit ihm im Chinesischen Rest. und Kaperschiff.

That's all.

*Dienstag, 26. August 1947.*

> Langsam nähert sich das Ende
> und ich wasche meine Hände
> tief in Unschuld und dergleichen
> und ich werde nicht erbleichen
> wenn das Ende naht.
> Spät nach Hause und zwei Flaschen
> in Villa d'Este, immer noch das Beste
> und die beste Frederic Lançon
> ein guter Name und Herr X.
> geht perdu. Namenlos sieht man
> ihn nie, und Hedda, Peters, Lütjens, Sachs
> machen einen großen – oh oh Max –!

*Mittwoch, 27. August 1947.* Die Zeichen mehren sich, daß die Abfahrt naht. Heilbrunn war zuerst heute morgen da, (Laqueur-Portrait etc.) man schwatzte. Dann Frau Sachs englische Stunde – ho, ho – mußte wieder meinen Vortrag lesen (englische Ansprache für die Students in St. Louis) – na. Nachmittag Besuch von Giselle Tränen-Abschied und abends Frommel und Schüler und Giselle die ihre Amerikaner verfehlt hatte, nochmals Tränchen etc. – Armer Butshy – na ja, und trotzdem muß es sein (unsere Abfahrt und sein Zurückbleiben). –

*Donnerstag, 28. August 1947.* Letzter Tag in Amsterdam! – ... Mit Lütjens, der einen Zahn verlor, und später Hans Swarzenski der plötzlich wieder aus Brüssel auftauchte. Dem letzten Glas Sekt bin ich nicht entgangen, unendlichem Packen im Atelier auch nicht. – Nun herrscht Stille – des Todes – des Untergangs und der Verwüstung? Qui en sabe. Viel hoffe ich nicht mehr ...

*Freitag, 29. August 1947.* An Bord von »Westerdam«. Mit Auto und kleiner Bagage und Halten im Haag (Kaffee trinken) und kleinem Lunch in Rotterdam zum »Westerdam« Boot. Entsetzliche Paß- und Zollgeschichten bis wir schließlich die Landungsbrücke besteigen konnten. Der erste historische Moment. Vorher erschien noch Heilbrunn zum Abschied von dem nachher auch noch eine große Blume für Quappi an Bord erschien. – An Bord Besichtigung der 4 Männer- und 4 Frauen-Kabinen mit recht zweifelhaften Gefühlen. Schließlich um 9 Uhr Abends ging's los in die dunkle Nacht mit vielen Lichtern – langsam fing Europa an zu versinken – Wetter wunderbar.

*Samstag, 30. August 1947.* Langsame Eingewöhnung bei schönem Wetter. Vorbei an der englischen Küste und langsame Fühlungnahme mit Schiff und Passagieren. Thomas Mann taucht auch auf. Die Nacht mit vier Männern war mäßig aber möglich, weil alle recht discret und sauber waren. Sonst lungert man so herum.

Abends war Tanz und wir saßen mit Th. Mann und Frau.

Immerhin die Zeit vergeht. – Letzte Shelly-Inseln.

*Sonntag, 31. August 1947.* (12 Uhr morgens.) Weiter schönes Wetter. Leider fängt Quappi an etwas – na, noch nicht richtig, seekrank zu werden. – Weiter sehen. – Ja, inzwischen ist Quappi doch einigermaßen seekrank geworden und ich saß allein for Dinner. Später waren wir noch zusammen und es ging ihr ganz gut. Die Nacht war ziemlich bewegt und unruhig . . .


SEPTEMBER

*Montag, 1. September 1947.* Q. offiziell seekrank, bleibt im Bett. – Mir geht es überraschend gut und das stärkste auf und ab tut mir gar nichts, bis jetzt. Herrlich, endlich die See, wild große Wellen und endlose Schaumkronen. Viele Gesichter fangen an zu erbleichen. – Frau Th. Mann bei Q. Krankenbesuch. – Mir ist alles einerlei – Leben oder Tod – immer aussichtslos solange wir nichts Endgültiges wissen.

*Dienstag, 2. September 1947.* Rauhe See, fast Sturm. Q. bleibt im Bett, auch ich kämpfe etwas mit »Zeeziekte«, viel Cognac's, 5 bis zum Lunch. Nachmittag ging der Sturm weiter, haushoch stand die wilde See. Immerhin – kann noch schlimmer werden. Lunch gut gefressen und des Nachmittags und Abends dieselbe Leier. Durch Alkohol einigermaßen geschützt besah ich mir die maßlose Welt. – Abends war Pferdchenspiel, lustig englisch und draußen grollten die Seeriesen – – »sollen wir ihn nun endlich umbringen diesen frechen Hund – oder noch ein bißchen laufen lassen?«

Unterhielt mich zwischendurch häufig mit Th. Mann und Frau.

*Mittwoch, 3. September 1947.* Herrliches Wetter, aber noch sehr bewegte See. Ging spazieren in Sturm und Sonne – schön –. Plötzlich tauchte Q. auf – na ja abwarten, ob es ihr schon wieder bekommt? – Es war noch nichts, sie mußte bald wieder hinunter in die Kabine. – Th. Mann zeigt mir Holzschnitte von Masereel zu denen er ein Préface schreibt. Ganz schön für 14jährige – und wegen der Lebenslüge – oh Gott. – Sonst doch noch Sturm und viel Alkohol. Nicht angenehm. Der Nachmittag lepperte sich so hin mit Besuchen bei Q. und den anderen kranken Frauen in ihrer Kabine. Abends war Kino mit Dickens, den ich mir aber nicht ansah. Früh ins Bett, müde und melancholisch.

*Donnerstag, 4. September 1947.* Endlich wieder ruhiges Wetter – der böse Riese nimmt Wannsee-Allüren an. Q. ist nun endlich wieder richtig wohl. – Übergab Th. Mann die gewünschten alten Holzschnitte, Radierungen zur Kenntnisnahme . . . Führte Q. etwas auf Deck spazieren und zog mich müde in meine Kabine zurück, wo ich angenehm allein eine Stunde der Ruhe pflegte und noch eben bin. Bald wird zum Lunch gerufen (mit Musik) – und die Ungeduld auf endliche Landung kann sich weiter austoben. – Ich erwarte nur noch sehr wenig vom Leben – und wenn ich ersaufen soll noch vor der Landung ist mir auch recht. – Wir befinden uns zur Zeit nicht allzu weit von Neufundland. Könnte ich doch die Jahrmillionen zurückdrehen als hier noch ewiger Frühling war – aber – mußten die Menschen damals nicht auch sterben?

*Freitag, 5. September 1947.* Stimmung beträchtlich erhöht. Weiter schönes Wetter und cirka 600 km hinter uns. – Morgens Th. Mann noch etwas aufgeklärt wegen Graphik und auf dem Schiff herum getummelt, nun scheint's doch so als ob man ankommen würde. Q. hat schon Telegramme (Schiff) an Valentin und ihre Schwester losgelassen. Abschiedsstimmung beginnt. Q. sollte mit Th. Mann Musik und Dicht-

kunst vereinigen, wurde aber abgelehnt, möglich daß Frau Th. Mann
das übel nimmt – habe aber keine Lust hier vor Textil und Wolle
selbst durch Q. zu glänzen. – Na egal. Zeit vergeht und wir sollen
wirklich Montag ankommen. – Jetzt geht wieder das Rotieren ums
Decklabyrinth an – heut Abend Claudette Colbert Film.

*Samstag, 6. September 1947.* Habe gerade noch ein paar Minuten bis
zum Dinner. Um neun Uhr Abend sollen wir Anker werfen vor Long
Island. Na ja, dann also. Entsetzlich heiß und in New York soll's noch
heißer sein. – Ein bißchen Verfolgungswahnsinn macht, daß ich mir
einbilde noch im letzten Moment nicht reingelassen zu werden – Ha –
Ha – Ha –, der Tag verging in sinnlosem Sonnenglanz und schlechtem
englisch sprechen. Q. ist furchtbar gespannt – ich gar nicht – mir
graut vor den Zollpflichten und außerdem, mein Gott – was ist das
schon, ein paar große Steinhaufen – eben kommt Te – – – Telegramm
von Valentin – wird am Pier sein. Quappi brachte es. – Und neue
Hutfrage – der Teufel hol alles –

*Sonntag, 7. September 1947 und*
*Montag, 8. September 1947. New York.* Ankunft bei Morgengrauen,
verhängte Riesen standen schläfrig im feuchten Nebel auf Manhatten
– und ich vor der Badestube, auf einen langweiligen Holländer war-
tend und fluchend, während draußen die vernebelte Freiheits-Statue
vorüber glitt. Scheußlicher Moment der Nerven – bei Paßkontrolle im
überheißen Lunchroom. Schließlich wackelten wir die Landungstreppe
in das scheußliche Holland-Amerika-Piergebäude und niemand war da
in den endlosen Hallen. Schwitzend heiß und leer und plötzlich Valentin mit Halloh und Rosen, später auch Drewes, der zukünftige Kollege.
Valentin erledigte großartig die schrecklichen Zollsachen. Da kam auch
Doris mit Geschrei. Nun war man vollzählig und D., Valentin und ich
im Car voraus. Die Weiber im Doriswagen. Alle im Gladstone Hotel.
Heiß heiß heiß – ungeheures Schwitzen. Lunch mit Doris im Gladstone,
die besser aussah. – Etwas gerührt und erschöpft wankte man 32 East
– 57 Street, Valentin und drei hübsche Sekretärinnen – »Begin the
Beguin« – V. und Picasso. Mit männlichem Mut Schwäche überwunden. – Ja richtig, zum Lunch war auch noch Mia Swarzenski erschienen, die auch jetzt mit überall war. Dann nach Haus (Hotel) – Weh
(rote Pille). – Drewes mit zwei Ginfiz aufgewärmt. – Dann Abends

bei Valentin mit (oh Überraschung –) Mies van der Rohe mit blonder
Bildhauerin und drei Modern Art Museumleuten, darunter die schwarz-
gelockte Sabersky.
Nun also, man wurde als neues Tier im Zoo neugierig und auch herzlich betrachtet und ich sprach verzweifelt englisch was ganz unmöglich
war und doch ging es etwas. Jo ho, – naja. Ich bin weiter skeptisch.
Nach einigen Coctails dann zu Chateaubriand mit Lobster (gebraten)
und Welcomegesprächen von Valentin. Mit der blonden Amerikanerin
rechts und roter Bluse links gekokettiert, geschwätzt und ernsthaft getan. Inzwischen holte Valentin vom Gladstone den Timereporter und
(draußen in der Halle) entpuppte er sich als der »feurig Höllen- und
kalter Himmelsmann« zu meiner großen Freude. (Erster Aufsatz im
Time-Magazin »look for a Ego« – und »Regenbogen in der Tasche«).
Na, Donnerstag Abend soll er mir New York zeigen und war wirklich ein Mensch scheinbar (trotz Reporter). Dann wurde der Abend zu
Ende getrunken und im heißen Bett bei ungeheurem Stadtlärm und
Brandgeschrei schlief ich schlecht bis heute morgen.
*Donnerstag, 9. September 1947.* (New York.) – Sehr müder Morgen,
aber drei schwarze Gorillas im Centralpark (Zoo) weckten neuen
Enthusiasmus. Die Erektionen der Gigantenhäuser schauten über die
Bäume und wir kamen fast zu spät zum Valentinlunch, der sich etwas
muffig zeigte bei den First Paperideen, Q. meinte aber, es wär nicht
so schlimm, möglich. – Dann geschlafen. Treffpunkt mit Q. im Waldorf Astoria wo sie ziemlich zerstört aber rechtzeitig ankam. Wir tranken Ginfiz zusammen und sie tröstete mich etwas in meiner Melancholie... Joep N. war nicht zu erreichen und Valentin kommt um
7 Uhr. Übrigens erschien nach dem Lunch noch Frau Levy, recht nett.
– Außerdem haben wir drei neue Kopfkissen bekommen, weiße Kopfkissen von einer schwarzen Negerin in – blau – Ja, New York ist
wirklich großartig, nur stinkt es eben nach verbranntem Fett, wie die
Braten des erschlagenen Feindes bei den Wilden. Aber trotzdem – doll,
doll, doll – Babylon ist ein Kindergarten dagegen und der Babyloni-
sche Turm wird hier zur Massenerektion eines ungeheuerlichen (sinn-
losen?) Willens. Also mir sympathisch.
Abends dann mit E. Fischer, Valentin, einer Französisch-Amerikanerin
bei Gino (Spaghetti) sehr gut. Im Italienerviertel Kaffee-Espresso, mit

D-Zug Geschwindigkeit im Auto durch New York hin und zurück, in Avantgarde Niggersongs, very good.

Im Italienerviertel fiel Valentin vom Stuhl auf sein Steißbein und es war großes Drama. Dorothy M. tröstete ihn. – Gut geschlafen.

*Mittwoch, 10. September 1947.* Auf dem Holländischen Consulat wo Q. gut arbeitete, vorher im wunderbaren Centralpark in dampfender Sonne, sehr heiß. Später mit Jane zum Lunch sehr nett und dann Besichtigung von Tryptic im Modern Art Museum wo Tryptic mich selbst tief bewegte und sonst einiges Peinliches und einen herrlichen Rousseau (Löwe und Beduine) – auch Cézanne. Zu Fuß in der Hitze und etwas ärgerlich weil Q. einige Faux-Pas gemacht hatte – aber schließlich egal. – Nachher kommt Berger. – Alles in Allem scheint's aber ganz gut zu gehen. Bin so froh daß die Paßgeschichte scheint's gut geht.

Berger war blaß und melancholisch, was bei seiner stürmischen wenn auch sympathischen Constitution nicht zu verwundern ist. – Q. und ich aßen dann in einem »billigen« französischen Lokal allein zu Nacht, dann aber war es teurer wie alles vorher ... Es ist unendlich heiß und so furchtbar viel Menschen laufen herum, daß man sich vollkommen überflüssig vorkommt. – Na, ich bin neugierig ob ich diesen wüsten Traum aushalten werde.

Wenn es nur nicht so heiß wäre und die Menschen etwas zartere Nerven hätten. – Aber im Centralpark heut morgen war es schön.

*Donnerstag, 11. September 1947.* Toller Tag ... Morgens Besuch beim kranken Valentin, danach Lunch mit Mr. S., einem amerikanischen Maler mit Frau, Jane und Quappi, mit grauslichen Krabben und Boccardi. Dann Abschied von Q. die auf's Land fuhr, und dann das große Interview von dem Time-Magazine. Mr. E. erschien mit Frau, nachher noch mit Jane im Plaza und E. und Frau diniert, wirklich pompöse Sache dort mit einem recht guten Komiker. Zum Schluß noch in einem Club mit Jazz-Musik sehr gut, nur langsam wurde das Interview immer bohrender und ich immer müder. Schwitzte mein ganzes Hemd durch und kam ziemlich erledigt im Hotel an und mußte noch ein Sandwich außerhalb des Hotels essen.

Morgen soll ich photographiert werden. – Trotzdem sehe ich ziemlich dunkel in die Zukunft.

*Freitag, 12. September 1947.* Auch dieser lächerliche Tag der Publicity ist vorüber. Morgens kam zuerst Madame G. um E. von gestern zu controllieren, dann kam nach verschiedenen Telephons ein Neger, um mich im Modern Art Museum von vorn und von hinten vor der »Departure« zu photographieren unter Assistenz von Jane. Scheußlich Alles, und doch notwendig wie alles im Leben. – Mit Jane geluncht. – Man versucht Besonderheiten zu constatieren. Im Grunde sind's aber keine und die andern tun so als wären sie nichts. Die alte Sache. – Allein im Plaza Kaffee und Abends mit Joep N. im Auto bis Harlem und George Washingtonbridge. Sehr gewaltig . . . Abends noch Anruf von Quappi aus Setauket . . .

*Samstag, 13. September 1947.* . . . Im Auto zum Zoo (Bronx) der aber wie ich traurig bemerkte, beinah in einem anderen Land lag. Also umdrehen. Landete im Centralpark beim Metropolitan Museum, wo ein Portrait von G. St. v. P. mich mit Entsetzen erfüllte. Wieder hinaus, erwischte in Weißglut-Hitze einen Bus bis Plaza wo ich dann Valentin traf, trotzdem er sich von seiner Krankheit noch nicht ganz erholt hatte. Abends dann mit Jane bei unglaublicher Hitze japanisch gegessen, was aber kein so großer Unterschied zum Chinesischen ausmacht. Nachher sah ich noch Astor und Broadway bei Nacht mit vielen Lichtern. Jane war sehr reizend. – T'ja, so ist die Sache . . .

*Sonntag, 14. September 1947. Setauket.* Von Doris im Auto abgeholt und in blödsinnigem Tempo nach Setauket transportiert, wo mich wieder mal das Meer und ein Schwager Tom und Quappi erwartete. Noch ein netter Hund. Unnötiges Mittagessen mit K.'s . . . Beinah im Meer gebadet. Abends in demselben 150 km Tempo zu Joep N. der ein verzaubertes unwirkliches Dasein auf der anderen Seite von Long Island führt. Sehr gut gegessen, ganz hübsche Frau, und Sohn von Huxley . . .

*Montag, 15. September 1947.* Doch wegen frischer Luft noch da geblieben . . . Gegen Abend Gott sei Dank Gewitter und Abkühlung. Spanischer Gulasch, schlechte Bilder und Lobstercoctail.

*Dienstag, 16. September 1947. New York.* Mit der Vorortbahn von Setauket zurück, ziemlich trostlos dieses Long Island. Schnell geluncht und um 6 Uhr mit Valentin im Plaza Kaffee getrunken, schon im Smoking. Dann mit ihm in seine Wohnung, wo er sich ebenfalls in Dreß warf und Mozart dazu spielen ließ. Außerdem bekam ich ein Guernica-Picasso-Buch geschenkt. Nachher noch Quappi geholt und zu Dorothy M. wo mit Gewieher ein (Kunsthändler?) und Ed. Fischer bei entsetzlichen Coctails uns erwarteten. Dann hop hop zum Modern Art Museum, Mies van der Rohe Show. (Eröffnung.) Entsetzlich heiß und von einer Hand in die andere, von Mrs. Rockefeller bis Alfred Barr und unzähligen Direktoren – kurz große Vanity Fair. Später noch in St. Regis-Bar wo Valentin, so gut wie mir, etwas schlecht wurde. Kaputt nach Hause Hotel Gladstone – na ja erledigt – Gott sei Dank.

*Mittwoch, 17. September 1947. St. Louis.* (Abfahrt New York nach St. Louis.) – Braver Valentin brachte uns bis zur Centralstation – endloses Handgepäck und herrliche Alone-Kabine im »Marmorcascade-« Zug. Prachtvolle Ausfahrt unter New York, dann dem Hudson entlang über Indianapolis, lange Nacht – immer tiefer in Amerika. Unendlich langsame Einfahrt am Mississippi in St. Louis. Herzlicher Empfang von Rathbone. Chase-Hotel, – Lunch im Park-Hotel. Ausruhen. – Abends Rathbone's reizend.

*Donnerstag, 18. September 1947.* St. Louis. Endlich ein Park. Endlich Bäume, endlich Boden unter den Füßen. Ein herrlicher Traum im Park des Morgens in St. Louis.

Mittag Dean Hudson mit Frau. Geluncht zusammen, nette Leute. – Grillengezirp durch das Weltall. Heiß. Nachher University ansehen mit Hudson.

Es ist möglich, daß es hier noch einmal möglich sein wird zu leben.

*Freitag, 19. September 1947.* Im Grunde ist nichts passiert. Ich betrachte die ganze Sache als ein »Gewaltsanatorium« um auf meine Art auszuruhen ... Hier noch immer wahnsinnig heiß, sodaß man nicht aus dem Haus kann ...

Nachher zu Perry's – ho ho –

*Samstag, 20. September 1947.* Die Hitze ist Gott sei Dank vorüber. Viel Regen, gestern Abend und Nachmittag noch ziemlich endlose Party und Abendessen bei Perry's. 2 Architekten, 1 Pulitzer, eine Frau mit schattenhaftem Mann, Martha L. (hatte Schafe verloren). Na mühsam – vielleicht ganz nett. – Werde wahrscheinlich doch noch hier im Hotel wohnen bleiben – und endlos dehnt sich die Wanderung, wohin und wozu – weiß ich nicht.

*Sonntag, 21. September 1947.* ... Am Sonnabend gestern war die
Hitze noch so stark, daß es fast unmöglich war zu leben, sodaß Pulitzer sagte »ich hoffe Sie wieder zu sehen, wenn es etwas kühler
ist«.

*Montag, 22. September 1947.* Morgens heldenhaft zu Fuß durch Park
zum Museum, aber wirklich wundervoll durch fast eisfrischen Park
mit schönen Bäumen. Perry erwartete uns im Souterrain wo sein Office ist, dann kam die Sängerin Kay und Rettles, Lunch im Keller gut,
dann endloses Museum mit drei Beckmann's – Wiedersehen mit »Ze-
retelli« sehr rührend – aber wirklich schön. Die beiden Anderen – –?
Nicht so zufrieden. Aber herrlich gehängt. Endlich konnte man wieder
abfahren – mit Taxi und einem schweigenden Herrn. Zu Haus etwas
geschlafen, ja was war dann noch? T'ja richtig, sehr unangenehmes
Interview mit russischer »Schwiegermutter« aus Schwabing. Dann voll
Wut und Kopfeisen nach Downtown, wo wir den eiskalten Wind und
den Mississippi begrüßten und nachher guten gebackenen Schinken
mit Rosinen aßen.

Jenseits der Brücke – vielleicht?!? – Im teuren Taxi nach Hause.

*Dienstag, 23. September 1947.* (Chase Hotel.) – First Day of school!!
Voller Grausen mit Quappi hingefahren im Taxi und recht angenehme Enttäuschung! Ein wirklich hübsches Bild, von teils sehr
hübschen Mädchen und Jungens. Die »Erstaufführung« interpretiert
von Ken Hudson, Dean of School. (»Honor we have Mr. Beckmann«)
– recht nett – auch die Bilder möglich und wie gesagt ganz amüsant –
vielleicht sogar schön. – Selbst das Atelier gefiel mir besser und
Mr. W. Barker »Jungleiter« – Monitor – recht sympathisch, nervös.
Quappi hat gut vorgelesen und der Vortrag wurde gewünscht zum
Weiterdruck.

Im Übrigen bin und bleibe ich der ewige alte Esel, der aber nicht die
Absicht hat, sich aus dem Concept bringen zu lassen. – Dean zeigte
uns dann noch Amtswohnung die auch gar nicht so schlecht war und
fuhr uns noch im Auto ins Chase, wo er Drinks erhielt.

Nachmittags erfolgte noch ein Coctailbesuch von Janson und Drewes.
– Vorher noch das lächerliche Interview gelesen – oh no – sah mich
alt und traurig im Sunday-Dispatch – na ja. – Abends im Jefferson zu
Abend gegessen. Nicht erfreulich und sehr müde, aber sehr guter

Lobster und eine erkältete Quappi – Wetter sehr angenehm – Gute Nacht.

*Mittwoch, 24. September 1947.* Parkspaziergang weit und schön – traf mich mit Q. am Springbrunnen . . .

*Donnerstag, 25. September 1947.* Zweiter Schultag etwas weniger sensationell aber immer noch nett. Fürchte nur die »Gewohnheit« die kommen wird. Brief von Valentin mit Verzeichnis der Zeichnungen für Chikago. – Nachmittag Autofahrt mit Barker und Brandt nebst Weib, nach East St. Louis, zurück über herrliche Mississippi Brücken. – Time-Artikel bleibt aus. Scheint alles umsonst gewesen. – Abends eine Flasche Rotwein im Chase, ha, ha, ha.

*Freitag, 26. September 1947.* Den schon üblichen Parkspaziergang und Springbrunnen. Den Nachmittag verbummelt weil Läden schon um 5 Uhr schließen. – (French-Club Jüdische Frauen für Montag ½11 bis ½12.) Erste Zeichnung gemacht, »Begrüßung«, dann in Forestpark Bar zu Abend gegessen, Rippchen und Lobster und Quappi hatte ein hübsches Kleid an. – Immerhin früh ins Bett.

*Samstag, 27. September 1947.* In frischer Morgenstunde 8 Uhr morgens sieht manches wieder ein bißchen besser aus. Wie Alles ja so lächerlich relativ ist und nichts absolut. Die Frühmorgen sind hier vom hohen Hotelzimmer aus gesehen von unbeschreiblicher Schönheit über den endlosen Park in dessen weitesten Hintergrund ein paar verwaiste Hochhäuser wie ferne phantastische Riesenschlösser aus braunroten Frühnebel auftauchen. – Dann denkt man, es müßte vielleicht doch aus dieser lächerlichen und unmöglichen Situation noch einiges Lustige heraus zu holen sein – Quappi schlief noch als ich leise in das große Zimmer mit der weiten Aussicht in der Morgensonne trat. – Nun man muß – wie immer abwarten. – Abends noch bei Perry's mit Toledomann und Bill Bernoudi. Viel schlechtes Englisch geredet und viel bewundert – o la – la – Perry fuhr uns im Auto nach Haus, (eiskalt). – Zweite Zeichnung gemacht »the Elevator«.

*Sonntag, 28. September 1947.* Immer noch ist die Frühaussicht vom Chase-Hotel ganz herrlich und lohnt allein das Vergnügen. – Morgens schöner Spaziergang Park mit Quappi . . .

*Montag, 29. September 1947.* Großer Interviewtag Jewish Womensclub. Komische ganz elegante Damen, nicht übel. Vorher »French-

*Max Beckmann in seinem Amsterdamer Atelier 1938*

*Max Beckmann in seinem Amsterdamer Atelier 1938*

*Das Haus am Rokin 85 in Amsterdam, nach 1950. Wohnung Beckmanns im 1. Stock, Atelier im Dachgeschoß*

*Max Beckmann und Quappi Beckmann mit dem Pekinesen Butshy in der Amsterdamer Wohnung*

*New York 69<sup>th</sup> Street West, 1969. Wohnung und Atelier Beckmanns im Hochparterre des hellen Hauses*

*Max Beckmann im Central Park in New York 1950*

*Max Beckmann beim Unterricht, New York 1950*

*Tagebuchseite 24. September 1950*

school« mit literarischen Lebejünglingen – oh mein Gott – was man alles
sieht, – Nachmittag school, malte verschiedenes in Bilder (W. Brandt
etc.) sah die Beauty etc. – ziemlich erschöpft über all den Unsinn –
nett immer Barker. – Etwas viel alles. – Ja richtig, Time sagte ab. –
That's all.
*Dienstag, 30. September 1947*. Morgens im kalten Park in heißer
Sonne, wie immer schön. Versuch zu ruhigem Tag, aber nicht geglückt
durch Studenteninterview, – komisch, dann durch Literaturgespräche
»Schau rückwärts Engel« Th. Wolfe – ganz nett. Später Ted Fitz-
water der Gläser zum Home schenkte. – Außerdem – Brustweh –
etwas zu viel, aber was soll man tun. Viel Gerede und nette Menschen.
– Vormittag 3 Stunden Zeichnung »Neger und Barmädchen« gemacht.
Ganz nett. – Jetzt gehen wir essen im Forestpark-Hotel. – Es wird
kalt.

### OKTOBER

*Mittwoch, 1. Oktober 1947*. Große Wohnungsbesichtigung am Millbrook – recht hübsch, das muß man sagen. – Zu Fuß hin und zurück
vom Lindelplein. Viel »Wald« und erfreuliche junge Campus und Wald-
stimmung trotz großer Stadt. Geluncht noch an der Store Ecke dann
im Mayfair-Hotel, wo's etwas enttäuschend war. – Nachmittag zu
Hause. Diniert im Chase, wo Q. einen falschen Hut auf hatte. – Früh
ins Bett.
*Donnerstag, 2. Oktober 1947*. Früh Korrektur mit vielen kleinen
Menschen, ganz nett und nicht störend, manches sehr hübsch. Zu Fuß
Kings Highway, in einer Kneipe geluncht, anstrengend weil wieder
Hitze. Abends Perry und Rettles im Plaza.
*Freitag, 3. Oktober 1947*. Q. machte mit Frau Dean und später mit
Ted F. Einkäufe für Atelier und Wohnung. – Ich vorher noch mit
Rettles in Kunstausstellung, hübsche Fischplastiken. Dann mit Rettles
und Kind im Zoo, sehr schöne Schimpansendressuren. – Sonst ruhiger
Freitag und früh ins Bett.
*Samstag, 4. Oktober 1947*. Fühlte mich früh morgens ziemlich mäßig,
müdes Herz und so ... Im Omnibus zur Schule, wo Barker ziemlich
der Erste und Einzige war. – Allerlei Ateliervorbereitungen. Barker
hatte mir meine Rahmen aufgespannt, auch »der Stuhl« war da. – Mor-

gens durch ein Gewitter geweckt, wurde es nachher doch wieder sonnig
und heiß. – Im Oktober? – Mit der Elektrischen zur Wohnung, wo
noch nichts los war, aber Drewes Wohnung inspiziert der in einem
Seitenflügel haust.

Auf der Rückfahrt überfiel mich die zweite Pille (Weh-).

Ich schwitzte am Kingshighway ächzend fluchend in heißer Sonne –
na Plaza rettete mich. – Im Foyer erschien traumhaft elegant Miß
Knight und ich mußte meinen armen Corpus zu eleganter Verbeugung
zwingen mit »I hope to see you soon – etc.«. – Quappi fand ich dann
im Hotel vor. – Netter Brief aus Berlin. Und sonst – weiter träumen.

*Sonntag, 5. Oktober 1947.* Im Zeichen von Valentin. Natürlich auch
im Alkohol. (Schreibe Montag früh mit üblem Kater.) Der Abend war
schweißtreibend – stundenlang stehend mit Pulitzer englische Kunstgespräche, von denen ich fast nichts verstand, 15–20 Personen, alle
gierig auf mich. Rettles sah reizend aus im gestreiften langen Rock
und weißer Bluse. Mr. Davis in roter Weste, der Geburtstags-Valentin
dazwischen und noch viele andere. Schließlich wurden wir vom jungen
Fischbildhauer nach Haus gefahren.

Des Morgens machte ich noch 2 Zeichnungen. »Trompeterfrau« und
Skizze zum »Vampyr«. – Heiß – oh Gott!

*Montag, 6. Oktober 1947.* Kater – oh weh und heiß, gehe in den Park.
(Später.) Und der Abend kam mit der großen Vanityfair – »Falsche
Träume der Nacht« – trotzdem, es war ganz komisch – auch das
mußte mal sein. Perry und unzählige Menschen empfingen mich in
riesigen Hallen. Der Reporter knipste und Herr Beckmann grinste –
o lala. – Von den vielen Gesichtern, die mir vorgestellt wurden, blieb
eine amüsante Closetdeckelfabrikantenfamilie, ein ziemlich heftig ent-
blößter Busen und viel Collectivanbetung – als »alter Meister« ver-
ehrt (Meisterwerke des Museums). Valentin, Drewes, Janson umzin-
gelten mich gelegentlich. Ein Goya, ein Daumier und ein Delacroix
drückten mir ihre Teilnahme aus. – Die ganze Geschichte eine monu-
mentalisierte Caprice meiner Situation in Germany before the Nazi's.

Q. richtete Wohnung ein, Betten noch nicht gekommen. Heiß – noch
immer heiß – wo soll das hin –

*Dienstag, 7. Oktober 1947.* Letzter Tag im Chase Hotel.

Q. räumt Wohnung ein. Valentin wieder abgereist nach New York. –

Ich machte »Dämonen« Zeichnung im Hotel. Letzter Tag im Chase –
schade. Jetzt wird's mies. Abends noch still im Hotel. Letzter Tag der
Reise –

*Mittwoch, 8. Oktober 1947.* Wohnungseinzug mit allen unerfreulichen
Tatsachen. – Mittags noch italienisch gegessen, dann gegen Abend
kamen Perry's und erhielten Zeichnungen geschenkt. Abends bei Jansons. – Très déprimé zu Hause – tröstete mich mit Beckmann's.

*Donnerstag, 9. Oktober 1947.* Recht trübselige Stimmung. Wohnung
nicht so angenehm wie zuerst dachte. Kindergeschrei, das Bett rutschte
in the night (glatter Boden) zu heiß und zu kalt – alles noch unfertig . . . School öde. – Waren noch in der Delmarstadt um vielerlei ein-
zukaufen. Auch noch wenig Geld, – wozu das alles – und alt ist man
geworden – lächerliche Luftspiegelungen schon vorbei. Na, wie lange
es noch dauern wird – oh mein Gott.

*Freitag, 10. Oktober 1947.* Korrektur – dann drei Stunden angemalt,
trotzdem recht müde. Nach dem Essen, als ich gerade schlafen wollte,
erschien schon wieder ein Interview-Ehepaar, was sich dann als (sie
sehr hübsch) – begeisterte Anhänger von mir entpuppte. Na ja, mal
sehen. Sie kommt Sonntag um 11 Uhr und will Schülerin werden. –
Weiß nicht mehr den Namen – ha, ha –. Später ziemlich öde im
Chase, wo ich meinen schwarzen Hut als Paket aus New York wieder
erhielt. – Morgens war noch Rettles da und brachte einen Tisch und
fuhr uns in die Schule. – Sonst, abgesehen von Müdigkeit, wieder
besserer Laune. Bin hier scheinbar wirklich berühmt, ho, ho.

*Samstag, 11. Oktober 1947.* Heftig »Opfermahl« aquarelliert, bis
halb drei. Mit der Tram zurück. – Nach dem Essen erschien Bill zu
einer Rundfahrt nach den Hügeln und zu seinem Office. Wirklich
fabelhaft schöne Umgebung hat dieses St. Louis, beinah wie Versailles.
Er fuhr uns noch nach Haus und wir fraßen Ravioli bei Jacovelli.

*Sonntag, 12. Oktober 1947.* Komischer Sonntag, sehr heiß und um elf
Uhr Besuch von Mrs. Rapps mit talentierten Zeichnungen und schlechter Malerei. Immer noch sehr hübsch. Prooftime for 4 weeks angesetzt
(Privatunterricht). Später allein in glühender Mittagshitze im Lewis
old Park – schön – mit komischen Visionen . . . Um halb sieben von
Bill mit Auto zu Rathbone's zum Essen. Englische Unterhaltungen,
auch über Kunst etc. – (Craftsmanship.)

*Montag, 13. Oktober 1947.* Friedlicher Tag, Korrektur, Selbstportrait mit Papagei, Rettles. – In Clayton 2 Whisky-sauer. Quappi war erstes mal allein in der Stadt (Downtown.) – Las Jean Paul Flegeljahre. – Friedlich.

*Dienstag, 14. Oktober 1947.* Allerhand langweiliges gemacht, z. B. Brille bestellt in Downtown, mit meinem Englisch eine dolle Sache. Im Omnibus-Wartesaal Kaffee getrunken in Knallhitze. Mit University Tram nach Haus ... Abends dann schlecht chinesisch gegessen in Downtown und »Shanghai« gesehen im »Foxtheater«. Mäßiger Film, aber großartiges kitschiges altes Varietégebäude. – Muß noch mal hin.

*Mittwoch, 15. Oktober 1947.* Sehr müde, trotzdem viel getan – entsetzliche Hitze noch immer (soll sogar in Holland sein). – Korrektur. Quappiportrait entworfen in grün und blau. Aquarell »beleuchtete Hotelzimmer« und »Menschenfresser mit Ochsen« gemacht ... Später im Dunkeln spazieren über die Spielplätze zum Northermorepark, Entdeckung. – Heute wieder Lärm. Man schleppt sich so hin, manchmal so müde und gelangweilt – und dann wieder ha – hallo. – Das Leben, ist es auch nichts wert und alles Lüge – so zirpen doch die Grillen und über ferne Brücken dringen die Geräusche des Abends und der falschen Freuden.

*Donnerstag, 16. Oktober 1947.* Besuch bei Mary Rapps und Gatten, wurden im Auto abgeholt und sahen kleines Bohèmegartenhaus mit 4–5 Katzen (siamesische). Sie hat ganz nettes Bild gemalt und auch sonst ganz sympathisch. – Sonst spazieren geloffen im Northermorepark etc. Nicht ganz so heiß ... Später Gespräche über Amerika – oder – Holland.

*Freitag, 17. Oktober 1947.* Don Quichote fuhr nach Kirkwood, dreiviertel Stunde in Rattertata (ganz alte Tram), oh mein Gott und wieder knall heiß. – Korrektur, malte Barker eine hübsche Negerin. – Nachher noch Stunden an »Quappi in grün« – und »Opfermahl« gearbeitet. Dann kam endlich das Gewitter und große Blitze standen über Downtown und dem fernen Mississippi – aber kein Regen. – Viel Post und wenig Wolle – still und müde zu Haus.

*Samstag, 18. Oktober 1947.* Heiß – mit Wally Barker und Frau und Warren Brandt in Shaw's Garden. Großer schön angelegter, aber etwas liebloser Botanischer Garten. Nachher noch 3 Whisky für alle

im Alpenbräu. Im Auto von Warren abgesetzt im Chase, wo die
schöne Kellnerin leider schlechte Zähne hatte.

Leerer aber ganz netter Tag. Morgens noch einen Moment im Lewis
Park – Pan schlief gerade.

*Montag, 20. Oktober 1947.* T'ja, up and down, Valentin Karte,
November 17. bis Dezember 6. Beckmann-Ausstellung! –
Rettles gezeichnet, recht gut glaube ich. – Nachmittag Mrs. Mary Kor-
rektur, schönes Gesicht, netter Kerl, nette Arbeit von ihr. – Q. noch
malade. – Abends Jean Paul. – Nun wirds doch ganz interessant.
November Dezember New York, Januar Chikago, Frühling St. Louis.

*Dienstag, 21. Oktober 1947.* In Downtown Pinsel gekauft für 20 Dollar. Im Ratskeller gut gegessen. Glühende Hitze noch immer. Abends
bei Perry's mit Makkaroni und chilenischem Boxbeutel – dann mit
ihnen ins Monte Carlo Ballet – oh weh – scheußlicher Kitsch mit
Rimsky-Korsakoff. Später Champagnerorgie mit Eis drin bei Poki.
Herrliche Hero's – viele Millionen – Bill – schwangere Frau – viele
Menschen – viel auf dem Fußboden sitzen – mit Bill im Auto nach Haus.

*Mittwoch, 22. Oktober 1947.* Morgens Gespräche mit dem Dean, new
Paper Paß Sachen, scheint alles ganz gut. Nette Korrektur, Miß N.
wieder in Gnaden. – Ich dann noch viel gearbeitet am Selbstportrait
und Rettles . . . Q. war bei neuer Musikfreundin.

*Donnerstag, 23. Oktober 1947.* Mit Q. in Clayton Bank-Conto angelegt. Heiß noch immer, aßen Frankfurters im Jacovelli und Q. lernte
Kirkwoodbahn kennen. – Nachmittag im Atelier, entwarf Stilleben
mit Kerzen und »Walküre«. – Komisch, daß ich immer in allen Städ-
ten die Löwen brüllen höre! . . .

*Freitag, 24. Oktober 1947.* Komisches Land und komische Leute,
vielleicht aber auch gar nicht, sondern genau so wie in allen anderen
Ländern, nur unter günstigeren Bedingungen. – Nach Morgenkrach
mit Q. wegen Dummheiten, im Auto mit Mr. und Mrs. Rapps zu den
Atlantiern – bemerkenswert die ganze Angelegenheit. Hügel von 6 bis
10 000 Jahren (!) – lyrisch schöne Hügel, und aufziehendes Gewitter
über St. Louis. – 8 Whisky's im Halbdunkel unter knatternden Riesen-
blitzen und stromartigen Regen . . . Über die Brücken des Mississippi
in dunkler Nacht und strahlenden Scheinwerfern von Blitz und Lam-
pen nach Haus . . .

*Samstag, 25. Oktober 1947.* Draußen im halben Regen begegnete ich vor der Tür Wally Barker, der schon wartete und mich im Regen nach dem Atelier fuhr. Dort verbrachte ich 3–4 Stunden bei Rettles Portrait, ermutigte beim Weggehen noch den kleinen »reine Sachlichkeit« (Schüler) . . .

*Sonntag, 26. Oktober 1947.* T'ja man war also in »Gone with the wind« recht nett, wenn auch nicht so gut wie das Buch. Mußte manchmal an M. denken. Nachher boshaftes Regenwetter und Jagd nach dem letzten Omnibus recht abenteuerlich am Delmar, aber schließlich in strömendem fast tropischem Regen erreichten wir das »Home«. – Morgens »Opfermahl« fertig gemacht und Selbstportrait mit grünem Papagei. (Letzteres noch nicht sicher) – und hin und zurück durch herbstlichen University Campus schön und melancholisch – auch die Arbeit ganz allein in der School. Man muß weiter, wenn auch sonst die Aussichten nach dem Rausch der Begrüßung ziemlich düster sind –

*Montag, 27. Oktober 1947.* Lectures in study. – Selbstportrait I St. Louis, fertig gemacht. Übermüdet. – Accident am Lindel – (Fuß geklemmt). Telephon bekommen.

*Dienstag, 28. Oktober 1947.* Den Student's Vortrag gehalten im Museum, von Wally abgeholt. Viele hübsch angezogen und teilweise schöne Gesichter. Hörten meine geistvollen Erklärungen. Q. behauptet man wäre begeistert gewesen. – Na ja. – Mit Wally und Warren nach Jacovelli, Chilly con corn gegessen. – Nachmittag im Jefferson wo ich einige annehmbare Stunden verbrachte – Träume des Unsinns und Träume der Ferne –

*Mittwoch, 29. Oktober 1947.* Ja richtig, Telephon mit Valentin New York wegen Portrait Detroit. – Was war dann noch? Ach ja, in Clayton 100 Dollar abgeholt und Landschaft angesehen. – 5 Uhr Party mit viel Whisky. Ted, Wally mit Weib, Janson mit Weib, Drewes mit Weib und Sohn. Ganz lustig, was man alles erlebt, ha ha, Herr Beckmann der eine Party gibt, ha, ha, ha, –

*Donnerstag, 30. Oktober 1947.* . . . Heute schwer und ziemlich schlecht an Rettles Portrait gearbeitet, morgens und abends trotz Whisky Kater. T'ja, das Wetter ist nun kühl aber immer noch angenehm. Viel Post, kranker Ugi – Nierendorf gestorben – Einladung nach Colorado.

1200 Dollar und Atelier für den Sommer. Wird wohl nichts werden wegen Holland.

Sonst ist's wie immer, erschöpft – übermüdet –

NOVEMBER

*Samstag, 1. November 1947.* Besuch und Auftragsbekanntschaft von N. aus Detroit. – Abends (vorher schöner Spaziergang auf Campus) Party bei Perry mit Newberry, Pulitzer's und vielen Menschen. Na und so.

*Sonntag, 2. November 1947.* Mr. Newberry aus Detroit, schweißtreibend gezeichnet. Q. und Perry als Unterhaltung dabei. – Alles recht anstrengend, da noch müde vom Rettles Portrait. Perry aus Kirche zurück, zerwarf Fensterscheibe mit Kiesel, da unten geschlossen war. – Später abgesetzt bei Jacovelli, der aber heute wegen Sonntag auch geschlossen war ...

*Montag, 3. November 1947.* ... Ein reifer Mensch (sagt Jean Paul) ist das unangenehmste Subjekt was man kennt und fängt überall an, mehr oder weniger faule Flecken zu bekommen. –

Rettles Portrait immerhin fertig und nicht schlecht. Photo's aus New York.

*Dienstag früh, 4. November 1947.* Großes Ratbeschlagen ob nach New York zur Beckmann-Ausstellung oder nicht (am 16. Nov.) ... Draußen regnet's und Quappi ist zu Stix Baer und Fuller um Schulden zu bezahlen. – Ich, eigentlich recht froh allein zu sein und vieles zu bedenken – Portrait Rettles hat mich doch ziemlich mitgenommen und oft – wie so oft – denke ich, eigentlich kann ich nicht mehr, wozu das Alles, hast Deine Aufgabe ja eigentlich ziemlich erledigt und könntest beruhigt abschrammen. Bald 64, ein unglaubliches Alter für die Vitalität meines Corpus, dem ich aber natürlich mißtraue. Man käme gern zu einem Entschluß irgendwelcher Art. Neuer Beruf? Kein Talent zu irgend etwas ... Und draußen regnet's. – Wie lächerlich das alles. – Ruhm? I had enough. – Mehr ist schon peinlich – also h i e r   b l e i b e n. Der Unsinn der B. V. L. ist immer noch das beste ...

*Mittwoch, 5. November 1947.* Schwere und unnötige Überarbeitung am Selbstportrait mit Vogel. – So ein Unsinn.

Abends mit Perry im American Theater, Operette, recht nett. Perry zum Schluß noch hier bei uns, Gingerale.

*Freitag, 7. November 1947.* Übergabe von Rettles Portrait an Perry. Große Begeisterung, Tränen beinah, na und so. – Aber noch sehr müde, alter Mann – künstlich aufgepulvert ...

*Sonntag, 9. November 1947.* Nochmals Selbstportrait mit Zigarette produziert, diesmal glaube ich gut. Nachmittag Besuch von Mary Rapps zum Tee mit Q., Kopf wirklich entzückend, (Irländerin) schwarz. – Alles in Allem recht amüsant und außerhalb. – Abends müde und früh ins Bett ... Böses Vorzeichen, der Tod Jewells für die Ausstellung –

*Montag, 10. November 1947.* In Clayton meinen Lieblingsspaziergang, wirklich sehr schön – lange gebummelt. Nachmittag verging in Vorbereitung für die große Abend Coctailparty bei uns. Ehepaar Pulitzer, der Dean und Frau, Conway mit Gattin, Zunia mit Gatten, Poki, Bill – Perry und Rettles und ha ha, M. der »Dichter« (unser Türnachbar der sehr besoffen). – Soll gut geredet haben, sagt Q. – viel Whisky, alle etwas angeduselt und ich großen Speach mit Pulitzer, Bill und Perry strahlten. Ha ha.

*Donnerstag, 13. November 1947.* Verkatert erwacht, trotzdem mit dem Dean auf's Office (City hall) wegen Paßverlängerung. Schöne Autotour dahin, ich noch mit gemischten Gefühlen in Erinnerung an frühere Zeiten. Ging aber alles ganz gut, nur langweilig. 1–2 Grad Kälte – na ja, eben schmorten wir noch wie Kalbsbraten.

Nachmittag dann von Rettles abgeholt. Q. brachte Geige ins Museum (zum Aufbewahren). – Ich in école ganz lustig, war in großer Form, mit weißer Pille intus (Pervitin), ebenso Wally, der seinen Schnupfen hinter sich hatte. Dort noch halbes »Interview« von 2 älteren Damen, von denen eine eine lustige Geschichte erzählte, von der Professorenfrau die eins mit der Pfanne auf den Kopf bekommen hatte von ihrem Professorenmann, gerade als alles unerwartet von Direktoren der Universität besichtigt werden sollte!

Dann noch lange an der »Frau Rothaar« gearbeitet und frierend nach Haus. Gebackenen Schinken, – jetzt gemütlich. – Morgen geht's nach New York.

*Freitag, 14. November 1947. New York.* Abfahrt nach New York um

4 Uhr. Morgens noch mit Wally auf dem Amtsgericht wegen Paßverlängerung. Nachmittag brachte er uns im strömenden Regen noch
zur Centralstation. Es ging los. (Nachträglich hörten wir daß es diesmal Pennsylvania Railrout war.) In die Nacht – über die Höhen von
Pittsburg – Johnstown später Philadelphia – Alles in bequemen Roomettes mit Neger-Schlafwagenbedienung. Schließlich langten wir am
nächsten Tag um ½ 5 Uhr nachmittag in New York an, um von
Jane richtig abgeholt, im Great Northern Hotel verstaut zu werden.
New York kalt und hoheitsvoll. Später mit Jane und Mr. K. im Spanish Local wo dann auch Valentin auftauchte der bis dahin an meiner
Ausstellung gearbeitet hatte. Mit einigen Whisky's im Bauch besuchten
wir dann noch das kino-artige Home von Mr. K. wo mir die verschiedenen Picasso's auf steinernen Wänden höhnisch entgegen grinsten.
Dort alles auf dem Boden und nichts im Gehirn. Unter ängstlichem Gebrüll nach Hause.

*Sonntag, 16. November 1947.* Um 11 Uhr in der Ausstellung die
Valentin schön gehängt hatte. Ich selbst war etwas erstaunt, sie
(meine Bilder) in so schönen »Kleidern« wieder zu sehen. – Na ja,
was man alles so mitmacht, z. B. die Coctailparty bei Valentin mit
schrecklich viel Gespenstern – J. B. Neumann le vieux, mit Weib, Barr
mit Weib, C. nett, blaß und schlau, aus Paris, Mrs. M. C., Fred Zim-
mermann (Beckmann), S. (Geiz und Geld), die »andere« Voguemaid
(auch schön), Frau Matta (hübsch), und noch eine Unzahl anderer
Leute. Zum Schluß erschien T. ha ha, – und Swarzenski's kamen aus
Prinztown.

Hinterher mit Jane, später Valentin in Frenshlokal schlecht gegessen
und von einem Maler nach Haus gefahren . . . Mittags sehr gute
Kalbsrouladen mit Valentin bei Gino.

*Montag, 17. November 1947.* Des Morgens mit Swarzenski im Völ-
kerkunde Nationalmuseum. Herrliche ganz frühe Mexikaner. – Geluncht mit Jane, Swarzenski, Valentin im Longchamps. Um dreiviertel
fünf zur Eröffnung, war doch ein ziemlicher Rummel und wem ich
alles die Hand geschüttelt habe, hab' ich vergessen. Moralisch jedenfalls großer Erfolg. Es tauchten auf Frau Meier-Graefe, Frau Glaser
No. 2, J. B. Neumann, Herr und Frau Eliot, Herr und Familie Zim-
mermann, sie reizendes Mädchen mit rotblonden Haaren. Mrs. M. C.,

etc. etc. – viel mehr noch. Dann Coctailparty bei Meric Callery mit 40 Picasso's und allen möglichen Menschen. Nachher mit Valentin, Meric Callery, Swarzenski's im Zebrahaus zu Abend gegessen. Mies v. d. Rohe rief an. – Dann müde nach Haus.

*Dienstag, 18. November 1947.* ... Mittag mit Valentin im Plaza, redete mir zu in Amerika zu bleiben. Auch sonst nett. Ausstellung scheint erfolgreich – na abwarten. – Q. aß mit Doris allein und ich bummelte durch New York von oben nach unten und kaufte am Columbusplatz Feigen ...

*Mittwoch, 19. November 1947. St. Louis.* Zum Pennsylvania-Bahnhof mit Valentin, der uns zur Bahn brachte in recht netter und rührender Weise. Die Bahnfahrt war zuerst schön und ich lernte einen neuen großen Fluß kennen am Abend auf dem Weg nach Pittsburg, mit vielen Felsen drin, recht großartig. In der Nacht sah ich Pittsburg auch an einem großen Fluß und der Pennsylvania-train wurde immer gemeiner mit Stoßen, Wackeln – sodaß oft Angstschweiß – Eisenbahnunglück etc., vorhanden. Einfach scheußlich. Trotzdem ging die Nacht dahin – und im Nebel tauchte St. Louis wieder auf. Bill war an der Bahn und transportierte uns wieder nach Millbrook 6916.

*Donnerstag, 20. November 1947. St. Louis.* – Natürlich gleich in die Schule gerannt die recht verschlafen war. Auch Wally der mir irgendwelche endlose Sachen über Schule und Kritik erzählte, die ich nicht verstand. – Dann natürlich gemalt bis Quappi mich erlöste. »Frau im weißen Hemd« – geluncht, eine halbe Stunde geschlafen, im Auto wieder in die Schule, etwas korrigiert und dann (mit weißer Pille Nytro) allerdings bis 8 Uhr am »weißen Hemd« gearbeitet ... Dann gab's Rinderbraten (mit Steinpilzen von Janson). – Nun hat Q. gerade gebadet und ich bin eigentlich recht froh wieder da zu sein. – Ja, ja –

*Freitag, 21. November 1947.* Schöne Träume der Vergangenheit ziehen kurz vorbei wie ein seltenes Parfum. Nun hebe ich den Kopf und denke – »weit weit vom Meer – ganz dicht beim Meer –« ... Herr Nagel aus Brooklyn, ein Herr aus Indianapolis und Perry verschönten heute mein Dasein ...

*Samstag, 22. November 1947.* Etwas stürmischer Tag, morgens Juryrummel, t'ja na ja photographiert. Wally first price, dann mit allen Lunch im Chase. Ich dann nach Haus. Abends mit Perry und Prinzes-

sin Biron im »Künstlerheim« große Ehrungen, mußte mich verbeugen
– oh Gott – dann auch Quappi, war beinah gerührt. – Noch bei
Perry's Whisky und nun endlich zu Haus. Morgen kann ich wieder
arbeiten.

*Sonntag, 23. November 1947.* Rothaarigen Akt mit weißem Hemd
zu Ende gebracht. War sehr anstrengend. Nur im Dunklen spazieren
gegangen ...

*Montag, 24. November 1947.* Perry im Atelier erwartet. Vorher große
Korrektur (gut). Perry war angetan vom Selbstportrait und Hemden-
dame. Er brachte »Baccarat« und »Badszene« und Rettlesportrait zur
Fingeroperation (vorher ein Finger zu viel). – Nachmittags im Jefferson mit zunehmender Ermüdung Reaktion. – Früh ins Bett. – Ja
richtig, morgens großartige Kritiken (Windmühle in Times abgebildet u. s. w.), aber – nichts verkauft.

*Dienstag, 25. November 1947.* Reichlich übermüdet von den letzten
Tagen. Schrieb an Minna und Valentin. Dann meine gewohnte Clayton
Erholungsreise bei 3–6 Grad Kälte und scharfem Nordwind. Am Ende
von Clayton war's auch nicht anders und enttäuscht kehrte ich mit Bus
zurück ...

*Mittwoch, 26. November 1947.* Korrektur von Mary Rapps, bedeu-
tend besser jetzt. – Telephon Wally, großes Glück (wegen I. Preis).
Nachmittag Besuch Rettles, Prinzessin Biron und »Tito«, ganz nett. –
Nachher erfuhr ich, daß Valentin endlich mal wieder ein Bild verkauft
hat. »Quappi in grün mit Tulpen«. – Wally in allen Zeitungen abgebildet, er ging doch trotz Fieber ins Museum (offiziell Preisüber-
gabe, Photographie, etc.).

*Donnerstag, 27. November 1947.* Morgens großer Spaziergang und
Suche nach dem Clayton-Lindel-Bus, fand ihn schließlich, aber erreichte nur mühsam den Delmar-Forsyth-bus und wurde mir beinah
schlecht, kalt-heißes Wetter, Brustweh. Zu Hause nach Bouillon
ging's wieder. – Nachmittag so hingeleppert bis Herr und Frau Rapps
kamen und uns in den »Niggerchaos« entführten auf dem Delmar.
Ungeheurer Lärm und bestialisches Geschrei und Gekreische der langsam sich entbourgeoisierten Niggermenge, aber nicht ohne Urwald-
größe ...

*Freitag, 28. November 1947.* Fuhr ins Chase um Time-Magazin zu kaufen in dem ich amüsant angepflaumt wurde. – Ging dann noch an den See »ohne« Springbrunnen und in warmer »Frühlingssonne« bis zum alten Jefferson Memorial . . .

*Samstag, 29. November 1947.* Fest nochmals am »weißen Hemd« mit grau und rosa – schön jetzt. Newberry-Portrait angefangen. Quappi holte mich ab mit Milch . . .

*Sonntag, 30. November 1947.* »Walküren-Entwurf« fertig gemacht. Kleines Stilleben mit Früchten fertig. »Ledabild« angefangen. – Nachmittag waren Zunia's da, liebe Menschen . . .

DEZEMBER

*Montag, 1. Dezember 1947.* Ging spazieren zur school und einige weise Reden dort. Wally und Warren waren wieder da. – Nachher mit Q. in Downtown Mallappen etc. gekauft und abends eine Flasche echten Veuve Clicot mit ihr, derweil die anderen Missouriexposition eröffneten. – Leider schlechte Nacht darauf.

*Dienstag, 2. Dezember 1947.* »Newberry« fertig, gut geworden, trotz schlechter Nacht mit Hitze und Weh. – Lange nachmittag geschlafen und im Dunklen spazieren. Schrieb an Hofer Berlin und sonst wurden Projekte einer Reise nach Savannah und Charleston discutiert. Ob's was wird zu Weihnachten – I don't know.

*Mittwoch, 3. Dezember 1947.* Träumerisch trauriger Tag. Die Exposition verklingt ohne nennenswerten Erfolg. Meine Nerven sind müde und mein Herz ist schwer. Trübe die Zukunft und unsicher das Leben. – Korrektur. Wally mit uns in seinem Car zur Missouri-Exposition. Mein »Schlachtopfer« »sacrificial meal« gefiel mir recht gut . . . Mit ihm noch im Plaza – aber auch er mußte fort. – Leichter Regen.

*Samstag, 6. Dezember 1947.* Dummer Tag. Morgens Atelier, Warten auf Perry wegen Newberry-Portrait, schließlich kam er, eine halbe Stunde vor seiner Departure nach New York. Enflammé (N.-Portrait) bis auf den Hintergrund. – Dann noch Schnupfen. – Nachmittag ärgerliche Reporter-Affairen wegen Wally's Bild. Habe alle abgewiesen. – Sehr intensiv »Dream of Weltkarte« gezeichnet, schön. – Abends mit Dean telephoniert wegen Wally-Reportagen. Große Beruhigung. Morgens rief übrigens noch Valentin an wegen Perry-Newberry. –

Gute – schlechte Laune – Schnupfen – aber nicht sehr.

*Sonntag, 7. Dezember 1947.* Na jedenfalls haben sich die braven »Hasenohren« in lebhaftes Wackeln versetzt und Pressestunk ist groß. Jury-Abbildungen, Verleumdungen, alles durcheinander. Aber Dean Hudson hielt stand. – Sonst, nochmals »Newberry«, nun wirklich gut. Abends mit Rettles telephoniert, Perry entzückt über »Newberry«, was recht angenehm ist wegen New York.

Im übrigen ist's wieder warm, nur gegen Abend erhob sich aus der Milde ein Riesensturm, der unser »Gewächshaus« umheulte. – Bonne nuit.

*Montag, 8. Dezember 1947.* Hm, school kalt, gute Stimmung sonst. Dean im Atelier. Ich fuhr dann im Auto nach Haus wegen Erkältung. Nachmittag zuhause, Quappi machte Weihnachtspakete, ich drei Zeichnungen: »Frauenclub« – »Frauenkampf« – »Frau im Schatten mit viel Haaren«. – Um elf Uhr erschien Bill. Vorher entdeckte Q. Beckmann im Sunday Dispatch.

*Dienstag, 9. Dezember 1947.* Soweit ich mich erinnern kann Korrektur, promise von Miss Night für picture. Auch sonst gute Stimmung. Dann nochmals an »Newberry« – müde – und verschnupft nach Hause.

*Mittwoch, 10. Dezember 1947.* Durcheinander Tag. – Telephon der Students. Telephon vom Dean. Telephon vom Sekretär des Museums um Herrn Beckmann seinen Dank für die »herrliche« Exposition auszudrücken. Zu gleicher Zeit erschien Mr. Schweig um Q. zum Lunch mit Prinzessin Biron, Rettles und Mrs. Schweig abzuholen und ich machte vor lauter Nervosität einen »Blick aus dem Fenster«, Aquarell . . .

*Donnerstag, 11. Dezember 1947.* Ha. – Zwei Aquarelle nach Princetown verkauft, auch Southern Illinois University wünscht mich zu sprechen etc. – Ich machte mein Stilleben mit weiblicher Holzfigur fertig (trotz Erkältung), und am Nachmittag oder Abend – (war noch am Delmar) – wurde Reise nach New York und Boston beschlossen – ob's was wird?

*Samstag, 13. Dezember 1947.* Morgens in Clayton, Mantel und Hut eingekauft. Schönes Wetter, Sonne aber kühl. – Nachmittag v o n Bill – zu Bill, wo ein netter Russe mit italienischer Frau auftauchte. Ganz nett vielleicht für später . . .

*Sonntag, 14. Dezember 1947.* Viel an »Quappiportrait« – immer noch
Schnupfen – kalter Wind blauer Himmel. – Nachmittag großes Frauen-
aquarell (schwarz) – auch »großes Fest der Phantasie« gearbeitet,
man kann da sehr viel machen. Schule war kalt (Sonntag keine Heizung), malte im Corridor.

*Montag, 15. Dezember 1947.* Viele alte Radierungen und Holzschnitte
angepinselt. – Morgens am Quappiportrait und Newberry (jetzt orange
Hintergrund). – Sehr viel Sturm, Schnee und Regen.

Sehr ermüdet. (Weh.)

*Dienstag, 16. Dezember 1947.* Pause gemacht. In Clayton Schuhe angesehen und gekauft. Geluncht mit Quappi, dann allein über Delmar
zu Fuß in »meinen« Park (lange dort schön allein mit roten scarlett-
farbenen Beeren im weißen Reif). – Nachmittag, Q. übte Geige bei
Zunia, ging ich in die Stadt über Delmar kalt und allein, genarrt vom
Bus. In X Hotel-Bar 3 Whisky's.

*Mittwoch, 17. Dezember 1947.* Nachmittag mit Wally schöne kleine
Autotour nach Kirkwood mit wirklich schönen Aussichten auf das
Amerikanische Hinterland. Sehr amüsant ein Schwimmbad auf Stelzen
mit Fluß und wilden kaputten Bäumen … Abends dann leider Weh –
zuviel, – muß anders werden.

*Donnerstag, 18. Dezember 1947.* Morgens noch gearbeitet an »Christus in l'enfer«. Vielleicht wird's was, don't know. – Jedenfalls etwas
unklug zu arbeiten, da Abends dann die Party No. 3. – First kam
Janson mit Frau, dann Mr. Fett, der Enthousiast und langsam nach –
Herr und Frau Schweig, Drewes und Frau, Perry stolz aus New York
zurück mit unverständlichen Nachrichten – (Exposition erst im Mai?) –
J. B. Neumann-Begeisterung über Print's von Beckmann – zum Schluß
kam Rettles, mit französischem Hut auf, und Mr. Hitt. Na ja, viel
Whisky, 3 Flaschen, alle sehr animiert und Party, wie man hier sagt,
»successful«. – …

*Freitag, 19. Dezember 1947.* Morgens letzte School mit Weihnachts-
überraschung of the Students. (Tannenbaum mit Kugeln, jede ein
Bild), sehr niedlich. Dann herrlicher Spaziergang im Park bei warmem
Winternebel bis zum Jefferson Memorial. Alles mit etwas Kater von
gestern. – Photo's geordnet für Chikago. – Telephon morgens von
Valentin, der mich sehr beruhigte. – Dann kam Bill mit seinem car und

holte uns zum Monde-Abendessen bei G. Sehr unsympathisch, aber auch interessant, wie sich hier das alles mit einer amerikanischen Note abspielt, das alte Lied von Fressen, Huren, unanständigen Witzen, Pferden und Frauen. Hm, hm – ganz komisch. Bill fuhr uns nach Haus in warmer Winternacht.

*Samstag, 20. Dezember 1947.* 5 Stunden am Quappiportrait (in grün schwarz und gelb) gearbeitet. – Quappi hatte Angst und kam angerannt ... Später dreiviertel Stunde im Campusgarten spazieren im Dunklen. – Minna schrieb begeistert über Paket. – Gegen 2 Uhr nachts Gespräche über Unendlichkeit. –

*Montag, 22. Dezember 1947.* T'ja also, müde von Party gestern, doch noch am »Christ in l'enfer« gearbeitet 4 Stunden – aber nicht fertig geworden. – Abends bei Jacovelli gegessen. Gespräche über die Langeweile. – Abends noch mit Valentin telephoniert der nach Europa fliegt, er war, glaube ich, ziemlich betrunken. –

*Dienstag, 23. Dezember 1947.* Um 10 Uhr Zeichnung verkauft an das »Modell«, 20 Dollar, ha, ha, vielleicht bekomme ich auch die 80 anderen (will abbezahlen ...) glaube aber nicht. Dann kam der Herr aus Stephens College mit Frau und überhaupt komischen Dingen wegen Lecture. Vielleicht gehe ich hin. – –

Abends im Jefferson gegessen, Einblick in amerikanisches Familienfest. Ein guter Apachentanz. (Vorführung.)

*Mittwoch, 24. Dezember 1947.* Weihnachten. – Viel an »Christus in der Vorhölle«, gut glaube ich. – Abends Weihnachten mit Flasche Sekt und spanisch Huhn. Nachher unerquicklich und müde Gespräche. –

*Donnerstag, 25. Dezember 1947.* Noch am »Pandora« Aquarell gearbeitet, think good. Nachmittags bei Perry's mit Uncle und Mama, Turkey Essen. Liebenswürdige nette Menschen – but – fühle mich doch immer einsam unter Menschen. Perry trug Apokalypse herbei und Faust, sehr nett. Q. geigte, und Perry fuhr uns dann im Auto zu Haus. –

*Freitag, 26. Dezember 1947.* Morgens in Clayton, ging allein mit verrenkter schmerzender Wade meinen kalten Sonnenspaziergang und fraß mit Q., und einem Riesentisch schöner Damen daneben, Lamb mit Reis. Dann fuhren wir friedlich nach Hause. –

Viel Post aus Amsterdam und Boston. Einladung nach dort und liebevoller Brief von Maruschka. Na, werden wohl mal hingehen. – Sonst

lange gearbeitet am »Mückennetz«, und »frühe Zeiten« Aquarell gemacht und »zusammen gewachsenen Kopf Zwillinge« – scheußlich.
Aber sonst gemütlich.

*Samstag, 27. Dezember 1947.* Schön in Wintersonne am Delmar, unendlich heiter. Bein besser. – ... Nachmittag Q. bei Zunia und ich
endlose neue und alte Aquarelle korrigiert. Zum Schluß »die Hunde
werden größer« gemacht. – Morgens noch Entwurf »Briefe an eine
Schülerin« Lecture. –

*Sonntag, 28. Dezember 1947.* Auto-Ausflug zu Martha Love, mit
»Rettlesperrypetromama«. Verzweifelt weil Rettles wie wahnsinnig
fuhr, so schnell, – aber sehr schöne Aussicht auf den Missouri und
grau schwarze Schafe und ferne Blicke auf die weißen Felsen vom ganz
weit entfernten Mississippi. – Ein Stück echte Landleberwurst und eine
komische kleine Villa mit Martha Love und Prinzessin Biron. Zurück
in demselben Tempo, entsetzlich. – Abends dann noch beim Dean
Turkey-Essen mit Doktor und Frau, und Häemlin Ehepaar. Frau H.
ganz hübsch. – War sehr müde natürlich, auch gelegentlich mal wieder
Weh. Aber dann ging's wieder. Die Tochter tanzte ganz nett.

*Montag, 29. Dezember 1947.* Schwer am »Christus in der Vorhölle«
gearbeitet. Gesteigert –, ob gut, weiß noch nicht. – Côte d'Azur-
Wetter, wundervoll. – Sehr übermüdet noch im Dunkeln Spaziergang
mit 2 Whisky's bei Jacovelli und herzerregend schlechter Laune. –

*Dienstag, 30. Dezember 1947.* ... Gefahr nicht nach Chikago zu
kommen wegen Hotelüberfüllung. (Furniture Tagung). –

*Mittwoch, 31. Dezember 1947.* Finish in Governess 1947. T'ja – nun
ist's vorbei. Allerhand passiert und ich verlebte dieses Neujahr bei
Janson's. Draußen regnet's und stürmt es. Meine Gedanken sind heute
trotz Brustweh friedlicher Natur, da ich »Christus in der Vorhölle« zu
einem guten Ende gebracht habe. – Friedliche und unzufriedene Briefe
aus Deutschland. – Hotelbestellung für Chikago (Hotel Pearson) endlich in Ordnung für den 15. Januar. Und sonst – – etwas weiter sind
wir wohl vorgedrungen in der Weltatmosphäre – aber es ist noch viel
zu tun. – Alles wird langsam zu meinen Schülern, sogar S. – Nun weiter mit Energie bis sich das große Unbekannte auch auf mich legt. Bald
– oder noch lange – dann rollt der Vorhang in die Höhe, nun ich
werde sehen: Nichts – oder die Geister.

# 1948

*Donnerstag, 1. Januar 1948.* Die Neujahrsnacht verbrachten wir bei Janson's. Eine Riesengans um Mitternacht war auch da. Mr. und Mrs. Harrison, die mir englische Stunde geben wollte, weil die »Reise auf dem Fisch« im Museum ausgestellt war, ha, ha, – viel Whisky – (viel »Christus in der Vorhölle« am Morgen, fertig?) – viel junge Teachers, ein frenchman mit examination of me von Stendhal bis Cocteau – hm hm, sah Ernst ähnlich. – Viele Weiber, viele Menschen. Alles ganz lustig. – Heute mittag gab's wunderbare Rindsrouladen bei uns und nachmittag Party bei Bill und seinen Eltern, abgeholt von der müden Rettles, Perry war heiser von Christmas . . .

*Freitag, 2. Januar 1948.* Gestern Abend noch lange in Weininger ge- lesen und mit Quappi geredet über Tod, Moral und Unsterblichkeit. – Trotz Pervitin gut geschlafen. – Heute morgen etwas Augenweh. Doch bei Kälte und Glatteis-Schnee ins Studio, wo ich – ich glaube – Kopf von Q. sehr gut beendete. Auf der Rückfahrt in der Streetcar traf ich Q. die von Einkäufen zurück kam und wir tranken zu Hause White Rock water, ha, ha. Brief von Butshy, der auch Gans zu Weihnachten gegessen hatte. – Lange geschlafen. Nun schreibe ich hier und überlege ob heute Abend Kino oder nicht? – Der Horizont ist voll Reisen. Zu- erst nach Chikago am 15. Januar, mit oder ohne Bill. Nach Columbia und Boston die nächsten Monate. Im Allgemeinen läßt sich das neue Jahr gut an und macht eine freundliche Miene. – Soll man ihm ver- trauen?

*Sonntag, 4. Januar 1948.* Ganz netter Sonntag. Morgens Bild ange- pinselt und Perseus oder so wat ähnliches aufgezeichnet nach Skizze. – Dann viel in frischer Luft, nett gegessen, nette Wally's Nachmittag mit Aquarell und Zeichnungen zeigen. Abends herumlungern (20 Neujahrskarten), – innerliche Vorbereitung für Chikago. Sollte ich anfangen mich hier wohl zu fühlen? Fast kein Kater, trotz 8 Whisky's bei Mr. Fett-party gestern.

*Montag, 5. Januar 1948.* Viel und sehr gut an Quappiportrait (blau grün gelb) gearbeitet. Auch »Hölle« nochmals. – Etwas école, wo sich die Schüler langsam alle wieder einfinden. Ein Kind wird gemalt. – Viele Briefe aus Deutschland . . .

*Dienstag, 6. Januar 1948.* »Quappi« und »Christ in der Vorhölle« wahrscheinlich fertig. Sonst deprimiert weil wenig Erfolg sichtbar. – Großer Nachtspaziergang . . .

*Mittwoch, 7. Januar 1948.* Noch sehr übermüdet von gestern. Stimmung heute auch nicht besser. Leider immer noch beschäftigt mit Q. Portrait. – Bei Perry im Museum, sah mein Bild »Reise auf dem Fisch« – oh mein Gott, – alle Menschen sahen mir zu, es war peinlich. Sah außerdem viele Beckmann's. T'ja – was soll das Alles. – »Pandora« jetzt gut. – Hoffentlich kann ich schlafen. –

*Donnerstag, 8. Januar 1948.* Viel »Quappi« und »Christus –« gearbeitet – immer noch nicht zufrieden. Muß doch noch besser werden. – Abends Flucht vor dem »Hund«. Ins Kino, »Bedelia« nicht ohne Reiz . . . Netter Brief von Maruschka.

*Freitag, 9. Januar 1948.* In the morning Clayton, mit Q. Läden ansehen. Geld geholt (auf der Bank). Sehr nette Morgenstimmung, nachdem uns der »Hund« aus der Wohnung vertrieben hatte. Lunch im Weiber-Tearoom auch ganz lustig. Zu Hause schlafen wollen – wegen Hundegebrüll unmöglich. Ging in the school oder vielmehr Flucht in the school. Dort war alles versammelt, auch Andrea Night, die ein Baby herein schleppte, »have you a Baby?« Gebrüll von Wally dazu. Korrektur. – Dann 5–6 Stunden gearbeitet an »Q.« und »Christus« nochmals – nun aber endgültig. Schweißüberströmt zurück in kalter Nacht. – Außerdem sagte Stephens-College zu. – Soweit der Abend ganz harmonisch und allerlei für die Future . . .

*Samstag, 10. Januar 1948.* Spazieren gelaufen, hinten über den Delmar um Übermüdung los zu werden. – T'ja, t'ja und nachmittag um 4 Uhr Mary R. zur Korrektur, ganz nett. – Noch einen Moment allein im Chase, dann zu den Fischen von Quappi . . . Auch bellte der Hund wieder, scheinbar noch lange.

*Sonntag, 11. Januar 1948.* Ja, er bellte noch oft und lange und es war ein schreckliches Drama mit herauf und herunter laufen – etc. etc. – Dean angerufen und weiß der Himmel noch was. Am Abend entschied sich das Drama, und im Basement verbellte der dog seinen Lebensmut. – Nachmittag mit Bill bei T.'s, etwas Wald und graue Winterstimmung, im Auto zurück mit Bill und erledigtem Hundedrama.

*Montag, 12. Januar 1948.* »Q.Portrait« und »Hölle-Christus« nun wirklich endgültig fertig. – Sehr zufrieden. Nachmittag zu Hause und dann sehr müde etwas spazieren. Freue mich auf Chikago. –

*Dienstag, 13. Januar 1948.* Den ganzen Tag an dem neuen Lecture gearbeitet, »3 Briefe an eine Malerin«. Noch nicht geschliffen, werden aber vielleicht ganz gut. – Schniewind schrieb nett aus Chikago und denke es wird ganz amüsant werden . . .

*Mittwoch, 14. Januar 1948.* 15 Grad Kälte, aber herrliches Wetter. – Viel getan. At first speach with the Dean, gab ihm Beckmann's Mappe und bestellte Billets zu seinem Tochter-Ballet. – Dann kam Perry die letzten zwei Bilder ansehen und war wirklich sehr eingehend und schön, fand auch daß ich weiter gekommen . . . Zu Fuß in Sonnenfrost zum Plaza wo mit Q. geluncht. Im Auto zurück wo Clara-Negresse reinigte. Dann geschlafen und warte eben auf Horst Janson.

*Donnerstag, 15. Januar 1948. Chikago.* Abfahrt nach Chikago. Im Auto von Wally zum Delmar Wabash-Bahnhof. 5 Stunden Fahrt durch endlose abgegraste Maisfelder – manchmal etwas Schnee. Über S. – Decatur u. Montilia (?) oder so, in dunkler Einfahrt nach Chikago mit düster brennenden endlosen Maschinen- und Chemiefabriken, eine schwarze Dämonenstadt mit rotem Feuer. Am Bahnhof in eisigem Wind und Kälte erwischten wir Auto und fuhren ziemlich schlotternd über nachtschneewindheulende Michigan Ave. zum Pearson Hotel. – Ein Telephon mit grotesker Verwechslung – dachten Schniewind wäre es – rannten zu seiner Wohnung neben an – nothing – wieder zurück – bis sich nach endlosem Telephonieren herausstellte, daß M. v. d. Rohe angerufen hatte. – Na, dann sehr nettes Abendessen bei ihm und einige Drinks. M. erwies sich als großer Freund von mir, was ich gar nicht erwartet hatte.

*Freitag, 16. Januar 1948.* Eisige Alaskakälte (30 Grad) – in kalter Sonne Michigan Avenue – dann aber doch Auto. Die Avenue sehr

großartig, alles breit und riesenhaft. Besahen Art Museum und Beckmann-Ausstellung (Zeichnungen) mit Schniewind der versuchte recht
liebenswürdig zu sein. Ausstellung fein, aber nicht umfassend genug.
Verkauf (endlich) »Quappi in Neapel« und ein Holzschnitt. Na, dann
Fraß im Downstair mit S. und H., ganz nett, aber gräßlich überfüllt
von Students. – Dann nach Haus . . . Schöne Aussicht aus dem Hotel
auf lauter Riesen und den Michigan. – Nachmittags Empfang bei Mrs.
Potter-Palmer und Trustee Museum, auch R. den ich schon am Morgen beim Kauf eines Cézanne's im Museum kennen lernte. Frau Palmer sehr nett, zwei Töchter, eine schwanger, – hübsch sogar und viele
Typen und chinesische Plastiken. – Abends allein mit Q. im Pumproom
Ambassador, recht großartiger Rummel, eine Flasche Cliquot 37 . . .
*Samstag, 17. Januar 1948.* In den eisigen Straßen wehte der Wind
und wir kauften für Quappi nette Sachen in Kaufhäusern und Stok-
kingsläden. Nachher nochmals ins Museum um chinesische Plastik zu
sehen. Eine wunderbare schlafende chinesische Göttin aus Holz mit
Holzmohnblüten war besonders schön und dann noch alte chinesische
Töpfe (Bronze, Silber und Gold) . . . Abends dann M. v. d. Rohe
Party, honor für Beckmann. Menge Menschen. Mr. P., Mr. Hut, Mr.
Speyer, ein Franzose (öde), eine dürre aber nette Doktorin, ein schweizer Bildhauer mit Mathematikfreundin ganz hübsch, Frau Hut (Baye-
rin) lustig. Mies wie immer nett und noch ein paar Andere. Nachher
wurde noch in einem Riesenhotel mit allen zu Abend gegessen. Ich war
aber dann doch zu müde, (Weh) – und wir gingen um elf Uhr.
*Sonntag, 18. Januar 1948.* Nach tiefem Schlaf erschien Herr Rosenthal mit Slides von Beckmann und nach langen Betrachtungen erhielt
ich Check für unbekanntes Aquarell. – Geluncht im Hotel, dann erschien Student Dreyfuß um mich wegen Grünewald und Bosch zu in-
terviewen. Beim Tee erhielt er die gewünschte Auskunft, übrigens kein
dummer Mensch, hübscher Junge, noch jung und sympathisch. – Da
noch Zeit ins Kino und P. M. Carmenfilm gesehen der recht hübsche
Stellen hatte. Dann schnell Mixed Grill in der Bar gefressen und schon
erschien Dreyfuß und bald auch die eleganten 3 – Mr. Speyer und
schweizer Bildhauer nebst langer hübscher Freundin. Nun sollte ich
endlich Chikago von »unten« sehen. (Q. blieb zu Haus.) – Na ja, –
Frauen mit und ohne Kleider sehr unanständig mit Gesang und Bewe-

gungen, in drei Bar's, zum Schluß noch »Taxitanz«, sehr trübselig gegen New York, aber alles in allem ganz interessant – in eisiger Nacht und mit unruhigem traurigem Herzen.

*Montag, 19. Januar 1948. St. Louis.* Abfahrt aus Chikago um halb elf. Langweilige Fahrt zurück ohne jedes Ereignis, und fanden zu Haus zur freudigen Überraschung – Deportations-Drohung und Visa-Verweigerung vom Palais de Justice New York – und sonst nothing. Q. telephonierte mit Dean und Perry, – Beruhigungsgeschrei.

Abends dann noch im Tumult einer Museumsparty mit Champagner, Beckmannbegeisterung vom Museums-Präsident bis zum Chancelor (Washington-University) – und viele andere Menschen – sodaß man müde und ziemlich verwirrt gut geschlafen hat.

*Dienstag, 20. Januar 1948.* »Glücklich kann jeder sein« – aber unglücklich »leider auch jeder«. Trotzdem, falls das Unglück nicht all zu groß ist, wird mancher doch noch fein-nerviger und empfindsamer, man möchte beinahe sagen »edler« als im Glück. – Das so nebenbei. – Besuch von Buffalo Director mit Perry, die immerhin behaupteten, »Chr. in Hölle« – das Bedeutendste was in den letzten Jahren – und so. Auf Frage nach Preis – aber wie immer nothing. – Morgens beim Dean der drohte, die ganze University in Feuer zu setzen wegen diesem »Rausschmeißwollen« – na kurz, alle sind furchtbar nett – ob's was helfen wird – perhaps –

*Mittwoch, 21. Januar 1948.* Gearbeitet, »Chikago« entworfen?? – Sehr zweifelhaft an der »Leda« gearbeitet, alles ziemlich stark. – Sehr kalter Wind beim Streetcar-Rückweg. Nachmittag große Zeichnung von »Modellpause« ... Versuch abends noch an die Luft zu gehen scheiterte wegen eiskaltem Sturm und Müdigkeit. Stimmung wegen Philadelphia (State Department) ziemlich gleichgültig – wie's auch kommt – ist mir recht.

Brief von Lütjens, er und Fiedler haben sich gefunden. – Von Valentin nothing?

*Donnerstag, 22. Januar 1948.* Heftig »Leda« fertig gemacht, und »Chikago« weiter getrieben. Abends noch »Perseus' letzte Aufgabe« Zeichnung fertig gemacht. – Restlos überarbeitet ...

*Freitag, 23. Januar 1948.* Notdürftig Pause gemacht mit Schneespaziergang und Wursteinkauf. Auf dem Rückweg traf ich S., sanftes

Gespräch über Würstchen im Wintersonnenschein. – Nachmittag kam Perry und setzte meinen armen Vortrag mit Quappi zusammen »über«.

*Sonntag, 25. Januar 1948.* Lustwandelnd im Winterschnee to the school – wo ich ganz allein war – wurde ich doch wieder vom Q.Portrait eingefangen und murkste bis drei Uhr – schmählicher Weise. Morgens mit Valentin telephoniert, der also nun wirklich wieder da ist, ganz nett. –

Nachmittags so hingeläppert und abends bei Zunia's mit gutem Chicken, Beethoven und viel englisch reden, so kam ich doch über die Müdigkeit weg und es war ein ganz harmonischer Abend.

*Montag, 26. Januar 1948.* Traf den Dean im Winterauto mit viel Schnee und wenig Weh. In der school bekam er gerade Copy von Compton-Telegramm nach New York, – na, und so – angenehm, weil scheinbar nun die Sache gehen wird. – Aber – noch abwarten. – T'ja, sonst allerlei, Brief von Minna. – Mary rief gerührt an, Beckmann-Kritik im Sunday-Dispatch. – Hammelbraten und viel Aquarell und Zeichenarbeit. Zum Schluß noch englischen Roman. – Es schneit wieder – auch kalt –

*Dienstag, 27. Januar 1948.* Etwas müder Tag, doch etwas an »Chikago« gearbeitet, viel zu kalt und dauernd neue Erkältungen . . . Quappi und Perry übersetzten »3 Briefe« (Vortrag).

*Mittwoch, 28. Januar 1948.* Schlechte Nachrichten. Perry war abends da wegen Lecture Übersetzung, als ich ihn später fragte wegen meinem Hierbleiben, erklärte er rundweg: T'ja, da ist noch die Entscheidung wegen Ph. Guston für nächstes Jahr, seine Guggenheim-fellowship etc. zu Ende. Perry sonst optimistisch für andere Stellen natürlich – aber hier? – na, er wird morgen mit dem Dean sprechen. – Bin aber ziemlich skeptisch . . .

Sonst Weh natürlich und auch müde . . .

*Donnerstag, 29. Januar 1948.* Ja, ja, Perry telephonierte mit dem Dean und es ist alles so – »Ja, vielleicht, wenn Herr G. nicht zurück will« – Endloses Gerede mit Quappi . . . »Chikago« ziemlich fertig . . . Einladung zur Jury nach Bloomington, ha, ha.

*Freitag, 30. Januar 1948.* Etwas beruhigter Tag. Morgens Telephon mit Valentin sehr nett – »nach wie vor interessiert an Ihrer Arbeit« –

will sich auch für Neues ins Zeug legen. – Dann neues Stilleben »Chikago« mit Quappi für gut befunden . . .
Abendessen Jacovelli – und ja richtig, Krieg soll es geben wenn Russen im Mittelmeer – und Gandhi wurde erschossen.

## FEBRUAR

*Montag, 2. Februar 1948.* Großes Bildergezeige in school von Beckmann. Nachher fuhr mich Wally zum Zahnarzt . . . Lange im Plaza gesessen und melancholisch sinniert . . . Keine Post und wenig Erfolg – morgen geht's nach Stephens College.
*Dienstag, 3. Februar 1948. Columbia.* Wally erschien pünktlich um 8 Uhr und ich kam ebenso pünktlich in Centralia an. Verspätet erschien Mr. Pierre Montminy und Frau. Heftige Autofahrt im Schnee nach Columbia. Im Hotel schnell geluncht und Q. las dann vor 600 Menschen, women and men meine Lecture wirklich sehr schön, so daß ich fast gerührt war (Publikum ebenfalls) – kurz es war doch etwas aufregend meine blöden Worte vor so vielen Menschen aus Quappi's Mund am Mikrophon zu hören. – Na jedenfalls große Begeisterung. Dann erschöpft, Hotel – Ruhe! M.'s holten später ab zum Dinner in modern Restaurant mit Deanin. Nachher im Car zu deutschen Emigranten wo die ganzen Teacher's und Weiber auf mich lauerten. Wahnsinnig heiß dort und nette und unnette Menschen. Alle wollten mich mehr oder weniger fressen. Eine sehr hübsche Rothaar – eine reizende schwarze Lehrersfrau und viel Gemüse. Erschöpft taumelten wir nach viel Kaffee in Car und Hotel –
*Mittwoch, 4. Februar 1948.* Schwerer Tag. Morgens mit Montminy in noch ziemlich leerer Klasse, dann Mr. G. Klasse, dann photographiert von Mrs. S. – heftig anstrengend. Zurück immer über glitschigen Eisschnee innerlich fluchend, ins Hotel. Später abgeholt zum Präsidenten der Universität, Haus bürgerlich amerikanisch, die Frau später auftauend bei sehr gutem Lunch, er ein besonders gut aussehender »Mensch«. Kurz nach dem Lunch nach Haus, geschlafen, dann Rieseninterview (informal discussion) von 50 girls, viele sehr hübsch, dumme und kluge Fragen durcheinander, eine sehr hübsche Halbdeutsche in rotrosa, blond, und eine Schwarze, sehr bezaubernd.

Schluß machte ich als nach meiner »Leibzigarette« gefragt wurde – –
puh. Dann Abendessen bei P. Montminy's, später noch ein Mr. Th.
aus Detroit mit Frau und ein abwesender Dichter aus New York.
Beim Essen sprach Montminy viel über Amerikapolitik.

*Donnerstag, 5. Februar 1948. St. Louis.* Nach ganz gutem Schlaf von
Montminy's abgeholt, nochmals zu einer Class, wo brave hübsche girls
nüchterne Pötte und Windeln zu Stilleben verarbeiteten. Einige weise
Töne geredet und dabei noch verphotot mit Leica und Blitzlicht glaube
ich. Dann wieder mit M.'s in Exhibition wo Mr. G. wirklich recht gut
den »Baccarat« exemplifizierte und die Photoleute (Frau S.) eine recht
gute Photo von mir herbei schleppten. Mrs. S. erhielt Unterschrift als
Dank. Dann zurück im Eisschnee zum Daniel Boom Hotel und ins
»moderne Restaurant«, wo die schöne rotblonde Mrs. Swan nebst
Gatten wieder auftauchte. – Nach kurzer Ruhepause mit Montminy's
zur Direktorin – Liebe und Check. Später noch mit ihr Kaffee getrunken
und hübschen girls in dem großen Saal. – Um 4 Uhr Abfahrt mit
Bimmelbahn nach Centralia – (von da Fernexpreß) nach St. Louis. Ankunft in der Nacht. Wally's an der Bahn, am Bahnhof mit ihnen gegessen und nachhaus in Wally's Car. – Fand Einladung Boston! – Alles
in Allem hat's mir gut getan.

*Freitag, 6. Februar 1948.* In die Schule gewetzt große Korrektur auch
Andrea die etwas gestraft wurde. – Dann nochmals »oh Lord«. –
Q. Portrait – diesmal wirklich – really ausgezeichnet. – Nach Hause
gewankt, zwei Stunden geschlafen . . .

*Samstag, 7. Februar 1948.* War in the school aber nichts von Bedeutung. – Nachmittag Mary R. Korrektur und Whisky later im Tropic-
bar . . . Nach dem Abendessen von Mr. Hamburger und Janson abgeholt zu Zerbe-Boston in großer Gesellschaft, ganz nett . . .

*Sonntag, 8. Februar 1948.* R. Portrait entworfen. – Ging schon früher
fort sodaß Quappi verfehlte und eisiger Sonnenwind zwang mich
schnell in die Streetcar. Q. kam dann auch bald und wir »stückten
früh« und friedlich. Schlaf kam – und wilde Phantasien, die schließlich wie immer neutralisiert wurden. – Abends noch mit Korrektur von
meinen Aquarellen beschäftigt . . .

*Montag, 9. Februar 1948.* Nach Gespräch mit Dean Hudson gewisse
Erleichterungen (Paß Schule etc.) – Andrea hat sich heute äußerst an-

gestrengt bei der Korrektur – hm, hm, – wie immer sehr schön aus-
gesehen. Weitere Gespräche mit Wally, die viele schöne Sachen für
mich enthielten, während ein Telephongespräch mit Valentin (der
unsere Billets nach Holland besorgen sollte) unbefriedigend ausfiel.
Nachmittag trat dann eine starke Depression ein. Quappi von dem
Geigen – Zunia zurück, rettete mich etwas. Eine weiße Pille und ein
Wildwestfilm brachte mich dann wieder auf die Beine.

*Dienstag, 10. Februar 1948.* Schlechter Tag mit viel Ärger wegen
Visa . . . Morgens nochmals »Leda« jetzt gut. – Q. bei Harrison's. –
Brief von Curt.

*Mittwoch, 11. Februar 1948.* Nicht viel zu sagen – ziemlich allgemeiner Tiefstand . . . Situation so undurchsichtig wie möglich. Schrieb viele
Briefe, an Minna, Hofer, Ehmsen und Maruschka. – Morgens Schule.
– Nochmals Quappiportrait – blöd – weiß nicht mehr. Abends trauriger Whisky bei Jacovelli mit Quappi.

*Donnerstag, 12. Februar 1948.* – 64 –, geniere mich etwas jedes Jahr
mehr die Zahl zu schreiben. – Na, immerhin man lebt. – Noch ziemlich
deprimiert morgens wegen »Emigration-Enter-Visa«. – Abends ganz nette
Geburtstagsfeier bei Zunia's mit Harrisons. Gespräche über Politik.

*Freitag, 13. Februar 1948.* Glatteis – konnten nicht mit Dean zum
City Hall downtown (mit car) wegen Glatteis aber erhielt gute Nachricht aus New York.

Schön, Q.Portrait endlich beendet. – Nachmittag müde im Plaza, auf
Rückweg Schneesturm und Brustweh.

*Samstag, 14. Februar 1948.* Entwarf etwas müde die »Rettung« . . .
Abends abgeholt durch Freunde vom Dean, zum »Mode-Ballet« und
sahen mit Dean und Frau seine Tochter tanzen. Recht hübsch. Andrea
Night erschien im Badekostüm und später noch in festlicher Tracht mit
vielen Brillanten. Überhaupt die »Diamonds« – 50 Stück, eine Riesen-
protzerei. – Im Auto durch Freunde noch zum Empfang beim Dean,
wo ich fast ohnmächtig wurde (Weh). – Glatteis.

*Sonntag, 15. Februar 1948.* »Schlangenbändigerin und alter Clown« –
entwarf »Simon und Helena« – oder doch Schlangenbändigerin? –
Herrliches warmes Wetter! Und überall viel Überschwemmung. –
Finde nun auch endgültig »Quappi-Portrait« ausgezeichnet, hoffe auch
viel von »Helen-Simon«. – Desperadostimmung ist besser, irgendwie

wird sich die Sache schon machen ... Lese wieder mal Tentation von Flaubert –

*Montag, 16. Februar 1948.* Bei herrlichem Vorfrühlingstag, Vernehmung im Palais Justice (wegen Paß Visa etc.) mit Dean und Quappi – na ja, viel Geschrei und wenig Wolle, zum Teil komisch, zum Teil anstrengend. Erholung im Jefferson Hotel und dann mit Streetcar nach Clayton, wo für den »neuen vegetarischen Beckmann« eingekauft wurde. – Nachmittag wurde Wally zur Autofrühlingsfahrt beordert und wir fuhren Olivestreet hinaus, über Clayton zurück. – Ich war noch im Plaza und etwas im Frühlingspark mit Abendrot etc. – dann überfiel mich die Melancholie und fuhr mit der Streetcar nach Haus. Q. im Konzert – ich in der Temptation (Flaubert).

Ich rief dann noch Valentin an, der heftig erregt war und sehr liebenswürdig, Geld für Mexiko versprach und ein Bild verkauft hatte! Ha, ha. – (Heute Beginn der Citronen-Kur).

*Dienstag, 17. Februar 1948.* In der school Anerkennung für Beauty an Andrea ausgesprochen – big eye's and thank you. – Etwas gebummelt in herrlicher Frühjahrssonne und Nachmittag zu Mary die ein recht hübsches Bild gemalt hatte. Sonst etwas mies da mein linkes Bein wieder knackste und die Ernährung sehr vegetarisch ...

*Mittwoch, 18. Februar 1948.* ... Meine Zeit ist bald abgelaufen und es ist gut so – denn eingezäunt in die Dinge des Satzes vom Grunde kann ich weiter nichts mehr tun, als wie einen einigermaßen erträglichen Ablauf zu finden ... Arbeitete an »Simon und Helena« – sah den ganzen Tag niemand außer dem melancholisch süßen Frühling.

*Donnerstag, 19. Februar 1948.* Wieder einen Tag abgelebt wie so oft. – Morgens dem Dean ein Stilleben geschenkt, große Freude. – Frühling läßt wieder nach und des Abends ist es wieder kalt. Abends kamen Rapps zum Zeichnen und ich fabrizierte 2 ganz gute Köpfe. –

*Freitag, 20. Februar 1948.* ... – T'ja, warum habe ich mir vorgenommen so lange zu leben – nun mein Gott auch nur der Wille? Immerhin wird ein winziger Teil dieses ungenügenden Welttanzes auf eine immerhin mögliche Art erledigt.

Abends Dinner bei Conway's.

*Samstag, 21. Februar 1948.* Morgens »Wally« entworfen! – Etwas an der »Rettung« gearbeitet.

Nachmittag im unendlich stumpfsinnigen Hotel am Lindel – Wohl noch etwas Kater von gestern Abend, (auch Weh).

Nein bei Gott sonst wirklich nichts, nichts, nothing – – Einer der langweiligsten Tage meines Lebens.

*Sonntag, 22. Februar 1948.* Morgens besahen Zunia's Bilder im Studio. – Abends dann die große Coctailparty von Wally und Warren mit wife's und vielen girls, Conway's Dean etc. Viel Alkohol und verrückte Stimmung. Aß Einiges mehr als (augenblicklich) Kur erlaubte und fühlte mich seltsam – (alter Mann) fern – und doch amüsiert.

*Montag, 23. Februar 1948.* Etwas kälter, (Washingtongeburtstag) dann doch in die Schule, – eine Schülerin im Studio. – Dann an der »Ankunft« gearbeitet. – Abends im Film, »green Dolphinstreet« mit wirklich hervorragendem Erdbeben und alten englischen Interieurs. –

*Dienstag, 24. Februar 1948.* Große Sensation: Der Amerikanische Staat hat uns Erlaubnis gegeben bis 20ten Juni hier zu bleiben! Also ist die Sache erledigt. Dean kam freudestrahlend ins Studio gelaufen. Vorher noch an »Wally« gearbeitet. Überhaupt ein strahlender Morgen . . .

*Mittwoch, 25. Februar 1948.* Warm. Morgens Besuch von Conway der sehr begeistert, besahen noch Schüler und sein Studio und wurden von ihm mit Dean zusammen ins M.Restaurant eingeladen. – Gespräche mit Dean, Conway und Quappi ganz nett . . . Nachmittag auf Spaziergang durch den Frühlingswind sehr deprimiert. Weh – Nasen und Beinschmerzen, Resignation – Finishsehnsucht. Im Dunkeln melancholisch zurück wo ich Q. in ähnlicher Stimmung antraf. – Peterfrau und Minna schrieben.

*Freitag, 27. Februar 1948.* 4 Stunden sehr stark an »Helena« gearbeitet, sehr gut glaube ich. – Ungeheure Frühlingsstürme draußen. – Niemand gesehen außer etwas Schule. Wally, Warren und Mr. Fett zum Sonntag eingeladen . . .

*Samstag, 28. Februar 1948.* In Roxana war ein Tornado, hier Riesensturm und ich keuchte zur Streetcar, durchgeschwitzt nach 4 stündiger Arbeit an der »Helena«. Aber es scheint zu werden und das Bild gibt mir einige Sensationen. Sonst keinen Menschen gesehen, man lebt wie im Urwald mit Kino. Perry's riefen für morgen an, konnten aber nicht, weil morgen Dinner bei uns. –

Im Kino sah ich »Schlacht in Jerusalem« – oh Gott welche Ironie auf das Werk von Jesus.

*Sonntag, 29. Februar 1948.* Etwas müder Tag von gestriger Übermüdung und Augenweh. – Abends Wally und Warren mit Henry's und Mr. Fett. Sehr müde. Aquarelle gezeigt. Gespräche über den St. Louis Bogen etc. –

## MÄRZ

*Montag, 1. März 1948.* Heute sehr viel Post aus allen Ländern. Giselle, Curt, Henriette, Heilbrunn etc. – Außerdem Pulitzer Einladung. Ankündigung von Newberry für Sonnabend, sodaß die ganze Woche – (morgen Perry, übermorgen Janson, Donnerstag Rapps, Freitag Perry, Samstag Newberry) – besetzt ist. – Immer alles auf einmal. – Heftig wieder an der »Helena« gearbeitet, wird jetzt gut glaube ich – und dann furchtbar viel Regen. –
Draußen heulen die Züge und ich muß ins Bett, habe viel Irak-Chaldäa getrieben. –
Schön ist die Nacht der Zeiten.

*Dienstag, 2. März 1948.* Den Tag so hingemacht – etwas korrigiert, der Streetcar entlang gegangen im kalten Frühling. Zwei arme Hunde besehen, die sich bei mir beklagten, daß sie eingesperrt waren, viel englisch mit ihnen gesprochen. – Abends dann Perry und viel über Kunst und Altertum und Beckmann gesprochen. – Exposition im Mai wird nun. Eigentlich graust mir davor. T'ja t'ja, – die Müdigkeit der Welt . . .

*Mittwoch, 3. März 1948.* Mit etwas Kater (falschem Mosel zwischen Schnäpsen) – in kalter Frühlingsluft spazieren . . . Dann Abends großes Verwechslungsdrama von Jansons. Na ja, sie waren gestern Abend vor verschlossenen Türen (bei uns) – Er aber heute nach Illinois. Wir holten nun die rote schwarzhaarige Frau eben noch im Auto herüber zu uns und baten vielmals um Entschuldigung.

*Freitag, 5. März 1948.* Newberry das Portrait abgenommen und Check, Freude etc. Abends bei Pulitzer's mit lächerlichem Bildergehänge, eine Busenfrau und uncle (von Perry) – t'ja, t'ja. – Perry's und andere etc.

*Samstag, 6. März 1948.* In school glaube ich, ja ja, aber niemand war da ... Perry Interview von 5–8 Uhr.

*Sonntag, 7. März 1948.* Der wahnsinnige Rausch – des aufgelösten nie mehr zu Seienden – ja – und noch mehr, Selbstgenüsse in jeder Form ziehen ihre Kreise.

Warum lebe ich noch immer – 2 heftige Stunden an »Helena« – abends Perry Interview bis zum letzten Knopf – von 9–12 Uhr. Unnötige Aufregung alles, man gebe mir ein großes Ziel – zu dem ich doch zu schwach bin – pauvre homme.

*Montag, 8. März 1948.* Langsam kommen neue Wellen. Die Ausstellung im City Art Museum fängt an von fernher zu grollen. Janson erwähnte zufällig »Art News« Verhandlungen wegen Titelblatt farbig, aber 800 Dollar, neugierig ob sich die Parteien einigen.

Morgens nach Korrektur mit Wally Reservation holen, mit einigen Schwierigkeiten erhielt ich sie. Mit Wally Jefferson geluncht ... Morgen wieder Menschen und so fort – oh Gott.

*Dienstag, 9. März 1948.* Letzter Tag vor Boston recht anstrengender Tag. Morgens mit Q. und Wally per Car Geige zu Perry ins Museum, dann ins Chase, – zurück nach Haus – geluncht – dann wieder ins Studio, Pulitzer Empfang. – Abends als anstrengende Erholung wieder Perry Interview und Quappi Packen. – Erwarte nicht viel von Boston und nicht mehr viel vom Leben –

Auf Wiedersehen in 8 Tagen.

*Mittwoch, 10. März 1948 und*

*Donnerstag, 11. März 1948. Boston.* Unter angstvollem Geschrei um halb neun Uhr, – Schneefall mit Glatteis –, von Wally im Auto zur Bahn. Kamen aber doch noch mit. Nun ging's los. Zwei Bedroom's, im Speisewagen ein unliebsamer Bekannter, den man aber bald abschubste – sonst mit Windeseile durch Mittelwest, noch mit leichtem Schnee bedeckt über Cleveland – Albany. Nachtfahrt. Am anderen Morgen, Donnerstag gegen Mittag, mit Geschrei und Tränen von Maruschka abgeholt. In Boston lag noch überall viel Schnee und wir sausten durch die unbekannte aber freundliche Stadt in die Swarzenski-Wohnung wo auch der Professor auftauchte. Lunch – und nervöses Herumtelephonieren wegen Lecture. Maruschka legte Beschlag auf mich. Man saß, bis schließlich Professor zurück kam zum Abendessen und ich erzwang nachher Autofahrt und Besuch von höchst unanständiger Burleske. In der Nacht dunkles Hafenleben von Boston.

*Freitag, 12. März 1948.* Des Morgens holte uns Zerbe zum netten Kunstschuldirektor, sah meine Bilder. Danach fuhren wir nach Harvard University wo ein Herr R. uns in Empfang nahm und wir Newberry's Collection-Exposition, mit Beckmann und Graphik-Expressionismus bewundern mußten. Lunch später mit Prof. Köhler, Herr und Frau Rosenberg (geb. Husserl), Maruschka und young man Mr. C. der sich als Beckmann Besitzer vom »Swimmingpool Cap Martin« und zukünftiger Museumsdirektor von Harvard-Museum herausstellte. Prof. K. früher in Weimar – (Geschrei über »Junge Männer am Meer«) ... Später ich noch allein bei R. mit meiner Graphik. – Na ja. – Dann noch allein in Harvard-Cambridge, nettes Städtchen und zurück im Auto am schönen Hafenfluß, wieder zu Swarzenski's. Abends Festdinner bei Tannhauser's mit einer Riesenflasche Mumm, Prof. Panofsky und Frau, Swarzenski's. –
Froh als alles zu Ende, müde ...

*Samstag, 13. März 1948.* Morgens nach einigen Kämpfen mit Q. im Auto Stadtrundfahrt durch Boston, wo sich in der Hafengegend wirklich sehr hübsche Bilder entrollten. Angstvoll gehetzt zurück zum Prof. Swarzenski ins Museum, entsetzlich müde schon – sah aber schöne Figur aus Kreta mit Schlangen. Dann Lunch mit Swarzenski und Artschooldirector und dann endlos gelaufen zur Schule zum Lecture. 150 Students, Teacher und andere. Quappi las recht gut vor, Beifallsgeschrei und dann bei viel Cherry und womensgespräche sehr amüsant, auch der »Auto-Verteidiger«. Hinterher zur Director-Party mit 30 Leuten – (Director Constable, etc. etc.) – nach vielen Coctails ging's ganz gut. Alles besonders nett. Abends dann noch die Herren P. (Beckmann-Anhänger) und Dr. Tannhauser. – Dann Gott sei Dank – Gott sei Dank – endlich ins Bett.

*Sonntag, 14. März 1948. New York.* (Von Boston nach New York.) Abfahrt so um 12 Uhr herum. Maruschka brachte uns noch an die Bahn und man fuhr durch New England zum Teil am Atlantik mit recht hübschen Landschaftsbildern, sehr schön bei New London und New Haven. – Valentin holte uns ab, zusammen ins Gladstone (zwei nette Zimmer). Vorher (vor dem Dinner) schon Besprechungen. Abendessen im Plaza mit ihm, einem unbekannten langbeinigen Amerikaner, Dorothy M. mit Gatten und Jane. –

Früh nach Haus.

*Montag, 15. März 1948.* Morgens zuerst mit Quappi im Centralpark in schöner Morgensonne von den »Giganten« kalt betrachtet. Q. ging dann mit Jane lunchen, ich um 1 Uhr zu Valentin. Vorher besah ich mir noch eingehend den Zoo mit den 3 Gorillas, schön und friedlich da alles. Um 6 Uhr erschien der junge Swarzenski wie immer liebevoll und aufgeregt weil er im St. Louis Katalog über mich schreiben soll. – Dann um 8 Uhr Joep N. der im Auto holländisch Anthroposophen-Weib mit hatte, nicht häßlich. Gespräche über Anthroposophie, Erotik etc. – t'ja t'ja – später zu Fuß durch Nacht-New York.

*Dienstag, 16. März 1948.* Am Morgen allein im Metropolitan Museum. Schöne Goya's – Rembrandt »Alte Frau Nägel putzend« – Maria Stuart, englischer Primitiver, Breughel und ein schöner Bosch. Zerschmettert verließ ich die Riesenräume um Lunch mit Quappi (die zurück von Doris) – Mr. S. und Valentin zu haben. S. ist ganz netter Halb-Ire, wir hatten nicht uninteressante Gespräche über alte Griechen u. Irland. – Später kamen Rechtsanwalt und Mr. Walker (von Artist und Equity) wegen Naturalisation etc. sehr freundlich. Dann nochmals Hans Swarzenski mit Frau und zu Valentin's Wohnung. Mit der ganzen Gesellschaft dann im Bistro, sehr guten Lobster und dann noch – (Oh Gott) – »high Buttenshoe's« Operette, mit alten Badekostümen aus 1903 – und dann endlich nach Hotel. Gott sei Dank – konnte nicht mehr.

*Mittwoch, 17. März 1948. Fahrt New York – St. Louis.* Letzter Tag in New York, ziemlich todmüde schon am Morgen, mußte aber doch von Jane am Telephon hören, daß Österreicher vom Modern Art Museum noch zum Lunch käme. In der Stadt große Irenparade. Ich sah mir nochmal das Rockefeller Building in der Nähe an und wurde fast erdrückt von Polizisten und Publikum. – Um 1 Uhr kam dann auch der Riese zum Lunch, netter Mann, leider habe ich seinen Namen vergessen. Onkel war Graf Berchtold (im first world war). Erzählte umständlich seine Lebensgeschichte von Wien bis Mexiko und New York – und Truman hielt gleichzeitig seine Rede (am Radiolautsprecher). – Na ja, dann sausten wir zum Central Station in unsere Roomettes –

(kamen glücklich durch Iren-Volksmenge) und die Rückreise und später die Nachtfahrt begann.

*Donnerstag, 18. März 1948. St. Louis.* Morgens erwachte man im endlos flachen Mittelwest etwa um Cleveland herum und tranken lustig Kaffee im Speisewagen, – immer mehr tauchten die nun schon bekannten Gegenden auf und zuletzt als großer Gruß der wirklich großartige Mississippi, am Rand noch alte Schauboote mit denen ich gern nach New Orleans fahren würde. – Auf dem Weg nach Haus schon Freß-Einkäufe bei Schenberg, geschlafen – und dann heimlich anonym ins Atelier – und »Helena« 4 Stunden – sehr frisch fertig gemacht in selten verzauberter Stimmung. – War schön. – Q. holte mich ab.

*Freitag, 19. März 1948.* (Bericht über den ersten »offiziellen« Tag wieder in St. Louis.) Morgens nach Kaffee mit Quappi in School, wo Dean uns herzlich empfing und wir ihm alle unsere Reiseabenteuer erzählten. Dann Students, Wally, später noch Warren, wie immer nett, aber etwas zerstört über die Kriegsmöglichkeit. Des Morgens hatten wir übrigens das Randgebiet eines Tornados, der in der Umgegend viel zerstört hatte und 16 Tote. Man ging aber vergnügt spazieren trotzdem es wahnsinnig wehte. Ich später auch durch den Frühlingspark . . .

*Samstag, 20. März 1948.* Ja, man versucht langsam wieder auf die Beine zu kommen – lange an der »Rettung«, glaube fertig, recht müde daher, aber trotzdem –

Sonnabend niemand in der Schule. – Viel Krieg liegt in der Luft – »Entscheidung« nach Wahl in Italien. – Kaltes Canadien dry water ist wundervoll. – Las viel Dacqué, nicht viel Neues für mich. – Aßen abends im Jacovelli, 3 Bier und nette Kellnerin. Masken zogen vorbei. – Sommerwärme.

*Sonntag, 21. März 1948.* Ziemlich friedlicher Sonntag mit enormen Regen. Pinsel waschen im Atelier. – Vier Uhr Perry Tee mit Tante und schwangerer Rettles und schreiendem Kind. – Zu Abend im Chase mit Quappi, Dacqué – (mäßig) und metaphysischen Gesprächen. Immerhin – vielleicht kann ich mich doch denken als Seele –

*Montag, 22. März 1948.* Ziemlich stark an der »Rettung« – fertig?! – Viel korrigiert, sehr nett war die »thank you«, mit »Lady Chatterdale's Liebhaber«, ha ha, auch Andrea war schön, aber wird zu mager.

Wally nervös, hat aber einen schönen Zeitungserfolg heut Abend. –
Abends rief Mary an, ziemlich verzweifelt wegen Kriegsgefahr ...
Verlor meine Brieftasche mit 60 Dollar und einigen Papieren – Pech –
Q. ließ Brot in der Bank liegen – »Unglückstag«. – Viel Regen.
*Dienstag, 23. März 1948.* Nochmals – jetzt also »Schlangenbändigerin
und Clown« – fertig, 4–5 Stunden gearbeitet. Ziemlich restlos erledigt.
Nachmittag ausgeruht, Abends im Kino, sahen guten englischen Gift-
mordfilm. – Perry aus Oklahoma zurückgekehrt, rief an wegen Min-
neapolis – (Auf Telegramm von Stadt) – weiß noch nicht ob ich hin
gehe.
*Mittwoch, 24. März 1948.* Zuerst Spaziergang nach Clayton in Frühlingssonne. Dann Lunch mit Quappi im Claytonroom. Später dann
Mary mit Korrektur. Gerede mit ihr über Seele – Frau – Nicht-Seele
– etc., ganz interessant. Sie ziemlich tragisch wegen Krieg und ihrem
Gilles ... Ja übrigens: wieder engagiert in St. Louis!!
*Donnerstag, 25. März 1948.* Sehr warm. Morgens beim Dean mit
sehr freundschaftlichen Gesprächen und allgemeine Begeisterung über
mein Hierbleiben – (aber erst noch nach Holland, Cuba oder Mexiko).
Trotzdem – der erste wirkliche Grundstein ist gelegt und man kann
wenigstens nun operieren und – mit Freuden.

### – – – Gott sei Dank. – – –

Nachmittag nochmals in School mit Perry der sich die »Artisten«
(Schlangenbändigerin und Clown) ansah (sehr begeistert), auch Dean
erschien noch. – Leider wie alle weg waren, nochmals 2 Stunden ge-
arbeitet – war aber notwendig.
Na, abends wieder Krieg- und Friedensgespräche, wie wohl nun
dauernd –
*Freitag, 26. März 1948.* Doch noch an den »Artisten« herumgepinselt,
gut glaube ich Vormittag und Nachmittag gearbeitet.
Großer Sturm –
Morgen soll Valentin kommen?!
*Samstag, 27. März 1948.* Allerletzte Hand an »Simon und Helene« –
übermüdet. Trotzdem abends zur Coctailparty bei Mr. Fett. Alles in
allem recht nett. Q. tanzte sehr viel. Leider auch viele Whisky's.
Wally brachte uns im Auto zu Haus. Viel Liebe, ganz rührend.

*Sonntag, 28. März 1948.* Heute früh erschien Valentin hier, blieb für
»guten Tag Q.« – dann ins Atelier wo alle Bilder besehen wurden.
Begeisterung, sogar die großen Köppe. Nachmittags Party bei Perry's
mit Valentin, Mr. und Mrs. Pulitzer, Reverend so und so, Mr. so und
so, Schauspieler aus »Providence« alles sehr nett ... Dinner mit Valentin, Perry's, Pulitzer mit Unterbrechungen von vielen Klee's, ganz
hübsch. Große Freundschaft mit Valentin. Pulitzer kauft Klee –
*Montag, 29. März 1948.* Valentin kam um 12 Uhr (eine halbe Stunde
zu spät) ins Atelier und suchte »Selbstportrait 47«, »Opfermahl«,
»Stilleben mit Kerze und Orchidee« und »Souvenir de Chikago« aus.
– Mit Quappi dann zu Lulu und später Lunch mit Poki und ihr im
Plaza. Dann mit Q. und Valentin ins Museum, Perry Graphikauswahl
für retrospective Ausstellung. – Ich dann allein ins Atelier, und sehr
müde nach Haus. Klavierspiel von unten wurde abgestellt.
*Dienstag, 30. März 1948.* Großer Regenspaziergang über Delmar
nach Clayton, sah noch im »Pen und Palette« Wally-»Katzen«. –
Brieftasche wieder da! Doch ohne die 60 Dollar. – Weiter Regen. Zu
Hause mit Gesangstönen vom Nachbar unten. – Früh ins Bett, recht
elend und erkältet.
*Mittwoch, 31. März 1948.* Ging mit Erkältung in school und wenig
interessante Briefe abholen. Schlechter Laune. – Nachmittag schreckliche Stunden im »Cave« von Museum, um Graphik für große Exposition auszusuchen mit Q. – Schließlich kam Perry und wir fuhren
nach Haus (in seinem offenen Auto – oh Gott) und er las mir noch
mein ganzes Leben vor – oh Gott, schließlich war ich ganz zerschmettert und ging traurig zu Bett.


APRIL

*Donnerstag, 1. April 1948.* Schwer erkältet um 12 zum Zahnarzt,
ganz nett und Stiftzahn war bald wieder drin. – Um halb fünf kamen
Rapps und Mary mit einer neuen Frisur, Gilles war auch nett, (but
the war!!) – Abends kommen noch Janson's, die auch die Welt nicht
ändern werden. – Hoffentlich wird meine Erkältung bald besser.
*Freitag, 2. April 1948.* Noch erkältet rumgelungert, versucht zu zeichnen, schlecht natürlich. – Montminy's aus Stephens College riefen an

für Montag. – Abends mal wieder im Kino. Schrecken – Auto – Kinderaccident-Film – direkt grotesk. – Erkältung erstmalig besser.

*Samstag, 3. April 1948.* Großer Hemannspark-Spaziergang im Sonnenschein und vielen Omnibussen und Tram's. – Später sahen wir einen großen Brand »im Frühling«.
Nachmittag Zeichnung »Begegnung« gemacht. Q. bei Harrison.
Singender Anthropologist schweigt heute.

*Sonntag, 4. April 1948.* Im Atelier erstmalig wieder etwas gearbeitet, »Schwertlilien«-Stilleben. Ganz angenehm bei herrlichem Wetter, prima Frühling. Nachmittag Brief an Peter. – Abends Missouri Cinema, mit sehr schlechtem Farmerfilm aber amüsantes Lokal. »Frauen in der Nacht« war nicht zu sehen . . .

*Montag, 5. April 1948.* Besuch von Montminy und Weib, kamen um fünf zum Tee, auch Hudson's. Montminy's mit Q. später im Atelier, dann Dinner zusammen. Nette Menschen . . .

*Dienstag, 6. April 1948.* . . . Heftig gearbeitet am weiblichen Akt mit grünem Tuch, bis halb drei. – In meinem Park gewesen, Gewitter trieb mich nach Haus, Riesenblitze über dem Missouri. – Betty Großman war nach dem Essen da. Man will entsetzlich viel Reclame für mich machen – sogar Television – na, – verflucht, – oh Perry –

*Mittwoch, 7. April 1948.* Verfehltes Rendezvous mit Janson. – Hitzespaziergang durch den Forestpark bis Jefferson Memorial. Tolle Hitze und dabei Wind. – Nachmittag Briefe schreiben an Holländisches Consulat wegen Rückfahrt aus Amsterdam-Rotterdam etc. Etwas bedrückt deswegen, da wir sehr ungern fahren wegen Kriegsgefahr, lieber Mexiko. – Na, warten bis zu den italienischen Wahlen . . .

*Donnerstag, 8. April 1948.* Entworfen: Parkbild mit abgeschlagenem Löwenkopf. – Unterhaltung mit Wally. Später Miß »Thank you«, die Boston Vortrag gelesen hatte. Schönes Mädchen. – Quappi hatte Quartett, – ich allein.

*Freitag, 9. April 1948.* Fauler Spaziergehtag. Entdeckte rechte Seite vom Delmar mit Highschool. Später dann Hemannspark, alles sehr heiter und schön . . .

*Samstag, 10. April 1948.* Erkältung ziemlich beendet, war diesmal sehr unangenehm . . . Politischer Zustand hinschleppend – werden nun wahrscheinlich doch fahren – oh Gott.

Q. Nachmittags und Abends Geige. – Sturm. – Abendspaziergang.
*Sonntag, 11. April 1948.*
              Auch dieser Sonntag ging vorbei
              mit vielem unnötigen Geschrei. –
Stilleben mit Schwertlilien fertig gemacht, ebenso weiblicher Akt auf
Sofa mit gelbem Sonnenfenster. – Ganzen Nachmittag Zeitung gelesen
und die politische Situation recht unangenehm empfunden . . .
*Montag, 12. April 1948.* Große Korrektur, vorher noch Dean etwas
»gepreßt« wegen Mexiko. Dann noch Wally Barker gezeichnet . . .
Ich abends allein im Schubert-Kino, ziemlich trostloser womenfilm in
Schanghai. Überall beginnende Kriegsstimmung – noch in trostlos
stumpfsinniger Nacht downtown.
*Dienstag, 13. April 1948.* 15 »Day and Dream« Lithos angepinselt,
ganz unterhaltend, aber doch eine unfruchtbare Sache – na, muß auch
mal sein. Noch Regen, den ganzen Tag zu Hause. – Abends Shirley
Temple Film, es war leider recht voll, und ein altes Weib fraß fort-
während irgend etwas neben mir.
*Mittwoch, 14. April 1948.* Am »Wally« und neues »Selbstportrait im
Dunklen« angefangen. – Nachmittag mit Q. im Shawgarden im schö-
nen Frühling. Abends dann allein noch im Plaza, später »Begräbnis«
Gespräche – ja, ja.
*Donnerstag, 15. April 1948.* Mit dem Dean konferiert wegen Mexiko
und wieder einen recht guten Eindruck von seiner Zuverlässigkeit. –
Mit Wally für Sonntag Cave-Expedition verabredet. – Zu Fuß in den
Zoo. (*Glas* vor den Vögeln – scheußlich.) – Nachmittag Besuch eines
»Deutschen«, dann noch etwas gearbeitet am weiblichen Akt in blau –
und »Walküre«. Auf Schooltreppe traf ich noch Miß Morgan mit
»Zarathustra«.
*Freitag, 16. April 1948.* Am »Wally« und »Frühlingspark«. – Briefe
an Valentin und Kuniyoshi. – Tag sehr heiß, abends kühl. Noch etwas
Augenweh.
*Samstag, 17. April 1948.* Mit Q. und Taxi Quappiportrait und
»Christus in l'enfer« zum Museum gebracht, wo Q. bereits den un-
fertigen Katalog erblickte. Scheint nun doch was zu werden mit der
Ausstellung. – Dann in den Zoo, wo der Cigaretten rauchende Orang
und ein wundervoller blauer Mondkakadu Begeisterung erregte . . .

*Sonntag, 18. April 1948.* In den Ozark Caves mit Wally und Frau im car. Immerhin 150 miles und viel Sonntagstrafik (3–4 Tote).. – Na also, herrliches Wetter. Die Höhlen leider eine leichte Enttäuschung, da die eigentliche Tropfsteinhöhle sehr niedrig. Aber sonst war's ganz lustig und wir warfen Steine über den River, photographierten, aßen schlechte Würstchen und kauften schöne blauviolette Bergkristalle. – Dann noch kleinen Whiskyrausch mit Quappi und Lecture-Vortragsübungen mit ihr – ja ja –

*Montag, 19. April 1948.* (30 Grad Hitze!) Sah in der school nach cirka 3 Wochen endlich wieder »Clown und Schlangenbändigerin« und really imponiert von mir selber, was nicht so leicht vorkommt – und also »relativ« glücklich. Arbeitete noch am »Artistenpaar« (formerly Rapps) – und »Frau im Dunklen« schwarz violett. – Wahnsinnig heiß heute. – Perry telephonierte aus New York zurück, »Katalog« wird ein Buch! – Sonst furchtbar viel Ginger Ale und Canadien Dry Water.

*Dienstag, 20. April 1948.* Mit Gewitter aufgewacht. – Interview mit Mr. D. vom Post-Dispatch. Ganz braver Mann, der mit der Copy vom Bostoner Vortrag bereits ankam. – Nachmittags sehr müde hingelungert, erschöpft vom Interview und der gestrigen Hitze. Etwas »Day and Dream« aquarelliert.

*Donnerstag, 22. April 1948.* Schlechter Tag mit viel Augenweh, gestern Abend zu viel englisch gelesen, schlecht gearbeitet – weiblichen Akt verdorben – etwas an Wally gearbeitet der nette Photo's von den Cave's brachte. – Netter Brief von Piper.

*Freitag, 23. April 1948.* Augenwehtag mit Korrektur. Mürrisch und melancholisch. Ging traurig zu Fuß nach Haus und mies zu Bett. Q. weckte mich mit den zwei Briefen, einer von Minna die die 6 Kataloge erhalten hat und einer von Valentin, der mir Pulitzerankauf von »Souvenir de Chikago« meldete. – Na, das besserte meine Stimmung etwas. Aber der Abend mit Q. im Jefferson war verfehlt, zu dunkel dort und zu müde, und der franz. Sekt doch nicht gut (zu alt) – aber trotzdem »der Vorhang hebt sich weiter« –

*Samstag, 24. April 1948.* »Wally« beendet, glaube gut. Q. holte mich ab, ich war natürlich sehr müde. »Leda« an Rickey abgegangen. – Heiß – Augenweh, besser abends. Marlene als »Zigeunerin« im Film – oh Gott –

Übrigens steht Holland wieder auf dem Programm, da die Russen weniger stinken und Italien vorläufig gewonnen hat.

*Sonntag, 25. April 1948.* Briefe geschrieben an Frau H., Piper, Minna, Valentin, Iowa etc. etc. – Möglichst Ruhetag gemacht, heißer Mittagsspaziergang. Nachmittag mit Klavierstörungen von unten so hin gemurkst und Abends bei Perry's gegessen und nett unterhalten. Alles steht im Zeichen der Ausstellung und ich werde immer noch von vorn bis hinten durchgeforscht. Perry rief noch Valentin an, da er durchaus noch Bilder um 1936 aus Deutschland kommen lassen will! Ich sprach auch kurz mit V. – Mein Gott, wie die Zeit vergeht – hier kennt man kaum Herrn Uhde, Vivin und Célestine – damals in Paris!! – Im Auto nach Haus, nach großer Hitze regnete es ein bißchen. –

*Montag, 26. April 1948.* Gestern großer Senf über Beckmann-teacher im Postdispatch. Heute Schülerrummel mit Dean, Conway, ganz lustiges Klassentheater. Vorher noch mit Dean wegen Mexiko etc. gesprochen. – Übrigens Rückfahrtkarte Rotterdam – New York ist gekommen! Na, fehlt nur noch das Quota Visum ... Nachmittag etwas aquarelliert, auch in meinem Park spazieren (Brustweh) – melancholisch.

*Dienstag, 27. April 1948.* Noch mit Wally wegen der Schülerausstellung juriert. Großer Betrieb in School. – Dann 4 Stunden den »alten Swimmingpool« fertig gemacht ... Schrieb zusagend wegen der Rückfahrtkarte. – (Oh Gott wie soll das enden –) ...

*Donnerstag, 29. April 1948. Bloomington.* Reise nach Bloomington über Indianapolis verlief recht mittelmäßig. Eine furchtbare Busfahrt von anderthalb Stunden (Indianapolis nach Bloomington) drohte. Ich kurz entschlossen Taxi genommen, aber mit 150 km Geschwindigkeit die wahnsinnigsten Kurven – na, ich kam halb tot an – niemand im Union-Club – Krach mit Q. die erst nicht telephonieren wollte – (Weh) – schließlich erschien Herr Hope – und wir fuhren zu Heiden's, dort große Begeisterung, Cola recht nett, er auch sympathisch. Flasche Sekt und Rumsteak, einiges geredet und sah »Schlangenkönig« und »Hummerfrau« wieder. Dann zu Brendels, viele Menschen. Später erschien Mr. und Mrs. Hope und Dr. Longman. – Früh ins Hotel ...

*Freitag, 30. April 1948.* Bloomington ist ein reizendes Städtchen, aber die Jury über Prints und Drawings war unsterblich langweilig – viel zu viel »Tapeten« – sehr langweilig alles . . . Es war wirklich nicht viel da, was ernst zu nehmen ist. – Nachmittag wieder Jury mit Preisverteilung – oh Gott – nie wieder. – Dann Coctailparty bei Hope's mit vielen Picasso's und cirka 30 Menschen deren Namen ich wieder vergessen habe. – Abends rannte alles in ein Konzert von Serkin. Wir gingen ins Hotel . . .

MAI

*Samstag, 1. Mai 1948. St. Louis.* Wieder Millbrook St. Louis. Es ist Nacht und draußen ist großer Donner und Riesenblitze. Kamen um 5 Uhr zurück. Sehr schöne Autofahrt von Mr. Engel durch das schöne Frühlingsland. Alles ging glatt und wir fuhren mit unserem New Yorker Spezialtrain zurück. Interessant waren ausgerissene Wälder durch Tornado in der Nähe von Illinois. – Nach Kaffeetrinken am Bahnhof, stieg ich an der school aus dem Taxi und arbeitete 4 Stunden am neuen »Carneval« – das war das Beste. – Quappi hatte zu Haus alles nett gemacht, und Photo's aus Boston amüsierten mich am Abend.

*Sonntag, 2. Mai 1948.* Spazieren gelaufen im Frühling, war beim alten Swimmingpool. – Abends bei Hudson's mit Teacher's und Frauen . . . (Weh).

*Montag, 3. Mai 1948.* Heftig an »Masquerade« (»Carneval«) gearbeitet . . . Brief kam aus Cuba wegen Einreisepapieren – wird noch viel Unangenehmes geben – glaube nicht daß wir im Herbst zurück kommen . . . Piper schickte »Vormittag«, nett.

*Dienstag, 4. Mai 1948.* Wollte eigentlich nicht arbeiten, aber doch noch 4 Stunden »Wally« übermalt. – Außerdem ein bißchen Magenkrank oder Schnupfen. – Abends dann spazieren mit Q. auf dem Schulparkhof und später müde und Piper-Erinnerungen gelesen. Heftige Vorbereitungen für die große Ausstellung im Gange, Q. mußte im Museum Einladungen verschicken und sah Schülerausstellung.

*Mittwoch, 5. Mai 1948.* Sehr müde, zu viel gelesen. Zogen morgens zum Dean um langweilige wichtige Paß- und andere Geschichten zu erörtern. Sehe all diesen Dingen recht skeptisch entgegen . . . Gearbeitet wurde nicht . . . Abends Kino und Piper-Erinnerungen – oh!! – Germany – na – ja –

*Freitag, 7. Mai 1948.* Excellenz Frau Frieda von Kaulbach gestorben –
ja also, heute erhielt Q. die Nachricht daß sie vor acht Tagen gestorben ist. 77 glaube ich – nun vielleicht gefällt es ihr auf einer anderen Ebene besser – hoffen wir es.

Morgens in der Schule, sah Wally kurz und traf mich mit Quappi bei
Jefferson, aßen im Ratskeller, Q. war auf dem Mexikanischen Konsulat wegen Pässen, Visa's. Zurück mit dem Delmar-Bus. Zu Hause
lag die Todesnachricht vor . . .

*Samstag, 8. Mai 1948.* Nun naht die Exposition und alles japst.
Presse-Tam-tam ist eminent, die Zeitungen voller Abbildungen, the
people neugierig . . . Morgen wird's auch nicht anders sein und »echte
Liebe« – oh mein Gott. Der modern academic Snob wird schimpfen,
der Bürger ebenfalls – also die ganze Sache ist 100 Jahre zu früh. –
Viel Sonntag und Spazieren. – »Day and Dream« fertig aquarelliert.

*Montag, 10. Mai 1948.* – Eröffnung City Art Museum –
Very tired gibt es immerhin einiges zu denken. – Es regnet – und be-
friedigte, müde, ambitiöse und irgendwie anständige Versuche, ver-
antwortungsvoll zu denken, lassen sich konstatieren. – Man kann
schon sehr stark auf die Menschen wirken, – ändern? Nothing. Genügt es ihnen zu sagen ich leide wie Du?!

*Dienstag, 11. Mai 1948.* Noch einige Nachgeburten.

Perry und Curt waren morgens noch im Atelier und besahen Bilderchen, neue »Masquerade« wurde beurgrunzt. Na ja, dann alle zusammen nochmals im Museum, wo ich selber etwas mehr zum Genuß
meiner Bilder kam. – Q., Rettles, Perry und Curt lunchten im Plaza,
Curt dann nochmals bei mir, nahm 4 aquarellierte »Day and Dream«
mit und reiste müde aber freundlich ab. – Die Sensation verebbt langsam und von morgen ab wieder der normale Trott. – Etwas Kater und
abends im Harbor-film – alles nicht so wichtig – (Weh –).

*Mittwoch, 12. Mai 1948.* Morgens etwas gewaltsam im Museum zur
Vorbereitung einer Radiosache . . . Na, viel Konfusion – Lunch mit
Perry, Quappi und Museumstaff im Downstairs (sehr nette ältere
Dame dabei, Mrs. P.) und »Thank you« mit Freundin am Nebentisch.
Dann wurde mit Perry ins Atelier gefahren um die Beckmannbilder
für das Picassobild zu holen. Und dann mir selbst überlassen, malte
ich noch 4 Stunden und kam halb tot zu Hause an. Viel Ovationen

den ganzen Tag, aber was ist das gegen Arbeit und ein gewisses Wissen von mir selber.

*Donnerstag, 13. Mai 1948.* Kühler Frühling, ermüdet und nur in der Schule um Pinsel zu waschen. Q. kauft – oder vielmehr holte Billets ab für New York und kam zu spät zum Rendezvous. – Etwas Augenweh. – Nachmittag viel Fuß-Schmerzen in meinem Park. – Sahen Conway Wachsfarben demonstrieren in Television bei Jacovelli wo wir dinierten. Später noch bei Zunia zwei Whisky's und Gespräche über Kunst und Volk.

*Freitag, 14. Mai 1948.* Sollten wirklich einmalige Persönlichkeiten – und deren sind sehr wenige – vielleicht doch die »verkappten« Erzengel sein die herunter gestiegen – etc.? Wir wollen es hoffen – ja wir wollen es hoffen an dem Tag der heute und immer ist, der Tag »sei bei uns«.

Ja, und sonst allerlei, Briefe von Peter, Lütjens.

Janson kommt morgen. Ja, und »Masquerade« sehr schön wirklich beendet. – Todmüde.

*Samstag, 15. Mai 1948.* Doch noch etwas an »Wally« gearbeitet, jetzt gut. – Abends das große Wallymaskenfest. Ich mit schwarzer Maske und Hut und etwas Whisky. Leider wurde ich natürlich gleich erkannt. – Miß Morgan (Italienerin) und andere Schülerinnen, Warren, Mr. Fet, Hämlin; mit Frau Hämlin meinen ersten Tanz, später auch mit Miß Morgan, Tukky etc. etc. ganz komisch. Viele ganz gute Masken auch ein colored Ehepaar (sie hübsch), reizender Boyfreund von »Thank you« – kurz es war ganz komisch. Mit den Nachbarn im Auto um 3 nach Haus... Q. blieb wegen Tod von Mutter zu Hause.

*Sonntag, 16. Mai 1948.*

> »Auch dieser Sonntag ist dahin
> mit etwas Kater und ohne Klim bim«

... Nachmittag las ich einmal gründlich Perry's Vorwort und fand es doch wirklich sehr gut. Eine nicht ganz falsche Darstellung meines Lebens, nur daß sie die wirklichen – die unwirklich wirklichen Dinge niemals wissen werden ... Abends fand ich, daß ich gestern Abend bei Warren Wally meinen Mantel vertauscht habe. – That's all. – (Viele Briefe geschrieben.)

*Montag, 17. Mai 1948.* Lunch mit Perry. Abends mit Quappi, Betty

Großman und Perry zur Television, wo ich das erste mal englisch sprach (öffentlich) und »aussah«. Q. und Perry waren ganz gut, aber zu sehr eingeschüchtert. Im Auto von Perry nach Haus.

*Dienstag, 18. Mai 1948.* Den ganzen Tag gemalt, morgens Selbstportrait im Dunklen. Nachmittags und Abends wieder »Wally« – es scheint mein neuer »Blumencorso in Nice« zu werden. – Heller sehr strahlender Sonnenfrühlingstag, aber zu knallig.

Ja, was tut man nicht alles – und alles umsonst – gute Nacht.

*Mittwoch, 19. Mai 1948.* . . . Da von gestern überarbeitet fuhr ich mit Q. und Zunia zum Art Museum – ich weiter zum Zoo, wo ich Amerikanische Alligatoren entdeckte. – T'ja, t'ja – später zu Fuß durch den schönen Park zum City Art Museum, wo Q. im Gespräch mit R. und Mann, Zunia's etc. und viele Bekannte waren . . . Nach dem Lunch erschien der Dean, mit dem ich durch Ausstellung ging, u. s. w. . . .

*Donnerstag, 20. Mai 1948.* Trotz eigenem Verbot, doch noch am Selbstportrait im Dunklen gearbeitet. – Dumm – aber die schwarzen Handschuhe werden schön. – Aufsatz im Art News erschienen. Alle hatten es schon gelesen nur wir noch nicht. – Abends holten uns die Hudson's ab mit car zum Perry Abend. Dort war versammelt: Martha Love, die Russen-Italiener T.'s, Armstrong, Bill, Pulitzers, Hudson's, Conway's, alles voll Bewunderung sehr rührend. Hörte dabei daß May großen Beckmann gekauft hat, »2 Schauspielerinnen vor dem Auftritt in Rüstung«. – Ho – Ho –

*Freitag, 21. Mai 1948.* Als neue Sensation zu vermelden, daß Reisebureau schrieb, daß wir doch auch ein Exit-Permit brauchen. Ausfahrt nach Holland wegen Kürze der Zeit also gefährdet. Jedoch Telephon mit B. M. Reisebureau und mit Pulitzer's schafften wieder etwas Beruhigung in die etwas nervöse Unruhe-Atmosphäre. Jedenfalls werden alle »gun's« in Aktion gesetzt – etwas muß man schließlich von der Berühmtheit haben – (die jetzt sehr wächst). – In der school seelenvoller Blick von A. »do you know – this evening Beaux Arts-Ball –« – nun leichte Verlockung – ha – ich gehe als Jupiter im Frack. Morgen mehr davon, da ich heute Nacht wohl zu müde sein werde. – Au revoir.

*Samstag, 22. Mai 1948.* (Fortsetzung von Freitag, 21. Mai.) Ball des Beaux Arts –

(Q. blieb zu Hause wegen Tod von Mutter.)

Mit Perry's und Martha Love zur Missouri Villa mit doppelten Boden. Empfangen vom Chancellor Compton und unter anderen Menschen von neu aufgetauchter Aurelia (Schülerin) die wirklich recht hübsch angetan war. Dann von Compton hinüber zur »Hölle« gefahren wo so ziemlich Alles über mich herein gebrochen kam. Ich mit schwarzer Halbmaske wurde natürlich wieder sofort erkannt und allmählich erschienen tausend andere Leute, Andrea mit Freund, Conway als Hausknecht sehr gut, der Dean mit Frau, Tochter sah reizend aus in Weiß mit roten Tupfen-Schminkenfleck auf den Backen. Viel Whisky und ich tanzte mit Andrea, dann Aurelia. Andrea sah ich indisch tanzen in dunkler Nacht mit Sternen und Missouri. Männliche Medusa mit lebenden Schlangen auf dem Kopf und weißen Haaren, sehr gute Maske ... Sah weiter Preisverteilung durch Pulitzer und Janson und tanzte später noch mit allen Weibern von Frau Conway bis zur Dean Frau. I like Conway. – Zum Schluß ziemlich groggy im Auto mit Hudson's nach Haus.

Heute Abend bei Janson's mit Frau Stix. Abschied.

*Sonntag, 23. Mai 1948.* Na also, es scheint ja nun doch daß Alles in Ordnung kommt. Lulu Pulitzer rief an, daß Joe nach Washington »gewired« hat u. s. w. – es scheint also daß man wirklich los fährt. Auch ansonsten muß man zufrieden sein, immerhin scheint die ganze Sache consolidiert. Wenigstens ziemlich – es ist noch viel zu tun. – Wenn kein Krieg kommt.

Heute noch »Frau (Akt) mit Katze« und noch etwas »Wally« gearbeitet. Noch leichter Nachkater bei großer Hitze. Viel geschlafen. Art News mit großem B. Artikel noch etwas studiert. – So rollt das Leben dahin – ja dahin.

*Montag, 24. Mai 1948.* 4–5 Stunden am dunklen Selbstportrait gearbeitet. Natürlich erledigt. War nur noch in meinem Park und in Mexiko – jo ja –

*Dienstag, 25. Mai 1948.* Morgens wieder 5 Stunden dunkles Selbstportrait. – Nachmittags Call von Lulu wegen Washington, sehr nett. Zurückkehrend erfuhr ich daß die Gute dreiviertel Stunden mit Washington State Department wegen unserem Exit-Permit telephoniert hatte – die wußten dort noch von gar nichts!

Na, jetzt wird's wohl klappen. – Abends bei Bill. Später Krach mit Q.
wegen zu viel reden. – C'est cela.

*Mittwoch, 26. Mai 1948.* Morgens mit Q. wegen Ausreise-Steuerer-
klärung im Downtown, wo eine entzückende hübsche und liebenswürdige Steuersekretärin mir 460 Dollar Steuer abnahm. Na ja –, schöne
dunstige Sonne wie an der Seine – geluncht im Jefferson, Sauerkraut.
Nachmittag noch 3–4 Stunden am dunklen Selbstportrait. Ist fertig
glaube ich. Natürlich sehr müde. Elende Abreisevorbereitungen.

*Donnerstag, 27. Mai 1948.* Also zur »Jury« first with Conway dann
verspätet Drewes ... later dann mit Dean und Conway gegessen. Zu-
haus wurden von einem Giganten die ersten Koffer abgeholt, (er bekam Whisky). – Den ganzen Tag noch sehr elend von den letzten
Selbstportrait-Tagen. – Noch kurz im Atelier mit Quappi. – Um 10
Uhr Abend Telephon von Lulu wegen Washington, rührend.
Na, sehen wir was der Morgen bringt.

*Freitag, 28. Mai 1948.* Sehr heiß ... Hohe Verwirrung, Lulu belagert
telephonisch Washington State Department, diese behaupten weiter,
keinen Brief erhalten zu haben (!) – schließlich trotzdem Versicherung,
telegraphisch Exit-Permit ans Boot zu schicken etc. – Sonst noch 12
Bilder mit Truck ins Museum (zu Mr. Hitt gebracht etc.) – Geld in
glühender Sonne geholt, im Atelier geschmökert ...

*Samstag, 29. Mai 1948.* Etwas stiller Tag aber ganz angenehm. In der
leeren school und Dean und Conway für morgen Abend zum Abschied
eingeladen. Nach Nachmittagsschlaf saß plötzlich Rettles mit Riesen-
boy Embryo da und grinste den »Verschlafenen« an. Wollte aber nur
geliehene Möbel abholen und ich gab ihr Curt-Brief wo auch einiges
über Perry drin stand. – Später noch großer Spaziergang, Euklid, Delmar mit stark amerikanischer Melancholie und feuchter Sonne ... Später noch Curt angerufen, der Typhusinjektion hatte.
Ankommen Mittwoch 8 Uhr mitgeteilt.

*Sonntag, 30. Mai 1948.* Letzter recht zerfetzter zerfaserter Sonntag.
Mit Wally als Abschiedsfeier die Mündung des Missouri in den Mis-
sissippi gesucht, aber vergeblich, zu schlechte Wege für das Auto. Bei
uns noch 2 Whisky's und Gespräche.
Flüchtiges Abendessen, dann Hudson's und Conway's.
Meine ganze Stimmung ist erfüllt von dem Vorschreck wegen dem

verfluchten Exit-Permit, nicht an Deck zu können – vielleicht übertrieben, aber man ist nun mal so . . .

*Montag, 31. Mai 1948.* Übersiedlung ins Chase Hotel. Morgens noch Abschied in der school mit Bierparty von den Students. Alle waren da und mehr oder weniger betrübt. Auch »Thank you« und Andrea, letzte schwang sich sogar zum Reden und Autogrammbitte auf. Gott hab sie selig. Riet zu Kindern, ha, ha. Auch Conway war dabei. – Im Chase rief noch Lulu an und versprach Telegramm für morgen wegen Exitpermit. – Auch noch bei Hit wegen den neuen Bildern. – Abends im Chase gegessen, Abfahrtsstimmung.


### JUNI

*Dienstag, 1. Juni 1948. Fahrt St. Louis – New York.* Abfahrt um 10 Uhr, von Mrs. Conway an die Bahn gebracht. Nette Roomettes . . . Na ja, schließlich ging man schlafen, aber der Zug wackelte so wahnsinnig, daß er nur recht dünn war. Irgendwo sah ich in der Nacht Feuer und große Städte.

*Mittwoch, 2. Juni 1948. New York.* (New York Gladstone Hotel.) Morgens Ankunft in New York sehr viel Kraft verschwendet wegen Exit-Permit, auch noch mit Washington telephoniert. Fanden aber gutes Telegramm von Lulu vor, was vieles erleichterte. Lunch mit Valentin, Merik C., Calder und einem Filmonkel der für Mondrian schwärmte. Calder ganz lustiges Original. Am Nachmittag mit Valentin im Plaza und Ed Fisher. Valentin fuhr mit Luft-Car nach England. Quappi und ich aßen nett im französischen Nachbarlokal. – »Permitsache« scheint sich zu klären.

*Donnerstag, 3. Juni 1948.* Ewiges hin und her wegen Exitvisa. Schließlich nachmittag um 5 Uhr ungefähr letzte endgültige Entscheidung per Telephon. –
Morgens in der Bonnard Ausstellung, mäßig bewegt. Mittags Perry zum Lunch. Abends mit ihm in »Harem« und Bowery.

*Freitag, 4. Juni 1948.* Nach dem Mittagsschlaf unsanft geweckt von Q. die behauptete Zeichnung vergessen zu haben für Marcel – und dann war sie doch da. Wunderbarer Spaziergang und Rückweg vom Centralpark, nach Interview von Aline Lochheim für New York Times. Recht intelligente Frau. Mein Gott, was tut man alles. Morgen soll's los gehen. Bin gespannt ob wir nun weg kommen.

*Samstag, 5. Juni 1948. Auf der »Nieuw Amsterdam«.* (Abfahrt von New York.) Na – also, man ist wirklich losgefahren und alles ging ganz glatt. Irgend wie wurde der Name »Beckmann« nochmal genannt, aber mit »Respekt«. – Kabine auf der »Nieuw Amsterdam« ganz nett, mit künstlichem Licht – nicht an der Außenseite. Und nun nahm das Bordleben seinen normalen Anfang mit mehr oder weniger eleganten Leuten, einem guten Eß-Steward und endlosem Herumgelaufe. Wetter mittelmäßig, aber die Ausfahrt aus New York wirklich sehr schön und man sah das große Babel mit seinem Riesen Empire-State-Building langsam versinken. An der Freiheits-Statue vorbei entwickelte sich langsam doch ein großes Trennungsgefühl – und hinaus ging es ins rough Meer, weit – und ohne Mitleid – wie ich selber? . . .

*Sonntag, 6. Juni 1948.* Rauhes Wetter und mit Mißvergnügen einiges festgestellt – unter den Passagieren . . . Na ja. Abends Bord-Kino, gutes Essen, nichts Erhebliches als schönes Schiff.

*Montag, 7. Juni 1948.* Versuch sich zu entspannen und aufzuatmen – da ja schließlich die Sache der ersten »Piratenfahrt« einigermaßen geglückt war – aber noch genug in Amsterdam zu tun.

Ob man wohl zurückkommt? !

*Mittwoch, 9. Juni 1948.* Rauhes Wetter, jedenfalls ist Quappi diesmal nicht seekrank geworden. – Etwas Deckspiele unternommen. – Katherin Hepburn recognosziert – aber die Falsche.

*Donnerstag, 10. Juni 1948.* Mr. J. Freund von Merik C. erschien am Tisch. Nachmittag Coctail mit ihm, Frau und Tochter. Nette Amerikaner . . . Übrigens sandte Mrs. M. C. Rettles und Curt Blumen zur Abfahrt.

*Freitag, 11. Juni 1948.* Die echte Katherin Hepburn recognosziert, amüsant gemein.

Mittleres Wetter. Abends Ankunft in Southampton, schöner Blick auf Nachtgepäckdampfer.

*Samstag, 12. Juni 1948.* Morgens Ankunft in Le Havre – schön wieder französische Landschaft zu sehen im sonnigen Nebel und die Abfahrt der Passagiere nach Paris zu beobachten. Alle eleganten Leute verließen das Boot und wir blieben als ein schäbiger holländischer Bodensatz zurück. – Viel kaputt noch in Le Havre. Dann ging's weiter in den Kanal mit viel Nebel und Getute. – Letzter Abend an Bord – im Kreis der Atmosphären –

*Sonntag, 13. Juni 1948. Amsterdam.* Morgens schon um halb sieben aufgestanden. Wir waren wieder da – und sahen Rotterdam im Frühmorgen – schön.

Viel Lärmaufregung aller Menschen, Zollschikane, Warten – heiß, das übliche Theater, und unter Geschrei schließlich Giselle die uns abholte. Mit Auto und Giselle nach Amsterdam. – Dort nun allerdings Butshy – immerhin er scheint uns wirklich zu lieben. Post, viele Blumen. Abends im Europe mit Butshy ... Viele unangenehme Nachrichten von Lütjens wegen Emigration Papieren. Glaube kaum daß wir zurück kommen können.

*Montag, 14. Juni 1948.* (Amsterdam.) Vielerlei erledigt. Auf die Bank (im neuen Amerika-Anzug), Geld geholt. Überall als Amerikaner angestaunt, etwas peinlich, aber es war so heiß ...

Oh komische Zeit der Wiederholungen. – Heilbrunn im Europe gesehen, recht angenehm, man sah sich in neuer Beleuchtung als Amerikaner, ha, ha. – Abends las ich noch Jünger's Friedensrede – nicht sehr gefallen.

*Dienstag, 15. Juni 1948.* Morgens bei Peters, wo wir sogar Kaffee und morgens Blumen von ihm bekamen. Na, er wird sogar mit zum Steuermann gehen next Tuesday. – Geluncht (recht gut) im American Hotel, zu Fuß nach Haus – die alten Wege. – Nachmittag an »Cabin« 1½ Stunden gearbeitet. Abends dann Giselle, sie will durch ihren Bruder den Amerika-Consul erreichen ... Abendessen bei Saur. – Still – und melancholisch – (weil viel Weh im Herz).

*Mittwoch, 16. Juni 1948.* Morgens erstmalig wieder gefietst, die alten Wege am Zoo u. s. w., recht angenehm. Dann noch etwas an »Cabin« gearbeitet. Nachmittag v. d. Berg im Europe, ganz nett ... Noch sehr ermüdet von der Reise.

*Donnerstag, 17. Juni 1948.* Heftig an »Cabin's« gearbeitet, scheint so als ob ich bald fertig werden könnte. Nachmittag in E.Bar, wirklich recht nett und man sieht was man in St. Louis entbehrt hat ... Abends im Liszt-Film, sehr komisch aber nicht ganz schlecht ...

*Samstag, 19. Juni 1948.* Fest an »Jupiter« und an »the Boat« – geht

langsam dem Ende zu, bin gespannt. – Nachmittags bei Nelly, wo ich
viele Kinder und viele Beckmann's sah, auf weißen Wänden »the
Dream of Monte Carlo«. Komisch alles wieder zu sehen. – Viel gefietst. Abends Zukunftspalaver mit Quappi.

*Sonntag, 20. Juni 1948.* Sehr stark an den »Cabin's« gearbeitet –
beinah fertig.

*Montag, 21. Juni 1948.* Erste Fahrt nach Rotterdam zum Amerika-
Consulat. Verlief besser und schneller als ich gedacht – aber im
Grunde ist noch alles in der Schwebe. – Auf dem Rückweg sahen wir
die »Nieuw Amsterdam« im Hafen liegen zur Ausfahrt bereit. – Ob
wir wohl mit ihr am 15. September mitkommen?!

Spaziergang durch das immer noch verwüstete Rotterdam, dachte sehr
an das damalige Hotel vor dem Krieg – über dessen mit Gras bewach-
sener Fläche ich hinüber schritt.

Schön war Holland im Regen vom Zug-Coupé aus. – Nachmittags
noch in allerlei Bars. – Abends wurde der Text für das Quota-Visum
unter Geschrei angefertigt.

*Dienstag, 22. Juni 1948.* Fertig mit »Cabin's«, nach 4–5 Stunden, bin
selbst ganz erstaunt. War auch zu Tode erschöpft, aber nach dem
Schlaf erstaunlich schnell erholt ... Dann im Auto zum Brillen-Doktor,
Augen verhältnismäßig noch recht gut. Zu Fuß durch den Vondelpark
zu Saur wo Butshy das »Dinner« verschmähte. – Abends »The Web
and the Rock« – schön (Thomas Wolfe) –

*Mittwoch, 23. Juni 1948.* Nachmittag waren Heilbrunn's da, und man
hat unnötig sehr viel geschwatzt über Amerika und ähnliche Dinge ...

*Donnerstag, 24. Juni 1948.* Kleine Monte Carlo Landschaft (mit brau-
nen Felsen) – und noch einmal die 2 women vom vorigen Jahr fertig
gemacht. Q. fuhr zum Bach Konzert, – ich lange im Astoria wo ich die
Vögel beobachtete und Abends im Pays Bas gegessen mit schlechter
Musik ...

*Freitag, 25. Juni 1948.* Neues großes Frauenbild entworfen. Ziemlich
lange gearbeitet. – Nach dem Schlafen unangenehme Paßverlänge-
rungsgeschichte erfahren von Q. ... Abends im netten französischen
Gespensterfilm »Wenn die Toten auch nicht vernünftiger sind – wozu
dann der Tod« –

*Samstag, 26. Juni 1948.* Große Fietstour zu den Schleusen. In schöner

Wärme über alte Häuserlöcher und kleinen Friedhof zurück. Im kleinen Café Station gemacht, dachte viel an das neue Frauenbild, vielleicht Holländische? – Fische?!

Unbekannte Gracht besucht, na u. s. w. . . . Abends viel »The web and the rock« – schöner Wolfe – auch ansonsten man schwebt in angenehmer Ungewißheit über den Ablauf des Visa-Quota Theater – mal sehen.

*Sonntag, 27. Juni 1948.* Morgens die »Fischerinnen« gemalt . . .

*Montag, 28. Juni 1948.* Morgens die Fischerinnen 4–5 Stunden. – Nachmittag englische Stunde mit Frau Heilbrunn.

*Dienstag, 29. Juni 1948.* Trotzdem ich sehr müde bin, muß ich doch noch berichten, daß die Reise zum Consul in Rotterdam recht erfolgreich – und unser Quota-Visa eigentlich so gut wie sicher ist. Nun fängt Amerika an aus einem Traum eine Realität zu werden und ich bin innerlich ziemlich aufgeregt. Kann's noch nicht fassen, vielleicht einmal keine Sorgen in diesen confusen Zeiten mehr zu haben. – Allerdings sind noch die Steuern, aber ich denke es wird schon gehen. – Zu Abend gegessen in Brouwers Wapen. Vorher lange im Europe – sah komische Barockengel mit Brille und ganz interessanter Frau.

*Mittwoch, 30. Juni 1948.* . . . Den Morgen so hingeleppert, aber doch noch Landschaft »bei Avignon« fertig gemacht. – Nachmittag nur sehr müde im Astoria . . . Amsterdam gefällt mir trotz dauerndem Regen wieder sehr gut, doch möchte ich Amerika nicht mehr missen. Bin gespannt wie alles auslaufen wird.

JULI

*Donnerstag, 1. Juli 1948.* Bei starkem Wind schöne Fietstour nach Heembrug durch Hafen Amsterdam. Die Luft war kühl, der Wind wehte, das kleine Café am Dam hatte kein Telephon, und zurück mit dem Wind – vorbei an den Hallen im Jordaan – oh alte Souvenirs. – Vor dem Lunch erwarb ich durch Quappi zwei kleine Zwergwelse, die uns schon viel Vergnügen bereiteten. – Dann zum Zahnarzt, dort war's ganz nett . . . – Abends bereitete mir Thomas Wolfe leider eine Enttäuschung durch den mittleren Teil von »The Web and the Rock«. – Schrieb an Peter.

*Samstag, 3. Juli 1948.* Noch einmal fest an the »Cabins«. Nachmittag schön gefietst Zuidersee. Abends Wolfe.

*Sonntag, 4. Juli 1948.* Morgens noch ein bißchen »letztes Ende« an »the Cabins« dann stark die Fischerinnen – noch unzufrieden. Nachmittag war Giselle da, mit nettem Verständnis für »the Cabins« . . .

*Montag, 5. Juli 1948.* Morgens an Frankfurt telegraphiert wegen Leumundszeugnis (nötig für Quota-Visa). Dann heftig an den »Fischerinnen« gearbeitet und recht gut rechte untere Figur erfunden. Dann zu Fuß zu van der Linde und Farben und Pastell eingekauft. Nachmittag um halb fünf Zahnarzt, der mir endlich die beiden rechten Wurzeln mit Gekrach herauszog – sehr angenehm daß das vorbei ist. Mit Quappi Erholungswhisky im Europe (nett), ich noch im Astoria wo milder Montag war. Abends Wolfe zu Ende.

*Dienstag, 6. Juli 1948.* Auf's äußerste erschöpft, berichtete er, daß er die dicke Frau rechts erfunden hat – t'ja – t'ja – »die Fischerinnen« – dieser Tag von morgens bis abends – (½ Stunde im Europe) – von Imaginations ausgefüllt. – Einen schönen Mozart – einen wunderbaren Bartok angefüllt, angefüllt!!

*Mittwoch, 7. Juli 1948.* In Zandvoort, kalt, windig und doch sehr schön, auch Butshy fand es schön. Aßen für 7 Gulden Uitsmyters und Garnalenmajonaise im alten Café, und war verliebt wieder in das Meer vom Land aus . . . Abends Atlantisrätsel.

*Donnerstag, 8. Juli 1948.* Endgültig rechte untere Figur von den »Fischerinnen« angelegt – später noch etwas herum gebummelt. – Nachmittags Fiedler, seit langer Zeit wieder gesehen, leider sehr viel Borreltjes. – Na ja, jeder wird auf seine Façon selig.
– Warten vergeblich auf Steuerabrechnung, ohne irgend eine Bosheit des Schicksals geht's eben nicht – (Weh).

*Freitag, 9. Juli 1948.* Mit Q. und Fiets im Zoo wo es oft regnete, schwarzen Kakadu besucht und mancherlei Tiere. – Später erfuhren wir, daß 13 000 Gulden Steuern – durch's Telephon von Bersma. Daher Stimmung etwas gedrückt. – Ich trank zu viel Kaffee und zog mir leichte Coffein und Rauchvergiftung zu . . . Abends rief Valentin erkältet aus Paris an, sehr nett.

*Samstag, 10. Juli 1948.* Wegen Übermüdung nicht gearbeitet sondern gefietst im Botanischen Garten, wo's immer sehr nett ist. Irgendwo sah ich eine wunderbare weiße Orchidee . . .

*Montag, 12. Juli 1948.* Fest und intensiv an den Fischerinnen – (weißes Kleid) gearbeitet. Später Farben einkaufen, auch Q. kaufte Cadmium Citron – ha ha. – Nachmittag englische Stunde, Vortrag Übersetzung Perry doch wirklich recht gut. – Dann kamen die Papers aus Frankfurt – na ja – also . . .

*Dienstag, 13. Juli 1948.* Noch den »verlorenen Sohn« angefangen. Später mit sehr müden Nerven und Weh durch den ungeheuerlichen Fiets – Auto Verkehr zu Lütjens gefietst. Ziemlich erledigt dort angekommen. Viel und wie immer nett und unnötig geredet. Q. kam von Naarden mit Butshy.

*Mittwoch, 14. Juli 1948.* Etwas wärmer, aber immer nur noch 16 Grad. – 6 Stunden an den »Fischerinnen« gearbeitet . . . Abends dann Quappi, Giselle und Butshy im Europe ganz heiter, da guter Laune, glaube »Fischerinnen« geht dem Ende entgegen. Schrieb noch an Mary, Minna, Frankfurt und Gilkey.

*Donnerstag, 15. Juli 1948.* »Fischerinnen« beendet – glaube nicht, daß ich noch viel dran mache. Recht vergnügt, trotzdem sonst nichts Positives erledigt. Nachmittag zu Fuß zum Amstel-Hotel und zurück. Dachte an alte Zeiten und sah viele U.S.A. Leute. – Abends mit Q. nach den Spaghetti – (zum Lunch schöne Pfifferlinge) – in »Ihr größtes Abenteuer« – sehr hübscher französischer Film.

*Samstag, 17. Juli 1948.* Nachmittag Besuch von Herrn und Frau Sachs wegen eventueller Wohnungsübernahme. Auch Heilbrunns waren zugegen. Nette Leute, aber Situation sehr verworren. Nachmittag noch Krach mit Quappi wegen Hose. Löste sich aber befriedigend. Valentin rief aus Brüssel an. Fährt nach Deutschland. War sehr nett.

*Montag, 19. Juli 1948.* Morgens mit Q. Einkäufe gemacht, sehr friedlich. Nachmittags nochmals »Cabin's« mit Fisch überarbeitet. – Netter Brief von Wally aus Vera Cruz und trübseliger Brief von Franke. In Germany wieder große Kriegsnervosität und »Mark« Pessimismus. – Bisher noch nichts aus Rotterdam. Bin neugierig ob wir noch weg kommen.

*Dienstag, 20. Juli 1948.* Doch noch gefeilt an den »Cabin's«. – Mit Q. Lachs gekauft. Schönes Wetter. Englische Stunde, ganz amüsantes Perry Vorwort. – 3 Borreltjes »Europäischer Hof«.

Abends langweiliger Film von Sonja Henie. – Valentiner kommt Donnerstag als einzige Sensation.

*Mittwoch, 21. Juli 1948.* Große Fietspartie mit Quappi zur Zuiderzee, schön, mit viel Wind. – Im Astoria sah »schwarze« Dame erst von hinten sitzend, sehr schön – später stehend – entenhaft. – Abends zu Hause – nervöses Warten.

*Donnerstag, 22. Juli 1948.* Natürlich wie »immer« – kurz bevor Valentiner kam, Post und – – –?! Die Entscheidung aus Rotterdam, jetzt also bin ich schon halber Amerikaner – Oh Gott, ob's richtig ist? Egal es muß sein, und damit basta . . . Valentiner war nett, Einladung nach Los Angeles und Grüße von Perry's. – Spaziergang Vondelpark schön . . . Magencollaps – jetzt besser. – Piper schrieb daß Reifenberg Text zu Buch macht.

*Freitag, 23. Juli 1948.* Weiter gute Nachrichten, statt 13 000 nur 10 000 Fl. Steuern, das ist recht wichtig für die ganze Geschichte. – Weiter reizender Brief von Ken Hudson und »Nation-Prize« Beckmann vom St. Louis-Post-Dispatch. Na, jedenfalls wird mir der Abschied von Europa leicht gemacht. – Soll man noch nach Deutschland fahren? Sonst Reconvalescent vom gestrigen Magen, hoffe es geht so vorüber. – Nachmittag zwei v. d. Berge's wie immer nett. Q. war in Laren und ich schrieb an Wally in Vera Cruz und Piper in München.

*Samstag, 24. Juli 1948.* Morgens gefietst und meinen Magen bewacht, der jetzt in der Nacht wieder in Ordnung ist. Tags über noch Suppendiät. – Nachmittag englische Stunde in der ich langsam doch progress mache. – Friedlich müde. Abends Chopinroman. Unerlöster Jugend-Idealismus.

*Sonntag, 25. Juli 1948.*

> Der Sonntag ist zu Ende
> ich wasche meine Hände
> von rot und grünspan blau –
> der Tag war voller Arbeit
> 6–8 Stunden ist eine gute Zeit –
> die Luft ist heiß und trocken
> das schadet meinen Locken
> die längst entschwunden sind –

nun leg ich meine Hände
an meine roten Wände
und wünsche mir und Allen
nicht aus dem Bett zu fallen.

*Montag, 26. Juli 1948.* Belangloser Überarbeitungs-Nachwehentag.
Morgens Pastelle geordnet . . .
*Dienstag, 27. Juli 1948.* Na also, auch das wäre erledigt. »Nackt-
untersuchung« für Mann und Weib, recht unsympathisch. Mußten
20 Minuten nackt in heißester Kabine warten, jeder einzeln. Schließlich wurde ziemlich gründlich abgehorcht und scheinbar hat der (kleine
dicke) Doctor nichts Interessantes gefunden. Alles allright – na, wer's
glaubt? – Dann noch endlose Papiere von einem Jüngling ausfüllen
(der endlose Fragen stellte), zwischendurch Beobachtung eines Miß-
vergnügten (gelbes Hemd, schwarzrasiertes Schnurrbärtchen) dessen
Papiere ungenügend waren, – dann Fingerabdrücke (endlos – – lächerlich) alles wie beim Verbrecher – schließlich schwören beim netten
Vize-Consul – und »in a few day's you have your Visa« – wenn's nur
nicht verloren geht mit der Post!? (Siehe Brief nach Washington State
Department) – Na – abwarten. – Dann zu Fuß zum Börsen-Hotel,
Fisch, heiße Bahnfahrt, zu Hause Freude von Butshy – s o  w u r d e  i c h
A m e r i k a n e r !
*Mittwoch, 28. Juli 1948.* Noch am Kopf der mittleren Fischerin – und
Stilleben mit orange und violetten Orchids – und Häuserspiegel gearbeitet. Sehr müde noch von gestern, sonst sieht alles so günstig aus,
daß ich direkt den Neid der p. p. Götter fürchte – na, fürchten wir
mal . . .
*Donnerstag, 29. Juli 1948.* Waren wir früher teuflisch um nun wieder
teuflisch zu sein?
Nebenbei, teuflisch ist ein schlechter Ausdruck, denn wir wollen nicht
vergessen, daß Satan der Weg zur (Schlange) Erkenntnis ist – also –
man kann höchstens sagen, frühere Mangel-Kalt-Seele bedingt not-
wendige Katastrophe im nächsten oder übernächsten Leben. – Na und
so weiter. – Der Tag ging sonnenvoll und überheiß dahin . . .
*Freitag, 30. Juli 1948.* 30 Grad – wahnsinnig heiß und Windstille,
alles stöhnt . . . 8 stündige lächerliche Arbeit an den »Zwei Frauen an

der Treppe«. – Q. war in Naarden. Den ganzen Tag passierte nichts als Malerei.

*Samstag, 31. Juli 1948.* Endlich kühler. – Letzter Julitag – nun schon in der zweiten Hälfte des Amsterdamer Aufenthalts. – Ferien gemacht. Im Atelier herum gekramt und Plastiken aufgestellt. – Nachmittag englische Stunde Frau Heilbrunn, kann jetzt schon ganz gut lesen ... Dreyser zu Ende gelesen – schönes Buch ...

### AUGUST

*Sonntag, 1. August 1948.* Große Fietstour zum Boschban, recht heiß in heller Sonne. Beinahe wären wir in Schiphol gelandet. Nachmittag Fiedler im Café Krone, mit metaphysischen Gesprächen, ganz nett. – Zu Haus rief unterdessen Valentin an aus München, noch unentschieden wann er kommt. Er sprach mit Franke und Piperbuch.

*Mittwoch, 4. August 1948.* Der große Quota-Tag. Den gordischen Knoten durchhauen – des Wartens müde – einfach nach Rotterdam gefahren und wirklich auch Visa ausgehändigt bekommen – nun Schicksal nimm Deinen Lauf. – Die Fahrt war trotz Vacantie-Rummel angenehm. Geluncht in Rotterdam im Old Dutch. War recht nett. – Gegen Abend noch bei Krasnapolski und alter Kellner und alter schlimmer Zeiten gedacht. – Zwischen 11–12 mit Valentin Bern telephoniert, kommt am Zehnten, wenn er nicht runterknackst auf seiner blödsinnigen Reise nach Mailand und Venedig per Flugzeug.

*Donnerstag, 5. August 1948.* Schluß eines unangenehmen Tages. Doris kam nicht an mit dem Flugzeug, große Unruhe bei Quappi – auch natürlich. Na, dann Nachmittag höchst unangenehme Wohnungsamt-Menschen – Rokin 85 ist perdue – mag nicht mehr dran denken ... Möchte, wir wären schon abgefahren.

*Freitag, 6. August 1948.*

> Doris aus Amerika
> ist schon da, ist schon da, ja ja ja.

– Verhältnismäßig friedlicher Tag, aber, ich habe natürlich wieder beinah acht Stunden gearbeitet, was sehr schön war, aber nun bin ich natürlich sehr müde. – Doris nett, aß bei uns und wurde abends zu Lütjens transportiert . . .

Stilleben mit »orange-rosa« Orchids ist fertig.

*Sonntag, 8. August 1948.* Immer noch ein bißchen an den »Fischerinnen« aber nun genug. 12 Uhr Besuch eines Herrn F., ein bräunlich besserwissender German mit immerhin Begeisterung für Beckmann, zeigte ihm »Fischerinnen« und »Cabin's« – nicht ganz dumm . . .

*Montag, 9. August 1948.* Telegramm von Valentin aus Venedig, kommt Mittwoch Nacht. – Abends chinesisch gegessen und im Auto im Varieté Carré-Theater mit wirklich recht gutem Programm und meine alte Varieté-Liebe kam mal wieder auf ihre Kosten. Schöner Clown, spanische Tänze und ein herrlicher englischer Rollschuhmann mit Freundin.

*Dienstag, 10. August 1948.* . . . Las viel in dem »goldenen Engel«, kluges Buch, aber viel zu viel feuilletonistisch – sagen wir mal: Schopenhauer und Plato für höhere Knaben. Trotzdem recht bemerkenswert. – War nun im Europe, wo's heiß und unangenehm war. – Scheußlich in der Stadt, voll von aufgekratzten Vacantie-burenmenschen.

*Mittwoch, 11. August 1948.* Abends halb zwölf Uhr. Soeben rief Valentin aus dem Europe an, daß er, kommend heute morgen aus Mailand, soeben vom Flugplatz eingetroffen ist. – Recht wesentlich erleichtert. – Verkauf unseres Kronleuchters für 200 fl. an de Lange jun. ce matin. – Dann zu Bersma. Nachmittag englische Stunde und Priestley. Nach dem Abendessen »der goldene Engel« und zum Abschluß Valentin-Anruf – morgen weiter sehen.

*Donnerstag, 12. August 1948.* Der Tag ging sturmbewegt und »gewitterschwer« dahin, aber auf allen Blättern stand »allright« – das will sagen, daß ich alles von Valentin bekomme, was die Frachtüberfahrt etc. nach drüben ausmacht. Bilder wurden mit »großer Eins« aufgenommen und nachmittag war noch Miss Olsen vom Museum of Modern Art mit Valentin da. Abends obligates Dinner mit Irrois und Beefsteak, Abschluß Scheherezade. Butshy war sehr aufgekratzt. – Ja richtig, Sachsen's bekommen doch die Wohnung, wir können also wieder nach Holland wenn ich will.

*Freitag, 13. August 1948.* Morgens natürlich noch am Kopf der »Fischerinnen« – dann kam Valentin und ich war ein bißchen durcheinander da ich noch im Malen war und nicht zufrieden. – Na, trotzdem große Begeisterung. Dann Lunch mit Valentin, recht harmonisch. Nach Tisch wieder gemalt, und als wir gerade gehen wollten, kam Tante Ilse. Na, trotzdem per Auto zum Zahnarzt, der mir rasch 2 Plomben und eine Zigarre versetzte. – Abends Flügel-Verkaufsgeld 1800 Gulden – und dann »die Engel«. – Ziemlich aufgeregt über kommen und gehen. Kommen wir noch weg vor dem Krieg?!

*Samstag, 14. August 1948.* Morgens noch einmal Valentin vor den »Fischerinnen«, dann Lunch bei uns. Etwas nervös ... Abends Abschiedsgalavorstellung im Europe mit Valentin Piz und Q. – Brustweh –

*Sonntag, 15. August 1948.* Morgenbesuch von Piz. – Lange gefietst am Blauwhoedenveem – erschreckt von Fietsrennen – gesperrt, umgekehrt. Im Europe mit Piz und Q. geluncht, Einladung von Piz. – Nach dem verkaterten Nachmittag »Engel« zu Ende gelesen. Komisches Buch, vom Kitsch zu entferntesten Wahrheiten.

Abends Stroganoff mit Piz und Q., Gespräche über Amerika.

Alte Lieder im neuen Gewande.

Morgens rief Valentin noch aus Brüssel an, er träumte von den »Fischerinnen«.

*Montag, 16. August 1948.* Es klärt sich weiter. War bei Lütjens der mit Sicherheit das nötige Money garantiert. Auch sonst ganz nett, erzählte er lustige Dinge von »Zigeunerin« und Doppelportrait. – Morgens eine Stunde gefietst und Umschau im Atelier gehalten für den Umzug der morgen beginnen soll. Trotz Allem noch nicht ganz sicher ob weg kommen, jedenfalls nicht »ungerupft«.

Brief von Peter und Piper.

*Dienstag, 17. August 1948.* Die Möbel werden geholt!!

Ja richtig, angenehmes ist zu melden, Hede ist erschienen und war durchaus glanzvoll. – Nachmittag drei Stunden mit Piz verbracht erst im Europe dann im Astoria, netter Kerl. – Den ganzen Tag sonst Möbelabholung zu Butshy's Verzweiflung. Aber es geht alles. Abends Abschiedsfeier von Piz im Europe.

*Mittwoch, 18. August 1948.* Letzter Wohnungsräumungstag, ein Stück nach dem andern entschwand. – Atelier auch ausgeräumt und hier unten sind riesige Räume entstanden, trotzdem nach Neuordnung ganz stilvolle Leere, ja. – Telephonierte eben mit Valentin London Mayfair Hotel – alles sehr warm und herzlich, »Bin's gar nicht gewöhnt, daß alles so gut geht« (ich zu Valentin) – (er): »Na, das muß ja auch mal kommen« –

*Donnerstag, 19. August 1948.* Machte morgens die beiden Litho's für das neue Piper-Beckmannbuch, glaube ganz gut. – Dann um 3 Uhr Frau Heilbrunn, aber die englische Stunde wollte nicht klappen, zu augenmüde und mußte eine Stunde später noch zu Fiedler ... 3 Borrels und ein gutes Schwein von Quappi restaurierte mich so weit, daß wir in einen American Family-Film gehen konnten, was viel Tränen und ein bißchen Humor gab ... Telegramm von Valentin – Buchholz aus Madrid, »la vie est dure« etc.

*Freitag, 20. August 1948.* Der Umzug ist soweit gediehen, daß nur eine Schreibplatte mit Leichttisch möglich ist. – Kaufte 3 Barock-Stiche, aber zu Hause war der Reiz leider etwas verflogen. – Q. war bei Hedda in Naarden und ich ziemlich melancholisch und mit Augenkater und schlechten Telephonnachrichten von Neumann-Vettin, der wieder neue Laufereien ankündete. Auch der Abend verlief noch ziemlich deprimiert trotz Quappi.

*Samstag, 21. August 1948.* Auf der Steuer Scheußlichkeiten und Emigratie-Rennereien mit Q. Viel gemacht und auch Einiges erreicht. Am nettesten war die Telephon-Nachricht später vom Inspecteur der Steuern – alles in Ordnung, und ein Telephon mit Peters in oude Freundschaft und Einladung zum Amsterdam-Filmstudio ... Na, dann noch ein kleiner Magenkatarrh und Abend Oskar Wilde im Kino, aber mäßig.

*Sonntag, 22. August 1948.* ... Briefe geschrieben an Minna, Hentzen, Piper etc. Etwas gefietst ...

*Montag, 23. August 1948.* Schon um 9 Uhr Steuerpapers Holland-Amerika-Line – später Emigrationsbescheinigung, scheinbar alles in Ordnung, sollen Donnerstag alles haben. Dann noch Bank-Conto aufgelöst. Außerdem erkältet. Einladung zum Film-Peters-Studio für Mittwoch ... Nachmittag Heilbrunn mit nettem Geschwätz und Überbeleuchtung in leeren Hallen ...

*Dienstag, 24. August 1948.* Heute in three weeks – ob es wohl was wird? – Noch sehr pessimistisch. – Starke Erkältung, morgens ein paar Kitschbücher gekauft. – T'ja, den ganzen Tag Reis und Fisch ha ha – scheußlich – schrecklich. Telephon von Curt aus Genf.

*Mittwoch, 25. August 1948.* Ja, nun ja, immerhin kam unerwartet heute schon das Emigratie Dokument – und man war sehr vergnügt den ganzen Morgen, sogar Samba wurde getanzt. Allerdings soll morgen die Abmeldung im Bevolkingsregister noch erfolgen. Soll aber nicht mehr schwierig sein. – Nachmittags zu einer Veranstaltung der holländischen Filmstudios – oh mein Gott – konnten aber nachher nett zu Fuß bis zum »Friedhofs-Café« gehen, allerdings im starken Wind. – Dann erfreuliche 3 Martini's im Europe . . . Immer noch stark erkältet – good night.

*Donnerstag, 26. August 1948.* Also vorläufiger Abschluß der Visascheußlichkeiten. Letzte Abmeldung im Volksregister erledigt. Nachmittags war Kramer von Neumann-Vettin da und holte all die vielen Papiere ab (nötig wegen der Ausfuhr der Möbel und Bilder) – puh . . . Noch Einladungsbrief für Leiter der Hamburger Kunstschule! T'ja, früher hätte das vielleicht gemacht werden können, aber jetzt – »Germany und Russen« – es geht nicht. Trotzdem hat's mich etwas gefreut. – Dann noch sehr reizender Brief von Piz aus London . . .

*Freitag, 27. August 1948.* Wieder ein unwichtiger Tag zu Ende. Vier Briefe geschrieben, an Hamburg, Berlin, Franke und Peter. Erkältung noch immer recht störend, jetzt in später Nacht besser komischer Weise . . .

Hier wird langsam alles arrangiert – Patriotismus und Krönungsfieber. Man kann sich ganz gut dabei amüsieren, wie ich dann überhaupt für Rückkehr alles Königlichen bin. Halte diese Institution für die Dummheit der Menschen für die einzig Richtige. – Sogar in Moskau scheint man sich beruhigen zu wollen, wenn man auch zur Abwechslung das Stadthaus in Berlin stürmte.

*Samstag, 28. August 1948.* Peters war da zum Abschied nehmen. – Abends bei Lütjens auch ganz netter Abschied. – Nach Haus durch unangenehmen Trouble und verkitschte Verlichting.

*Sonntag, 29. August 1948. Laren.* Unter »Krönungsgeschrei« abgefahren nach Laren durch das sonnige Sonntags-Amsterdam. Schöne Autofahrt durch's kleine Holland an den Grachten und Wasserläufen. Witte

Huis Besitzer Koeman's empfingen uns und man ging sofort in Sonne und wieder auf der »Erde« nach den vielen Steinen. Nachmittag Wittebergen in Sonne und Sonntag und doch schön. – Angenehm mal wieder auf dem Land zu sein. Auf dem Rückweg sogar Fußballmatch zwischen »Hilversum« und »Bussum« – sie waren aber schon recht müde . . .

*Montag, 30. August 1948.* Schön warm und herrliches Wetter. Hinten in Amsterdam feiert die Königin ihren letzten (Königin-) Geburtstag und Einzug als Königin und düstere und feierliche Klänge erschallen vom Radio, ungewollt angehört und der Himmel war blau-heiß und sorglos als wären niemals englische und amerikanische Bomber rüber nach Deutschland geflogen – oder hier herab gestürzt – (vor cirka 4 Jahren) als wir noch im Hamdorff »sommerfrischlerten«. Na, mal weiter sehen ob wir noch etwas Frieden haben werden – oder letzte Selbstzerfleischung. – Schöner Eierwegspaziergang. Nachmittag lange schnupfenmüde im Hamdorff mit Tee und Butshy-Erziehung. Kurz ein wirklich ereignisloser Tag, aber sehr nötig. Hoffe auch, daß die Erkältung hier ganz weg geht.

*Dienstag, 31. August 1948.* Morgens großer Spaziergang über das Gefängnis – drei Stundenweg – allerhand. Nachmittags neben vielen Blödheiten einen ganz schönen Concourstrippique mit kessen Holländerinnen – hoppla über das Hindernis. Abends Königin Geburtstag und Abdication in Hamdorff erlebt. Sah das kleine Bienenstaat-Theater in drolligen Ausschnitt sich knutschen und ungeheure Mengen essen und trinken. Viel Rummel und später Straßentanz. So endete der August!!

(Noch immer erkältet – verflucht!!!)

Nachts 2 Uhr. Im übrigen ist die Idee weiter zu leben, nach der vollständigen Erkenntnis der infernalischen Bedeutungslosigkeit des Lebens – nicht sehr einfach und dürfte eigentlich nur durch materielles Selbsterhaltungsgefühl motiviert werden.

## SEPTEMBER

*Mittwoch, 1. September 1948.* Letzter Tag in Laren. Wieder etwas kühler. Morgens noch »Eierweg« mit schöner Beleuchtung. – Hatte eine schlechte Nacht nach gestrigem Königinnenfraß und Fest im Hamdorff. Trotzdem fühlte ich mich am Tage besser und hoffe nun daß alles zu Ende geht, auch mit Neumann-Vettin der heute leider anrief als ich nicht da war. Es kann wohl noch Unangenehmes kommen. – Vielleicht klappt aber doch alles mit Ausfuhr und Emigrationstransport. Man muß es easy nehmen. – Abends las ich mal wieder meinen Catalog (St. Louis) durch, um etwas Selbstbewußtsein zu bekommen.

*Donnerstag, 2. September 1948. Amsterdam.* Zurück nach Amsterdam. Schon früh an Neumann-Vettin telephoniert, also es scheint wirklich in Ordnung zu kommen – Ausfuhrvergunning ist da, nur noch ein Zollbeamter wird erwartet aber das wäre nicht mehr wichtig. – Also es scheint nun wirklich Wahrheit zu werden, daß man abfährt – kaum zu glauben. – Morgens noch schöner Spaziergang in Laren und um halb fünf nach kärglichem Lunch, mit Auto zur »Krönungsstadt« – ha ha. Puh, die vielen armen Menschen, die erlebnisgierig nichts erleben – trotzdem sie's glauben. – Reizender Brief von Perry, große gute Kritiken aus Los Angeles – der Rummel der »Wereldberühmtheit« geht also weiter . . .

*Freitag, 3. September 1948.* Überraschend schnell hat sich der allerletzte Punkt des Debarquement entwickelt und beendet. Um elf Uhr kam Kramer mit allen Papers, Rechnung, soweit alles in Ordnung. Nur der Zollbeamte war noch nicht da . . . Zog dann mit Q. ab zur Post, Saur (first Austern) und schlug so noch mit geteilter Stimmung den Morgen tot »im Krönungslärm«. Nachmittags als ich gerade mit Sorgen schlafen gehen wollte, Telephon – und Kramer konnte schon den letzten Punkt mitteilen: Versiegelung des Transports durch den Zollbeamten – also finish in governess. – Bei allen Versuchen, nun noch neue Schwierigkeiten festzustellen, stoße ich »vorläufig« auf ein absolutes Vacuum. – Ein recht ungewohntes Gefühl seit – ich kann wohl sagen – seit 42 Jahren, seit 1906. – Na, es wird sich wohl schon wieder etwas einstellen.

*Samstag, 4. September 1948.* Ein Butshytag!! Gegen mittag mit ihm und Quappi zum Tierarzt. Nach einigen Verwirrungen fand man endlich seine Wohnung, wo man zur »Strafe« über eine Stunde warten mußte, bis er schließlich seine »Amerikapassage-Spritze« bekam. Er war recht tapfer. Auf dem Rückweg sah man von ferne Giselle mit Amerikageleit durch die Krönungsstraßen ziehen. – Ich war noch im

Astoria wo nur Krönungsholländer waren. – Den ganzen Abend noch
Butshy-Nervosität. – Höchste Zeit daß ich wieder arbeite. – (Erkältung beendet, fast genau 14 Tage.)

*Sonntag, 5. September 1948.* Krönungsrummel geht weiter . . . Abends
mit Q. friedlich im Krönungsrausch im Europe mit Rotwein angenehm
erwärmt . . .

*Montag, 6. September 1948.* (Krönungstag)
»Der goldene Wagen« – oh my God – und ein Gedränge, wirklich un-
menschlich. Nachmittags Giselle zum goldenen Wagen sehen, eine brechende Leiter, 2 Fassadenkletterer die ins Zimmer glotzten, ein überfüll-
tes Europe, keine Antwort von Valentin – kurz baisse wie bei Butshy.

*Dienstag, 7. September 1948.* Je länger man lebt, umso mehr schließt
sich die umgebende Menschheit aus den scheinbar vielen Individuali-
täten zu einer indifferenten Masse zusammen aus der nur schwach
leuchtend einige »Figuren« herausfallen –
Schlimm für mich, der ich doch der »Individualitätenjäger« bin – vielleicht auch beginnendes Alter – oder allgemeine Müdigkeit – qui en
sabe – oder auch die Folgen des »goldenen Wagen« von gestern.
Wieder mal ein Stan Laurel und Oliver Hardy Film, ganz lustig, da
gibt's wenigstens noch Gesichter und nicht »Kammerherren« . . . Telegramm von Valentin wegen Verzekering Transport endlich gekommen.
– Morgens erledigte Quappi Butshy-Paß und Schwur. Oh, oh. – Und
die Feste gehen zu Ende – Gott sei Dank.

*Mittwoch, 8. September 1948.* In the morning we go to Neumann-
Vettin à cause d'assurance. Später noch Münchner Pinakothek-Bilder
im Ryksmuseum. Mich interessierte Stephan Lochner, leider war Rembrandt und Goya nicht da . . .

*Donnerstag, 9. September 1948.* »Het is afgelopen –« sagte ein alter
Mann zu mir im vorüber gehen – dann war er verschwunden. Noch
einiges recht Unangenehme mit Abmeldung und Lebensmittelbonnen
abgeben etc. etc. – scheußlich. – Auch bei Dr. de Lange Abschied ge-
nommen – dann noch Herr Heilbrunn, mit allen ganz nett geredet. –
Vorher noch Krach mit Quappi die wieder zu spät kam. – Im Hell-
Dunkel fuhr die neue Königin ab mit vielen schwarzen Auto's – und
Q. quälte mich noch etwas mit Violin-Sorgen – dann gemütlich bis ein
Uhr alles rekapituliert – nun doch zermanscht.

*Freitag, 10. September 1948.* Nichts oder wenig ist eigentlich so anstrengend wie »nichts tun«. Diese letzten Tage sind recht unangenehm
weil man, nachdem alle Vorbereitungen erledigt sind, anfängt vor lauter Stumpfsinn neue Schwierigkeiten zu créieren. – Morgens noch bei
Bersma, und unnötiger Weise bei N.Vettin wegen Violin (Ausfuhrgenehmigung nicht nötig, meinte K.) Na ja ... Abends ganz schöne
Pfifferlinge, Melancholie – und »mein Leben« von Richard Wagner.
*Samstag, 11. September 1948.* Nur noch zwei Tage.
Langsam und immer schneller naht sich das »Malheur« der Abfahrt.
Bin zur Zeit sehr unentschieden, was ich empfinden soll. Mit der ewigen Kriegsgefahr ist's schon ziemlich einerlei wo man auf diesem elenden Planeten sich herumtreibt. Na, vielleicht kann ich doch noch arbeiten, – nur – na ja. – Morgens bei Nelly wegen Hirschland, dann
zu Fuß durch's alte Amsterdam auch am Jordaan vorbei, holte Q. vom
Friseur wo ich sie am Fenster sitzen sah. – V. d. Berg Abschied mit
Musik im Europe. Abends allein mit meiner unruhigen Seele und
»Wagner«.
*Montag, 13. September 1948.* Allerlei noch halbunnötige Besorgungen,
Holland-Amerika-Line etc. etc., viel »Wagner« zwischen durch, und
langsam sich steigernde Aufregung wegen Abreise. – Noch zum Zahnarzt, später Giselle im Europe. – Noch Packereien – Wagner – und
dunkle Straßen des Abschieds einer Epoche.
*Dienstag, 14. September 1948. An Bord der »Nieuw Amsterdam«.* Abfahrt nach New York.
Es ist also wirklich geglückt. Entsetzliche Spannungen, kommt das im
Europe bestellte Auto?! Es kam – mühsam war das Letzte gepackt
und leere Zimmer schmissen uns brutal hinaus. Lia Post fuhr mit uns
und Nelly erschien um à Dieu zu sagen. Nach Lunch in Rotterdam,
los weiter mit schlecht orientiertem Chauffeur – endlich Pier Holland
Amerika-Line. Sofort zur Douane und sieh da – alles klappte, überhaupt nichts geöffnet, aber die arme Quappi und mein Portefeuille
wurden genauestens untersucht, sie bis auf's Hemd nach Geld. Nichts
zu finden natürlich. – Na, also endlich an Bord. – Das klingt alles so
einfach, wenn man aber diese entsetzlichen drei Monate scheußlichster
Vorbereitungen – in denen man immer als german Emigrant in einer
widerlichen Situation war – bedenkt – nicht auszudenken, daß nun

doch alles gelungen ist – Na, über Hoek van Holland in den Abend
an dem Maasufer entlang, das erste Dinner mit unnatürlichem Hunger
und kaum noch zu ertragender Befreiungsstimmung. Früh ins Bett in
schöner Cabine – leider noch einen nervösen Brustwehkrampf als Reaktion.

*Mittwoch, 15. September 1948.* An Bord der »Nieuw Amsterdam«.
Nun fängt das noch kurze Leben vielleicht an, etwas leichter für mich
zu werden, nachdem ich die holl. Periode wirklich endgültig von mir
gerissen habe.

Leicht war und ist es noch nicht. All diese Reactie's auf Demütigung
über Demütigung. – Vielleicht erhole ich mich nochmal. – Morgens in
Le Havre aufgewacht bei schönem aber windigem Wetter. Dann – à
Dieu Europe – –!!

Schönes Dinner und langsame Eingewöhnung im Schiff.

*Donnerstag, 16. September 1948.* Abfahrt von Le Havre bei gutem
Wetter und mit den üblichen Sentimentalitäten. – Gefressen und geschlafen bis plötzlich durch's Cabinenfenster – Wald – auftauchte,
sodaß ich trotz eigentlich trüber Stimmung mich auf Deck begab.
Nun sah ich, daß wir in eine ungeheure Bucht einfuhren aus dessen
Ufer langsam weiter wunderbare Wälder, Städte, Schlösser, auftauchten wie eine neue Welt – als im Hintergrund eine sehr große Stadt erschien, begriff ich endlich, daß wir an Cornwalls Küste uns Southampton näherten, was vorher wohl nicht beabsichtigt war von der Schiff-
fahrtsleitung. – Die Einfahrt war wirklich wundervoll in der allmäh-
lichen Abendbeleuchtung – und das alte Southampton, über dem riesig
die »Queen Elizabeth« logierte, kam mir irgendwie bekannt vor – wie
aus unbekannten – bekannten Zeiten. – Lange sah ich dem Eintritt der
englischen Passagiere zu.

*Freitag, 17. September 1948.* Fahren soeben durch eine Nebelbank,
ungefähr 500 km hinter den Scilly Inseln und Quappi wollte mich
schon zum Dinner abholen, es war aber erst das 12 Uhr first. Wir
essen erst um 2 Uhr. Lese eben in R. Wagner's Selbstbiographie und
entdecke in seinem Schicksal viel von meinem eigenen, wenn ich mich
auch nicht gerade mit Barrikaden beschäftigt habe, so scheint doch eine
Emigration von 10–15 Jahren einfach zum organischen Bestandteil
jeder wesentlichen Persönlichkeit zu gehören – trotz Goethe und Jean

Paul – und anderen, aber selbst mein alter Freund Goya mußte am späten Lebensabend noch raus – also trösten wir uns damit und murksen unseren Lebensstiefel so gut ab wie's eben geht. – Angenehm ist's gerade nicht, aber schließlich geht alles. – Und wo ist es angenehmer?

Das Wetter verschlechterte sich im Nebel stetig, sodaß man wie in einem festen Hof durch den Raum fliegt. Nothing to see.

*Samstag, 18. September 1948.* Recht unangenehmer Tag mit viel Sturm und rauhe See, die uns beide ziemlich nah an Zeeziekte brachte, aber durch viele Schnäpse und gutes Essen kompensiert wurde. Besonders die Nacht scheußlich, wo man im Bett immer hin und her geworfen wird durch die Verschiebung des Schiffes. Gegen Abend sogar Regen, Butshy protestierte heftig gegen das nasse Deck. Man lungerte etwas erschöpft herum. – Ich las meinen Wagner weiter. Sonst ereignislos bis auf das sehr gute Essen.

*Sonntag, 19. September 1948.* Wetter hat sich wieder beruhigt und wir fahren jetzt senkrecht von Cap R. über ziemlich glatte See; schon über die erste Hälfte, die in der Mitte fast immer schlechtes Wetter hat, hinaus. Schon erste Vögel, eine Art von fliegenden Pinguinen erschienen. Übermorgen sollen wir in New York sein. Dann geht das alte Leben mit veränderten Vorzeichen wieder weiter. – Viel erwarte ich nicht mehr – wie gesagt – hoffentlich kommt man etwas zur Ruhe – und bald ist dieser ganze – im Grunde widerwärtige Rummel zu Ende . . .

*Montag, 20. September 1948.* Vorletzter Tag. Die Spannung nimmt zu. Herr Morley identifizierte sich doch als Bruder von Stephan Lackner. Das war die einzige Sensation. – Das Wetter wird milde und unruhig läuft man auf und ab und glotzt auf's Meer und Passagiere. Abends beim »Rausschmeißer-Dinnertanz« mit Morley's. Na das Übliche. Man ging bald ins Bett . . .

*Dienstag, 21. September 1948. New York.* Letzter Tag mit allen nur möglichen Abwechslungen an Chikanen der Immigration. Nach dem Lunch ging's los und man wurde zwischen hunderten von Menschen durch schlechte Organisation wahrhaftig zu »Cattles« herabgedrückt und halb ohnmächtig. Dann wurde Butshy auch noch herauf geholt aus der Cabine und zwischendurch die wichtigste Aktentasche (mit allen

Immigration papers) verlegt – Tränen von Q. – Tasche wurde gefunden und zurück gebracht – wieder neu angestellt in wartende Reihe – wieder zermanscht – und schließlich endlich ins große Examenszimmer herein gelassen – wo natürlich alles glatt ging. Auch die Vaxination noch in Ordnung. Halb ohnmächtig taumelte man von Bord in die Arme von Valentin und Jane. – Stilles frohes Dinner im Gladstone mit Valentin und Jane.

*Mittwoch, 22. September 1948.* Nun ist es glücklich so weit!! – Morgens schon im Centralpark mit Q. und Butshy in wahrhaft paradiesischer Heiterkeit und Ruhe da hinten am See. Butshy konnte den Anblick des »Männchen-machenden-Eichhörnchen's« kaum ertragen und bekam Chokoladeneiscream. Nachher über Plaza zu Valentin wo ich »Fußballspieler« und »Saxophonstilleben« wieder sah und er Ersteres kaufte. Mit Valentin, Dorothy Miller und einer Malerin aus Charleston bei Longchamps Lunch. Nachmittag und Abend im Hotel todmüde – aber befreit!!

*Donnerstag, 23. September 1948.* Morgens neu erkältet mit Q. und Butshy zum Centralparksee und Caroussel – in der Sonne Eichhörnchen gefüttert. Geluncht mit Valentin und Jane im Drake, recht gut, nur wie gesagt verkatert-erkältet. Dann gegen 6 Uhr zu Aline Louchheim. Anwesend Herr und Frau Soby, ein Mann mit Brille, später Herr und Frau Barr und Valentin, – t'ja t'ja. Und natürlich Aline L. mit Gatten und 2 Kindern. Aline, die Quappi's Portrait gekauft hatte, wirklich reizend – Soby rührend und Barr heftig mit Quappi geredet. Auch Frau Soby sehr hübsch. – Kurz große Freundschaft. Mal sehen was draus wird. – Später Dinner mit Valentin und Jane.

*Freitag, 24. September 1948.* (Noch erkältet.) Mit Q. für Butshy Halsband erstanden. Nachher weitere Entdeckung im Centralpark. Schön wie immer. – Zum Lunch Joep N. mit vielen weisen Reden . . .

*Sonntag, 26. September 1948.* Schwer erkältet . . . Den Sonntag so hingebracht, noch mit Valentin und Jane geluncht und abends losgefahren zum obligaten Ende. Trotz Roomette sehr durchgerüttelt . . .

*Montag, 27. September 1948. St. Louis.* Ankunft in St. Louis. Um halb vier Uhr abgeholt von Family Hudson und Conway. – Nun sitzt der pauvre »Odysseus« wieder an seinem grünen Tisch . . . Man wird so als alter Mann dahin leben bis zum bitteren Ende . . .

*Dienstag, 28. September 1948.* Heißer Südwind-Tag, schön und unwahrscheinlich wie eigentlich alles hier. – In der Schule lauter neue Gesichter, hauptsächlich männlich. Auch ein paar Ältere darunter. Mein neuer Monitor entwickelt sich ganz nett und fuhr Quappi mit Koffer und Butshy in seinem Car nach Haus. – Hier am Millbrook ist vorläufig alles sehr ruhig und angenehm. – Drewes kam mit Pflaumenkuchen. – Perry's Einladung zum Donnerstag. Na ja – das Leben geht – weiter.

*Mittwoch, 29. September 1948.* Trotz ewiger Erkältung (No. 2 New York vor 8 Tagen) – first Correcture in new Class von young men, 3 Weiber Eine ganz hübsch und eine Mulattin. Jim als »Impresario« ganz tüchtig ... Später im Atelier »weiblicher Kopf mit Maske« ganz gut angefangen und durch den feuchtwarmen Tag – recht schön alles – und sanftere Töne schwingen langsam durch mein Herz ... Sah auf abendlichem Spaziergang durch University-Campus komische bunte Affenmenschen – (Rugby oder so). Abends Briefe an Artist Equity, Boulder, Philadelphia.

*Donnerstag, 30. September 1948.* Ganz friedlicher Tag, Erkältung besser. – Stilleben mit 2 Weinflaschen angefangen ... Mit Taxi zu Perry's, schönes italienisches Huhn, nette Gespräche. Alles sehr sympathisch. Mit Taxi nach Haus und Butshy auf dem Rasen begrüßt.

## OKTOBER

*Freitag, 1. Oktober 1948.* Spätsommer in St. Louis, sehr warm. Morgens schön ins Studio gelustwandelt und »Perry« entworfen – ziemlich angestrengt 2–3 Stunden, zum ersten Mal wieder richtig gearbeitet. – In der Sonne und Streetcar zurück. Nach dem Schlaf Flucht vor Kindergeschrei, Gartenlärm – zum alten Swimmingpool – aber zu spät, schon halbdunkel und starke Melancholie – nach dem Abendessen wieder besser. Ins sehr schlechte Kino und im Tropical mit armschmerzender Quappi (Neuritis) – aber sehr nett.

*Samstag, 2. Oktober 1948.* Weiter friedlicher Sonnentag mit Clayton, wo ich neue Spaziergänge entdeckte, und Gloria Kayser im Buch-shop sah.

Faustus von Th. Mann angefangen. Abends am Campus gelustwandelt, immer noch etwas erkältet. – Na also, trotz allem Pessimismus – man lebt –

*Sonntag, 3. Oktober 1948.* »Das Eierbild« – kann ganz amüsant werden. – Nachmittag Besuch eines Augenarztes aus dem Rheinland, netter Mensch, geht nach New York – schade. – Lulu rief an. – Nachtspaziergang mit Q. und Butshy am Campus, Q. etwas down und Armschmerzen – ich auch noch erkältet aber besser. Später dann Dr. Faustus.

*Montag, 4. Oktober 1948.* Große Korrektur mit viel Kraft. – Später Perry im Museum besucht. Spaziergang zurück durch den Park in schöner Sonne . . .

*Dienstag, 5. Oktober 1948.* Mit Jim in Downtown wegen Immigration-Naturalisation (Papiere ausfüllen). Sehr nett, mit Q. natürlich, aßen im Jefferson, später sahen wir noch den »Mister Sippi« in voller Pracht mit der Richtung nach dem South – oh Ziel meiner letzten Sehnsucht. – In the afternoon erschien Perry, verschiedene Whisky's, er ging mit Quappi ins Orgelkonzert. – Ich kramte in alten Zeiten. Später brachte Perry Q. nach Haus und sah Photo's der alten »Auferstehung«. – Morgens Curt zum Birthday telephonisch gratuliert.

*Mittwoch, 6. Oktober 1948.* Am »Perry« noch unentschieden gearbeitet. – Vorher mit Q. in University wegen Notarbeglaubigung für Möbeltransport aus New Orleans. – Gar keine Post. – Nachmittag Plaza mit Whisky – Träume in hohen Schlössern . . .

*Donnerstag, 7. Oktober 1948.* Am Perryportrait gemurkst . . .

*Freitag, 8. Oktober 1948.* Heute große Korrektur, schon mit einigen guten Wirkungen. Später am Perryportrait (Gerüst). Morgens netten Brief von Walker aus New York. – Hörte Gutes über San Francisco Ausstellung. Nachmittag wieder zum Perryportrait – wird mir viel Arbeit machen. – Abends Faustus Th. Mann . . .

*Samstag, 9. Oktober 1948.* »Liegende Frau mit Fischglas« entworfen. Nachmittag waren Wally und Frau da, seit langer Zeit. Viel von MEXIKO und Beckmann in IOWA erzählt, Wally ist immer noch der nette Kerl von früher. Ich war nur leider etwas müde von der Morgenarbeit. – Rückkehr von Quappi und Butshy von Schenberg Geschäft – auf Trinity im Dunkeln, nett. Überhaupt nett.

*Sonntag, 10. Oktober 1948.* Großer Spaziergang über Clayton und zu Fuß zurück zu meinem eigenen Erstaunen. – Nachmittag kam Perry halb fünf zum gezeichnet werden. Danach recht interessante Unterhaltung über christliche und früh-christliche Dinge. Netter Kerl, ging erst um halb acht. – Nach dem Schweinebraten endlich fertig mit Dr. Faustus . . .

*Montag, 11. Oktober 1948.* Beim Dean mit Q. und B. wegen Boulder und Autokauf etc. wurde abgeraten. Dean wie immer sehr nett . . . Walk in the Avenue sehr schön. Abends erstmalig »Paradies lost« gelesen, bin gespannt ob's mir gefällt. Fürchte langweilig. – Lulu rief für Sonnabend an und Hamburg möchte mich noch immer haben (als Direktor für Artschool).

*Dienstag, 12. Oktober 1948.* Große Korrektur. Traf Drewes. – Nachtspaziergang bis Westgate Avenue. – Sehr gutes Sauerkraut (gewärmt) ha ha. – »Paradies lost« – oh Gott, wie viel brave Engel und der Lockenadam, was 'ne Freude –
(Schrieb nach Boulder.)

*Mittwoch, 13. Oktober 1948.* Sehr heftig am »Perry« gearbeitet – nur mittelmäßig zufrieden. – Sonst, saure Gurkenzeit, die Mächte beschimpfen sich gewohnheitsmäßig – von der Kunst höre ich nichts und an dem schönen Abend gehe ich spazieren und lese Milton. Ein komischer Herr, aber doch ziemlich enttäuscht.
Brief von Minna.

*Donnerstag, 14. Oktober 1948.* Des Morgens bei Perry im Museum um den »Atelier-Raum« für »Auferstehung« anzuschauen. Wie immer sehr nett, aber ich bin noch nicht fest entschlossen ihn anzunehmen, – (t'ja wenn's ein Auftrag wäre –) nein, ich glaube ich tu es nicht. – Nett mit Perry und Q. im Plaza gegessen . . . Gloire ganz viel, Reproduktion in Art News (»Schauspielerinnen«, Carnegie, »Siesta«) etc. etc. aber – kein Geld und immer noch keine großen Sammler – wird auch nicht kommen. Bin zu schwer. – Die Gefahr zur Zeit ist, in ein bürgerliches Gleichmaß zu versinken – in mir selbst – und auch von außen. – Resignation über die Unverständlichkeit der Welt?!

*Freitag, 15. Oktober 1948.* 5 Stunden vergeblich am »Perry« – werde nie dieses verfluchte Bild zu Ende bringen. – Nur im Dunklen spazieren, Campus. Sah komische Dinge bei der Sternwarte in der Nacht.

Morgens noch leichte Korrektur. Stanley überbrachte Einladung zur Mississippi-Fahrt. Glaube nicht daß ich gehe – schade . . .

*Samstag, 16. Oktober 1948.* Schwere Übermüdung von gestern wo zu viel an »Perry«. – Der Abend war Pulitzers gewidmet. Abends um 11 Uhr in kalter Nacht zur Streetcar mit Brustweh und allen Chikanen. Q. war mit Pulitzers schon vorher ins Konzert von Goldschman (Picasso Dirigent). Bei Pulitzers alle möglichen Menschen. War mir zuerst sehr schwer – (2 weiße Pillen, Nitro) um in Gang zu kommen – und langsam viel Whisky. Dann ein französischer China-Händler, ein lawyer, eine mittelhübsche Dame (später von Lulu als unglücklich bezeichnet), Mr. Becker neuer Graphikteacher (nett), etc. etc. – Im Postdispatch farbige Abb. »Schauspielerinnen«, im New Art Magazine schwarz-weiß dasselbe (kl. Pille der Berühmtheit) . . .

*Sonntag, 17. Oktober 1948.* Ziemlich schwerer Kater.

Versuch »Perry« weiter zu treiben scheiterte und endete im Park wo gelbe Orangutangmenschen Fußball oder so etwas spielten. – Mit der Streetcar zurück. Lange geschlafen. Rettles erschien in violett, ging mit Q. Musik anhören im Campus (Chapel). Ich lief da auch noch etwas herum – oh so müde – sah den großen Mond –

*Montag, 18. Oktober 1948.* Weiter Ferien gemacht. Mit Butsh und Quappi über Delmar, Lehmsumpf, Clayton. Dort im Beisl gegessen, nach dem Essen müde – Brustweh – – ich dann mit Bus, Quappi (verkehrt zu Fuß) über Westmoreland zurück. – Brief von Dorothy Miller wegen Datierung von »Departure«, recht liebenswürdig. – Nerven etwas besser aber noch nicht gut . . . Langer Brief an Minna, und sonst? Allerlei und nothing.

*Dienstag, 19. Oktober 1948.* Noch zermürbt mit vielem Spazierengehen. Morgens ganz gute Korrektur, später im Park mit Q., Sonne . . .

*Mittwoch, 20. Oktober 1948.* 4 Stunden am »Perry« – Composition jetzt gut. Gesicht noch zweifelhaft aber besser. – Perry meldete sich aus Detroit zurück, ein Käufer kündete sich für morgen an, Bilder werden abgeholt aus Museum. (Brustweh.)

*Donnerstag, 21. Oktober 1948.* . . . Nachmittags Besuch von Herrn C. der keine Bilder kaufte aber sonst ein ganz netter Kerl war. Er will noch schreiben, aber ich glaub's nicht.

*Freitag, 22. Oktober 1948.* Morgens in Clayton, zu Fuß mit Quappi zurück, immer noch schön. Nachmittag Korrektur in der ich Jim und Stanley Selbstportraits aufgab. Ha, ha –

Sonst völlig brieflos und »unberühmt« – aber wenigstens wieder Schnupfen (!) und einen gewissen Humor.

Etwas am sitzenden Akt gepinselt.

*Samstag, 23. Oktober 1948.* (Dritter Schnupfen.) Trotzdem am »Perry« gearbeitet, aber glaube nicht besonders. Ziemlich überarbeitet und noch dazu diese Erkältung. – Aber netter Brief aus Boulder, zahlen mehr, und ich kann machen was ich will.

*Sonntag, 24. Oktober 1948.* Neues Mittel für Schnupfen von Jules Henry, glaube gut. – Wunderbar warm. – Ging zum Wabash-Station Delmar in schöner Herbstsonne. – Nachmittag holte uns Drewes ab zur Hudson-Party. Furchtbar viel Menschen, aber alles ganz nett.

*Dienstag, 26. Oktober 1948.* Besuch am Mississippi mit Schwierigkeiten, aber doch durchgesetzt. War in den Slums in glühender Mittagshitze und erreichte endlich den gelben großen Fluß, ganz nahe oben über der letzten großen Brücke donnerte der blaue train nach New York mit dem ich oft gefahren. Langsam sah ich ihn versinken in der Glut der Herbstsommerhitze – far well – ich beneide Dich nicht –

Sonst, wieder Postbaisse und noch nicht angekommene Möbel.

Trotzdem, da Schnupfen besser ist, ganz guter Laune – trotz Paradies lost – und Isolde Kurz –

*Mittwoch, 27. Oktober 1948.* ... Wieder keine Post, – déprimé. Nachmittag war Perry da, und mancherlei Gespräch – auch über Willensfreiheit. – Malte ein bißchen an den »Eiern« und Q. war bei Rettles mit Lulu zum Lunch ...

*Donnerstag, 28. Oktober 1948.* Es kann ja immerhin noch etwas länger dauern – das Leben – also müssen wir weiter murksen um nicht in zu elende Situationen zu geraten, die jedoch zur Zeit etwas zurück gedrängt – dunkel drohen. – Neugierig bin ich nur, wie ich mich im Falle einer wirklich schweren Erkrankung benehmen werde – und als weiser Lebensesel baut man etwas vor. – Viele meiner Mitlebenden sind – mehr oder weniger freiwillig schon hinter den »eisernen« Vorhang getreten – und ich bin noch immer da – um unnötiges Fragen immer weiter durch die Illusion von Zeit und Raum zu tragen. Man weiß nichts. Vielleicht sind es auch nötige und wichtige Fragen, wenn

es auch recht ermüdend ist, diesem melancholischen Frage- und Ant-
wortspiel immer wieder zuzusehen und selber – ach ja selber – immer
wieder mitspielen zu müssen – nun, es bleibt uns nichts anderes übrig.
– Was kann ich noch Neues dazu tun. – Möglich wenn meine Nerven
gründlich ausgeruht sind – sehr gründlich – nach all dem Elend. Möglich? Möglich?? Wer kann das sagen?
No Post. German Heidenreich zum Tee. – Noch etwas am Wally
Portrait gearbeitet.
*Freitag, 29. Oktober 1948.* Etwas confuser Tag. First correcture,
ziemlich langweilig und müde. (Zu Fuß im Campus Heidenreich ge-
sehen.) – Dann Besuch bei Conway, zwischendurch tauchte noch ein
Iowa-admirer auf. Dann Lunch mit Conway, Jim u. Q. in Clayton.
Nachmittag noch gearbeitet an »Tourina« mit Maske.
De Moins Art Center schrieb – und »Paradies lost« zu Ende – doch
mordslangweilig, man müßte etwas ganz Neues draus machen.
*Samstag, 30. Oktober 1948.* (Schinken, Whisky), ganz netter Abend
bei Perry's mit komischen Mischungen. Mrs. Boyd (Lilly ähnlich) –
Pope und Germanfrau, längste Liebe – ohne noch zu kennen will Bild
kaufen. 2 Musikleute, Becker le jeune, – Bill (will Bild kaufen), Perry's
(wie immer schön) na, und so. – Bill holte uns ab und brachte uns
nach Haus. – Ich war zeitweilig sehr müde, auch weil Rickey's nachmittag im Atelier waren ... Morgens großer Regenspaziergang am
Delmar und Quappi hat großen Schnupfen.
*Sonntag, 31. Oktober 1948.* Perry Portrait fertig –

NOVEMBER

*Montag, 1. November 1948.* Die Möbel nähern sich, erste Anzeichen.
Mit Q. bei der Notarin in der University. Swear-swear-swear. – Dann
Clayton geluncht Fairfaxhouse. – Mit Wally Barker ganz nette Whisky
Unterhaltung mit allem zeitlichen Klatsch. Abstrakter Unfug. Wally
hat mir wieder recht gut gefallen. Rückkehr von Ph. Guston? Wally
meinte »well – I don't know, what does the Dean say?« Nun, die ersten Sorgen kommen wieder – ob ich hier bleibe? etc.
*Dienstag, 2. November 1948.* Ziemlich alberner Tag. Morgens Besuch
von Mr. an Mrs. Pope aus Washington, die die Exposition weiter füh-

ren wollen und unter Beifallsgeschrei nichts kauften. Sie ist eine Deutsche und er ein wackerer Porzellan-Museumsdirektor – na ja, man ärgert sich. – Dann Mr. B. – eine liebenswürdige Belanglosigkeit mit abstrakten Vorzeichen. So als ob man aromatischen Kaugummi gelutscht hat. That's all. Dazu Magenverstimmung – schon seit 3 Wochen, – und nichts verkauft.

Gute Nacht.

*Mittwoch, 3. November 1948.* Selbstportrait 48 fertig gemacht. – Etwas reduziert und schlechter Laune weil nichts passiert. – Viel Gelaufe. – Allgemeine Depression und Hoffnungslosigkeit. – Wie soll das enden – na –

*Donnerstag, 4. November 1948.* Kleiner – GROSSER Tag: Valentin verkauft »Sacrificial Meal« und »Selbstportrait 47 St. Louis« woraus die Reise nach New York zu Weihnachten endgültig sicher entspringt. Außerdem sind die Furniture's endlich in New Orleans gelandet und also auch das ist nun erledigt ... Außerdem ist Boulder jetzt ganz fest und es soll wirklich sehr schön dort sein – kurz Freude herrscht in – – – Hallen! Warm und viel Regen ...

*Freitag, 5. November 1948.* Nochmals am »Perry« und Selbstportrait – nun wirklich fertig. Auch etwas school – natürlich restlos übermüdet – ausgepumpt und phantasielos –

By by –

*Samstag, 6. November 1948.* Ich glaube, man schreibt zu viel Tagebuch, denn eigentlich passiert verflucht wenig und das Dasein ist nur mäßige Wiederholung früherer Zustände. – Immerhin, der Magen ist wieder in Ordnung. Perryportrait endlich fertig, Brief von der Minna. – In Erwartung der Möbel und wahrscheinlich in Erwartung Perry's die das Portrait sehen sollen. – Ausruhen – endlich mal wieder im Kino, D. Andersen guter Schauspieler.

*Sonntag, 7. November 1948.* ... Abends bei Harrison's, Musik-Dean. Anwesende, die beiden Hudsons, waren wieder sehr nett. Nette Tochter Shyla Harrison, – Schinken essen, ich viel englisch gesprochen zur allgemeinen Verwunderung – je m'en fiche.

*Montag, 8. November 1948.* Morgens beim Dean, wieder das leidige Thema – und das alte Lied, wenn er (G.) zurück will – m u ß ich gehen. – Immerhin hat der Dean an ihn geschrieben und bis Weihnachten bekomme ich Entscheidung. Nicht sehr erfreulich (das in der Luft hängen), trotzdem Dean wie immer sehr nett. – Nachher noch nervöse Korrektur und später Drewes der sich meine Bilder ansah, etc. – Morgen kommen Perry's zum Portrait sehen. – Ich schrieb nach Hamburg und las mäßigen deutschen Kriminalroman. – Ecco.

*Dienstag, 9. November 1948.* Erster Snow!! Und erste »Perry« Besichtigung von Perry und Rettles. Na also, scheinbar große Begeisterung, sogar von der Gattin. – Auch über das Selbstportrait mit dunklem Hintergrund. – Später geluncht mit Perry's und Oslo Museumsdirektor im Museum. Netter Mann der Norweger. – Dann nachmittag 3 Stunden gearbeitet an den »Eiern«, »Frühlingslandschaft« und »Frau mit Maske«. Q. holte mich wegen schlechtem Wetter im Auto ab. Müder aber friedlicher Abend.

*Mittwoch, 10. November 1948.* Ganz gut gearbeitet an »schlafender Frau mit Fischbehälter«, und kleines »Stilleben mit Sellerie«. Q. war beim Friseur im Chase Hotel und ich arbeitete bis 5 Uhr. – Sonst recht müde und melancholisch weil so wenig passiert. Höchstens geht's Amerika schlecht in China, und die Zukunft ist trübe. – Man kann sich ja auf den Kopf stellen – man kommt nicht vorwärts ohne zu sterben. Man kann keine Bilder verkaufen. – Na, Watson und Tamayo sind die nächsten Sensationen.

*Donnerstag, 11. November 1948.* Friede sei mit Dir und Deiner Asche – mein Freund – so ging der Army-Tag dahin bei herrlichem Frühlingswetter.

Korrektur und Spaziergang. Lunch, Quappi mit Zunia, Butshy spazieren, abends schlechter Tunafisch und Cinema ganz gut, (englisch) »Weiße Dame« und Wildwestfilm »No 2753«.

*Freitag, 12. November 1948.* Tamayo evening bei Pulitzer, ganz amüsant. Tamayo's sind nette Leute, er singt zur Laute. Viel Whisky's – und Perry will Portrait kaufen? – Bill, Martha Love mit neuer Frisur und schwärmt für Reinhart, – gutes Hühnerragout, – ein beschwipst tanzender J. P., – ein singender Amerikaner – oh Gott –, zu viel Gesang und Geklimper – G. und Gattin ein Provinzgenie –, ein Conductor, etc. etc.

Im Auto von Perry's nach Haus. – Oh Gott die Drinks!!

*Samstag, 13. November 1948.* Irgendwelcher Festtag den ich mit der

Beendigung des »Eierbildes«, einem Nachkater, einem mißglückten alone-Abend Kino-Ausflug – mit viel Brustweh und Kälte und einer großen inneren Resignation über alles Schäbige ausfüllte. – Post – nothing – 8 days.

*Sonntag, 14. November 1948.* Fürchte daß mein Lebensabenteuer doch noch einen reißend bergab Verlauf nehmen wird. Hier werde ich wohl rausgeschmissen werden, da Herr P. G. wahrscheinlich seinen Posten hier wieder übernehmen wird. Bildverkäufe werden langsam immer weniger und kleiner – Geld schwindet dahin – t'ja, was soll werden – oh Glanz und Elend der »Berühmtheit«. – Hier ist großer Tamayo-Rummel und die hohen Töne des Sommers sind verklungen – langsam werde ich vom Rennpferd zum Droschkengaul degradiert – na – wenn schon. Weiß jedenfalls nothing wie's nächsten Herbst weiter gehen wird.

Schöner Tag, warm. Selbstportrait 1948 fertig gemacht.

*Montag, 15. November 1948.* Morgens Bilderzeigen für Students, ganz friedlich. Butshy kratzt dabei an the door. – Zu Fuß über Skinker, Delmar, Schenbergstore mit Quappi. – Afternoon englisch gelesen. Abends Stanley R. Party mit Tamayo, nett, aber alles in allem etwas zu steif. – Good night.

*Dienstag, 16. November 1948.* An »Schlafender Frau« mit Verkürzung lange und schlecht gearbeitet . . . Lange geschlafen. Brief von Valentin. – Und Peter – has fun.

*Mittwoch, 17. November 1948.* Am Abend ganz verrückt bei Herrn und Frau B. Sie ist Commercial-Art Teacher und hübsch. »Do you like my clothes –« endlose Autofahrt, hin und zurück, ganz interessante moderne Russen Grammophonplatten, Prokofieff, Katschaturia etc. etc.

*Donnerstag, 18. November 1948.* Morgens im Zoo, wo ich einen riesenhaften Steinbock (as a lion) und zwei schwarze und hyazinthfarbene Kakadu's sah.

Abends Tamayo-Abend bei Hudson's (mit kleinen Eßtischchen). Glücklicherweise war ich ausgeruht – später lustiges Fightgespräch über Commercial Art, Mr. Fett and the others. Zu Hause erzählte Q. T.'s möchten uns nach New York haben – na, ich glaub's noch nicht (sie würden schreiben). – Dean hält morgen einen Vortrag über mich?

*Freitag, 19. November 1948.* Große Korrektur – dann wollte ich nicht arbeiten, tat es aber doch – und (natürlich ausgerechnet) am Perry-Abend in Society im Gespräch mit Lulu – klappte ich, wenn auch nicht zusammen – so doch mußte ich aber raus gehen – so Herzschmerzen – etc. Gingen dann mit Taxi nach Hause ohne noch Tamayo's und den anderen à Dieu zu sagen. – Schade – es ist nicht mehr viel mit mir – was sind Nerven?!

*Samstag, 20. November 1948.* Ziemlich déprimé – spazieren, kalt, aber sonst ganz wohl. Habe einen unverständlichen Corpus. – Im Taxi zum Studio, wo Perry und Freund erschien um »Perry« anzusehen und andere Bilder. Endlos Gerede und Bewunderung. Mitteilung, daß Wally wieder einen Preis bekommen hatte (Museumspreis). Dann erschien Quappi ... Perry kauft Perry (noch kein Preis) aber immerhin –

*Sonntag, 21. November 1948.* Trotz Müdigkeit und kaltem ungeheiztem Atelier (Sonntag) letzte Hand an Selbstportrait mit blauen Handschuhen – fertig. – Dann sonntagsmüde, vertrottelt aber innerlich irgendwie befreit und zufrieden.

*Montag, 22. November 1948.* Angenehmer Vielerlei-Tag. Valentin-brief und Anruf wegen Aquarell in Baltimore »Beginning«. Viel Telephon wegen Furnitures, endlich beim 3ten Anruf, »eben Rechnung angekommen«. Sind 10 Tage später aus New Orleans angekommen als gesagt – nun werden sie wohl Anfang nächster Woche bei uns sein. – Perrybild photographiert. – Dean erzählte von seinem Beckmann-Vortrag mit Anwesenheit von Chancellor Compton ... Sonst langsam immer kälter ... Kurz, ganz freundlicher Tag. – Brief an Pierre.

*Dienstag, 23. November 1948.* Strenge Class-Kritik. Herrliche Herbstwintersonne im Park und Besuch vom alten Jefferson-Memorial – Männer und Geschäfte.

*Mittwoch, 24. November 1948.* »Schlafende in grün mit Fischglas« fertig.

Sonst – nothing.

*Donnerstag, 25. November 1948.* Ein wunderbarer Tag, wie kühler Hochsommer! – Eine Stunde an den »Eiern« – sonst recht müde und gelangweilt aber nicht malheureux.

*Freitag, 26. November 1948.* Wieder ein Post- und ereignisloser Tag dahin – noch sehr übermüdet. Beschloß mit Q. nach Downtown zur

Railroad Co. zu fahren, wegen Möbel, Bilder. Endlose Verhandlungen, schließlich durfte man bezahlen, aber ob die Sachen nun auch wirklich kommen? – Na –

Später ganz lustig bei Famous Barr Kaffee getrunken im Downstairs. – Zu Hause mich noch ein bißchen über Amerika gebildet. – Mr. Fett rief an voll Liebe. Gestern Stanley. – Na und sonst – nothing – und Thanksgivings-Stimmung.

*Samstag, 27. November 1948.* Ganz nette kleine Party bei Fett mit Damenpony's (Frisur) und Mädchenbeinen und helldunkel gemischt mit erschreckter Verehrung. Sehr viel Bourbon. Wally, schwer beschwipste Tukky, Mädchen mit langen schwarzen Haaren sprach französisch genau wie die Mary Rapps. Auch sonst mich mit Frau Mexiko-Fett unterhalten, na und so. Um 3 Uhr vom siegreichen Wally und 2 Weibern nach Haus, Stanley in großer Form, wie gesagt alles in allem ein Luftzug und nett. Quappi war vorher noch im Konzert und meine Zahnbrücke ging kaputt. – Vorher am Tag noch Entwurf zur »Nacht von Amsterdam«.

*Sonntag, 28. November 1948.* Der obligate Nachkater und in Erwartung der Möbel und Bilder die morgen kommen sollen. Eisiger Ostwind Spaziergang am Campus und ganz guter Laune.

*Montag, 29. November 1948.* Möbel sind gekommen, Bilderchen sind da, auch die »Fischerinnen«. Es war ein etwas anstrengender Tag bis alles soweit geordnet war at home – Artschoolstudio – und Museum. Abends war ich noch in school um nach den Bildern zu sehen und später Dinner bei Jacovelli – Résumé: etwas resignierte Freude und Angst morgen vor dem Zahnarzt.

*Dienstag, 30. November 1948.* Zahnarzt in Webstergrove scheint eine bedenkliche Sache. Anschließend schöner Spaziergang mit Quappi. – Nachmittag erstes Bilderordnen im Studio, abends zu Hause.


### DEZEMBER

*Mittwoch, 1. Dezember 1948.* »Hotel de l'Ambre« endgültig sehr schön fertig. I am also. – Viel gekramt in den angekommenen Sachen und Bildern. – Absolute Postlosigkeit und neue riesige Übermüdung.

*Donnerstag, 2. Dezember 1948.* Wieder warm . . . Wieder keine Post außer Rechnungen. – Gang ins Atelier und Trost bei meinen Bildern, von denen mir Perry fast am besten gefiel. Interessant das alte neue kleine Tryptic »l'Enfance«. – Ruhiger Abend, nicht viel Brustweh – aber morgen Zahnarzt.

*Freitag, 3. Dezember 1948.* Ein Augenzahn gezogen mit ziemlich viel Unannehmlichkeit, aber der Doctor ist reizend, möchte alle Zähne ziehen, oh Webster Grove –

Fahrt hin und zurück in strahlender Sonne mit Quappi war schön. – Nachmittag Kopf von Fischerinmädchen 3 Stunden gearbeitet. – Schwitzte beim Teacherconsilium.

Boulder schrieb, möchte große Ausstellung im Sommer machen und Amsterdam will immer noch Geld – oh Gott – sonst recht müde, aber scheinbar nicht krank.

*Samstag, 4. Dezember 1948.* »Fischerinnen« noch überarbeitet. Brief von Valentin, liebenswürdig griesgrämig, ebenso geantwortet. – Abends Atelier Bilderkisten etc. aufgeräumt. Fühlte mich im allgemeinen wohler, aber Angst vor neuem Zahnziehen. – Alle möglichen Rechnungen kamen, sogar aus Amsterdam – trotzdem – nitschewo – draußen heult Regensturm. – Schrieb an Boulder und Rickey.

*Sonntag, 5. Dezember 1948.* Aber die »Fischerinnen« sind wirklich sehr schön geworden.

Sonst trauriger Sonntag, weil mich so ziemlich alles verläßt – but does'nt matter ... Mies, mies – und die Unsicherheit unseres Hiersein (in St. Louis) – kurz und gut es ist »entzückend« – und kalt wird's auch.

*Montag, 6. Dezember 1948.* ... Im Atelier Dean Bilder gezeigt, dann den Schülern. – Dann mit Taxi zur Station, Billets für New York abgeholt. Zu Fuß zum Ratskeller, Lammsragout, dann zu Stix Baer und Fuller Lampenschirm und Stoffe ausgesucht. – Mit Taxi nach Haus, Butshy entfesselt. Briefe an Walker und Relief Comitee geschrieben. Zum Schluß Goethe gelesen.

*Dienstag, 7. Dezember 1948.* Wieder beim Zahnarzt – Zwei Zähne heraus (unten) ziemlich unangenehm mit vielen Spritzen. – Auf Umwegen (Kaffeestation in Mapelwood) nach Hause. Ein Kafka fiel ins Schloß. – Nachmittag im Atelier noch an den »grünen Eiern« – Q. bei Bill. Stanley rief an, Wally sagte ab.

*Mittwoch, 8. Dezember 1948.* Leider wieder an den »Eiern« und zu viel gearbeitet – todmüde. – Nachmittag Jim mit Q. Bilder aufgehängt hier . . . Photo kam aus Bremen. Zähne tun noch etwas weh.

*Donnerstag, 9. Dezember 1948.* Vorletzter Tag »rue de l'Ambre« – 6 Stunden gearbeitet, na ja, muß auch mal sein. – Sonst von niemand gehört, weder von Valentin, Perry oder sonst was. – Es wird wirklich kalt, trotzdem bin ich ganz zufrieden heute Abend, nett mit Butshy gespielt.

*Freitag, 10. Dezember 1948.* Mit Schrecken wurde bemerkt, daß der heutige Abend (durch verschiedene Absagen) nur aus Dean's und Jim bestand. Heftiges Telephonieren, im letzten Moment zusammengetrommelt was noch möglich war. Nun so wurde dieser erste Abend mit eigenen Möbeln und vielem Whisky noch ganz erträglich. Hudson's (2), Drewes (2), Becker's (2), Poki (1) – neun Personen mit uns. – Quappi hatte gute Rouladen gemacht und später verspritzte ich zum eigenen Erstaunen sogar etwas »Geist«: Negerplastik und Südsee – mein altes Hobby – erträglich wurde alles da netter Brief von Valentin am Morgen eintraf.

*Samstag, 11. Dezember 1948.* Plötzlich merkt man »zu seinem eigenen Erstaunen«, daß der Kampf eigentlich beendet ist und man als »anerkannter Champion« bedächtig zu den Akten gelegt wird – hm – eine neue Version des Kampfes – that's all – nicht wechseln – vollenden ist das Ziel!

Morgens trotz Kater noch an der Schlafenden in blau und grün – vorwärts gekommen.

Masse Briefe! Von Minna, Bummi (krank), Lütjens, Fiedler und Piper. Letzterer's Buch ist wieder weiter hinaus geschoben. – Nachher geht man essen bei Jacovelli.

*Sonntag, 12. Dezember 1948.* Noch sehr warm. – Was ein Sonntag?! In the morning eine Viertelstunde Telephon mit Valentin. Alles in Butter, »want the new pictures very rapidly« – Grüße von Aline L. etc. etc., geht nach Europe.

Später Missourishow recht mäßig, Wally geschmackvoll, aber compromis (abstrait). Dann Butshy abgeholt im Studio, mit Taxi nach Haus. Kaum geschlafen, zurück ins Studio zu Perry, alle Bilder gezeigt, Preis vereinbart für Portrait. Perry etwas müde, auch ich fand pictures müde – na, vielleicht auch nicht. – Dann kaum zu Haus wieder weg zu Frau Stix, Turkey und Schinken und viele Menschen, darunter ein dicker Psychologe und Coriy's bemerkenswert. Zum Schluß, halber Portraitauftrag von Frau Stix (Herr Stix-Portrait) 1500 – ließ 500 nach, erst 2000 verlangt – wollte sie aber nicht – oh Gott ...

*Montag, 13. Dezember 1948.* ... Decatur bittet um Jury (Decatur Illinois) – werde absagen. – Den Tag so hingeleppert. Quappi war auf der Generalprobe spielen für Bach Weihnachtskonzert in der Chapel. – Bilder werden langsam weg geschickt, schade – das Einzige, was man hat. – Sensationell war ein Riesen-Nebel this night.

*Dienstag, 14. Dezember 1948.* Heiß – Gewitter, kann nicht schlafen vor Hitze.

Post von Artist Equity für Beckmanncoctailparty im Plaza New York? – Aß allein im Jefferson, eine halbe Flasche Sekt – zu viel bei der Hitze.

*Mittwoch, 15. Dezember 1948.* Etwas kühler aber blendend schön. Viel Briefe geschrieben, an Aline L. Wally, Minna, Piper etc. auch an Kuniyoshi. – Q. zeigte Conway Bilder, große Begeisterung über Perry Portrait. – Sonst zu Hause mit mehr oder weniger Brustweh, da sehr übermüdet. – Fogg Museum will »Cabana« kaufen, in Cambridge große Begeisterung für B. Ausstellung.

*Donnerstag, 16. Dezember 1948.* In der Schule nach Korrektur viel Holiday Stimmung, ich ziemlich am Ende, zu Fuß mittags mit Brustweh über Campus. Überhaupt viel geplagt von Übermüdigkeit und Brustweh. – Vielleicht bald alles zu Ende? Quappi meint nein. – Spät abends besser.

*Freitag, 17. Dezember 1948.* Q. beim Dean wegen Guston – immer noch unentschieden – sehr nervös. Ging dann mit ihr und Butshy spazieren, sahen das Innere des Parks von Compton mit Dampfmaschine. In heller Wintersonne nach Haus. – Blieb zu Haus, mit mehr oder weniger Weh.

*Samstag, 18. Dezember 1948.* Größerer Spaziergang zum jüdischen Friedhof. Spaziergang sehr melancholisch im eisgrauen Winterhimmel. – Den Tag über sonst gut, aber abends zweimal heftiger Anfall von Brustweh, sodaß eigentlich überzeugt von schwerer Herzkrankheit. Rauche nur noch »Cool-Cigaretten«.

*Sonntag, 19. Dezember 1948.* Perry war nachmittags da und sehr nett. Zweieinhalb Stunden geschwätzt. Berichtete Lustiges von Curt. Auch erzählte er, daß Joe seinen Beckmann neben seinen Picasso gehängt hätte in schönen spanischen Rahmen – in Sachen school hat er gute Hoffnung – nä ja – und ich habe bis jetzt kein Weh gehabt und hoffe, auch keins mehr zu kriegen – ins Bett.

*Montag, 20. Dezember 1948.* (grau-kalt.) Weiter Ferien gemacht. Morgens in school ohne zu arbeiten. Rauche hauptsächlich »Cools«, scheint mir zu bekommen. Chikago calls up, für Jury, aber ich blieb hart . . . Der Abend ging so hin, aber bis jetzt kein Weh . . .

*Dienstag, 21. Dezember 1948.* Bei schönem Wetter (blau kühl) erstmalig am linken Flügel Leiermann ernsthaft gearbeitet, immer mit dem melancholischen Gefühl nicht mehr lange mitzumachen, was ja teils angenehm – teils – na ja – ist. Herznerven beruhigen sich mehr oder weniger – es kann aber auch »Kranzverkalkung« oder so was sein. – We will see. – Trotz allem war es schön, mal wieder zu formen und es ging besser als je. – Meine kunst- und geldpolitischen Dinge hingegen sehen weiter trübe aus. Keine Post von A., nichts von Valentin. Sehe mich schon mit hängender Nase auf dem Rückweg von New York. Na, immerhin werden wir Herrn H. sehen, und dann wissen, was noch an Kapital vorhanden . . . Abends war ich seit sehr langer Zeit mal wieder im Forest-Park Hotel, ganz nett. – Im kalten Wind etwas Weh. Später nicht mehr. – So geht die Zeit dahin.

*Mittwoch, 22. Dezember 1948.* In New York viel Schnee. Nachmittag Party bei uns mit der Reihe nach: Wally, Harrisons und Shyla die ganz nett ist. Wally ziemlich besoffen. – Um 10 Uhr rief Valentin an, behauptet ungeheuer glücklich zu sein über Ankunft der Bilder – leider Abends wieder Weh – na – ja –

*Donnerstag, 23. Dezember 1948.* ? Augustus schrieb! Nun wir werden sehen . . . Ich war schon recht herunter, da hier nichts geschieht um mich zum Bleiben zu zwingen, trotz Liebesgeschrei. (Ich meine die Guston-Affaire.) – Außerdem ist also am 30ten Honour-party für Max Beckmann im Plaza. Walker schrieb. Es schneit – hoffentlich komme ich noch nach New York – (wegen Einschneien der Züge).

*Freitag, 24. Dezember 1948.* (Viel Schnee und kalt.) Abend vor der Abfahrt nach New York. – Na ganz so optimistisch wie gestern sind wir nicht heute Abend. Wenn ich auch – irgendwie mich ein bißchen freue. – Perry und Green waren da, man hörte so manches aus New York – nicht unbedingt angenehm. Na – trotzdem –. Jedenfalls hatte ich heute überhaupt kein Weh, trotzdem ich morgens in Downtown lange war, und nachmittags dann Perry, Green, Drinks. – Außerdem lese ich mal wieder mit Genuß E. T. A. Hoffmann.

*Samstag, 25. Dezember 1948.* Abfahrt nach New York. Mit Gottes und Wally's Hilfe abgegondelt durch Schnee und Eis, aber es klappte. Fahrt ging gut von statten . . . Noch recht deprimiert in der Nacht mit einigen Herzschmerzen – immer dieselben blöden Gedanken über Not und Tod –

*Sonntag, 26. Dezember 1948. New York.* Aufwachend hinter Albany sah ich tatzenhafte Gebirge mit abgefressenen Abhängen, in weiter Ferne davor ein grell zitronenfarbenes langes Haus von einem strahlenden kalten Morgenlicht beleuchtet, zu Füßen des Eis zerschellten Hudsonriver in dem sich auch die frühe Morgensonne spiegelte. – Ankunft in New York bei 15 Grad Kälte. Hotelzimmer reizend (Gladstone). Gefressen bei Longchamps. Später rief Jane an und wir hatten ein nettes Dinner zusammen.

Las E. T. A.

*Montag, 27. Dezember 1948.* Unerfreulicher Tag wegen mehr oder weniger erfolgreichem Telephon. A. P. in Washington. Taxifahrt nach Brooklyn-Museum, schönes Gebäude und scheinbar schöner Park. – Abendessen mit Swarzenski und Jane im Bistro, ganz nett.

*Dienstag, 28. Dezember 1948.* Besuch in the Buchholz, später noch J. B. der nicht da war. Dann Centralpark in snow . . .

*Mittwoch, 29. Dezember 1948.* . . . Morgens bei einem dänischen Bildhauer, der meine (gebrochenen) Gips Plastiken reparieren sollte. Komisch weltferne Menschen, mit einem Witzgrinsen im Regen. – Dean telegraphiert: bis 1950 (»would like to have you one more year«) – aber then Guston returning! – and A. Peck kommt Freitag zurück. Alles in Allem ziemlich unentschieden – what to do – na, wir werden sehen. In den nächsten Tagen mehr Klarheit.

*Donnerstag, 30. Dezember 1948.* Der Abend der großen Beckmann-Coctailparty, na also 300 Menschen with all opportunity shake hand's – oh Gott – – the name's: A. Barr, Museum of Modern Art, A. Frank-

furter, Art News, Mr. Taylor, Metropol. Museum, Kuniyoshi with
wife, Jane, Q. elder Lady, others I don't remember names. Later mit
J. B. N., Jane, etc. zu Abend gegessen. Großes Theater von J. B. –
Ich rauche nicht mehr und das ist gut!

*Freitag, 31. Dezember 1948.* Nachmittag und Abend mit Quappi . . .
– Theater »mad women of S.« with Sokoloff, and we saw Cola im
Foyer. – Später mit viel Brustweh im eisigen Nachtwind und Schneesturm zu Fuß (kein Taxi zu haben) – zum Waldorf Astoria – dann
nach Haus – und damit endet

– 1948 –

# 1949

*Samstag, 1. Januar 1949.* Man fährt nach S. wo D. und M. ein ziemlich trübseliges Leben führen. Eisiger Sturm empfängt uns und ich vergaß nachmittag auf der Rückfahrt Brille und Galoschen und mußte also in New York im »Sumpf« waten ... Wankte müde und in Kälte und etwas Weh nach Hause ... Rauche seit Donnerstag Abend nicht mehr.

*Sonntag, 2. Januar 1949.* Nun ist auch dieser Quappilose Tag vorbei und ich bereite mich vor ins Bett zu gehen. Bin recht melancholisch und hoffnungslos. Wird sich hier wohl alles à la Lorbeer in ausgefransten Hosen verwandeln. Morgens sah ich Skilaufen im Centralpark und im Metropolitan Museum – Goya und Navy, und immer schöne Cézanne's. In der Navy-Ausstellung wehte eine kühle Luft und weckte dunkle Erinnerungen. – Nachmittag lange geschlafen, aß in einem russischen Beisl, später noch sehr schlechter Film im Rockefeller Bld. ... Müde, traurig und mit etwas Weh nach Haus.

*Montag, 3. Januar 1949.* Q. retour mit Butshy und Brille. Kurz in der Buchholzgallery, sah alte Zeichnungen wieder und wundere mich, daß ich noch lebe. – Abends Party bei Kuniyoshi, ganz nett. Viel Menschen, auch Hudson Walker. – Unruhig wegen morgen im Brooklyn ...

*Dienstag, 4. Januar 1949.* Erster Besuch bei Director Peck in Brooklyn-Museumschool. Also, sie wollen mich. – Angebot – t'ja, aber keine Wohnung, kein Atelier etc., t'ja, mein Gott was tun? Wahrscheinlich wird's gemacht. – Mit der Subway erstmalig zurück, doll! – Aline L. war da für zwei Whisky's, sehr nett. – Dann Abends J. B. Neumann mit leichter Drama-Auseinandersetzung (leider etwas Weh dabei, Pille) aber auch das ging vorüber. – Ziemlich durcheinander alles in Allem.

*Mittwoch, 5. Januar 1949.* Verflucht, was war denn nur heute morgen?!? Hab's wirklich vergessen. Jedenfalls viel rain. Entsetzlich viel rain. Na also, lange geschlafen und viel geredet über Schule oder nicht Schule – Angst, Sorge etc. ... Den Abend mit Jane und Q. bei Borscht in guter Stimmung recht nett.

*Donnerstag, 6. Januar 1949.* Doch sehr nervös wegen entscheidender Zusage für Brooklynschool. Werde es vielleicht noch bereuen, aber auch St. Louis ist wohl abgelaufen für mich. (Die dauernd drohende Rückkehr von Ph. G.) ... W. brachte uns nach Forest Hill. Rückfahrt mit dem verrückten Riesenfriedhof und dahinter die Türme von Manhatten mit riesengroßer deeping Sonne!! ... (Jedenfalls kein Weh heute.)

*Freitag, 7. Januar 1949.* Heute morgen erhielt P. die zustimmende Antwort und schien nach Q. recht begeistert. – Dann zogen wir zu the Buchholz und holten 200 Dollar ab und nahmen auch Schiedab. Vom Plaza aus (Q. fuhr zu Freundin) – machte ich schönen Spaziergang im Centralpark, – wie Vorfrühling. Auch meine Stimmung war ähnlich und wirklich recht vergnügt – als ob ich etwas Gutes und Schönes getan hätte. Später dann Lunch »Plazasalat« mit Q. und viel Taxi's wegen Violine zu Herrman. Dann zu Haus. – Nun Schicksal nimm Deinen Lauf ...

*Samstag, 8. Januar 1949. Fahrt nach St. Louis.* Verfehlte Abfahrt um halb eins. Wohnungsbesichtigung zwischen Lexington und Parkavenue, wirklich nett, na vielleicht wird's was. – Dann richtige Abfahrt um halb acht mit Bedroom. Nicht gut geschlafen. Curt kam nachmittag an aus Paris, hatte sehr nettes Phone mit ihm.

*Sonntag, 9. Januar 1949. St. Louis.* Ankommen um 5 Uhr Nachmittag St. Louis bei kaltem Regen und bösartigem Chauffeur. Sonst aber eine ganz anständige Überfahrt trotz schlecht geschlafen, die nur schon etwas langweilig wird. – 9tes mal sagte Quappi. – T'ja, etwas melancholisch St. Louis, schon ein bißchen gestorben heute. Nun noch das viele Trauergeschrei was noch bevorsteht. Es ist aber nichts zu ändern. Hier im Dispatch noch Aufzählung aller letzten »Triumphe« – na, die guten Kinder werden sich wundern. Q. ist eben bei Zunia – oh mein Gott, die ersten Abschiedstränen, dabei sind wir doch noch ein halbes Jahr hier.

*Montag, 10. Januar 1949.* Viel erledigt, des morgens beim Dean, (Tragödie). Danach Korrektur, Jim will auch nach New York. Dann zweieinhalb Stunden am »schlafenden Mädchen mit Goldfischen«. Abends Perry »wie sag ich's meinem Kinde« – ging alles ganz nett. Verschiedene Whisky's und lustiges Geschwätz in der Nacht.

*Dienstag, 11. Januar 1949.* Morgens sehr mäßig gefühlt auf Campus Weg to the school. Vielleicht zu viel Whisky bei Perry gestern. Sah mir »Hotel de l'Ambre« an, gut. Dann am »verlorenen Sohn« erstmalig wieder gearbeitet und dann den Engelsflügel zum »gestiefelten Kater«. Viel gearbeitet und vielleicht etwas vorwärts gekommen. Q. holte mich ab, mit der Streetcar nach Haus. Nachmittag so hingemurkst, Brief von Minna. Abends in mäßigem Kino, fühlte mich aber etwas frischer.

*Mittwoch, 12. Januar 1949.* Sehr kalt und häßlicher Tag. Nachmittag viel Brustweh, aber doch Abends noch in der Schule gearbeitet. Rückweg auch unangenehm. (Weh.) Lulu rief an. Sonst sehr allein und traurig.

*Donnerstag, 13. Januar 1949.* Etwas Ruhe ist wieder in mein armes Herz eingezogen. – Heute kam der Kontrakt von Peck aus New York und ich habe nun wenigstens für einige Zeit Ruhe und eine kleine Sicherheit und kann den Dingen mehr ruhig ins Auge sehen. Es wurde aber auch Zeit und viel ist geschehen in den letzten Wochen. Hoffe auch, daß sich jetzt die aufgekratzten Brustnerven wieder etwas beruhigen werden. Bin nun hier beinah noch für 5–6 Monate und werde versuchen das Leben easy zu nehmen.

Morgens friedliche Korrektur in school, dann zu Fuß mit Quappi zu Schenberggeschäft. Nach dem Nachmittagsschlaf wieder spazieren, beim Weggehen noch etwas Weh, dann nothing more. Rauche auch wieder etwas. (14 Tage nicht!!) Morgens noch etwas am Leiermann von »l'Enfance« gearbeitet.

*Freitag, 14. Januar 1949.* Eine gewisse friedliche Stimmung hält an. Morgens erstmalig wirklich gut am linken Flügel von »l'Enfance«, Leiermann mit Affe und Engeln gearbeitet. Spaziergang durch Park nach der Arbeit. Sah Drewes und wartete auf Quappi. – Einladung nach Texas. Dispute mit Perry Minneapolisfahrt, Roominette – yes or no, na wir werden sehen. Abendspaziergang kaum etwas Weh trotz Müdigkeit. – E. T. A. Hoffmann gelesen. »Goldener Topf« – nicht so gut.

*Samstag, 15. Januar 1949.* Also am Montag gehts nach Minneapolis mit Perry's. Morgens nach Clayton, sah Prinzeß Byron, wie immer sehr depressiv. Nachmittag Besuch von Montminy's Stephens College. – Dann, da guter Frühlingsstimmung 2 Zeichnungen gemacht, »Campus« und »zwei Mädchen«. Später rief man Doris an wegen Wohnung. Konnten aber nichts Neues in Erfahrung bringen. Etwas geärgert – na – trotzdem. Sehr netter Brief von Hans Swarzenski aus Boston.

*Sonntag, 16. Januar 1949.* ... Coctailparty bei Pulitzer mit Haifisch und Musiker.

Sah »Souvenir Chikago« majestic geframed, schön. – Mit Becker's im Auto nach Haus ...

*Montag, 17. Januar 1949.* Ich bin allerdings schon wieder zurück von Minneapolis, doch will ich versuchen, die Reise einigermaßen zu rekonstruieren. Perry's waren erstaunlich rechtzeitig an der Bahn. Ich ließ sie erst ein wenig mit Quappi allein und blieb mit Butshy im »Allein-Bedroom«. Später fraßen wir zusammen im Diningroom und es ging alles ganz gut. Waren ganz vergnügt mit Rettles und Quappi. Später wurde ich allein verfrachtet im Bedroom mit Butshy. Q. mußte Pullman schlafen. Konnte zuerst nicht einschlafen – fraß dann 2 Pillen. Vor dem Zu Bett, noch Treffen mit Perry im Restroom.

*Dienstag, 18. Januar 1949.* In schauderhafter Kälte empfangen von Diky Davis. Ich ließ rasch noch Butshy raus und bemerkte zu meinem Schreck, daß ich knieweich wurde, ähnlich wie vor 5 Jahren am Bahnhof Amsterdam. Mit äußerster Kraft hielt ich mich noch aufrecht – (auch noch das Fläschchen mit Nitro verloren) und kümmerlich hinterher hinkend ins Breakfast Hotel. Ich konnte gut schnell verschwinden und Perry und Quappi kauften Fläschchen und Gott sei Dank wurde es besser. – Es war eine kleine Vergiftung (von den 2 Algocratin gestern) und mit der Zeit ging's ganz vorüber. – Natürlich hatte ich mich schon aufgegeben und sah lauter Leichen um mich herum. – Na – rin ins Auto durch eiskalte Wege auf den Landsitz. – Langsam wurde es immer besser. – Der Diky wohnt verflucht hübsch und ein kleiner Spaziergang am »Rieseneibsee« brachte mich wieder ganz auf die Beine. Wieder ins Auto nach Minneapolis zurück zum Club mit Lunch und vielen Menschen. Wie ich das alles ausgehalten habe – ein Rätsel. Ein Architekten-Ehepaar mit einer Rothaarfrau bemerkenswert (Hardenberg oder so ähnlich) und viel englisches Geschrei alles um M. B. Nach dem Essen Besuch im Museum in der Beckmann-Ausstellung. Scheint Valentin hat auch »Atelier-corner« verkauft und ein Neues war da von der letzten Zeit, (erfreulich) »Blindman's buff« und vieles andere. Wieder zurück im Eisauto. Etwas Ruhe, kleines Dinner mit Direktor. Dann wieder Exposition, Rede von Perry, – oh Gott mein eignes Leben zog an mir vorüber in Bildern – wie ein Traum begleitet von Perry's Stimme und Slydes. Ich mußte mich verbeugen oh – Gott, und erntete Beifall – oh Gott. Herr Beckmann wurde beklatscht. – Nachher noch cirka 400 Menschen die mich wie ein Wundertier anstarrten und ansprachen. Nachher wieder ins Eisauto in die 30 Grad Kälte Nacht beinah Alaska. Bei Diky wieder fast hundert Menschen und ein ausgezeichnetes Entenragout mit Rheinwein. Paar hübsche Mädchen, die mich trotz meines Alters ganz gern fressen wollten. Dann mußten wir mit Butshy wieder ins Eisauto (»nur 5 Min. ....«) – aber eine halbe Stunde statt dessen, im wildesten Sturm, daß sogar das Auto schwankte, zu Freunden von Diky um zu übernachten. Sehr reich, wunderbare Betten, herrlich geschlafen. Draußen knisterte der Frost.

*Mittwoch, 19. Januar 1949.* Strahlende Eissonne – schönes Breakfast mit Negerbedienung. Nette Mrs. C. (Hausbesitzer). Dann holte uns Diky wieder raus ins Eisauto. Wieder Exposition, dann Lunch bei einer anderen Millionärin (Newspaper) mit Frenchbildern, sehr liebenswürdig. (Fasanenragout, erstmalig in U. S. A.!) – gute amerikanische Imitation von englischem Baronet mit Frau. Alles wahnsinnig warm und reich. Champagner zum Schluß. – Nachmittag China – Bronzen – A b s c h i e d v o n m e i n e n B i l d e r n. – Fast zu spät zur Bahn. Nettes Abendessen im Zug mit Perry's. Sehr gut geschlafen. 2 Stunden Verspätung wegen Kälte. Schöner Mississippi Sonnenaufgang. – Schließlich wieder in St. Louis – also heute morgen zur school. Korrektur und 3 Stunden gearbeitet an »l'Enfance« und »Sonnenaufgang am Mississippi«. Schließlich nach Haus, – gerechnet – und nun schreibe ich eben – gute Nacht –!

*Freitag, 21. Januar 1949.* Friedlicher Tag. Nochmals an »den Eiern« gearbeitet. Viel Besuch im Atelier. Conway sah Bild »Eier«. – Telephon aus Memphis?! (Vortrag?). – Etwas müder Nachmittag.

Spaziergang wegen Glatteis unangenehm. Paar Briefe geschrieben . . .
by by – ·

*Sonntag, 23. Januar 1949.* Törichter Tag der Eitelkeit und Nutzlosig-
keit. – Coctailparty bei uns mit C., P., R., S., B. und J., ganz lustig
aber nicht ergiebig (Portrait S.) – daher abends traurig und so –
(Weh).

*Montag, 24. Januar 1949.* Jury in school mit C. und D. – Komisch, C.
erschien irgendwie verstimmt oder melancholisch. Wegen meinem Weggehen? Später Lunch bei Garavelli ganz gemütlich auch mit Q. – Mit
Frau S. Portrait wird nichts – schade – na nichts zu machen. Nachmittag Briefe an Memphis, Peter, Minna, Stengel. – Naßkalt, und
E. T. A. – Kater Murr.

*Dienstag, 25. Januar 1949.* Vielleicht kommt man nochmal in Ordnung. Eine Menge Steine sind ja aus dem Weg geräumt und eigentlich
nur noch Geldsorgen, – »nur noch« – na, einige Wunder müssen schon
noch geschehen. – »Verlorene Sohn« fertig. Viel Glatteis, selbst Butshy
fiel hin . . .

*Donnerstag, 27. Januar 1949.* Äußerst intensiv an »l'Enfance« – wird
vielleicht was. Sonst gräuliches Wetter was »walken« unmöglich macht
mit Sturm Eis und Regen . . .

*Freitag, 28. Januar 1949.* T'ja Curt rief heute 2mal an mit sehr viel
Nettigkeit at first und dann noch Selbstportrait 48 mit schwarzem
Handschuh verkauft – nach Texas. Na, Freude herrscht in Troja's
Hallen. Sehe nun wieder etwas mutiger in die Zukunft. – Morgens mit
Jim Schulsachen . . . Eisiger Wind überall . . .

*Samstag, 29. Januar 1949.* Memphis steigt scheinbar. – Scheinbar hier
im »Städtchen« (1 Million Einwohner) lärmt langsam »Beckmann-
weh«.

Frommelportrait überarbeitet und »verlorenen Sohn« weiter getrie-
ben . . . Sehr müde, weil viel gearbeitet. Frage ob auch nach New
Orleans? – E. T. A. Hoffmann immer schön. – Überall Glatteis,
Quappi erkältet, Butshy wäre beinah aufgefressen in der Nacht.

*Montag, 31. Januar 1949.* . . . Frau S. rief an, blöd. Dann in trauriger
»50 Millionen« Ausstellung – oh Ihr armen Alten, so spät noch auf
der Reise – und so arm.

Pinselwaschen im Atelier mit Quappi. – Q. Nachmittag speach mit

Perry (im Radio) über die »50 000 000 Ausstellung«. – Ich sehr elend und melancholisch – abends etwas besser.

FEBRUAR

*Dienstag, 1. Februar 1949.* Versuch weitere Erholung. Mit Quappi im Atelier noch 8 Bilder für Memphis ausgesucht und ausgemessen . . . Langer Abendspaziergang Campus. – (Keine Briefe.)

*Mittwoch, 2. Februar 1949.* Müde ins Atelier zu Fuß. Ken H., Conway, und Lulu-Portrait entworfen. – Amerika Ausweis ist nun auch da, was ein angenehmes Sicherheitsgefühl gibt. Irgendwie weiß man nun wo man hingehört. – Abends Film »3 Musketiere« – recht »dumme Tiere« mit Lana T. mies. – Kater Murr »schön«.
Morgen zeichne ich Lulu.

*Donnerstag, 3. Februar 1949.* Kleine gute Nachrichten, Check aus Memphis wirklich angekommen. – Zeichnete Lulu, traf dort Dir. K. aus Hartford (3 Bilder von mir in seinem Museum), netter Mensch. Coctails bei Lulu auch noch mit Poky. – Drei Stunden vergeblich am linken Flügel (Leiermann). – Q. holte mich Gott sei Dank im Auto.

*Freitag, 4. Februar 1949.* . . . Abends Coctailparty bei Perry's mit der üblichen Staffage St. Louis und 2 german Artuncle's wegen der Berliner Ausstellung, für die ich wohl so eine Art Urgespenst bin, dem sie ihre Verehrung zollen. – Oh Gott, – na ja. Sonst Martha Love, Poki etc. etc. Mit unbekannten Leuten im Auto nach Haus. Schrieb an Curt.

*Samstag, 5. Februar 1949.* Ja, das Alter – und Altersgrenze, Intriguen, wahr und falsch wurde heute Abend als X. hier waren geredet und unsanft wurde ich an diesen wunden Punkt meiner Existenz nebst einigen anderen Dingen (Intrigue wegen meines Weggang' hier etc.) erinnert. – So. – Mittag bei Mrs. S. mit vorher Atelierbesichtigung und zwei älteren Damen, die eigentlich ganz nett waren, und das Goulasch ausgezeichnet.
Nachmittag war ich noch ganz nett »größenwahnsinnig« und las Laotse – heute Abend dann ziemlich down . . .

*Sonntag, 6. Februar 1949.* . . . Zwei recht gute Zeichnungen am Nachmittag und Abend gemacht.

Leider »Kater Murr« zu Ende.

*Montag, 7. Februar 1949.* ... Wegen scheußlichem Wetter kaum aus dem Haus. Ja doch, linker Flügel vom »gestiefelten Kater« (l'Enfance) »vielleicht« fertig? – Minna schrieb ganz lustig und unbeschwert, beneidenswerte Existenz.

*Dienstag, 8. Februar 1949.* In school wo neue Students auftauchten. Dann noch etwas an »Lulu« herumgepinselt aber noch nichts Entscheidendes ... »Trommler und Frau« Zeichnung, es ist ein undankbares Geschäft Maler zu sein.

*Mittwoch, 9. Februar 1949.* Also glaube »Lulu« ziemlich fertig – aber mal sehen.

Sonst – n o t h i n g.

– – – – – – – – – – – – – – – – – – – – – – – – – –

Beckmann zog dann zuletzt in ein fernes großes Land – und langsam sahen wir seine Gestalt undeutlicher werden. – Schließlich verschwand sie ganz in unbestimmbaren Weiten – – – – – – – – – –

*Donnerstag, 10. Februar 1949.* Lulu gezeichnet und Lunch bei ihr, recht nett übrigens.

– N O – P O S T –

... Sonst wie üblich übermüdet: Geschichte von China, »oh Jesus Christ« – so viel Kaiser – so viel Morde – so viel wahnsinniger Unsinn und noch immer –

*Freitag, 11. Februar 1949.* »Lulu« ready – und noch lange am »verlorenen Sohn« gearbeitet, 6 Stunden glaube ich. – Q. war in Downtown und bekam Steuergeld zurück! Oh wonderful Amerika. –

Diky Davis aus Minneapolis schrieb nett und Minna dankte für Paket.

*Samstag, 12. Februar 1949.* Dies war mein 65. Geburtstag.

　　　　　Ein Brief von Lütjens

　　　　　　 ”　　 ”　　 ” Battenberg's

　　　　　　 ”　　 ”　　 ” Minna

– weniger als in der Kriegszeit in Amsterdam –

Q. besuchte Luluportrait im Atelier.

... Ich war mit Arthur dem ich aber einige Unlogik vorwerfen konnte. – Sturm.

– – – – – – – – – – – – – – – – – – – – – – – – – –

Zu Arthur: Bezweifle daß der Wille zur Lebensverneinung genügt, um eine Wiedergeburt zu verhindern. Außerdem ist diese Idee ebenso unphilosophisch und nur ein Glaube wie jeder andere Glaube auch – Maßvoller Genuß vorhandener Ergötzlichkeiten, verbunden mit dem Bewußtsein ihrer Unzulänglichkeiten dürfte der richtige Weg sein. – Wenn Du Dich aus Zeit und Raum ausschalten willst um ganz im »OUM« aufzugehen, so ist es noch sehr die Frage, ob Du nicht doch in neuer Persönlichkeit in einen anderen »Raum an sich« gestellt wirst.

*Sonntag, 13. Februar 1949.* Valentin rief am Morgen an sehr nett und frug allerlei. Erzählte auch daß die 2 Pariserbilder nun endlich angekommen sind, die Plastiken gegossen u. s. w. Teilte ihm auch die Höhe von meinem zukünftigen Einkommen (Schule) mit, was er aber scheinbar mit Gemütsruhe auffaßte. Schieden in Harmonie. – Im Atelier noch am »verlorenen Sohn« gearbeitet, »Lulu« endgültig bestätigt. Abends (im toten kalten Sonntag Atelier) noch Zeichnung von Blumencorso in Nizza gemacht. – Sonst Rheuma.

*Dienstag, 15. Februar 1949.* War in Memphis – o la la
rot und blau »oder Michela S.« war die Überraschung aus Stephens College . . .

*Mittwoch, 16. Februar 1949.* Herrlicher blauer Himmel. Lunch im Parkhotel, oh die Berühmtheit. – Discussion in school, oh armer Herr Beckmann – Coctailparty bei der Directorin – dann später halb tot nach Haus . . .

*Donnerstag, 17. Februar 1949.* Fuhren später und konnten einen schönen Sonnenspaziergang durch Memphis und Saxophon Niggerstraßen machen bei strahlend blauem Himmel. Schon fast Süden.
»New Orleans winkt.«
Rückfahrt zuerst schön, dann entsetzliches Kindergeschrei –
King Cotton – oder es lebe die Baumwolle!
Zu Hause Briefe? Nothing!

*Freitag, 18. Februar 1949.* Noch nachmüde. Zur School wo friedliche Stimmung herrschte und Jim ein gutes Selbstportrait gemalt hatte . . . Sonst schöner Vorfrühlingstag mit Wetter aus Memphis. Viel geschlafen, Q. war auch konfus und etwas gezankt, Curt sandte schöne neue Beckmannphoto »Fischerinnen« – so endete auch dieser Tag.

*Samstag, 19. Februar 1949.* . . . Schöner kalter Vorfrühling. Nachmittag bei Perry's mit Pulitzer's, Martha Love, B., einem schlauen Restaurator, Mr. X. (oh Götter), – Prinzessin B., der gewandte Kichelhuber, ein Direktor d. National Gallery und andere Leute. Q. war vorher noch auf der Hochzeit von B. – Sitze mit einem Whiskykater und starre –

*Sonntag, 20. Februar 1949.* Morgens Dr. T. very boring. Nachmittag X. mit Frau etwas besser ... Abends Discussion mit Q. über Sonnenlicht und Erdschatten.

*Montag, 21. Februar 1949.* Viel Geschrei und wenig Wolle. Hannover Beckmannausstellung. Lütjens kündigt Expressionisten-Ausstellung von Sandberg an, und – ja ja, Michal und Gatte schrieben wegen New Orleans.

... Morgens etwas am »Teppichhändler« – und nachmittags nach langweiligem D. Besuch aus London, noch fast 3 Stunden an »rue de l'Ambre« gearbeitet – glaube gut.

»Thank you« und Barbara gesehen in the morning, und – zum Dean ernannt in Salem Oregon – ha ha.

*Mittwoch, 23. Februar 1949.* War in school, allerlei von Wally und Stanley. Zu Fuß über Campus nach Haus ... Nach dem Schlaf wollten wir Auto – kam aber nicht, Rennerei ziemlich angestrengt – (Herz, Pille). – Perry's waren schon da und man nahm Frau »Lulu« und »verlorenen Sohn« mit Begeisterung auf ... Abends machte ich noch eine Zeichnung von Sacré Cœur – oh Paris –

*Donnerstag, 24. Februar 1949.* Keine Post, aber Curt kommt Sonnabend in 8 Tagen. Er telephonierte um 7 Uhr Abends, als ich noch in Kunstschule am linken Flügel von »l'Enfance« schwitzte, der nun endlich fertig ist. 6–7 Stunden gearbeitet, morgens und nachmittags. – Todmüde ...

*Freitag, 25. Februar 1949.* Zahnarztgeschichte Gott sei Dank auf ein friedliches Gleis geschoben. Fuhren mit dem Doctor zurück, auch er will Bilder sehen. Ganzen Nachmittag zu Hause ... Abends mit Quappi und Dean in »Dress-Show«, war müde, und doch etwas entspannt ...

*Sonntag, 27. Februar 1949.* Matter Sonntag mit einer schönen Zeichnung der Kapelle im Schnee ... Bei Hamburger's um halb sieben Uhr mit Tochter und 81jährigem Papa. – (Durch Eiswind ziemlich Weh).

*Montag, 28. Februar 1949.* Der Abend ist vorbei und langsam naht die Nacht, auf leisen Sohlen kommt vielleicht der Schlaf und durch sein dunkles Tor muß ich nun gehen in unbestimmte andere Räume. Vielleicht werde ich glücklich sein heut Nacht? »Retour in the morning« endlich fertig, sehr schön – auch das ist Glück.

Wenig gesehen. Korrektur – und eine dumme Aussicht auf europäische Ausstellungen – à Dieu FEBRUARY.


MÄRZ

*Mittwoch, 2. März 1949.* Morgens in der K. Ausstellung. Leider sehr unbefriedigt. Neue Sachen richtig schlecht, alte Sachen verschwommen. Am besten die frühe Graphik.

. . . Post allerlei, Berufung für den Sommer nach Wisconsin, Brief aus Hannover. Schrieb lange an Minna.

*Donnerstag, 3. März 1949.* Beim Zahnarzt im Downtown-office. Sehr komisch, aber ich komme jetzt doch in Ordnung mit meinen Zähnen . . . »Mississippi« glaube ich ziemlich fertig.

»Traum der roten Kammer« herrlich.

*Freitag, 4. März 1949.* Größere Korrektur und Bilderzeigen an die »hoffnungsvoll Strahlenden« – that's all. Noch ein bißchen herumgenöhlt an Bilderchen und pünktlich um 2 Uhr zum Quappi Lunch. – In den ersten Vorfrühlingswinden – (noch nicht Düften). – Lange geschlafen und Besuch im Park des Vergessens – bis ins Dunkle. Abends »rotes Zimmer« und morgen kommt der Erhabene und ausgezeichnete Curt.

*Samstag, 5. März 1949.* Na, allerlei Erfreuliches. Curt war allerheftigst begeistert und will eine Masse Bilder gleich nach New York haben. Darunter besonders »Hotel de l'Ambre« was ich heut morgen noch endgültig fertig gemacht habe. – Außerdem schließt Minneapolis scheint's mit einigem Erfolg. 2 Aquarelle, und zurückbehalten »Christus und die Sünderin« und die »Schlittschuhläufer«. – Na mal sehen. Abends waren Perry und Curt zum Dinner und fiel noch vielerlei Schmeichelhaftes ab für Q. Goulasch-Sauerkraut und – the Artist – Max Beckmann.

*Sonntag, 6. März 1949.* Côurt wieder abgeflyiniert um halb sechs mit

allerlei Hindernissen, kein Taxi: aber schließlich durch Perry-Rettles-
Auto zum Chase. Vorher noch packte er Bilder ein, konnte aber
schließlich nur 3 oder 5 mitnehmen, darunter »Hotel de l'Ambre« und
– ha – »Lulu« – na was draus entstehen wird, werden wir ja sehen.

Zum Schluß war noch Tee bei Perry und aus dem Luftomnibus grinste
ein Zahnlücken-behafteter Côurt und winkte mit einer verbotenen
Whiskyflasche.

Na, sieht ja alles ganz freundlich aus (er will auch Wohnung besorgen) und nun ist's beinahe soweit, daß wir ihm eine gute Picasso-Aus-
stellung wünschen.

*Montag, 7. März 1949.* Schleunigst wieder am »Kater« Mittelbild, das
Holzpferd angelegt und grünen Hintergrund. – Vorläufig hält gute
Stimmung noch an. – Piper schickte Reifenbergtext. – Abendspazier-
gang am Campus. Na, es wird schon gehen . . .

*Dienstag, 8. März 1949.* . . . Lunch im Clayton. – Später Zeichnung
»Frau in der Nacht« u. s. w. – Spaziergang im Dämmerkühl. – Q.
Musikprobe. – »Rote Kammer«. – Langsam verfliegt wieder das Curt-
Morphium . . .

*Mittwoch, 9. März 1949.* Ziemlich bedeutungsloser Tag. Korrektur,
etc., dann trotz Müdigkeit am rechten Flügel von »l'Enfance« – »der
Lehrer« gearbeitet. Q. holt mit Auto ab wegen Eiswind. – Brief an
Reifenberg. Abends Schneesturm, trotzdem Quappi mit Butshy zum
Briefkasten.

*Donnerstag, 10. März 1949.* »Schulzimmer« weiter getrieben. Lange
gearbeitet. Q. holte mit Taxi ab. Nachmittag nur Campusspaziergang
in der Halbnacht . . .

*Samstag, 12. März 1949.* . . . Lunch im Plaza (nett) . . . Abends bei
Perry's sahen Rickey's, die ich morgen zeichnen muß. – Auto kam
nicht – Schnee – wieder Schnee.

*Sonntag, 13. März 1949.* Rickey's waren da und ich machte 3 gute
Zeichnungen von ihr im Student Atelier. – Nachmittag machte ich noch
ein Aquarell mit gelben Lilien und grünem Meer.

Abends war ich im alten Rußland, Schuwalof und Prinz von Hessen –
oh wie lange ist das her –

*Montag, 14. März 1949.* Am Mittelbild, plötzlich Schwierigkeiten mit
dem Holzpferd – weiter –

Brief von Minna.

Conte Corti – oh Prinz von Hessen –

*Dienstag, 15. März 1949.* Beim Zahndoctor mit Q. in Niggerstreetcar. Nachmittag école des Beaux Arts ziemlich langweilige Korrektur. Dann im Studio – Schaukelpferdportrait erfunden. Erfreut darüber und etwas besserer Stimmung trotz Kälte und Postlosigkeit. – Abends guten Hammel und weiter Alexander gelesen. Nachts Erinnerungen Frankfurt bis Offenbach und Homburg, Nauheim, Würzburg –

*Mittwoch, 16. März 1949.* Rechter Flügel ziemlich beendet ... Keine Post – und Alex von Hessen zu Ende. – Es wird endlich etwas wärmer. – à Dieu –

*Donnerstag, 17. März 1949.* Ruhetag und wieder Schnee – oh Langeweile, außerdem Einschränkung der Nahrung wegen Dicke – »och nich jerade anjenehm«. – Brief von Swan's. Reise erst in 14 Tagen nach New Orleans. – Abends alter San Franzisco-Film – oh Gott wie lange her!

*Freitag, 18. März 1949.* Erhielten – oh große Freude – 216 Dollar übergezahlte Steuern zurück ... Nachmittag Korrektur und 4 Stunden gearbeitet, rechter Flügel und Mittelbild von »Kindheit«. Vergaß Schlüssel und kam schließlich doch noch heraus! Netter Katalog von Hentzen Hannover.

*Sonntag, 20. März 1949.* Sieben Stunden am Mittelbild »l'Enfance« weiß aber noch nicht ob endgültig, morgens und nachmittags gearbeitet. – Es wird wärmer, Gott sei Dank ...

*Montag, 21. März 1949.* Erstmalig das ganze »Beginning« überschaut (Tryptic), leider noch nicht zufrieden, trotz mancher Schönheit. – Muß jetzt aussetzen. – Sonst nichts Neues als ein Verwundern, daß ich das alles aushalte. – Reifenberg-Piper-Beckmann Katalog bekommen, fehlt viel.

*Dienstag, 22. März 1949.* Viel Glory-Erfolge. Im »Werk« Selbstportrait, Valentin schickte Photo's, auch von »Lulu«, na ja, – und May Portrait-Angebot. – Habe aber noch keine sichere Antwort. – Sonst noch sehr müde von gestern und vorgestern – fürchte muß Tryptic noch sehr umarbeiten??!

*Mittwoch, 23. März 1949.* T'ja also, die May-Sache wird was – na, nicht übel. Museum telephonierte heute, und abends rief er selber an. Freitag lunchen wir mit ihm. – Sonst übermüdet noch durch »Begin-

ning«, fand aber heute bei ruhiger Betrachtung doch, daß es im wesentlichen fertig. Letzte Ölung nach New Orleans. – Heute Fischstill-
leben (Flundern) angefangen. – Außerdem Werk-Katalog für Piper
fertig gemacht, Gott sei Dank, schreckliche Arbeit.

*Donnerstag, 24. März 1949.* Den Dean gezeichnet am Nachmittag.
Brief aus Stephens-College mit Angebot voll Liebe und Hingebung –
D a u e r s t e l l e – wird wohl leider nichts werden.

Jim war sehr hilfreich und H. weiter mystisch verschlossen. Wer ist
nun eigentlich gekränkt?

*Freitag, 25. März 1949.* Großer May Tag, Lunch in seinem König-
reich. Läßt sich alles ganz nett an und er kommt Montag ins Studio
zum Zeichnen. – Abends im Hamlet-Olivier Film, manches wirklich
ganz schön – muß mal wieder den alten Hamlet kontrollieren. Nach
der (Clayton) Vorstellung natürlich Regen – kein Omnibus – schließlich kam ein Taxi und nahm uns und noch 2 Weiber nach Haus.

*Samstag, 26. März 1949.* Am Dean erstmalig richtig gearbeitet. – Q.
holte ab. – Keine Post. – Cory Abend, von Zunia's hingefahren. Sie
(krank) aber sehr nett. Er ebenso (aber nicht krank).

Trank drei Whisky, gute Brötchen. Sprach mit dem Cory ganz nett
über Kunst.

*Sonntag, 27. März 1949.* »Den Dean« nochmal ziemlich lange gemalt. – Öder strahlender Sonntag mit enormem Kindergeschrei und
auch Geheul. Gegen Abend schöner Campus Spaziergang.

Abends »Elexiere d. Teufels« die langsam mal wieder zu Ende gehen
– schade.

*Montag, 28. März 1949.* Allerlei Wichtig-Unwichtiges. Brief von Curt
mit Liebe aber nicht viel Neues (noch keine Wohnung). – Rendezvous
mit Mr. May, zeichnete ihn erstmalig. Dann Besuch von phantastischen
Homes, erst bei ihm wo auch die »Geschiedene« noch auftauchte und
entsetzlich viel Bilder. Dann bei seinem Papa, riesenhafte Villa mit
uraltem Riesenkitsch aber guten Hammelkotelett's mit »Corn«, sah
auch die Schauspielerinnen wieder. – Später Trouble wegen New Orleans. Telephon mit Swan, später Jim und Stanley wegen Hotel in
New Orleans. Verzicht der Mitreise Quappi wegen Butshy – und
Schluß der »Elexiere« . . . Q. war abends auf Wedgewood-Ausstellung
im Museum.

*Dienstag, 29. März 1949.* Frühlingsbläue. – Morgens großes Zahnarzt Theater »Eine Brücke eine wunderschöne Brücke«.
Ankauf eines neuen blauen Anzugs in Clayton nebst Hut.
Nachmittags wurde die Zeichnung »Geburt des Wunderkindes« getätigt. Abends nach den Bratkartoffeln hitzig E. T. A.
Mit New Orleans wird nischt.
*Mittwoch, 30. März 1949.* T'ja, nun soll ich doch noch nach New Orleans. Puh – mir graust etwas davor, ewig englisch und ich bin noch immer nicht recht fahrbar – maar es soll halt sein. 6 Stunden am »Ken Hudson« gearbeitet – weiß immer noch nicht ob's gut ist. – Sehr übermüdet. (Weh).


APRIL


*Freitag, 1. April 1949. New Orleans.* Morgens noch sämtliche Dinge in school mit Jim erledigt. Sehr nervös. Abends Abfahrt nach New Orleans, begleitet von Quappi und Jim im Preßauto.
*Samstag, 2. April 1949.* Das New Orleans Abenteuer fängt ziemlich lächerlich an. Es gießt in Strömen, St. Louis verfolgt mich bis hierher. – Die Ankunft ging noch. Das Hotelzimmer habe ich bekommen. Spaziergang bis zum »Port« gemacht. Ziemlich enttäuschend. Bourbonstreet sieht ganz amüsant aus, wir werden heut Abend sehen was dran ist (im Regen). Mittag gegessen bei Gallatoire (zu viel Fremde), food gut. Nun werden wir sehen wie man die Zeit tot schlägt. – Trotz alledem gut, daß ich hier bin.
Na der Abend war ganz leidlich, sah einige gut frisierte Frauen und aß bei Arnoux. Elf Uhr zu Haus. Mit Q. telephoniert.
*Sonntag, 3. April 1949.* Inzwischen hat sich allerlei Wärme und etwas Sonne entwickelt und nun erst das richtige Frenchquarter gesehen. Wirklich sehr amüsant, Bourbonstreet geluncht bei G. Hotel, vorher wundervoll J.-Place mit alter Cathedral etc. etc. – Neue Blumen – Historical Museum, Catlinportrait of Woudouwomen – schön. Nachmittag im »President« Steamer zwei Stunden auf dem Mississippi herum geschwommen mit vielen schönen Fernsichten. Golf von Mexiko leider noch 110 miles entfernt. Später Cinema, Don Juan, ganz nett. Bei Arnoux Dinner ½ Liebfrauenmilch, ½ Mumm und ein fran-

zösischer Kellner. Ziemlich müde aber doch noch in Schwung Bourbonstreet und trotz Gefahr mit fremdem Taximann in düster entfernte
Gegend – schließlich kam ich doch wieder ins Hotel.

*Montag, 4. April 1949.* Heut ist Abfahrt nach St. Louis. Um 5 Uhr,
jetzt ist's 3 Uhr. Morgens war's noch schön, jetzt regnet es. Habe
wirklich Glück gehabt mit dem Wetter. Morgens noch bei halber Sonne
Platz von gestern Abend gesucht, konnte ihn aber nicht mehr finden.
Entdeckte aber die sehr schöne Espl.-Avenue, kaufte dann noch ein
Bracelet in Silber mit Amethysten für Quappi und lunchte bei »the
best Spaghetti« für 60 Cent recht gut.

Alles in Allem war die ganze Sache wirklich sehenswert. Auch habe
ich die »Americabannmeile« endlich durchbrochen – das tut gut! Es
wäre Zeit zur Lebensbetrachtung, da ich endlich mal allein bin, jedoch
ich fürchte sie werden zu traurig ausfallen – na macht nichts. Leider
habe ich in meinem Leben keine S. gehabt, sodaß ich nicht in den letzten Wahnsinn hinein wachsen kann, was ich alles schon versucht habe.
Nun muß man gräulich »absitzen« bis die letzte Abfahrt kommt. –
Viel hält mich nicht mehr an dieser süßen Gewohnheit, die für mich
weiß Gott nicht so arg süß gewesen ist. Das Maß der Anstrengungen
ist in keiner Weise compensiert durch Belohnungen. Kunst ist eine
grausame Angelegenheit deren Rausch bitter bezahlt werden muß. –
Trotzdem – möchtest Du's anders? Ein kleiner Teil von mir sehnt sich
wohl noch nach »Lebensgenuß« etc. Doch kenne ich zu genau den
immer schalen Verlauf den dieser Naturbetrug nimmt, als ihn noch
ernsthaft zu wünschen. Wenn ich nur die Kraft behalte bis ans bittere
Ende für die große Illusion –

*Dienstag, 5. April 1949. St. Louis.* Kurz nach sieben, nach ziemlich
mittelmäßiger Roomette-Nacht wieder in Millbrook von Quappi und
Butshy sehr herzlich empfangen. Ganze Sache war doch recht nett.
Eine Stunde geruht und dann sofort ins Studio und »Beginning« endlich wirklich fertig gemacht –

                    ! ! Schön geworden ! !

Abendspaziergang, mit Gold und Niggerwolken. – Um 10 Uhr kam
Telegramm aus Washington Corcoran Offer – für »Walküre«. Dann
Telephon mit Curt –? zuwenig? Entscheidung morgen.

*Mittwoch, 6. April 1949.* Also »Walkyrie« ist doch baught by very good collector of Washington, don't know the name. Valentin hat sich doch besonnen und rief heute morgen an. – Nun also – wieder ein noch unbekannter Freund mehr. Wenn's auch nicht viel Geld ist, ist's doch Geld u. s. w. – u. s. w. – u. s. w.

Morgens school mit Stanley und sonstigem braven Gelichter.

Letzte Stäubchen entfernt von »Beginning« und ein kleines Stilleben in grün, blau, burgunderrot mit caput mortuum angefangen. – Der Tag war blau, gegen Abend wärmer. Drei Donnerschläge in der Nacht – Kriegsdisput mit Q. – nichts weiß man –

*Donnerstag, 7. April 1949.* Heute wieder May Feier mit Lunch bei ihm. – Nachmittag so hingeleppert, da doch müde von May zeichnen. – Viel alte Briefe geordnet und seufzend festgestellt daß ... na, alles schon gehen wird ... Abends noch in »Belinda« Film – oh Tränendrüse –

*Freitag, 8. April 1949.* School. – Entwurf zu May-Portrait. Rot-Tischstilleben mit Fischen ...

*Samstag, 9. April 1949.* Ach Gott nein, ich möchte doch keine Portraits mehr malen. Es ist so undankbar und es wird doch nie so wie man's möcht. T'ja man möchte einen lebendigen Menschen machen – Abends recht müde (auch mit Weh) zur Stanley Coctailparty. Viel Menschen. Na ja, trank leider ziemlich viel Whisky. Hörte seit langem etwas von Rapps. Stanley in großer Form. Im Auto mit Becker's von Stanley gefahren um halb drei nach Haus ...

*Sonntag, 10. April 1949.* Wilde Träume in der schwankenden Nacht. Untergehende Häuser die doch fest standen, Wasserfälle aus ganz hohen Turmhäusern ... Den Tag mit Graphikordnen zu Hause und im Studio verbracht. Eiskalter Frühlingstag mit gelegentlich Regen. Im Dunklen nach Haus. Dort war Goulasch. –

Schrieb an Piper. –

Gespräche über Hinrichtung.

*Montag, 11. April 1949.* Post nothing – Valentin der »Verräter« – no home in New York. – Wärmer, abends jetzt schon wieder kühler. In Europa strenger Winter – London in tiefem Schnee, hier grünt es und ich habe den Dean nochmals übermalt ebenso May Portrait schon ziemlich weit getrieben. Vielleicht fertig. – Las Vincent Briefe mal wieder. – Noch 2 Monate hier, dann Schluß.

*Dienstag, 12. April 1949.* Den »Dean« doch noch mal 4–5 Stunden – jetzt gut. – Netter Brief von Nagel Brooklyn. – Frühling. – Mondfinsternis, sah aus als ob eine Ecke angekohlt wäre.

*Mittwoch, 13. April 1949.* Herrliches Wetter. Des morgens Morton May Portrait fertig gemacht. Gut glaube ich. 4 Stunden gearbeitet. – Nachmittag mit Quappi im Atelier nochmals 3 Stunden »den Dean« – Sonst den ganzen Tag niemand gesehen. Keine Post. – Bei Jacovelly Fisch und später einen alten deutschen Kriminalroman.

*Donnerstag, 14. April 1949.* Scheußliches Wetter. Riesengewitter um 6 Uhr morgens und nachfolgender Eiskältesturm. Trotzdem nochmals am Dean-Portrait 5 Stunden gearbeitet. – Abends bei kaltem Eiswind im zerrauften Isolierpark. – No Post.

*Freitag, 15. April 1949.* Trotzdem, manchmal sind die verachteten Portraits doch nicht so unangenehm, als wie heute z. B. wo Buster May sein Portrait abnahm. – Na also – Waren noch in Pen und Palette wegen Rahmen, wo Besitzer und Mr. Quest und Frau Begeisterungsschreie verabfolgten.

Der Lunch bei Buster war gut und die »Schauspielerinnen« gefielen mir wieder. – Eiskalter Sturm und abends Kino mit Betty Davis, ganz hübsch.

*Samstag, 16. April 1949.* Der Tag verrann zwischen Wally morgens und Hamburger abends. Beides nicht schlecht. Das Wetter hat sich beruhigt ist aber immer noch kalt. – »Erste Ursache-Begriff« ist immer unangenehm für Biologen . . .

*Sonntag, 17. April 1949.* Valentin schickt Osterlilien! Wir telephonierten mit ihm. Erneutes Versprechen von Wohnungsbesorgung. – Ging hin und malte Frau Rickey in einem Morgen und die Sonne schien. – Sonntagnachmittag im Kaninchenstall, schweißtreibend! – Abschied von Vincent.

*Montag, 18. April 1949.* Im Plaza mit Lunch und Quappi daselbst. Schrecklicher Nachmittag mit Klavierstimmer und Kindergeschrei. – Abends Perry's mit ulkigen Berichten aus New York. »Hotel de l'Ambre« hängt bei Curt – und P. hat Photo von L.Portrait in herrlichem Rahmen auf seinem Tisch (ho ho). Perry bekam schöne Zeichnung geschenkt und alle waren zufrieden.

*Dienstag, 19. April 1949.* Ganz friedlicher Tag. Morgenspaziergang in school, Conferenz with Jim (Cirkus, Briefe u. s. w.) lange erst herum gesessen im Atelier – plötzlich

> *Der Maler und sein Modell* «

kann schönes Bild werden.

Der Tag verlief weiter friedlich. Briefe an Megrew, J. und Minna. – Abendspaziergang mit verfehltem Rendez-vous mit Q. – Vincent poor man – t'ja, jeder hat sein Schicksal.

*Mittwoch, 20. April 1949.* Flauer Tag, schlecht am »Maler«. Langer Nachmittagschlaf. (Weh). Brief an Peter als Doktor.

Frau G. bekommt 14 Tage zu spät Baby.

*Donnerstag, 21. April 1949.* Bißchen gearbeitet am »Maler und Modell«. In Clayton mit Quappi geluncht. Beim Rückweg gerieten wir in »die roten Schuhe« Film, mit guten Einzelheiten etc. etc. Abends ging Q. zur G. Feier und schilderte humoristisch bei Rückkehr Perry's und eigene Qualen. – Abends Gewitter.

*Freitag, 22. April 1949.* Verschiedentlich aufregender Tag. Des Morgens um halb zwölf vergaß Perry die Verabredung und mußte erst telephonisch herbei geholt werden. Sehr zerknirscht kam er an. Nachher wurde dann »the Beginning« abgenommen, mit scheinbar »marvellous« Erfolg. Auch das Dean Portrait. Später erschien dann noch eine Boulderschülerin in spe, mit Jim, die zufällig den selben »Beckmannlunch« vorgesetzt bekamen und auch exited waren. – Kaffeelunch zu Hause (kaufte selbst noch ein). – Nachmittag unter gräßlichem Kindergeschrei hingeleppert. – Um halb acht mit Jim zum Polizei-Cirkus. (Den Gang hinauf hatte ich heftig Weh.) Später aber, trotz zuerst unbeschreiblichem Lärm und von gigantischer Größe verwirrt, langsam besser. In steigender Begeisterung über wirklich wunderbare Artistenleistungen, worunter besonders ein Seiltänzerpaar in unendlicher Höhe und ohne Netz, mich durch Begeisterung richtig gesund machten, sodaß ich kraftgeschwellt durchhielt und fast frischer als die Anderen nach Hause kam!

*Samstag, 23. April 1949.* Morgens und nachmittags am »Beginning« gefeilt, – recht unnötig vielleicht, na, immerhin . . .

*Sonntag, 24. April 1949.* Morgens Quappi Bach Harrison, Proki, erst mäßig dann schön. – Im Studio und mit letzten Kräften nochmal »Beginning« überholt. – Nun aber wirklich fertig. Zu Fuß durch sonnig

kalten blühenden Frühling. – Abends Quappi Konzert mit großem
Erfolg . . . Ich gepeinigt von Klavier-Nachbar – Weh etc. Pille – müde
– wozu?

*Montag, 25. April 1949.* Das Gegröhl der törichten Students (im Hin-
terhaus), hat endlich aufgehört. Eine Zikade fängt an das Sommer-
nachtgeräusch mit Zirpen vorzubereiten und ich befinde mich in Amerika. – So furchtbar anders? Oh no. – Die Vorzeichen sind ein bißchen
verschieden, sonst ist »die Masse« Mensch verflucht dieselbe, mit dem
Unterschied, daß sie hier mehr zu essen haben, außer Eisschränken
und Waschmaschinen. Unterschied zwischen Amerikaner und Europäer
vielleicht auch, daß der Letztere etwas mehr Lebensresignation mit-
bringt . . .

*Dienstag, 26. April 1949.* Endgültige Beendigung von Frau Rickey
Portrait (gut).

Unangenehme Juryrung der Student-Bilder – auch der Dean ist nicht
aufzutreiben für sein Portrait und Valentin läßt nichts über die Wohnung hören. Warmer Frühlingsregen, nachmittag mit Q. und Butshy
im Atelier. – Sonst verflucht unbestimmbare Stimmung – no Post. –
Viel Gelächter über »Juan in Amerika« Roman.

*Mittwoch, 27. April 1949.* Im Auto zur Nigro-Ausstellung (Museum).
Leider weiter keine Aufklärung dadurch, für den schwarzen Fall. Genöhl mit Perry nett. Sah sein Portrait wieder. – Langsam zurück zur
school. – Perry wird Vortrag halten über mich in Boulder. – Besuch
bei operierter Mrs. Hudson. – Abendessen im Restaurant heiß, – hier
auch heiß.

Grausen etwas vor Besuch morgen.

*Donnerstag, 28. April 1949.* Tag war ausgefüllt mit belanglosen
Nichtigkeiten.

Mr. C. hoffnungsvoller Ingenieur und Beckmannverehrer. Nachmittag
L. S. Besuch mit sehr langen Berichten über ihr Abenteuer, nett und
belanglos. – Abendspaziergang im Campus, später Vorweltstudium.
(Dean sah sein Portrait »I am very flattered« –).

*Samstag, 30. April 1949.* Fischstilleben mit Blumen und Zwiebeln
fertig. Sonst wieder Nothing. Schönes Wetter.

MAI

*Sonntag, 1. Mai 1949.* Morgens Entwurf zu Schwertlilie und Lilie.
Vorher bei Harrison Quappi Bachprobe. – Nachmittag so hingeludert.
Abend hatte Quappi 2ten schönen Bach Konzert Erfolg. Ich allein erst
Nachtcampus mit Mond, dann die Aufgeregte und Erfolgreiche ...
*Montag, 2. Mai 1949.* Furchtbar heiß. Rotgrünes Stilleben fertig.
Nachmittag mit Q. in school. Bei Jacovelli Cadaverspeisung mit Bier.
Augustus Peck sandte Ausstellungskatalog, ha!
*Dienstag, 3. Mai 1949.* Ferientag höchste Zeit. Erst beim Zahnarzt
der von seinem Blinddarm wieder auferstanden ist. – Dann in einem
neuen Lokal am Claytonweg nett geluncht. Nachmittag großer Spa-
ziergang hinter Delmar (über Eisenbahnen). Q. ging zur School wegen
Rahmen. Abends Cinema Sinatra, nicht so schlecht wie ich dachte. –
Schöne Nacht.
*Mittwoch, 4. Mai 1949.* Bei größter Hitze im Atelier Graphikausstellung für New York (Brooklyn) vorbereitet. Auch am Nachmittag,
schweißtreibend 72 Stück zusammengepfercht. – Sonst nothing und
eine gewisse Nitschewo-Stimmung vor Hitze.
*Donnerstag, 5. Mai 1949.* Nö, nö, so verschwommene nicht sterbliche
Dinge machen wir nicht – wenn ich auch älter werde. – Viel umsonst
gearbeitet. – Schadet nichts. Graphiktabelle für Brooklyn fertig gemacht, – no Post – wahnsinnig heiß. Besuch von Transportmann für
New York. Langsam fängt das Abschiednehmen an – morgen Coctailparty bei uns. – Las viel über Gnostiker – einzige amüsante Kosmo-
gonie die ich kenne. Besonders Ilda B. kriegt einiges ab – ob sie immer
noch böse ist? – Blockade Berlin finish – but Shanghai?
*Freitag, 6. Mai 1949.* Höchste Zeit für Boulder, sagte er nach der
Whisky-Party. Sprach glaube ich wohl alle, – aber jetzt etwas elend.
Später noch Rummelplatz mit Bergerklimmen (hinter dem Campus).
Des Morgens noch 2 Stunden an »women alone in the night« gearbeitet. – No post – no Valentin, mies, mies, aber herrliche Hitze.
*Samstag, 7. Mai 1949.* Den ganzen Tag bis zur letzten Übermüdung
noch an »Beginning«.
Q. in Johannespassion in Downtown mit unmenschlicher Verspätung
zurück.

*Sonntag, 8. Mai 1949.* Nun ist »Beginning« aber wirklich endgültig fertig. Noch den ganzen Morgen benützt ... Schöner Parkspaziergang, entdeckte Hyazinthenbaum. Abends großes Gewitter und Butshy hatte Angst.

*Montag, 9. Mai 1949.* Morgens ganz nett Post. Curt sandte Anzeige von the American Federation of Art mit Blindmans-Buff Cliché, sah hübsch aus. – Man tut doch Einiges. – Mr. Peck schrieb wegen 3 Bilder für Brooklyn Museum Faculty Show. – Na, man muß zufrieden sein. Machte nochmals Frau Rickey fertig, bißchen zu viel. – Wieder Gewitter. Schöner Parkrückweg vom Studio mit Quappi und Butshy.

*Dienstag, 10. Mai 1949.* ... Man rechnet schon nicht mehr mit uns, eigentlich sind wir schon abgefahren. – Morgen nochmals Frau Rickey und Conway Portrait. Letzteres schon ziemlich weit, auch der Rickey bin ich wohl näher gekommen. Vielleicht fertig. Sonst einen etwas trübseligen Brief von Wally, der seinen Job nicht bekommen hat. – Briefe an Curt und Peck sind abgegangen. Graphik für Brooklyn ging gestern ab. Abends Cinema mit nettem Peter Lorre. That's all.

*Mittwoch, 11. Mai 1949.* 6–7 Stunden vergeblich an »Conway« und Frau »Rickey« gemurkst. – Es ist zum Verzweifeln – nächstens werde ich nur noch abstrakt malen, das ist angenehmer. – Ganz nette Post von Piper, der immer noch über seinem Buch brütet. Und N. Y. Times Aline L. Beckmann-Coctailparty par Curt. Na also, man lebt doch noch. – Schönes Wetter, aber zu viel gearbeitet. Herrlicher Frühling im Campuspark.

*Donnerstag, 12. Mai 1949.* Bei Licht besehen können die beiden kleinen Portraits doch passieren. War nur zu übermüdet gestern. – Zeigte dem Dean »Beginning«, wirklich gutes Verständnis von ihm. Ebenso wurde die Schülerkohorte hereingelassen, stolz geführt durch Jim. – Sonst sehr ermattet von gestern. Aber sonst recht friedlich. – Piper schrieb, Buch soll doch bis Herbst fertig werden.

*Freitag, 13. Mai 1949.* Immer die alte Geschichte. Trotz Geschrei (»fertig«) – doch noch an den Engeln – Gott hab' sie selig – fand's sehr schön – muß nun aber erst sehen –

*Samstag, 14. Mai 1949.* Nichts als nochmals die drei Unglücksbilder restauriert – now finish in governes – heißer Tag –

HEISS »Hoat«

*Sonntag, 15. Mai 1949.* Wieder einmal ein Sonntag vorbei. Morgens noch an den 3 Portraits, Conway Rickey Dean vollendet. Na ja. – War nicht so arg zufrieden mit »Beginning«, too crowded – aber – na ja. Spät am Nachmittag noch mit Papierüberdeckung probiert (Versuch die Kinder am linken Flügel zu eliminieren) – vielleicht nur Übermüdung – morgen Entscheidung. – Sonst – man kann hier nichts tun als malen-malen-malen. Herrlicher Frühling (nach dem Regen) viel im Campus. – St. Louis hat mich bereits vergessen.

*Montag, 16. Mai 1949.* Alea sunt – wahrscheinlich jacta. Valentin Anruf, Wohnung in der 13. Str. gefunden! Na also, schöne Unglückszahl, allerdings großer Malraum – Curt rät. Also ich habe es mir eingebrockt – nun müssen wir es auch ausbaden. – Morgen wird man Näheres hören. – Morgens noch Conway sein Portrait gezeigt – Tryptic bleibt im alten Zustand, auch Schülern gezeigt. – Sehr schön war's in Shaw's garden – oh die schönen Lilien –

*Dienstag, 17. Mai 1949.* Wohnung in New York gemietet! – Na, es wird schon schief gehen. Langes Telephon mit Curt auch wegen Brooklynbildern, eventuell »Fischerinnen«? – Schön durch grünen Frühling, und Q. lud zu letzter Coctailparty ein – und ich fiel ins »Gewitter« (picture) und Jupiter verschwand.

*Mittwoch, 18. Mai 1949.* Heißer Tag. »Gewitter« fertig »schön«. – Brooklyn schrieb, Graphik erhalten (Freude). Bei Buster May Lunch, ganz nette Bildchen hat er gemacht. Scheint sein Portrait zu lieben, Freunde sind wütend. – Q. bei Rettles. Nachtlager dreiviertel Stunden unten in heiß kühler Sternennacht. –

*Donnerstag, 19. Mai 1949.* Gute Nacht Du mein »herziges Kind« – oh ja, versuche die Maschine etwas abzustellen. – Morgens Spaziergang im Park bis »Bolivar«, grau mit fernem Donner. – Nachmittag Brief an Valentin, Farbenproben für die neue Wohnung etc. Dann etwas hastig und zu viel Kaffee, zu Q. ins Chase Rendez-vous, Brot gefressen bei Garavelli, dann guter südlicher Gangsterfilm mit dem englischen Filmschauspieler Laughton. Abends mal bißchen mit Munch beschäftigt – vergangene Träume –

*Freitag, 20. Mai 1949.* Vorbereitung zum Fest. Tags über spazieren geloffen. Abends Beaux Arts Ball. Das letzte Mal war's fiebriger. Pulitzer's waren da voll großer Liebe. Conway's, Z.'s fuhren uns hin.

Tanzte mit Lulu, viel Bourbon. Dann mit Pulitzer's und B.'s im Auto zu Pulitzer. B. wurde groggy. Gespräche mit Lulu. Zum Schluß entdeckte Q. Lulu-Portrait von mir mit schönem Rahmen. Na ja . . .

*Sonntag, 22. Mai 1949.* Nur mittelmäßig am Stilleben gearbeitet. Fühlte mich den ganzen Tag schlecht . . .

*Montag, 23. Mai 1949.* Morgens noch etwas müde, aber besser in school und Studio. Erst »Gewitter« fertig gemacht, dann con furio »die Lilien«, auch etwas an »Conway« noch. Nach dem Nachmittagschlaf zu Fuß ins Studio, wo Q. schon war, alles rein gemacht (Pinsel und Paletten). – Peter schrieb ziemlich beruhigend über meine Schmerzen.

*Dienstag, 24. Mai 1949.* Das Leben geht weiter – hm ta ta, hm ta ta – mit 350 Dollar für Wohnungsgarantie (!) New York – T'ja – sonst? Noch stark am »Conway« gearbeitet. Vielleicht wirklich gut. – Kalt, unangenehmer strahlender kalter Tag. (Weh) . . .

*Mittwoch, 25. Mai 1949.* Morgens und nachmittags Lilienstilleben – noch unentschieden, aber Conway ist wirklich gut geworden. Minna schrieb, erhielt 4 Pakete, sehr zufrieden, will auch neue Wohnung finden . . . Sonst recht müde.

*Donnerstag, 26. Mai 1949.* Scheinbar das wirklich gute Lilienstilleben beendet am Nachmittag bis halb acht – (grün-rot). Mittags Grade-Jury. Mit C. und D. . . . Curt schrieb wegen Boulderbilder und Perry hatte Halsentzündung.

*Freitag, 27. Mai 1949.* Guter Tag. May berichtet begeistert von Besuch bei Curt. Will eventuell Fischerinnen kaufen. Geluncht bei ihm. Später rief er an und kaufte Stilleben und »women in the night« – teu teu. – Auf und ab! Berichtete außerdem, daß »Departure« ehrenvoll aufgehängt im Museum of Modern Art. – Sonst »Dichtung und Wahrheit« gelesen, und Campusspaziergang. Butshy wollte »andere« Chokolade. – Heute offiziell Wohnung bekommen mit Contract.

*Samstag, 28. Mai 1949.* Buster May holte die beiden Bilder ab und berichtete, daß er an Curt wegen »Fischerinnen« geschrieben . . .

*Sonntag, 29. Mai 1949.* Farewell Coctailparty St. Louis bei uns. Morgens Atelier und Sommerspaziergang. Nicht gearbeitet. – Abschiedsparty mit: Cory's 2, Perry's 2, Pulitzer's 2, Harrison's 3, Hudson's 2, Johnson's 2, Poky and sister 2, Buster May 1, Beckmann's 2. – 18 Personen im kleinen Raum. Man trank viel Whisky und schwatzte. Scheint so, daß manche uns ganz gern haben. – May will morgen schon wieder ein Bild kaufen!

*Montag, 30. Mai 1949.* – Heldentag – Decorationday –
Weiter guter Tag. May kaufte noch 4 Bilder! »Vampyr«, »Hotelhalle (2 Frauen)«, »Roter Tisch«, und das alte »Femina« von 1936 – ha! – Schrieb an Peter und Minna.
Sonst etwas müde, aber nicht so sehr von gestern Abend . . .

*Dienstag, 31. Mai 1949.* Heißer Tag. Zuerst Abschied von »thank you« der nicht sehr herzbewegend war. Sie sah wieder sehr hübsch aus, aber auch ein bißchen beschränkt. – Gegen Abend kam der sehr beschäftigte Joe Pulitzer reichlich zu spät, aber sah dann huld und liebevoll »Beginning«, mit wirklich recht gutem Verständnis. Abends paddelte ich dann wieder per Fuß at home. P. fuhr Q. im car nach Haus.

### JUNI

*Mittwoch, 1. Juni 1949.* Morgens meeting, noch einmal alle von – bis –. Nach 2 stündiger Sitzung konnte ich Jim Jameson sein Fellowship ergattern. – Na, er freute sich.
Nachmittag eine Cohorte von Kunstbegeisterten unter Quappiführung im Atelier. Ich allein, – wurde im Auto abgeholt, und konnte nochmal dem Missouri bei Tage und in ziemlicher Sonne meine Reverenz machen. – Übrigens nicht viel anders wie manche Gegenden in Deutschland.

*Donnerstag, 2. Juni 1949.* Widerliches Studentgeschrei in der Nacht, die Ferne wetterleuchtet, Butshy ist ganz steif vor Angst und ich will mir gerade die letzte Fatima anzünden. Ärgerlicher B.Anruf – bin froh hier raus zu kommen, wird alles zu nah. – Sonst – der May Erfolg hält noch als günstige Grundstimmung an, wird aber wohl so bald nicht wieder kommen.

*Freitag, 3. Juni 1949.* Nachts viel Wetterleuchten und entfernte Gewitter. Morgens Perry und Rettles im Atelier, wurde viel gelobt. Lunchten dann mit ihm im Museum und er zeigte uns viele hübsche Dinge. Fuhr uns im Auto nach Haus. Nachmittag im Downtown Billets für Denver (Boulder) abgeholt. – Pinsel (Marder) gekauft für

332 ST. LOUIS

40 Dollar und zu spät zu Famous Barr wegen Slip-covers. (War schon geschlossen.) Später im Mayfair Dinner mit einer halben Champagne American . . .

*Samstag, 4. Juni 1949.* Waren schon ein bißchen in »New York«. Nach dem Essen, bei Becker's (aus New York) und es erfolgte eingehende Beschreibung von vielen Food- und Vergnügungsplätzen von N. Y. sogar auch noch von Boulder und Red Town auf höchster Höhe.

Na, wir werden sehen. – Heute morgen an der »Bergbahn« gemurkst – vielleicht ganz nett. – Sonst nichts Neues als daß die Hitze hier eigentlich schön ist, wenn nicht zu viel Cello gespielt wird.

*Sonntag, 5. Juni 1949.* »Bergbahn« doch noch recht nett zu Ende geführt. Vormittag und nachmittags gearbeitet. Q. holte abends ab. Die Hitze wird jetzt tropisch, aber es geht mir recht gut dabei. Merkwürdig frisch fühle ich mich heute?!

*Montag, 6. Juni 1949.* Einkäufe! Slipcovers für Möbel und Costüm für Q. eingekauft beim »berühmten-Barr« (May). Anstrengend (Schiebetreppen, tausende von Menschen), geluncht there. – Nachmittag so hingeleppert und Quappi war im Atelier wegen Minnabild schicken . . .

*Dienstag, 7. Juni 1949.* Langsam löst sich das Theater St. Louis. Im Atelier gekramt und aufgeräumt. Money für Streetcar vergessen, – 7 Block zu Fuß zurück in Sonnenhitze. Gegen Abend kühler. – Sah Jim im »gegradeten Anzug« mit seiner schwangeren Frau die er behaglich auf den Bauch klopfte.

Abends etwas Astronomie.

*Mittwoch, 8. Juni 1949.* Schrieb an Megrew wegen Kommen und eventuell Auto in Denver. Auch an Peter wegen »Tagesspiegel« Berlin. – Malte letzte und gute Schluß Steine am »Dean« und »Conway«. – Las viel Astronomie.

> So ging der Tag dahin
> Klim bim bim bim.

*Donnerstag, 9. Juni 1949.* Etwas Augenweh, zu viel Englisch gelesen. – May rief an, lunchten mit ihm, bei ihm, – hat tatsächlich etwas Talent, neue Bildchen gar nicht schlecht. – Nachmittag im Chase, ging noch durch den Park bis Union . . .

*Freitag, 10. Juni 1949.* Eigentlich unnötig noch am »Gewitter« gearbeitet, morgens und abends bei wirklichem Gewitter und Platzregen, (sehr schön übrigens). Q. kam abholen mit Regenschirm . . .

*Samstag, 11. Juni 1949.* Blöder Tag, der nett mit einem Perry-Swarzenskibrief aus New York anfing und dann durch Hitze und Überarbeitung langsam absackte, sodaß Mittags und Abends je eine Pille nehmen mußte – nichts mehr los mit mir, fühle mich alt und krank. So unnötig – na.

Jim mit schwangerer Frau zum Abschied, na ja, ganz nett.

. . . May rief noch an, »Fischerinnen« gekommen.

*Sonntag, 12. Juni 1949.* Besserer Ausruhtag, Hotel Chase-Abend mit schlechtem Sonntagessen und viel Erinnerungen an den Antritt vor fast 2 Jahren. Nun war's ein privater Abschiedsabend. Immerhin bis auf das Weh (Brustschmerzen) – ist man etwas weiter gekommen und etwas mehr security gewonnen. Boulder wird schon gut gehen, vor N. Y. habe ich wegen meiner Konstitution etwas Angst. Aber schließlich einmal muß alles ein Ende haben – auch meine kurze – und nicht genügend chemisch gereinigte Existenz – Angst vor dem Tode – immer noch ein Zeichen, daß man seine Geburt gewollt hat –

No more »noch einmal von vorn edler Friedrich«, that's sure. Aber ohne Haß und Zorn. – Friede sei mit Euch edle Menschheit, die Ihr immer noch nicht wißt, wer Ihr seid –

*Montag, 13. Juni 1949.* Vier Stunden gewartet – und dann regnete es –, die übliche fast französische Bummelei. Dazu die dicke Neger-Marylin (Hausmädchen) – Butshy's Geschrei und der Masterpacker, ein armes sympathisches vertrocknetes Männchen, dem ich einen Whisky einflößen ließ. Aber es wird. – Perry brachte uns zu Buster – wo ich meine »Fischerinnen« in full Glanz wieder sah. Buster ist so begeistert, daß er es als das schönste Bild was je gemalt ist, betrachtet. – Na und Perry war auch kräftig. Auch Buster Portrait im alten italienischen Rahmen wunderbar. Schweiz schrieb »Bewunderung« für Beckmann in Züricher Ausstellung, »Beckmann Ehrenplatz« – und 100 Francs für Aufsatz im »Werk«. – Erstaunlich!

Nachmittag im Atelier geschlafen, (keine Streichhölzer), noch entfernte Gewitter . . .

*Dienstag, 14. Juni 1949.* . . . Morgens packing etc. etc., allein geluncht am Bolivar. Abends Abschiedsparty Perry's: Pulitzer's, Harrison's, Bill, Poky, Assistent von Perry Mr. L., Cory's, Buster. Na ja, großes Gerede. Am nettesten immer Perry. Er fuhr uns nach der Party heim, wo Curt später noch »leise weinend« Abschied telephonierte.

*Mittwoch, 15. Juni 1949. Im Zuge St. Louis – Denver.* Unter vielerlei Geschrei kam die Abfahrt schließlich herbei, und Dean und Conway und wife's Tränen des Abschieds am Bahnhof und guter Whisky.

Gepackt, gepackt, gepackt – ja so rollt das Leben immer weiter. – Nette Bahnfahrt, sogar ganz gut geschlafen.

Resultat von St. Louis? – Nette Menschen und scheußlich lärmende Wohnung vermochten das Spiel von T. glücklich zu Ende zu führen. Danke schön St. Louis! . . .

*Donnerstag, 16. Juni 1949. Boulder.* Ankunft in Boulder Colorado.

> »Weiter weiter hopsa weiter
> sagt der König zum Gefreiter – –«

Des Morgens Downtown Denver in großer Hitze angekommen, mußten aber noch eine halbe Stunde auf Miß Lindström, good looking womenpainter, warten, da Zug früher ankam. Es klappte, und hurra hurra, hop hop hop ging's fort in sausendem Ga – l – opp –

In der allerersten Morgenfrühe (im Zug) sah ich plötzlich Urweltsteppe fern von Boulder, dann in der Nähe von Denver. In Boulder wurde wieder alles brav amerikanisch. Haus annehmbar . . . Bierparty bei Megrew (Gemsmensch). Autofahrt mit Megrew, sah Schneeberge und sehr viel neue Blumen. – Morgens wollte Q. schlapp machen, jetzt geht's wieder. – Soll 50 Schüler haben, oh Gott da lachen die Spatzen.

*Freitag, 17. Juni 1949.* So ganz langsam fängt man an sich zu aklimatisieren. Morgens Besuch mit Megrew in Artschool, na Gott, dasselbe Theater wie immer. Alles gemacht noch mit großer Müdigkeit . . . Nachher in dollster Sonnenstich-Hitze von Miß Lindström zur National-Bank gefahren, Check's abgeliefert. Zurück erstes mal Omnibus benützt. Zu Hause mühsames Eingewöhnen in eigentlich recht netter Spießer-Wohnung. Ich dann heroisch ersten größeren Allein-Spaziergang bis Ch. Wiese (verfl. Name, dicht bei M.). Übrigens großartige Farben im Himmel und Blumen und eine etwas schauerliche Heiterkeit in der Natur – aber – bitte – abends friedlich im kleinen Beißl Omelette spanisch etc gegessen und um 9 mit Bus nach Haus . . .

*Samstag, 18. Juni 1949.* Spaziergang im Regen recht wackelig mit deutlichen Zeichen des 8000 Fuß Höhedrucks. – Hitze? Essig. Trotzdem hofft man sich einzugewöhnen. Nachmittag kam Fräulein Eisenbach meine Collegin hier und erzählte allerlei Belangloses – aber nett. Frl. L. rief an, auch Mr. Merril, der meine Ausstellung hängt für Montag.

Alles in Allem müde, glaube aber es wird gehen hier.

*Sonntag, 19. Juni 1949.* Recht müder Sonntag bei herrlichem Wetter. Morgens und nachmittags Spazieren gegangen. Zunge tut noch weh – Herz schwankt – Gehirn leer – Blumen gepflückt. Chatauqua.

– – – – – – – – – – – – – – – – – – – – – – – – – – –

Sind die Räusche des Ich's schon vorüber, gleitest Du langsam ins Allgemeine zurück? – Hast Du schon alles getan was Deine kleine Existenz auf diesem Globus rechtfertigt? Oder entschuldigt?

»Meine prachtvolle Vitalität« ist sie nicht längst im Zerfließen und nur noch künstliche Atrappe? – Was kann ich aus diesen letzten Ruinen eines königlichen Hauses noch herausholen – wie könnte ich noch immer die Planetensysteme erzittern machen – ha ha ha, mein kleiner Floh – und doch auf die Größe kommt es nicht an – aber auf die Gesundheit – oder wie mein armer Vincent schrieb in seinen letzten kranken Räuschen – auf die Hygiene. – Ha, ha, ha. – Unfreier als je fühle ich die unbekannten Gespenster.

Wer wird mich befreien – immer wieder der Tod?

*Montag, 20. Juni 1949.* Also erste Impression von den Students im »Theater«, in einer riesen- künstlich – Licht-Höhle starrten mich 40 Männer und Weiblein an, etwas düster und unsicher, bis schließlich einige Witzworte die Stimmung lösten. Beschluß morgen wieder zu kommen, um Arbeiten (frühere) zu sehen. Einen Prof. Assistent (Monitor), Mr. Wolfe, hab ich auch. Na es wird schon gehen, dachte ich und wir wankten um meine beginnende Ausstellung im Museum anzusehen. Allerlei Überraschungen, alte Arbeiten von vor 10–12 Jahren (never seen again!) – tauchten auf und Blindman's Buff winkte! All das gab mir wieder etwas Kraft. – Den Nachmittag müde hingeludert. Kleiner Abendspaziergang. E. T. A. Hoffmann als Trost. Leider beim zu Bett gehen heftiger Weh Anfall, später dann geschlafen. Viel Bergüberwindung – 5000 Fuß hoch.

*Dienstag, 21. Juni 1949.* Versuche heute mal um 10 Uhr zu Bett zu gehen, vielleicht hilft es den Boulder-Zustand etwas zu erleichtern. Heute erste Pré-Correcture im »Theater« was, trotzdem ich etwas wackelig war, ganz gut gegangen ist. Auch sonst verlief der Tag harmonisch, nur der Frau Director-Besuch nötigte mir eine Pille ab, als sie sagte, ich müßte schon am Sonntag nach Central-City zur Jury. – Aber es wird beigelegt . . .

*Mittwoch, 22. Juni 1949.* Nicht viel zu berichten als Allgemeinbefinden besser, die Hitze groß . . . Abend meeting bei Direktorin mit vielen netten mehr oder weniger farblosen Menschen. Na ja, auch das liegt nun wieder hinter mir.

*Donnerstag, 23. Juni 1949.* Erste Riesenkorrektur 39 Mann hoch – oh mon Dieu – vielleicht 2–3 mit Talent. Aber na ja, man sagt eben seine Meinung, basta. Jedenfalls kann ich die Sache schaffen . . . – Außerdem scheint mein Herz sich doch an die 5000 Fuß zu gewöhnen, was mich auch wieder etwas stärkt für die Zukunft. – Sah ein wundervolles Gewitter von der Höhe in die Ebene eilen – wenig Regen danach.

Stiller Abend mit E. T. A. – Butshy hatte dauernd Gewitterangst und das Abendkotelett war gut.

*Freitag, 24. Juni 1949.* Großer Spaziergang mit Q. um den äußeren Campus. Teils wirklich wunderschön. Geluncht im kleinen Beißl am Municipal, mit Bus und Briefträger zurück in heißer Sonne . . .

*Samstag, 25. Juni 1949.* Herrlicher Sonnenspaziergang Chataukua (oder so) mit wundervollen Fernsichten. – Nachmittag Brief an Minna ziemlich lang. Abends nochmal mit Quappi Chatauqua, nett, aber leider beim Rückweg Gewitter und (Weh) Pille.

Na Gott hab' mich selig . . .

*Sonntag, 26. Juni 1949.* Sehr ruhiger Ausruh-Sonntag mit morgens E. T. A. – und nachmittags Besuch von Weller's und A.'s. Immerhin 3 Stunden Englisch geredet. – Abends herrlicher Waldgarten, Erdbeeren aus dem Garten und viel Chiroccosturm.

*Montag, 27. Juni 1949.* Hier sind eigentlich immer Gewitter. Morgens Korrektur, müde und anstrengend. Eine Dame in Krankenschwesterntracht, das neueste Mitglied (als Schülerin). Komische tote Augen mit Lebensdurst aus schwarz-weißer Kappe . . . Dann hat Butshy die

Direktorin ins Bein gebissen, die uns freundliche Nachricht bringen wollte. Allerlei Post, von Pierre, Mrs. Wade, Perry, etc. – Wurde gleich beantwortet. – Dann noch Lokalblättchen-Interview von niedlicher Boulderin . . .

*Dienstag, 28. Juni 1949.* Eröffnung Ausstellung in Boulder, 500 Personen, großes Geschrei wie voriges Jahr in St. Louis, mit Präsidenten und auch hübschen Frauen. – (Todesnachricht von Frau Loeb erfahren durch Festteilnehmer) – und erstaunlicher Bruder von Miß C. – oh Gott so lange her. – Viele Kataloge sind verkauft und die Deanin war sehr zufrieden. Alles in Allem nett, wenn auch nicht mehr so sensationell wie St. Louis. – Der Morgenspaziergang über den recht hübschen Friedhof in viel Sonne war auch nett. Auch Q. beim Friseur gewesen, war sehr hübsch! Kurz viel Gutes. Hielt auch ohne Pillen und sonstiges Zeug durch. Nette Dinge machen einen doch gesünder.

*Mittwoch, 29. Juni 1949.* Recht anstrengender Tag. Morgens photographiert, school, später dann Perry herbeigeführt durch Lindy, Lunch mit ihm. Abends dann mit Deanin und Gatten und Perry zu Blanchis-Restaurant (amerikanische Forellen mit Erbsen – oh Gott), die Fische selbst gut, aus bayrischem Wald ähnlichem Canonfluß . . . Dann Vortrag von Perry. Entsetzlich sich so öffentlich am lebendigen Leib – schon wie längst gestorben »sezieren« zu lassen. Später noch schlechten Bourbon. – A Dieu Perry.

*Donnerstag, 30. Juni 1949.* Letzter Junitag eigentlich ganz nett. Große Korrektur in the morning. Kurz in der Exposition. Nachmittag in rasend komischen Empfang bei P., sodaß ich einige Typen zum Whisky hinterher einlud.

## JULI

*Samstag, 2. Juli 1949.*   »Tagebuch ist nicht klug
                            schreibt alles auf
                            vom dummen Tageslauf«

T'ja, morgens Kirchhof Sonnenspaziergang in recht guter Form und großer Hitze. – Brief von der Wade, daß die Wohnung in New York wächst. Werden aber wohl lang kein Telephon haben, na um so besser . . . Käsespaghetti und Unabhängigkeits-Knallereien.

*Sonntag, 3. Juli 1949.* Go ahead –

Stiller Sonntag mit viel Gewitter. Lunch bei einem Koch der weg gelaufen war, aber gutes Rumsteak hinterlassen hatte. – Schwer nach Haus geschleppt – beide.

Nachmittag bißchen englisch gelesen (Soby), was für fleißige Leute doch die Amerikaner sind! Wieder viel Gewitter – Butsh hat immer Angst. Jetzt Sterne, sagt Quappi.

*Montag, 4. Juli 1949.* Wirklich schöne Autotour nach Estes Park, über 4000 m Höhe und keine Herzaffection. Na, das gibt einem wieder bißchen Mut. – Die Gegend von Lions unglaublich verzaubert, besonders der Rückweg durch das Tal. Der Giant rosa violett und ein verstaubtes Grün. – Gefahren von Merril und Eleanor mit ihrer Mama. Geluncht am Great Lake, endlose Fahrerei und doch nicht unangenehm, long Peak sehr grandios und komische neue Tiere. – Abends dann hier scheußliche Knallerei –

nun wohl beendet. (Idee Santa Fé taucht auf.)

*Dienstag, 5. Juli 1949.* Mal wieder im Kino, netter Gangsterfilm und alter S. Bergmann »Casa Blanca« frisch und angenehm, but the gangsters was better. – Sonst große Korrektur etc., man macht sich in dem Kläßchen –. Q. klagte über Luftdruck, mir ging's ganz gut. – Zu Fuß abends in Downtown wo das kleine Beißl »natürlich« geschlossen und man wieder rich essen mußte. Im Park sah man noch die traurige Miß West in knall gelb und rot mit wehender Zigarette, scheint aufgemuntert durch Einladung. – Ansonsten immer noch irgend eine Kraft in mir die Unendliches will aber von der Zwecklosigkeit doch tief überzeugt ist.

*Mittwoch, 6. Juli 1949.* T'ja, was blüht mir noch im Leben? Verflucht wenig, alles schon hinter mir, kaum noch gesonnen zu neuen Abenteuern und doch noch immer hinlänglich gesund? Ein mühsames zu Ende-Haspeln mit falscher Jugendlichkeit. Eine Vergrößerung des Erfolgs der Berühmtheit – kaum zu erwarten. Die Jagd nach Money vor den Türen New Yorks – leider komme ich nicht als Herr – dazu hab' ich zu seriös gelebt und werde es wohl auch weiter machen in ewiger Abhängigkeit, von irgend wem. Und das Bildtheater selbst? Werde ich auch Kraft haben zu irgend etwas Neuem?

Perry schrieb sehr nett.

*Donnerstag, 7. Juli 1949.* Na ja, gequält werde ich immer noch genug dafür, daß ich mir so eine Art außerordentliche Stellung im Leben geschaffen habe ... Manchmal höre ich etwas wie eine Art Wiederhall von meinem Leben jenseits des Lebens, doch nie und nimmer ganz das von meinem Ich, dem ich nach wie vor unbekannt gegenüber stehe – oh viele Spiegel sind notwendig um hinter die Spiegel zu sehen ... Heißer Morgenspaziergang mit Quappi und Butshy nach Chautakua. Rettete Butshy vor Schlaganfall und Sonnenhitze. – Nachmittag Besuch von Joan, Shirley, Merril und Eisenbach. Ganz niedlich, mit Himbeeren aus dem Garten ...

*Freitag, 8. Juli 1949.* Der Tag verrann nach großer Korrektur normal zufriedenstellend. Waren noch ein bißchen in der Exposition und sammelten einige Nachlorbeeren. – Ein Brief von Mrs. Wade, daß the zinc nun wirklich gemacht wird und Montag das Streichen der Wohnung beginnt. Na, ich bin ja neugierig, ob ich's da aushalten werde, und gänzlich unverständlich wie sich alles gestalten wird. – Jedenfalls hoffe ich nicht zu viel. – Nachmittags sprang ich aus dem Fenster und weckte Quappi und Butshy als »unbekannter Gast«! Dann fuhren wir mit dem Bus ins Kinostädtchen und sahen einen schlechten Weismüller-Film und fraßen Leber mit Zwiebeln. Auch der Nachhauseweg ging gut von statten, da ein Omnibus uns bald nach Hause brachte. Q. und ich sehr viel mehr akklimatisiert an die Höhenluft.

*Samstag, 9. Juli 1949.* Festmahl bei Ch. A., ungeheure Anstrengung, mit immer netter Miß Eisenbach. Leider nach dem Essen Weh und Pille, es war aber auch heiß heute und die climbing to the first rocky's in the morning war anstrengend, aber sehr schön, mit der Überwindung von – für uns großen Schwierigkeiten. T'ja, es gab sogar Champagner – oh we poor gypsie's – und es war heiß und eng in dem kleinen »Vogelkäfig«, als zum Schluß die Story vom Bouldermörder auftauchte.

*Sonntag, 10. Juli 1949.* Ja der Sonntag. Großbild von Perry, Quappi und mir im Rockey Mountain's News. Ganz nett, »the world foremost painter« etc. klingt ganz nett und weiterer Unsinn die in den Gebirgen widerhallen. – Sonst? Schlechte Nacht gehabt. Whisky Champagne nicht gut – 2–3 Pillen, auch heute beim Nachhauseweg vom Lunch, wo die kleine Kellnerin sehr begeistert war von R. M. Photo's. – Sonst bieder und treu gelebt um wieder auf die Strümpfe zu kommen.

Ekelhaft und amüsantes Leben. Ein Chaos von Schwäche und exaltierter »nutzloser« Kraft.

*Montag,* 11. *Juli* 1949. ... Ganzen Tag ziemlich mäßig gefühlt. Jetzt nach Limonade besser ... Buster schrieb nett!!

*Dienstag,* 12. *Juli* 1949. ... Morgens schöne Sonne und allein sein. Gespräch mit einem Kinde (6 Jahre), nett, schon das ganze »Mißchen« – – Sonst noch was? Ja, Ärger wegen Central City Preis – wird noch mehr Weh und Ärger geben ...

*Mittwoch,* 13. *Juli* 1949. Wieder ein Bouldertag dahin. Während eines gräulichen Gewitters 2 Stunden geschlafen und nichts gehört. (Schlechte Nacht gehabt.) Morgens ganz nette etwas müde Korrektur. Nadine für morgen zum Tee bestellt. – Schrieb nochmals an Piper, Wade bekam ein Telegramm. Abends E. T. A. H.

(Eigentlich ist's schön hier.) Bonne nuit.

*Samstag,* 16. *Juli* 1949. ... Besuch von Fräulein Eisenbach wegen morgen »Vesuv« Besteigung etc. und sie erhielt ein Kaviarbrötchen. Sonst große Hitze und kein Gewitter heute! Nachmittag Busfahrt zum Sanatorium und dahinter schön auf red mountains gestiegen ...

*Sonntag,* 17. *Juli* 1949. T'ja dieses Boulder. Große Autofahrt to see the old Vesuv and the factory on the lake and later by the wonderful Valley and the red rock's near of Denver. Really enorm and strange, the rocky's extraordinary, the theatre not so agreeable, but all very interesting and strange. The dinner with french Champagne in Gold was nice and the golden dark – with Elinor, Butshy, Quappi and Eisenbach.

*Montag,* 18. *Juli* 1949. ... Leider nachmittags zu viel englisch gelesen, Augenweh. – Q. war im Konzert mit Lindy. That's all for to day.

*Mittwoch,* 20. *Juli* 1949. Große Endkorrektur des ersten Sommersemesters ...

In Downtown gelustwandelt und mich mit Q. zum Dinner im Middlewestcafé (mit hübscher Kellnerin) getroffen. Darauf zogen wir ins Kino »Chicken every sunday« wo man sehr gelacht hat. Butshy empfing mit Freudengeheul und Q. braucht neues Haarnetz für ihre neue Frisur und Hut – beides steht ihr sehr gut.

*Freitag,* 22. *Juli* 1949. Tag ging vorbei mit viel-wenig Geschrei – morgens mit Quappi und Wolfe Grade's ausgeteilt (für die Student-

bilder), recht uninteressant-interessant. Sehr harmlose Sache diese
school, aber heiter. Dann in heißer Sonne zur Bank Geld geholt, da
noch kein Mammon von school. Sehr leicht geluncht, lange geschlafen
und geschworen, keine Menschen zu sehen vier Tage lang.
*Samstag, 23. Juli 1949.* Schöne Berg-Fußtour in the green mountains,
ziemlich heroisch und in großer Hitze, ohne jede Herzaffection! Sonst
Riesenlangweile verknüpft mit Wohlbehagen.
Immer noch etwas geplagt von »Weh« – wenn auch Überzeugung
nicht mehr vom Herz. – Die Zeit vergeht, noch 34 Tage, dann kommt
das böse New York.
*Sonntag, 24. Juli 1949.* Friedlicher Sonntag. Morgens melancholischer
Kirchhofsbesuch da gestern Abend »Weh« – zu oft jetzt. Trotzdem
fühle ich mich heute besser. Hoffentlich habe ich eine ruhige Nacht. –
Nachmittag voll Wut eine große Zeichnung fabriziert. »Meeting of the
god's«. Vielleicht sehr arrogant. Vielleicht auch großartig. Qui en sabe.
Jedenfalls seit 6 Wochen mal wieder was getan und nicht schlecht.
Nachher noch sehr schöner Campusspaziergang mit herrlicher Aussicht . . . Abends etwas Elixiere de Diable. Erschrak eben vor Schritten
im Garten – ja, das ist alles.
*Montag, 25. Juli 1949.* Morgenspaziergang nach der schönen Aussicht
mit Quappi und Butshy, saßen am Cora Brunnen vor dem Tore. – Telegramm von Piper. – Nachmittag Rockymountains-Zeichnung, vielleicht ganz gut. – Megrew schrieb ob wiederkommen next year?!!
*Dienstag, 26. Juli 1949.* Erster neuer Schultag der recht easy anfing
mit verschiedenen neuen Gesichtern. – T'ja endlich Money erhalten,
leider mit Tax-Abzug (sodaß 612 statt 700 heraus kamen). Na immerhin. Alles in Allem sehe ich zur Zeit, wenn die Gesundheit stand hält,
etwas easier in die Zukunft.
Schrieb nachmittags an Minna und Dank-Karte für Photo an Buster . . .
*Mittwoch, 27. Juli 1949.* Höchste Zeit, daß man nach New York
kommt – oh Gott, so ist das Leben, was werde ich wohl sagen wenn
ich erst dort bin – dann wohin? Gnädiges Verhängnis. – Auf einmal
langweilt mich dieses Vanille-Eis schluckende strahlende Boulder, und
ich möchte im tiefsten Mexiko City bei einigen freundlichen Urwald-
tönen sitzen. – So ist der Mensch. Wird jemals wieder ein großer
Schmerz oder Freude mein Herz erschüttern?!

*Donnerstag, 28. Juli 1949.* Wieder besserer Tag. Morgens drei Stunden climbingwalk auf die erste Hälfte des Flagstaf in großer Hitze, aber doch geschafft ohne irgendwelche Beschwerde. Die Hitze war so groß, daß überall Gewitter zusammenbrauten und heute Nacht sich auch hier entlud zu Butshy's großem Jammer. Aber unheimlich schön ist doch in der Höhe große Stille, Hitze- und Waldgeruch so stark –
Na, Nachmittag »die Treppe« gezeichnet. Glaube ganz amüsant, läßt sich vielleicht noch mehr draus machen (Bild). – Post war keine, aber Dorothy Eisenbach rief an, hat großen Beckmann-Vortrag gehalten mit 150 Zuhörern. (Wir wußten nichts davon zu Q.'s großer Empörung.)
*Freitag, 29. Juli 1949.* School morning etwas ermüdend da viel neue Schüler.
Nachmittag »die Wespe« (Zeichnung). Kleiner Abendspaziergang mit Quappi und Butshy . . .
*Samstag, 30. Juli 1949.* Tag des Spazierfahrens mit Mr. und Mrs. Drummont. Denver ist wirklich eine ganz reizende Gartenstadt zu den Füßen der Rocky Mountains, dessen Riesenplemosaurier in Plessios man im Naturwissenschaftlichen Museum bewundern kann. Schauerlich diese echten großen Gerippe. Ehepaar D. nette Leute, sie enthusiastic scholarin of me. Rückfahrt im Auto von Denver schön . . .
*Sonntag, 31. Juli 1949.* T'ja man wird alt – denke daß das ganze Theater bald zu Ende ist – doch der Geist des Bösen (Daseinslust) ist stark – bitte die verschiedenen Demiurgen mich nicht weiter zu quälen.
Im Rodeo, man sah die wohlbekannten Cowboy's mehr oder weniger geschickt von aufgepulverten Gäulen und Ochsen herabstürzen, und sah angeödet – kleine Kälber von riesenhaften Gestalten und »Heldengeschrei« mit Lasso's einfangen. – Mäßig. – Unglaubliche Hitze, 4 Stunden dicht gedrängt – na, auch dieser Sonntag ist vorüber.

– – – – – – – – – – – – – – – – – – – – – – – – – –

Auch dieser Juli 49 geht zu Ende oder ist zu Ende.
Die Aussichten für den Winter mäßig, weder schlecht noch gut. Sicherlich viel Unangenehmes wird kommen. Die strahlenden Meteore des Glücks sind nicht geschaffen für meine dunkle Erdenlaufbahn, doch sehe ich auch nicht mehr die brüllenden Ungeheuer die mich verschlingen wollten.
Doch war es nett mit ihnen zu spielen.

AUGUST

*Montag, 1. August 1949.* Immer schönes Wetter. Ein erstaunliches Land. Schöner fast wie Italien. Die große Wärme und kühl aber nicht kalt in der Nacht. – Große Korrektur mit allerlei Menschen, sogar ein Deutsch-Amerikaner. Nadine Drummont recht talentvoll. – Valentin schrieb aus Genf. Sonst ziemlich postlos. Nachmittag Rodeo (Zeichnung), recht gut geworden.

Schöner Abendspaziergang mit Q. und Butshy.

*Mittwoch, 3. August 1949.* Back von »Silverbloom« a little tired, o Jesus Christ – always round and mountains, mountains around – Coffee in Golden, visit from tomb of Buffalo Bill and »Museum« – na, man konnte wenigstens herzhaft lachen. Weiter durch ewiges »Gebürge«. Silverblum in kaltem Gewitter und Regen. Fahrt durch teilweise schöne Felsen zum »Silverdollar« Rest – in »Nederland« (so heißt der Ort) anstrengend. Rückfahrt hat mich sehr ermüdet in der Nacht. Nun Gott sei Dank at home.

*Montag, 8. August 1949.* Quappi wird Donnerstag in acht Tagen Vortrag lesen . . . Indische Bücher kamen von Piper. – Erstaunlich heiß. Abends sehr gewitterlich ohne Gewitter. Hörte von Erdbeben in Equador und 2 Baseballteams vom Blitz erschlagen. Las Abends indische Philosophie und Elixiere des Teufels zu Ende. Doch ein großartiges Buch . . .

*Dienstag, 9. August 1949.* Morgens Spaziergang nach Amphitheater über Chatauqua zurück. Vielleicht der angenehmste Spaziergang bis jetzt.

Nachmittag Zeichnung »Kampf der Königinnen«. – Großer Brief von Franke . . .

*Mittwoch, 10. August 1949.* Die Gespenster meiner alten Bilder, die längst nicht mehr vorhanden sind, durchgeistern noch immer die Zeitungen. Fast wie ich selber, dessen Tagestraum sich langsam immer mehr auflöst und zu einem resignierten – auf Deuwel komm raus mit herabgezogenen Mundwinkel – sich mühsam fortwurstelndem Lebenstanz wurde. – Sah heute in einem Schaufensterspiegel mein eigenes Abbild – oh my – und unerhörter Ekel durchflutete mein Herz – oh schmachvolle Existenz deren Lebenswillen einen immer wieder in den

Lebensdreck zieht – seit Millionen Jahren und noch Millionen – trotzdem kann auch nicht der »ewige Jubel« des Nirwana mich mit Begeisterung erfüllen.

Netter Brief von Peter, ja ja wir sind berühmt.

*Donnerstag, 11. August 1949.* Mit vielen Schwierigkeiten Besteigung der Red Rocks sogar mit Butshy – schwer zu erzählen, aber durch viele Steigungen und Fällungen, zuletzt sogar noch Regen – und kein Bus – kam man ziemlich erledigt zuhause an. Na, nun ist's gemacht und die roten Riesenfelsen-Gespenster haben uns nicht erwischt. – Schrieb noch an Peter . . . Habe die Simrokschen Nibelungen zu Ende gelesen. Große Sache, doch nun muß ich noch die nordische Version lesen. Viel von der ganzen unsinnigen Gier und Tragik – auch das Heroische ist da prophetisch vorhergesehen. – –

By By.

*Freitag, 12. August 1949.* School mit Variationen. N. bekam eine Radierung geschenkt. – W. bekam Vanille-Eis – und Quappi muß den Vortrag doch halten, trotzdem schon die ganze Beckmann-Klasse ihn heimlich gelesen hat (wie Lindy errötend zugeben mußte). Sie ist eben stellvertretende Deanin – die auch Megrew unsere erneute Zusage für nächsten Sommer mitteilt.

Nachmittag wurde »Schaukel und Gartenspritze« (Zeichnung) getätigt . . .

*Samstag, 13. August 1949.* Noch 14 Tage, dann naht ein neues Leben auf alter Grundlage, nun wir werden's erleben, falls man noch hinkommt . . . Viel Gewitter today und Fabrication von »Krimhilde« (Zeichnung).

Nachmittags erschienen Harrison's mit zwei hübschen Töchtern aus Silverbloom, auch Bericht über Hindemith und greatings von ihm . . .

*Dienstag, 16. August 1949.* »Little Mountains« bestiegen mit starkem Schwindel von Quappi, die ich aber gut herunter lotste, war schön da oben zwischen 3–4 Abgründen, sodaß der eigene Standpunkt selbst etwas schwindlig war. – Nach schwierigen Betreibungen von Q. doch abends zu den Indianertänzen (leider nur Imitationen von Amerikanern), aber zum Teil doch sehr schön mit gutem »Indianerclown«. Leider auf Rückweg Weh, jedoch nur ganz kurz und ohne Pille aufgehört. Scheint doch besser zu sein. Übrigens auch gestern Abend.

*Mittwoch, 17. August 1949.* Sonne und Gewitter. – Fertigmachung von »Vogelspiel« Zeichnung. Na ja, glaube ganz gut. – Vielerlei herum entworfen . . .

*Donnerstag, 18. August 1949.* Mußte doch bei Quappi Beckmann-letters painterwomen wieder eine Pille nehmen. Es ist merkwürdig wie das »Weh« innerhalb von 2 Minuten verschwindet. Übrigens nehme ich die Sache nicht mehr sehr tragisch nach meinen Bergtouren. Irgendwann wird's wohl mal wieder aufhören. – Quappi Vortrag war gut, trotzdem ich jetzt den letter ziemlich dick habe. Mr. Weller wird ihn irgendwo abdrucken . . .

*Samstag, 20. August 1949.* »Electra wird schwere Tage haben« recht guter Film nach O'Neill, Agamemnon nebst Familie tritt auf, trotzdem sehr schön!

*Sonntag, 21. August 1949.* Na also, wieder gesund zurück von Colorado-Springs. Eine Tour die mein Herz für die alte Natur wieder mal recht intensiv geweckt hat. Ganz großartig, besonders der Blick über »the garden of the god's« zu dem großen Peak. – Auch das Brathmore-Hotel (wo Q. ihre Jacke vergaß) – mit dem Swimmingpool wunderbar und wirklich großartig europäisch. Merril fuhr ausgezeichnet, 9 Stunden gefahren! (Wer mir das vor einem halben Jahr gesagt hätte.) Lindy und Mama und Butshy waren auch mit und Butshy recht heldenhaft. – Adieu letzter Sonntag in Boulder.

*Montag, 22. August 1949.* Jetzt wo es rasend dem Ende zu geht, empfindet man Gefühle gemischter Natur, Freude und Sorge – vor den kommenden Unannehmlichkeiten der Reise und der allerersten Zeit in New York. Na il faut voir. – In der Schule herrscht auch schon Endstimmung und ich zeichnete schlecht und recht Mr. Whalen. – Dann kam am Nachmittag große Reaktion auf gestrige Autotour. Möchte weder Berge noch sonstige Schönheiten sehen . . .

*Dienstag, 23. August 1949.* . . . Schon beginnende Reisevorbereitungen, trotzdem noch Quappi gezeichnet. Heiß – sehr. Nachmittag machte ich noch eine Zeichnung »Park im Gebirge« na dann ziemlich müde noch im Park gesessen . . .

*Mittwoch, 24. August 1949.* Eishagel während einer Farewell-party um halb sechs nachmittag, nach Hitze von 105 Grad, 17 Personen bei uns . . .

*Donnerstag, 25. August 1949.* Der große Koffer ist bereits von Q.s Händen gepackt. Schneller und schneller rast die Zeit, die Boulderzeit. – Morgens war ich fast auf dem Flakstaf oben und es war nicht einmal sehr anstrengend. Trotz Whisky gestern . . .

*Freitag, 26. August 1949.* Vorletzter »Friedenstag«. – Leider sehr müde von all dem nützlichen Unsinn wie Grade's, Money holen, Kostüm für Quappi kaufen, zerbrochene Teller nicht wieder kaufen können, etc. – Nachmittag noch Lindy uns photographierend. Schöner Spaziergang Chatauqua, im Dunklen nach Haus.

*Samstag, 27. August 1949.* Letzter Abend in der 12ten Street Boulder. Morgens doch noch das letzte Selbstportrait fabriziert mit Seil. Morgen geht's los mit 3 Stunden Aufenthalt in Chikago, mit »Zephire« dem schönsten Zug Amerika's. Zur Bahn gefahren von Mr. Wolfe, mein »halber« Schüler und ehemaliger Capt. der Airforces – – oh Amsterdam . . . Immerhin bin ich etwas ausgeruht.

– – – – – – – – – – – – – – – – – – – – – – – – – –

Boulder vor der Abfahrt nach New York.

Neuen Leiden entgegen, das ist sicher. Vielleicht aber nur neuer Stumpfsinn und banale Mittelmäßigkeit. Jedenfalls die schwerste Versuchung, die ich mir noch auferlegen konnte, aber es bleibt mir nichts anderes übrig. – Wie ich dort meine »Eins«amkeit und verhältnismäßig sauberes Hemd behalten werde, ist mir schleierhaft – muß aber gehen. – Die große Linie des alten allein Leidens – hinter mir seit Herbst 32 – das sind 17 Jahre her – oh Gott.

Längst ist meine Zeit abgelaufen und wird nur künstlich verlängert. – Draußen zirpen wieder die Heimchen den Sommer aus. Schön ist das einschläfernde hornartig kratzende oder schabende Geräusch. Könnte man immer schlafen . . .

*Sonntag, 28. August 1949. Jm Zuge Denver – Chikago.* Abfahrt mit Hängen und Würgen – Wohnung übergeben, etc. Schließlich auf meinen Wunsch, holte Wolfe uns schon um halb vier ab und um 5 Uhr waren wir in Denver. – Hinter dem Stationsplein sah ich im Abend zuletzt die Rocky's – les Adieux und schauerliche Stimmung von Verlassenheit am abendlichen Platz von Denver. – Endlich schließlich im Roomette des »Zephire« gelandet, schlief man durch die Nacht. Nach dem Dinner noch im Turmaussichtswagen – und Sterne.

Man schlief, schlief, bis irgendwie Chikago auftauchte.

*Montag, 29. August 1949. Jm Zuge Chikago – New York.* Um 2 Uhr in Chikago, mit Taxi zum Michigan, der in Sonne und Hitze wie ein riesenhafter Italiensee wirkte. Na, man hat ihn nun auch im Sommer gesehen. Nach Kaffee, wieder im Taxi zurück zur Bahn. Hurry – hop durch gigantische Fabrikgebäude und weiter hop hop hop ins Dunkle – viel geschlafen im Herausziehbett um schließlich endlich – na ja – im Hafen?!?

*Dienstag, 30. August 1949. New York.* Angekommen in der Früh um 8 Uhr, nach endlosen Paket und Gepäckträger-Scherereien sofort zur neuen Wohnung. Viel Hübsches und manches Unangenehme. Situation (Straße) ganz gut, nur am Ende etwas schmutzig. Na es wird schon irgendwie gehen. Jedenfalls ist man da und alles andere wird sich finden.

Na also –? ! NEW YORK ? ! . . .

*Mittwoch, 31. August 1949.* Abendrun durch's Städtchen bis Plaza war schön und ich fühlte erstmalig wieder die Freiheit der großen Stadt . . . Morgens in heißer Wohnung allerlei Maße wegen Vorhängen. 2 Busfahrten zum Kennenlernen. Unsere Straße wird unter ungeheurem Lärm neu asphaltiert! – Ha ha.

Nachmittag war Jane da, nettes Mädchen, man schwatzte diesmal etwas mehr über Kunst. – Abends Dinner im chinese Lokal mit viel Bambusspitzen. – Schließlich ist's mir gleichgültig wo, nur nicht Kleinstadt.

### SEPTEMBER

*Donnerstag, 1. September 1949.* Ha!! Die Möbel sind gekommen und die Bilder. Na Gott sei Dank, morgen ziehen wir ein. War eine kolossale Glanzleistung der netten St. Louiser, alles heute auszupacken. Abschiedsdinner im Gladstone-Hotel. Recht müde aber froh nun endlich in eine Dauerassiette zu gelangen.

*Freitag, 2. September 1949.* Abends bei Curt, an der Wand hing das Stilleben mit Holzplastik. Das Chicken war ausgezeichnet, 2 Ginfiz, eine Fl. schweren Rotwein, und eine Clicot versetzten in fröhliche Stimmung. 17. Oktober Ausstellung Eröffnung. Gegensätzliche Meinung über Objecte sind vorhanden. – Den Morgen ausgefüllt mit Entblättern von Möbeln und nachmittags den ersten Versuch zum East-river durchzustoßen. Gelang mit Schwierigkeiten. Aber der River war schön, trotzdem. (Pille, Weh.) Abends dann ziemlich bezecht nach Hause mit schlechter Nacht.

*Samstag, 3. September 1949.* Atelier angefangen raus und rein zu räumen, verrenkte mir dabei meinen linken kleinen Finger. Wohnung wird langsam. Ist doch sehr schön. Nachmittag mit Quappi und Butshy den selben Weg von gestern. Entdeckten die Tennisplätze am River – schön – aber die elektrische Fabrik (Lärm etc.) erschütterte mich zu einer Pille. (Weh.) Dinner im italienischen Beißl mit ausgezeichneten Spaghetti. Abends zum ersten Mal Humboldt, Kosmos gelesen ...

*Sonntag, 4. September 1949.* Komisch zeitloser Sonntag, ausgefüllt mit weiteren Einrichtungen und nachmittag Besuch von Doris, die eine böse Nachricht über ihren eigenen Gesundheitszustand mitbrachte. Na, hoffen wir das beste – manchmal klappt es ja?! Ziemlich deprimiert darüber – auch wegen Quappi, die natürlich darunter leiden wird. – Na – trotzdem weiter. – Las abends bei Humboldt Erstmaliges über die Sonnenflecken. Nie gewußt, daß die Sonne dunkel ist – Sehr erschüttert.

*Montag, 5. September 1949.* Heißer Tag, noch am »Gewitter« gearbeitet, ha ha – abends dann Gewitter. Um 6 Uhr erschien Curt der mühselig meine Adresse ausfindig gemacht hat. Fand's »schon« ganz wohnlich bei uns und den »Beginning« so schön, daß ihm ganz heiß geworden ist, schien aber wirklich echte Freude.

Draußen donnert's, bereits 4 Stunden Gewitter. Ich muß ins Bett, schon halb zwei –

Schöner Spaziergang am Unionsquare – New York schön!!

*Dienstag, 6. September 1949.* Morgens heftig großes Stilleben mit großer Muschel entworfen und den »Dean« nochmals umgeändert. Außerdem kam Italien-Männchen und machte Bilder und Bücherregale an, sodaß die Ausgestaltung der Wohnung nun bereits dreiviertel beendet ist. Machte dann Besuch am Washington Square, entdeckte Lafayette Street auf Rückweg und viele alte bookshops ...

*Mittwoch, 7. September 1949.* Acht Tage hier. Wohnung im großen Ganzen fertig. Telephonmann kam nicht, Koffer aus Boulder auch nicht. – Etwas am großen Stilleben. Nachmittag Farben eingekauft 57th Street. Q. war übermüdet, ich – na ja ...

*Donnerstag, 8. September 1949.* Erste Expedition mit vielen Subway-Schwierigkeiten zur Brooklynschool. Doch ziemlich lärmend und anstrengend, aber ich dachte doch daß es gehen wird. Mr. Peck trafen wir auf der Treppe, braungebrannt, und er führte uns in die Ausstellung wo auch 4 Bilder von mir paradierten. Na, »the boat« Ehrenplatz etc. Miß J., die die Graphikausstellung von mir im Museum macht, nett. Für nächste Zeit 3 Eröffnungsparty's in Aussicht. Auch sonst mit Geschrei begrüßt. Rückfahrt wollte, ging nicht, entgleiste Subway, gesperrt. Schimpfende Passagiere die ihr Geld zurück haben wollten. Mit Taxi über Brooklyn-Brücke zu Pete's Restaurant. Eine halbe Stunde geschlafen, dann 2 Stunden großes Stilleben, und eine Stunde Conway Portrait noch gearbeitet. Alles in allem gute Stimmung. Piperdrucke kamen.

*Samstag, 10. September 1949.* Curt kommt morgen Spätnachmittag. Ich »rettete« Frommel noch vor dem Untergang. Habe nun wirklich 4 gute Portraits. Sonst den ganzen Tag noch mit Auspacken verbracht, Bücher geordnet, morgens noch einen elektrischen Ofen für's kalte Zimmer gekauft, in luftiger Herbstsonne. – Zu Hause wurden noch Litho's für's Piperbuch zu Ende unterzeichnet . . .

*Sonntag, 11. September 1949.* Na, – heute habe ich mich mal wieder gründlich überarbeitet. – Stilleben rosa gelb – oh mon Dieu – und Nachmittag noch alles neu gemacht, als Valentin kam war ich gänzlich down, sonst war es aber nett. Später zeigte ich ihm noch die Boulderzeichnungen, die er mit Begeisterung fortschleppte. – Sehr müde – schlafen gehen –

*Montag, 12. September 1949.* Sehr ermüdet von gestern, fuhren wir doch zu American Express Co. und unter Protestgeschrei und 14 Dollar ging das Piperpaket ab . . .

*Dienstag, 13. September 1949.* Morgens im dicken Regen mit Q. Handtücher etc. eingekauft. – Brooklyn-Eröffnungsabend, mit Curt's Hilfe. Na ja, »the boat« war schön gehängt, auch die Anderen. Mr. Peck und Mr. Nagel tauchten auf, man war sehr liebenswürdig. – Trotzdem Gott sei Dank, das ist vorbei.

Tolles Wetter hier, enormer Regen. – Ja ja . . .

*Mittwoch, 14. September 1949.* Entwurf »vor dem Ball« und noch am rotgrünen Lilienstilleben gearbeitet. – Telephon ist angekündigt . . .

*Donnerstag, 15. September 1949.* ... Fuhr mit Bus bis Gladstone Street über Lexington Ave. In strahlender Mittagssonne wandelnd Park Ave., schließlich Buchholz Curt. Sah meine Gipsplastiken in Bronze und »Mädchen mit Papagei in schwarz«. Dann Lunch mit Curt, und nach dem ersten Coctail kaufte er »Beginning«, auch alle übrigen Geschäfte wurden in Freundschaft bereinigt. – Im Lexington Bus nach Hause, große Freude. – Nachmittag Übervölkerung in der 19th Street. Rickey und Frau nahmen ihr Portrait mit brüllender Begeisterung ab. Wilke kaufte »die beiden Nigger in der Bar«. Dann kam Curt und Dorothy Miller, Butshy bellte, großer Lärm im Haus. Curt suchte 17 Bilder aus für Ausstellung, und in der Times war Beckmann »ganz groß« (Brooklynausstellung von teachers).

*Freitag, 16. September 1949.* Der Morgen verging in Erwartung der Packer die schließlich erst vor ein Uhr kamen, die 17 Bilder, darunter »Beginning« für Curt abzuholen. Nun ist mein Atelier ziemlich leer was angenehm ist, aber auch sonst ... Hörte von R. erste englische Übersetzung von Flegeljahre von Jean Paul.

*Samstag, 17. September 1949.* 6 Stunden am Stilleben mit Riesenmuschel, denke es wird gut sein. – Natürlich recht müde, aber doch nicht so, daß ich nach Abarbeitung des Atelierdrecks (Pinsel waschen etc.) noch einen schönen Abendspaziergang durch die 1st und 2nd Ave. machen konnte. Großer Eindruck der Gigantenstadt in der ich mich anfange zu Hause zu fühlen.

Die kleine Shirley West schrieb. Minna ebenfalls.

*Sonntag, 18. September 1949.* Etwas müder Sonntag. Morgens mit Q. und Butshy im Centralpark, sehr warm und der arme Park sah recht mitgenommen aus von dem furchtbar heißen Sommer. Lunchten im Gladstone, wo Butshy sich recht ungebührlich benahm. Herr W. erschien um 3 Uhr und holte seine Nigger ab.

*Montag, 19. September 1949.* Fleißiger Mann hat schon wieder ein »Bild« entworfen, großes Stilleben mit Interieur.

Bei herrlichem Wetter entdeckte ich danach noch neue Hafenansicht nach links. In 25 Minuten zu erreichen. Dann schlummerte ich süß, bis Jane telephonisch absagte, worauf ich mich an's Briefe schreiben machte. Minna, Lackner, Gurlitt. –

Abends gerieten wir in ein furchtbar schmutziges Kino, wo man einen mit Tränendrüsen behafteten »Frauenbesserungsfilm« sah – oh Gott.

*Dienstag, 20. September 1949.* Morgens mit Q. Park Ave., Q. besuchte die kranke Doris. – Ich war kurz im Metropolitan Museum und fand Telhalaf Steine zu meiner Freude. – Um 5 Uhr kam N. und wärmte sich auf's Neue mit Beckmann Bildern an, schwärmte heftig und will sogar kaufen, – na mal sehen. Da etwas Augenweh noch 3 Stunden – ha, ha – Dean nochmals übermalt, und nun geht man ins Bett.

*Mittwoch, 21. September 1949.* ... Schade daß man nicht mehr so recht leistungsfähig ist – wozu der ganze Klamauk, noch immer weiter – na ja, habe viel gemacht heute. Morgens noch eine Probesubwayfahrt nach Brooklyn hin und zurück, man braucht doch ziemlich eine Stunde (für eine Fahrt) – dann noch 3 Stunden am Dean gemalt – – dann kam Jane mit Stock und starkem Hexenschuß, erzählte von Hornissenstich. – Trotz Müdigkeit bei Pete gegessen und dann noch endlos italopartisanfrenchzolahafter Kitschfilm. (Beim nach Hauseweg starkes Weh.) – Kein Wunder!

*Donnerstag, 22. September 1949.* Wie so oft der nächste Tag wieder besser. Große Exkursion Columbus – Amsterdam Avenue – 72 Street und Central Park. Andere Welt. Sah schöne etwas entlegene Stellen im Central Park, warm und verschleiert... Abends noch Manhattan Hospital Dunkel Spaziergang, und ja, Perry schickte einen netten Brief.

*Freitag, 23. September 1949.* Großer Ausbruch per Elevator nach Chinatown, sehr amüsant. Elevator am Chatam märchenhaft labyrinthik, auch W. Street und Canalstreet und 7th Ave. über 14 Street zurück, toller Weg in schöner Sonne bei kaltem nebligem Abgang. Q. war bei Doris die auch besser sein soll. – Nachmittag noch Humboldt gelesen, nun aber genug von diesem wohltemperierten Eklektizismus. – Abends dann mit Curt, Jane und neugebackener Mrs. Davis (Minneapolis) in Bistro zu Abend gegessen, vin rosé und die kleine Dame sah ganz nett aus ...

*Samstag, 24. September 1949.* Klar und kühl war dieser jüdische Neujahrstag – und kühl strich ich die erste Ladung auf »Hercules letzte Sendung« – während Q. wegen Railway-Express Co. (Koffer) lange schwitzte und wegen Mitbringen von Torte zu spät nach Haus kam. – Nachmittag etwas V. Benett gelesen, teils gut. Später etwas melancholischer Spaziergang by the first Ave. bis Lafayette wo mich in kalter düsterer Abendluft alte Buchhandlungen amüsierten. Zurück über Unionsquare – zu Quappi.

*Sonntag, 25. September 1949.* Letzter Sonntag – ohne school, morgen muß man um 7 Uhr aufstehen – oh Demiurg, na wir werden sehen.

»Maler und sein Modell« ziemlich weit getrieben. – Um 5 Uhr müde zum East river, entdeckte riesige Krankenhausstädte und sah Rockefeller Empire Building und die anderen Giganten in schöner Abendbeleuchtung . . .

*Montag, 26. September 1949.* Ja also school. – Um's gleich zu sagen – angenehm enttäuscht. Ziemlich viel boys und girls, glaube beinahe 30 und es sollen noch mehr kommen. Auch einige ganz annehmbare Mädchen dabei und angenehm erwachsene Jungens. Die ganze Stimmung, auch mit Peck, sehr angenehm und nur 2 mal in the week Korrektur, – das hatte ich gar nicht erwartet. Auch ein sehr gutes weibliches Modell. Kurz und gut, die Subway und auch die Monitorin (ein etwas älteres Malweiblein) funktionierte. – Ziemlich geschwellt machte ich diesen Nachmittag noch eine Subwaytour zum Plaza – und kam zu meinem Erstaunen beim Bloomingdale heraus. – Im Plaza sehr amüsante Typen u. s. w. und zufrieden mit dem Madison Bus rechtzeitig zurück zum Essen. Busfahrt nur eine viertel Stunde. – Kurz, New York macht sich.

*Dienstag, 27. September 1949.* Ziemlich den ganzen Tag an den »zwei Frauen« rosa grün und schwarz grau, gearbeitet. Ganz interessant, vielleicht sogar fertig – muß später sehen. Im Dunklen in meinem neuen »Park« an der second Avenue . . .

*Mittwoch, 28. September 1949.* Morgens zweiter schooltag, durch den sehr hübschen Botanischen Garten (Wasserlilien in allen Farben!!) mit später durchgehender Subway und frei oben über den Eastriver (schön!) – nach Haus. Nachmittag durch Madison Ave. zu Fuß zu Ritz-Carlton Hotel wo ich Joe Pulitzer traf. Dann zur St. Regis-Bar wo ich Valentin mit Freund aufstöberte und auf dem Rückweg zum Bus noch Jane Sabersky mit Hinkestock und baumlangem Herrn von hinten erblickte. – T'ja, und dann italienisches Restaurant um ½ 8 mit Quappi sehr nett . . .

*Donnerstag, 29. September 1949.* Langer melancholischer Regenspaziergang am Eastriver bis Canalstreet, alles war in dicken Nebel gehüllt, wie auch meine Seele . . . Mit dem Elevater zurück. Manchmal war ich so verwirrt in den Bowery's, daß ich ganz verzweifelt war. Schließlich ganz durchnäßt und müde zu Haus . . .

*Freitag, 30. September 1949.* Gut und edel zu sein ist nur sehr beschränkt möglich, da eine restlose Hingebung an diese angenehmen und schönen Dinge mit ziemlich sofortiger Vernichtung bedroht ist. – Na ja – In school in the morning. Wird langsam immer besser und leichter. Es entwickeln sich langsam Typen und die Seelen werden greifbarer. Nach school mit Q. mit Elevator in Chinatown . . .

### OKTOBER

*Samstag, 1. Oktober 1949.* Aufgehalten durch einen guten Roman beeile ich mich noch kurz vor spätem zu Bettgehen mitzuteilen, daß der Tag heute im Ganzen dem neuen blauen Stilleben (Interieur) gewidmet war . . .

*Sonntag, 2. Oktober 1949.* »Zwei Frauen mit Katze« fertig (ziemlich sicher). Lobend erwähnt in Times wegen Plastik bei Curt. Bis 3 Uhr gearbeitet. Kurzer Spaziergang am Abend 14. Street. Broteinkauf und schweizer Käse. Vorher noch Pinsel und Paletten gewaschen. – (Weh, Pille.) – Now sleep, tomorrow to the Student's in Brooklyn.

*Montag, 3. Oktober 1949.* Es ist komisch, eigentlich geniere ich mich immer etwas, schlechte oder ungute Nachrichten zu berichten – so auch heute. Boulder sagte ab. Mit Carnegie-Preis ist sicher nichts geworden, in der Schule war man wurstig – ich bin noch übermüdet von gestern, und übervoller Omnibus nach Plaza. Dort selbst, mäßig – vollgefressener Reichtum ohne viel Profil – kurz dauernd kleine oder größere Unannehmlichkeiten. – Die Riesenwiese mit Wäldchen im Brooklynpark war sehr schön und abends war Phaidon-Plato Sokrates ein milder Trost für dieses unwürdige Jammertal. (Aber schönes Wetter.)

*Dienstag, 4. Oktober 1949.* Der Abend naht, bald leuchten nicht mehr die Sterne – oh wär ich da –

Viel gearbeitet am »Perseus letzte Aufgabe« – wird was!

Am Nachmittag noch großes Stilleben mit Goldfischen umgearbeitet. Q. war mit Jane Geburtstagsgeschenke für Curt einkaufen. – Später Kino und Weh auf dem Heimweg –

Ägypten!

– schließlich wirklich egal wo ich bin. Immerhin in mir selbst zu Hause!

*Mittwoch, 5. Oktober 1949.* Noch schwer ermüdet im Auto zu Columbuscircle Central Park. Frieden, heißer Herbsttag. Abends Curt »Gebirthday« mit Champagner und neue optimistische Versicherungen Curt's, behauptet sogar noch Carnegie (?). – Nachher noch St. Regis – trotzdem früh nach Hause.

*Donnerstag, 6. Oktober 1949.* School heute schön im Gang (30 Schüler) – oh mein Gott, auch die Widerspenstigsten gehen schon gut »Trapp«. – Dann zum Ozean (Conney Island), wunderbar seit einem Jahr nicht gesehen den alten Freund, gerade fuhr »Queen Elizabeth« vorüber und verschwand sehr schnell im dunklen Nebel. Mit der Subway zurück.

Um 5 Uhr rief Curt an: !!! »The Skater's« verkauft nach Minneapolis Museum, gut, gut, gut, beschwingt bestieg ich ein von Quappi geholtes Taxi zum Plaza um dort bei 3 Martini's neuen Lebensmut zu schöpfen . . .

*Freitag, 7. Oktober 1949.* Na ja, nun soll ich doch den ? Carnegie Preis erhalten? Behauptete heut morgen Curt am Telephon und Q. kam angehetzt mit derselben Nachricht, da sie in Curt Ausstellung war. – Ich bin noch immer skeptisch, glaube höchstens an einen 2ten oder 3ten Preis –

– Sonst – das blaue Stilleben ist fertig und schön . . .

Abends Lachs und Gurkensalat und zum Schluß noch pessi-optimistische Gespräche?!?

*Samstag, 8. Oktober 1949.* Schon wieder beim Zahnarzt. Am anderen »Ufer« des Central Park's, nachher gemütliche Stimmung. Nachmittag Briefe geschrieben an Minna und Pipersohn. An Wally und Stanley Radulovic Karten. –

Sehr warm heute, und – na ja, nun ja, es wird schon alles schief gehen.
A Dio.

*Sonntag, 9. Oktober 1949.* Heiß!! Morgens mit Elevator bis zur
165sten Straße. Entdeckte Rennplätze und sah Rockefeller in weiter
Ferne und in großer Hitze. Nachmittag schrieb ich an Peter. – Abends
Curt zum Hammelbraten mit grünen Bohnen, war ganz gemütlich. Nur
er war etwas müde. Erzählte daß P. einen B. gekauft hat ... – Friedliche Stimmung.

*Montag, 10. Oktober 1949.* Heiß!! Erstes mal Brooklyn mit Taxi.
School mit mehr oder weniger Talentboy's and women. Durch überheißen Park mit B. M. T. Subway zurück. Kurz ausgeruht, geluncht,
wieder mit Taxi zweites mal nach Brooklyn, Beckmann retrospective
Exposition (Graphik Drawing's) ... Ganz viel Menschen, mehr oder
weniger begeistert ... Viele Schüler. Im Auto mit Curt zurück, Manhattan herrlich im Abend und Gold.

*Dienstag, 11. Oktober 1949.* Immer noch heiß. Nochmals lange am
großen Stilleben mit Muschel und Frauenplastik. Jetzt really beendet.

Sonst nichts Bemerkenswertes als daß ich wieder in weiß rumlaufe
elfter Oktober!

Carnegie Preis kommt nicht, ist sicher alles Unsinn!!

*Mittwoch, 12. Oktober 1949.* Irgend ein Festtag. Mit Q. nach Stony-
brook, Long Island zu Cooper's. Langweilige Fahrt die aber zum
Schluß schön wurde, von wegen des Herbstes und Farben. Sah das
Meer und Connecticut und schlief nach gutem Essen lange beim Heulen des Windes um das Lighthouse ... Zuhause an unserer Wohnungs-
türe »CONGRATULATIONS« from van Veen's –???

*Donnerstag, 13. Oktober 1949.*

T'ja also, man hat ihn:

First Prize of the Carnegie! (1500 D.)

– – – – – – – – – –

Brief von H. S. Gaudens mit allen Chikanen. Ich hatte es nicht geglaubt, daß so etwas noch möglich ist in dieser Konkurrenzwelt – na –
na ja –

... Netter Besuch in Pennsylvania Station mit Quappi, kauften Choko und gingen fast ganz zu Fuß nach Haus in hell — ganz dunkel New York. Morgen früh halb elf Uhr Time Magazin Interview . . .

*Freitag, 14. Oktober 1949.* Großes Interview, ganz nette Person, die mich elend ausgeholt hat. — Doch noch gearbeitet, am Perseus, aber schlecht —

Curt sandte Blumen und gratulierte nochmal. Q. kam sehr spät vom Friseur was mich nervös machte und Hemingway war ziemlich dünn (Roman).

*Samstag, 15. Oktober 1949.* T'ja, es ist beschämend zu berichten, aber Curt hat heute — bereits 3 Tage vor der Ausstellungs Eröffnung den »Beginning« verkauft, das Bild wird wenigstens kein Mauerblümchen. Na also, »Freude herrscht in Troja's Hallen«.

Morgens auch noch »Herkules letzte Aufgabe« fertig gemacht und nachmittag im Plaza 3 Martini's und Champagnercoctail gesoffen . . .

*Sonntag, 16. Oktober 1949.* (Kälter) Leider morgens doch Entwurf zu »Plaza« gemacht, daher bei Curt nachmittags ziemlich müde. Hat Ausstellung ganz schön gehängt, aber die linke Seite (Leiter vom »Beginning«) zu dunkel. Nachher noch mit Curt und Miß Olson und Q. im St. Regis — (keinen Alkohol) und später sehr gut bei Gino Rouladen . . .

*Montag, 17. Oktober 1949.* . . . Nachmittag noch sehr energisch am »Plaza« gearbeitet. Morgen Curt Premiere um 5 Uhr . . .

*Dienstag, 18. Oktober 1949.* Ach ja — meine Eröffnung — mäßig, Curt krank — und hauptsächlich »Onkel Tanten und Anverwandten« da, kurz enorm langweilig und es wird mir nie bei meinen Lebzeiten gelingen, den Menschen wieder beizubringen was Kunst ist. — Vielleicht bin ich wirklich old fashion und mies — enfin — ich bin. — Nachher mit krankem Curt, Prinz Lippe und Miss Olson noch St. Regis. Dann allein mit Q. im Russian Taverne mit einer halben Flasche Sekt — oh altes Berlin!

*Mittwoch, 19. Oktober 1949.* Wally Barker schrieb begeistert aus Nord Carolina, meinte ich müßte jedes Jahr den C.Preis bekommen . . .

Q. aß mit Doris — (wieder gesünder?) — bei Longchamps u. besuchte Curt-Ausstellung. — Morgen kommt sicher eine Gemeinheit in Time-Magazine!

*Donnerstag, 20. Oktober 1949.* School mit mehr oder weniger Amusement. Schöne bunte Wasserlilien im Park. »Gemeinheit« des Time Magazine relativ gering. Nachmittag Briefe an Peter, Wally etc.
Abends nach dem Essen Besuch von F. und Frau, nette Leute, nur anstrengend so viel englisch.
*Freitag, 21. Oktober 1949.* Großes blaues Stilleben fertig. Am »Herkules« gemurkst . . . Heißer Herbst und Shirley West tauchte auf mit Papa im Plaza. Ich: are you happy? »no –«. – Vorher noch kurz im Centralpark gegen Abend schön . . .
*Samstag, 22. Oktober 1949.* Außerordentlicher Regenbogen war wohl das größte Ereignis des Tages. – Morgens ziemlich dummes german Interview, dann bei Curt wo Shirley mit Mama auftauchte. – Quappi und ich aßen dann bei Longchamps. Fühlte mich ganz wohl, fand mich aber in einem Straßenspiegel alt und schäbig –
Morgens noch viel newspapers über Preis . . .
*Sonntag, 23. Oktober 1949.* Auch dieser Sonntag ging vorüber. – Den ganzen Morgen »Plaza« angelegt.
Nachmittags kamen unsere Mitbewohner van Veen's, sie wirklich hübsch und es war jedenfalls ganz ulkig. Versprachen uns »Burlesque« jenseits des Rivers. Na, wollen mal sehen.
»Gulliver« – etwas trocken.
*Dienstag, 25. Oktober 1949.* Dahin fliegen die Zeiten und bald wird alles zu Ende sein. Auch ich mit meinem lächerlichen Carnegie Preis. Heute kamen noch eine Menge Zeitungsausschnitte, bis in die entferntesten Dörfchen dringt »der Ruhm meines Namens« – oh mein Gott.
Sonst, es regnet und hier ist das erste mal geheizt – der Winter kommt.
Schwer reduziert von gestern murkste ich doch an meinem Perseus oder Herkules. Er wird immer amüsanter. – In der Nacht noch donnern die Flugzeuge, werde doch n i e die Erinnerungen an die Amsterdamer Nächte verlieren.
Verschiedene Gönner riefen an. Na ja – das Leben geht weiter. Vorläufig wenigstens keine Geldsorgen!
*Mittwoch, 26. Oktober 1949.* An sich ist es zweifellos viel besser, keinen Erfolg zu haben. Erfolg macht immer irgendwie unrein und abhängig. – L e i d e r – braucht man Geld –

So, nun kann man ins Bett gehen. Zu berichten, only for a walk Central Park, vorher Naturwissenschaftliches Museum, viel Mexiko, Jucatan und Prähistorie. Leider letzteres wenig Positives. – Abends indische Philosophie die immer noch die einzig Vernünftige ist in diesem materiell gewordenen Höllenchaos.

*Donnerstag, 27. Oktober 1949.* Schultag, verbunden mit einem entzückenden Spaziergang durch den alten Brooklyn Park –

Still zu Hause am Nachmittag. Mit beginnendem Abend Straßenspaziergang. Entdeckte »Chase Turm« – wahnsinnig diese Paläste des Kapitals (Chase Bank etc.) . . .

Viel indische Philosophie getrieben, ja – die »erste Ursache« – um die kommen sie auch nicht herum.

*Freitag, 28. Oktober 1949.* Tüchtig am »Plaza« gearbeitet, wird jetzt besser.

Nachher Spaziergang im Stuyvesandt Park, Gorgonengesicht – vielleicht verwendbar. Am Nachmittag ziemlich gemütlich so hingemurkst. Später Frenchfilm, sehr unangenehm, sodaß wir bei der ersten Hälfte raus gingen. – Morgens das Piper-Beckmann Buch und ein netter Brief von Piper.

*Sonntag, 30. Oktober 1949.* . . . Kleiner Morgenspaziergang im Stuyves. Pärkchen, sah Q. und Butshy kommen im weichen Frühnebel von New York. Dann gearbeitet, finished kleines »Spiegel-Café« mit woman in weißem Pelz, und »kleine Frau am Meer« grün und violett, weiter getrieben. Den Nachmittag gemütlich zu Haus verbummelt, ganz heiter. Curt rief an, daß B. Skelett-Dame kaufen will –?

*Montag, 31. Oktober 1949.* School recht nett. Geschenkfarbenpaket (von Firma S.) als Geschenk an Milch holenden Schüler Dudley. – Kalter Wind ohne Mantel zwang zu Taxi Rückfahrt . . .

## NOVEMBER

*Dienstag, 1. November 1949.* Friedlicher Tag. – Was war denn am Morgen? Ja, verflucht, Haarschneiden und Leberwurst einkaufen. Quappi brachte Paket für Minna auf die Post und holte Geld.

Nachmittag Q. zum Zahnarzt, ich las Noa-Noa und wurde wieder nervös weil das verfl. Tierchen wieder zu spät heim kam, ja ich rief sogar selbständig den Zahnarzt an (englisch!) – na, schließlich kam sie angekeucht im Regen.

Zwischendurch rief Curt an und verkündete Verkauf vom »schlafenden woman mit Goldfischen« an Mrs. de Groot – na, ganz nett, nicht wahr? – Abends bei Freedman's harmonisch.

*Mittwoch, 2. November 1949.* Fest am »Plaza« gearbeitet, viel korrigiert. Erweist sich langsam als verd. schwieriges Problem. – Außerdem müde vom gestrigen Abend. Nachmittag las ich wieder Noa-Noa – ziemlich enttäuscht. Keine gute Mischung von Mystik und Aufklärungsversuch mit endlosen schlechten Gedichten. – Abends Bummel zur Lexington Ave. bemerkte schaurig heruntergekommene Hotels . . .

*Donnerstag, 3. November 1949.* Sehr müde in School, wo soweit alles in Ordnung war. Aber dann ein ziemlicher Riesenspaziergang im Brooklynpark von der anderen Seite aus. Erstaunlich schön, sogar mit Bergen. Auf dem Rückweg pflückte Q. noch grüne Riesenfrüchte. Den ganzen Nachmittag und Abend zu Hause mal ausgeruht vom ewigen Stadtlärm und an »Clown und Künstlerinnen« gearbeitet, während Q. beim Zahnarzt war. Abends sehr gutes Goulasch mit Rotkraut.

*Freitag, 4. November 1949.* Morgens in der Van Gogh Ausstellung, trotz mancher Schwächen wieder einen sehr starken Eindruck. »Nachtcafé« und die Portraits, auch einige Berglandschaften ganz herrlich und die schönen Zeichnungen!! – Abends dann mit Curt und Jane im China-town sehr gut gegessen, Lokal und Publikum bedauerlich europäisch-amerikanisch. Dann noch im St. Regis wo Curt etwas müde und ich mit Jane astronomische Gespräche führte, getragen von einer leichten Atmosphäre von Größenwahn und einer halben Flasche Mumm.

*Samstag, 5. November 1949.* Fleißiger Tag, am »Plaza« gearbeitet, 7 Stunden. Q. war zum Abschied in der Beckmann Exposition und erzählte sehr nett von der großen Menge die sich da zuletzt versammelt hatte. – Ich war nur eine halbe Stunde in meinem »Zoo«. Es wird kalt, und Emily Genauer brüllte laut vom geharnischten Beckmann im Kunstverdauung (Art-digest).

*Sonntag, 6. November 1949.* . . . Bei Curt Bilder signiert. Trübe so ein Abhängen. Es klingelt schon »nächster Auftritt, bitte« – Park Avenue-Publikum im Sonntagsstaat bewundert. – Nachmittag Wedekind ge-

lesen, amüsant. – Schließlich kommt der Schlaf und hoffentlich Vergessenheit von Allem, bis morgen die Tretmühle wieder beginnt.

*Montag, 7. November 1949.* Beschäftigter Tag. Netter Kaffeemorgen.
Mit Car in school, dort war freundliche Stimmung. Dudley entwickelt
sich und manche andere. Schön im Botanischen Garten und Rückweg
durch Brooklyn Park. Nachmittag plötzlich fast gegen meinen Willen
schöne Felslandschaft von Boulder entworfen, indessen Q. unten von
der alten Spinne gequält wurde. Nachher noch kleines Drama mit Q.
wegen zu großer Nachgiebigkeit. – Ansonsten verblaßt mein Eintags-
ruhm schon wieder und ich bin wieder so allein wie vorher. – Enfin,
auch wieder angenehm!

*Dienstag, 8. November 1949.* Doch sehr angestrengt an den Clowns.
Mehr Arbeit als ich erwartet hatte. So ein Clown ist s e h r schwer zu
gestalten, wegen seiner übertriebenen Gegenständlichkeit. Sonst verlief der Tag sonntäglich friedlich und O'Hara (?) oder so – ist wieder
gewählt. Abends mit großer Müdigkeit noch op Straat und sogar einen
Moment im Kino, s'war aber nischt. – Viel Depression wegen zuneh-
mendem Lebensende – aber nicht nur . . .

*Mittwoch, 9. November 1949.* Guter Relaxtag. Vorher noch Krach
mit der Kastanie (Hausbesitzerin). Morgenspaziergang im Central
Park, angefangen von der 90ten Str. mit Q. und Butshy. War noch
recht müde von gestern. Nachmittag Ausbruch zu B e c k m a n n, ganz
nette Bar in der Park Ave. Dann Dinner bei Hans Jäger Rest. oh
Germany, Hummer und Sauerbraten wirklich gut und besser als in
Germany. Zu Fuß und mit Lexington Bus zurück. Oh unvollendete
Schöpfung.

*Donnerstag, 10. November 1949.* School mit den üblichen Begleit-
erscheinungen von Liebe und Eigensinn. – Schönes Tauben-, Dohlen-,
Spatzen- und Eichhörnchenfüttern im Botanischen Garten. Goldener
Spätherbst im Paradies. – Um halb sieben Uhr Party bei van Veen's
mit ganz netten Leuten. Frau L. beinah schön, Stieftochter von Zuck-
meier und anderes mehr. Kurz, nicht uninteressant. – Kastaniendrama
in der Frühe . . .

*Freitag, 11. November 1949.* Recht netter Tag. Zuerst großes »Duell«
mit der Wirtin (Kastanie) in dem man ziemlich siegreich blieb. Dann
4 Stunden »großer und kleiner Clown« gemalt, hoffe daß es sehr gut

geworden. Nachmittag rief Curt an, und wir trafen uns um 6 im Plaza. Hörte manches Angenehme, Perry will Buch schreiben. R. kauft (wenn M. nicht kauft) »Mädchen mit Vogel« (und langen Armen). C. will auch Billets nach Frankreich besorgen und kommt Samstag zum Lunch und Bilder besehen. Na also!
– Abends O. Ludwig gelesen »Zwischen Himmel und Erde«, recht gut.

*Samstag, 12. November 1949.* Besuch von »Dean Warren« nebst wife und Stanley Radulovic der hübsche Europa fellowship bekam. Ganz nett. Sahen mit Begeisterung 3 Bilder. »Legende«, Stilleben mit Muschel und »vor dem Ball«. – Etwas spazieren »gekältet« und »gewalkt«, dann grotesker Besuch eines deutsch-schweizer woman, den ich schleunigst vergessen will. – Vassar College frägt an für Lecture.

*Sonntag, 13. November 1949.* Morgens Spaziergang zum Eastriver Drive. Bus Studien, graue Luft und starker Wind, fühle mich dauernd heimischer im »alten New York« (trotz schlecht geschlafen). – Zur Bockwurst kam Curt. Nachher großes Bilderbesehen. 4 Bilder gezeigt: »Zwei Frauen vor dem Ball«, großes Stilleben mit zwei Kerzen, »Legende« und großes »blaues Interieur« – Begeisterung v. C. – Nach dem er weg war, machte ich nochmals »Dean« fertig!! Abends (bevor Curt kam) lange auf und ab im leichten Nebelregen auf 2nd street. – Jetzt gießt es und Butshy bekam einen roten Sweater angezogen.

*Montag, 14. November 1949.* Heiterer Schultag mit großem Parkspaziergang. Butshy stellt sich erstmalig der großen Brooklynschool und der erstaunten Menge vor.
Pünktlich um halb sieben erschien Curt. Ziemlich lange Verhandlung die mit Ankauf »Stilleben mit Figur« endete und ungeheuerem Begeisterungsgeschrei, wollte am liebsten alle 5 Bilder. – Morgen kommt Buster.

*Dienstag, 15. November 1949.* Der Tag ging sommervoll und Dollarreich dahin – Buster baught blue stillife – nach schweren Kämpfen – o no – o yes – kurz es war heiß. Später im Chateaubriand und duckling, Champagne with Freedman's.
In the morning erster Entwurf zum »Absturz«.

*Mittwoch, 16. November 1949.* Telephonierte früh mit Curt. – Ein bißchen Sektkater, was mich aber nicht hinderte, energisch wenigstens den Entwurf zum »stürzenden Mann« fertig zu machen. – Zum Lunch war Doris da – etwas elend – na, hoffen wir das Beste . . .

*Donnerstag, 17. November 1949.* . . . Zu Hause wurde ich außer Quappi und Butshy von einem Telegramm von A. Barr empfangen: »Sah Ihr Kerzenstilleben soeben, marvellous, congratulation, Alfred Barr.«

*Freitag, 18. November 1949.* Dank-Telegramm an A. Barr. – Es wird kalt, ging spazieren im kühlen Stuyvesandt Park – malte fest am »Stürzenden« empfing Briefe von Wally und Rickey und beschäftigte mich nachmittag mit der Boulderlandschaft . . .

*Montag, 21. November 1949.* School mit nachher schönem Spaziergang im Botanischen Garten. Herrliche chinesische Bäume entdeckt! – Die Nacht war schlecht gestern, dreimal auf und dreimal Weh. – Evening bei Curt mit Swarzenski. Später noch St. Regis Dinner, einige Coctails und weiter große Flatterings-hymnen . . . Hoffe zu schlafen.

*Dienstag, 22. November 1949.* Sehr kalter Wind. Heute morgen am »Boulderfelsen« gearbeitet. – Frische Eisluft im Park, Q. und Butshy besuchten mich dort. – Nachmittag war Hans Swarzenski da, und bekam »Nachtstraßen-Szene« geschenkt, worob große Freude . . .

*Mittwoch, 23. November 1949.* Einen Tag ausgeruht und schon drängt sich wieder allerhand Unsinn in mir in die Höhe, der Form haben will – »vielleicht« – »die story von David« – oder so, mal sehen. Morgens (brachte ich Q. zur Musikfreundin) – herrlicher Spaziergang am Hudsonriverdrive, später Metropolitan Museum, wunderbare China Abteilung entdeckt.

Nachmittag beim Zahnarzt der mich über meine Zungenschmerzen beruhigte. – Quappi bekam ein neues Hütchen.

*Donnerstag, 24. November 1949.* Morgens Besuch von Frau M. aus Hamburg, die übrigens ganz nett war und mir nochmal die Direktorstelle in Hamburg an der Kunstschule antrug.

Fuß und Irrweg bis zur 42. Straße wo wieder enorm gebaut wird, studierte Kreislerturm und untere Inselbrücke in grauer Halbsonne des Thankgivingdays.

Nun ist er auch vorbei. –

Curt sandte Blumen.

*Freitag, 25. November 1949.* . . . Das große Stilleben scheint wirklich für Museum of Modern Art erworben zu sein und andere Dinge stehen in Aussicht. Wieder ein großer Erfolg.

Morgens Stillife with Türkenbund angefangen . . .

*Samstag, 26. November 1949.* Stark an den »Clowns« gearbeitet. – Besuch von Shirley. – Schrieb an Minna, und besprach erstmalig seit langem wieder die politische Lage mit Quappi. – Adio.

*Sonntag, 27. November 1949.* Auch dieser snow-Sonntag ging vorüber. Als einzige Sensation Miß S. aus Texas, Interview, alte nette Dame, die fast taub war und doch Vorträge hält. – Aber liebes Gesicht. – Ich machte Rockylandschaft und Clownerie fertig, daher recht müde. War jedoch trotzdem in Madison-Bar, wo ich bei Tanz und guter Kapelle recht hübsche Bilder sah. Na ja, was tut man nicht alles! – Abends schöne grüne Bohnen und Rindfleisch und einen Kitschroman.

*Montag, 28. November 1949.* In der Schule gewesen in der ein Student eine gute »Kreuzigung« gestartet hat. Später kalter Botanischer Garten mit Eichhörnchenfütterung . . .

Abends dann grausames Telephon: Doris soll nun doch C. haben. Tränen von Q. und auch Grausen bei mir – alte Wunden – (Mutter) etc. – zum Schluß versucht tapfer weiter zu machen.

*Dienstag, 29. November 1949.* Perry-Curt Abend recht harmonisch. Man sprach viel über die letzten Erfolge. Außerdem scheint Perry nun wirklich das Buch schreiben zu wollen . . . Morgens sehr heftig am »Plaza«, vielleicht vorwärts getrieben, aber noch nicht endgültig beendet. – Sonst warmer Regentag mit unterirdischer Trauer – und »ober«-vergnügt sein.

*Mittwoch, 30. November 1949.* Wir müssen an unendliche Beziehungen glauben, meist sinnlos für unser Denken und unentwirrbar, doch ist es sicher die einzige Möglichkeit nicht sein Heimatgefühl im Kosmos zu verlieren – außerdem ist es logisch. – Letzter Novembertag ging ganz leicht – bis auf die Doris Geschichte.

Na – ja also – 5 Stunden am Plaza gearbeitet.

DEZEMBER

*Donnerstag*, 1. *Dezember 1949*. School alles in Ordnung. Eichhörnchen füttern in kalter Wintersonne... Zu Haus reden über Doris...
*Freitag*, 2. *Dezember 1949*. Türkenbundstilleben untermalt, dann noch 4 Stunden am »stürzenden Mann« – nur morgens und abends vor der Tür. Regen – viel, Q. war bei Musikfreundin und ich eigentlich den ganzen Tag an der Arbeit, daher todmüde. Pythagoras gelesen.
*Samstag*, 3. *Dezember 1949*. Auf, nach Bronx, mit Elevator 1 Stunde bis Station Bronx um nach einigen Schwierigkeiten zum Tiergarten zu gelangen, der wirklich sehr schön ist. Wunderbar natürlich und nicht gekünstelt. Ein großartiger Gorilla und sehr reiches Snakehouse. – Am »Grand Concours« im Sportplaza geluncht dann im Cab nach Hause. Alles bei kaltem hellem Sonnenlicht.
Erst geschlafen, dann zu meinem eigenen Erstaunen sehr schöner Entwurf zu großem Stilleben mit Musikinstrumenten. – Später Pythagoras.
*Sonntag*, 4. *Dezember 1949*. Morgens mit Q. und Butshy im Central Park bei Sonne und sonst schönem Wetter, ziemlich lange. Nachmittag im Atelier rumgemurkst, Pastelle gesäubert, etc. Dann kam Jane und Swarzenski, er brachte eine Flasche holl. Bols. Der Abend verlief unter den üblichen Kunstgesprächen recht harmonisch.
*Montag*, 5. *Dezember 1949*. Mit etwas Kater zur School, wo ich trotzdem mich anstrengte und Dudley Harrison einen guten Kopf hinein malte. Später mit erheblicher Mattigkeit im Botanischen Garten wo Quappi in eisiger Luft die Squirrls fütterte. Nachmittag etwas erholt »pompejanische Zircusgarderobe« entworfen, vielleicht ganz gut.
Pythagoras weiter gelesen und festgestellt, daß man den Tod nicht anders als Abberufung in eine neue Bewußtseinsebene auffassen darf.
*Dienstag*, 6. *Dezember 1949*. Nach langer Arbeit »Plaza« endlich fertig (?), erfand den roten Hut und noch einiges andere, bin glaube ich wirklich zufrieden – Hoffentlich.
Curt rief an, zurückkehrend aus Indianapolis Chikago, teilte mit, daß Piperbuch angekommen. Ich habe natürlich noch nichts, – trotzdem ist's erfreulich.
*Mittwoch*, 7. *Dezember 1949*. Leider ist es heute Abend etwas kalt

bei uns, da Q. vergessen die Küchenfenster zu closen. Alles wegen
Burlesque in New Jersey mit van Veen's. Ganz hübsch, aber Boston
war noch besser. Immerhin die fremde Stadt und die nächtlichen Highway's schön. Van Veen hätte uns beinah aus Versehen nach Philadelphia gefahren auf dem Rückweg.

Morgens Bücher und Pastell Einkauf bei Rosenthal und mit Quappi
im Plaza Coffee und im alten Gladstone schönen Tisch. Dann holten
uns van Veen's und auf ging's durch Riesentunnel zur Burlesque.

*Donnerstag, 8. Dezember 1949.* T'ja verschiedene »Rosinen« – bin
zum Ehrendoktor der Washington University in St. Louis ernannt
worden ... Dann ist das neue Piper-Beckmannbuch nun wirklich in
meinen Händen und ist, bis auf Überfülle alter Frankebilder, recht
gut. Aber es müssen noch Bessere kommen. – Na immerhin. – Auch
die D. Sache hat sich etwas erleichtert, Q. telephonierte heute. Sonst
noch eine kleine Party bei Curt mit komischen muffigen älteren Herren und Dir. von St. B. – Curt schlief beinah ein.

*Freitag, 9. Dezember 1949.* T'ja viel am »stürzenden Mann« gearbeitet, bis halb drei als Q. von ihrer Musikfreundin zurückkehrte. – Eine
Stunde in der Abendnacht spazieren – recht kalt. – »Wunschkind« von
Ina Seidel gelesen, scheint recht gut. – Telephon mit Curt für Sonntag
bei Gino Lunch.

*Samstag, 10. Dezember 1949.* Morgens große Universalverstopfung
der Abflußrohre im Badezimmer und Atelier. Mit Energie und Kran-
kenhausreden des Plumbers nach 2 Stunden erledigt.

Noch am »Colorado« »gefinished«. Nachmittag ging Quappi zu Frau
Heiden und ich benutzte die Einsamkeit um den Entwurf für »Artistengarderobe« fertig zu stellen. Aus lauter Übermut machte ich noch
das alte W.Portrait fertig. – Abends »Wunschkind« und später medi-
zinische Unterhaltungen.

*Sonntag, 11. Dezember 1949.* Das Jahr nähert sich seinem Ende, ja,
ja, vorher soll noch am Freitag eine große Rummelparty steigen und
Q. telephonierte im Schweiße ihres Angesichts mit B., war sehr komisch, ha ha.

*Dienstag, 13. Dezember 1949.* Fast den ganzen Tag an der verfluchten Boulderlandschaft gemurkst ... Viele Beckmannbücher kamen an-
gepipert.

*Mittwoch, 14. Dezember 1949.*

> Geh zu Bette, geh zu Bette
> s' ist die höchste Zeit

Morgen mußt Du Bilder aussuchen (in school) und heute hast Du wie ein Blödian wieder 4–5 Stunden an Boulderfinish gearbeitet . . . Abends schrieb Quappi traurigen Brief an Hedda, – t'ja, so ist dieses sogenannte Leben.

Und ich bin Doctor honoris causa, – was für ein Phantom –

*Donnerstag, 15. Dezember 1949.* Ein leichter Ekel von zu viel Kunst erfüllt meine unsterbliche Seele. Na, wird wohl auch vorüber gehen. – Neu ist eine Aufforderung nach Mill's College bei San Franzisco für 6 Sommerwochen, und 1200 Dollar. Na mal sehen.

Netter Besuch von Charlotte Weidler in the afternoon, als ich noch sehr erschöpft war von gestern. – »Wunschkind« läßt nach (leider).

*Freitag, 16. Dezember 1949.* Na Gott sei Dank, erste New Yorker Party ist vorüber.

Ritchey's, Curt, van Veen's, Prinz Lippe, Jane, Peck's, Miß Johnson, Freedman's, Zimmerman's. Barr sagte telephonisch ab. – Alles sehr nett, na ja, es mußte mal sein. – Sonst den ganzen Tag verbummelt. – Wunschkind zu Ende, recht mäßig leider die letzte Hälfte. – Schön war nur noch ein Gespräch mit Quappi über Schicksal und Bestimmung. Und doch ist es so schwer an eine Logik bei unlogischen Geschehnissen zu glauben. – (Schrieb an Minna.)

*Samstag, 17. Dezember 1949.* Sehr stark am »stürzenden Mann« – lange und gründlich – der Tag bestand aus malen und Pinsel waschen.

*Sonntag, 18. Dezember 1949.* Noch einmal am »stürzenden Mann« – na, nun ist er hoffentlich fertig. – Ganz stiller Sonntag. – Morgens rief Curt melancholisch an, fährt Donnerstag nach Europe. Sonst nothing, aber es geht besser wie gestern.

*Montag, 19. Dezember 1949.* Ganzen Tag ziemlich elend von der gestrigen Überarbeitung. Betrat das Atelier überhaupt nicht, weil der Raum mich anekelte. Morgens nette Schule. Nachher schöner Nebel mit Squirrl-Fütterung . . .

*Dienstag, 20. Dezember 1949.* . . . Fahrt zum Spanish Museum. Sah schöne Goya's und Greco's. Überhaupt ein ulkiges Gebäude dicht bei Harlem übrigens, wo ich wieder nicht hin gekommen bin . . . Nachmittag so hingetrudelt, Bosch besehen (schön!) und dann kam Curt, berichtete von Bloomington Familienportrait – 8 Personen?! – Na, wir werden sehen ob's was wird. – »Windmühle« nach Oregon.

*Mittwoch, 21. Dezember 1949.* Weiterer Ferientag, allerlei Weihnachtsgeschenke trudelten an, auch die letzten acht Beckmann-Piperbücher. Schüler schickten schönen Fruchtkorb.

Ich war auf der Bowery – sah viel Trauer und Elend.

Dann in einem chinesischen Kino, das aber nicht sehr erquicklich war durch schlechte europäische Imitation . . .

*Donnerstag, 22. Dezember 1949.* School, sehr warm, und weiter Ferien. Schön bei den Squirrls und im Prospect Park. – Schrieb an Lütjens und Piper.

*Freitag, 23. Dezember 1949.* Entwurf für großes Stilleben mit Kerzen angepinselt. Dann nochmals »stürzenden Mann« red trousers. – Photo's und Brief von Minna. Van Veen's fuhren nach Cincinnaty.

*Samstag, 24. Dezember 1949.*

> Weihnachten.
> Christmas.

Morgens ein bißchen an der »Clownsgarderobe«. Doch recht müde von gestriger »Absturz« Arbeit etc., daher nur sehr lento. Quappi machte Weihnachtseinkäufe, ich ging vorübergehend ins Kino. Dann Weihnachtsdinner mit Fisch-Champignons und eine Valentin Irroy Flasche was ganz nette Stimmung erzeugte . . .

*Sonntag, 25. Dezember 1949.* Mit Jane im Hotel, wo sie eine schöne Halskette tanzender Weise gewann. Es war ganz ulkig. Tanzte auch mit Jane und fühlte mich etwas wohler. Brachten sie noch im Auto nach Haus. Der Nachmittag war mit Briefeschreiben ausgefüllt. Cunningham, Morgenroth, Pleßner . . .

*Montag, 26. Dezember 1949.* Viel Regen und 7 Stunden gearbeitet an den »Pink Clowns« gut und viel, und nochmals »Stürzenden Mann« endgültig umgearbeitet. Glaube jetzt endlich gut. Sonst wäre nichts weiter zu berichten als daß ich kaum was von der Welt gesehen habe und die New Yorker entzückt sind da der Regen den Alpdruck der Wassernot verscheucht. Sehr warm.

*Dienstag, 27. Dezember 1949.* . . . Besuch bei Janson's in N. R. Fahrt im Dunklen hinaus. Müde, und viel Weh auf dem Bahnhof.

*Mittwoch, 28. Dezember 1949.* ... Morgens formidablen Brief an Pierre – und ansonsten – man muß weiter leben – good night.

*Donnerstag, 29. Dezember 1949.* Des Morgens noch gut gearbeitet an Stilleben »Plastik-ezel« und »drei Frauen«, zwei Profil eine von hinten, entworfen. – Nachmittags nach Schlaf Reaktion beim Weggehen in Kälte – (Weh, Pille) ...

*Freitag, 30. Dezember 1949.* Nochmals »stürzenden Mann«, »Plaza« und »Boulder« überarbeitet, ziemlich lange und denke gut ... Geht mir wieder besser. Pierre schrieb auch von Göpel und Bilderverkauf nach Essen Museum, und Katalog von Mill's College kam, scheint schön zu sein und gibt Gelegenheit zu träumen.

*Samstag, 31. Dezember 1949.* Finish in g. – Letzter Tag der Season 49. – Immerhin – thank you – wenn auch etwas spät – immerhin. – Angefüllt wie immer mit Arbeit (letzte Hand an »Plaza« bis zur letzten Übermüdung). – Dann um 9 Uhr kam Whisky und um 10 Uhr Jane und Swarzenski (le jeune) und es war ganz nett mit lustigem Gewäsch bis 12 Uhr, wo leider die Sektflasche nicht auf ging, jedoch der Heringssalat von Quappi gemacht war gut und wir gingen unter lustigem bedeutungslosem Geschwätz in – – 1950 – – – – – – – – – –

# 1950

*Sonntag, 1. Januar 1950.* So ein neues Datum ist ungefähr so, als wenn man ein frisches Hemd anzieht. Steif ungewohnt aber doch erfrischend. Briefe an Minna und Münchner Akademie geschrieben. Morgens lange im Haydipark Stuyvesandt. Der Blinde hatte heut Sonntagsstaat an, aber die gewohnten Gespenster fehlten. – Nachmittag mit Q. in »secret garden« Film, zwei sehr gute Kinderschauspieler und mäßiger Tränenfilm, aber hübsches Varieté hier Vaudeville genannt. – Abends noch Gespräche wegen Q. Reise nach Setauket – nicht angenehm, außerdem Sorge, daß zwei Bilder nicht gut sind.

*Montag, 2. Januar 1950.* Quappi fuhr nach Setauket und kam mit recht guten Nachrichten zurück – vielleicht doch nur blinder Alarm – na, wollen's hoffen ... Zweiter Feiertag vorbei – ich den ganzen Tag – glaube 10–11 Stunden noch am »Plaza« (sehr gut jetzt) – und »stürzender Mann« (unentschieden), war aber doch schön. Außer daß ich Butshy spazieren führte, nichts von der Welt gesehen. Gott sei Dank.

*Dienstag, 3. Januar 1950.* Urlaub genommen. Am Eastriver spaziert. Nachmittag spanisches Kino. – Sonst leer und ausgepumpt von gestern ... A Dio.

*Mittwoch, 4. Januar 1950.* Frühling ha ha, sehr warm. – Malte trotz ziemlicher Müdigkeit noch die »Pink Clowns«, fertig!? – Kati und Lütjens schrieben. – Zahnarzt 75 Dollar. – Bei Jäger Restaurant schlechten aber immerhin Hasenbraten. – Las J. London Biographie.

*Donnerstag, 5. Januar 1950.* 65 Grad, wärmster Tag seit Jahren im Januar. – In school wo's noch recht mies war, »post-Feststimmung« alle etwas mau und noch nichts Neues. Aber schön traumhaft warmer Nebel im Botanischen bei den Squirrl's und verfrühten Frühlingsblüten. – Nachmittags mal wieder im Plaza recht angenehm mit 3 Martini's, aber jetzt unangenehme Folgen (Kopf). Sonst nichts Wichtiges und gar nichts mehr.

*Freitag, 6. Januar 1950.* Man muß vorsichtig sein, hätte ich doch eben beinahe einen schwarzen Hosenknopf an Stelle einer Norit-Pastille verschluckt. – Morgens mit Quappi im Metropolitan, van Gogh und Chinesy. Im Souterrain geluncht. Dann Buchholzgalerie. Beckmann neben Klee und Picasso ... Schönes Bild die beiden Frauen. – Nach dem Abendessen bei Maurice F. mit einem Malerehepaar und Frau Rubinstein Vassar-College. Wirklich ein ganz netter Abend. Maurice entwickelt sich (seine Bilder). Auch die Vassardame war nett.

*Samstag, 7. Januar 1950.* Stark am Fastnachtstilleben gearbeitet. Bin neugierig ob's was wird. Vorläufig langweilt es mich noch etwas, genau wie die »Pink Clown's«. Sonst nicht viel zu berichten als daß Sonnabend ist. T'ja, Buster meldet sich. Schade daß es nicht später ist, aber alles kommt immer zusammen.

*Sonntag, 8. Januar 1950.* Noch Clownerie pink und Fastnachtstillleben fertig gemacht. – Sehr erschöpft und stiller Sonntag.

*Montag, 9. Januar 1950.* Nachmittag halb sieben großer Buster M. Besuch mit viel Bilderzeigen. Na es war nett. (»Fallender Mann«, »Boulder« etc.) Abendessen im Ch. mit Freedman's und Sekt sehr üppig. War nur etwas müde. – Morgens nette school mit allen wiederkehrenden Kräften und schön bei den Squirrl's die meistens nicht da waren. Alles in Allem netter Tag, und H. St. G. 2tes mal Carnegie Preis nächstes Jahr, ha! ha!

*Dienstag, 10. Januar 1950.* Müde von gestern, nicht viel gemacht, Curt rief an, kommt morgen. (Wieder aus Paris zurück.)

*Mittwoch, 11. Januar 1950.* Den ganzen Tag noch heftig am »Stürzenden« und »Pompeji-Clown's« gearbeitet (jetzt schön). – Um halb sieben erschien der europamüde Curt, wurde mit Whisky getränkt und sah etwas müde erstaunt die letzte Produktion. Im Spiegel sah er sich mit meiner Malmütze als Lokomotivführer, »na ja, das sind Sie ja auch« sagte ich.

*Donnerstag, 12. Januar 1950.* Schoolexcursion etwas reduziert, trotzdem stark gewirkt (Dudley H. geholfen und Reden gehalten mit Abstraitmann). – Squirrl's schliefen Winter und großer Weg durch Prospectpark, hin und zurück im car. – Etwas, nein sehr ernüchtert nach Arbeitsrausch der letzten Monate und sehe etwas leer in die Zukunft . . .

*Freitag, 13. Januar 1950.* Äußerst reduziert nach mäßigem Besuch von R. – Plaza 4 Whisky's. Radiorede für Deutschlandsender abgesagt . . .

*Samstag, 14. Januar 1950.* Melancholischer Sonnabend mit etwas Augenweh und Ausruhen müssen. Morgens Eastriver ohne Zigaretten. In Bussen nach Haus. Am Nachmittag Phantasieen von Hollandreisen, wenn's nichts wird mit Mill's College etc. – Dann mit Q. im Plaza. – Steuersorgen?

*Sonntag, 15. Januar 1950.* Sehr leerer Ausruhtag. Viel Steuergeschrei! Nur im Metropolitan Museum mit Q. wo man viel Bilder und Plastiken sah. – Curt sandte Strelizien.

*Montag, 16. Januar 1950.* Morgens in school mit ganz guter Stimmung. (Dudley's Bild recht gut im Anfang.) Nur kurz im Botanic-Squirrl's da eisiger Wind bei sonst warmer Witterung. – (Nachmittag Entwurf zu den Strelizien und Arbeit am »Türkenbund mit Spiegel«.)

*Dienstag, 17. Januar 1950.* Heftiger Arbeitstag, großes Fastnachtsstillleben endgültig revidiert und »Hotelhalle« nochmals überarbeitet. Wenig aus dem Haus. Elektrik Drama soll morgen gelöst werden. Schrieb an Schweiz und Millbrook . . .

*Mittwoch, 18. Januar 1950.* Heftig am Türkenbundstilleben . . .

*Donnerstag, 19. Januar 1950.* Waren in school. – Post not important. – Trotz Müdigkeit und Kälte bei den Squirrl's. – Nachmittag verzapfte ich Entwurf zu Selbstportrait Akrobat und ging abends noch in Kälte spazieren – Träume von Nizza und Paris tauchten auf – und der elektrische Ofen ist wieder da . . .

*Freitag, 20. Januar 1950.* Zu viel Kaffee und drei Coctails mit Curt im Plaza. Das große Stilleben für Modern Art Museum nun endlich wirklich verkauft. Auch sonst einige Lichtblicke. – Morgens im West spazieren. (Weh) . . .

*Samstag, 21. Januar 1950.* Nochmals große Bilderrevision, »Stürzender Mann«, »Pompeji Clown's«, »grüner Clown«, »Colorado«. Lange in alten Tage- und B.Kunstbüchern gekramt. Augenblickliche Windstille. – Von Minna nichts seit fast 4 Wochen.

*Sonntag, 22. Januar 1950.* Generalresumé über alle letzten Arbeiten. Zufrieden und erledigt. Das war am Morgen. Nachmittag in einem West-Kino, wo man nach C. einen schönen Film sehen könnte (Trunkenes Eiland). Fand es aber weniger mehr wie eine Advertising von Black & White Whisky. – Dann noch mit Q. im Ritz-Carlton mit Gesprächen Peter etc. Abends noch »Radium« gelesen.

*Montag, 23. Januar 1950.* Vergeblich zur school die Ferien hatte. (Washington Birthday.) Wunderbar warm. Bei den Squirrl's und im kleinen Zoo, wo ich einen uralten Riesenhirsch entdeckte. – Nachmittag am neuen Selbstportrait (bleu) und nochmal »Türkenbund«. – »Radium« fertig gelesen, schade der Mann hat so gute Einfälle. – Minna und Mill's Kollege schrieben.

*Dienstag, 24. Januar 1950.* Morgens große Steuer mit Q. und Steuerprofessor. – Sonst den Tag herumgelungert. Warteten auf Perry der nicht kam. Schließlich Curt angerufen, der kam um 6 Uhr, nochmals großes Bilderbesehen und er ließ solche Fanfaren los wie noch nie und kaufte »Boulder«, »Pompeji Clown's«, »Plaza« und das zukünftige R. Stilleben. Na, walte es Gott er zog schwer betrunken von Bildern und Whisky ab. (Leider hatte ich dabei etwas Weh.)

*Mittwoch, 25. Januar 1950.* . . . Mit Erkältung aufgewacht. Curt hatte schon angerufen, alles allright . . .

*Donnerstag, 26. Januar 1950.* Weiter starker Schnupfentag mit doller Hitze, 80 Grad! Zweimal op Straat, malte die erste blaue Jacke am neuen Selbstportrait, fürchte es werden noch viele kommen. Zeitweise guter Laune, zeitweise mies. Schrieb an Minna und Piper auch wegen Europareise. Viel mit Reisebureau telephoniert, fürchte die Reise wird etwas – u – uh – uh –

*Freitag, 27. Januar 1950.* Noch Schnupfen, ganzen Tag zu Haus. Am neuen Selbstportrait und »Künstler«. Ganz angenehmer Schnupfen, trotz vielen Husten.

*Samstag, 28. Januar 1950.* Morgens noch am ewigen Türkenbundstillleben, sehr erkältet. Abends kamen Perry mit Curt. Wurde sehr gelobt. Bin aber trotzdem nicht zufrieden. – Nach Abgang Perry und Curt erschien noch traumhaft Freedman's, und ich zeigte Bilder.

*Sonntag, 29. Januar 1950.*
> Der Sunday ging dahin
> und brachte nicht viel Gewinn. –

Immer noch erkältet aber doch spazieren auch am Abend, da sehr warm. Teestunde bei van Veen's die ganz nett war . . .

*Montag, 30. Januar 1950.* Gang in die school mit vielen neuen Schülern. Il faut voir. – Diesmal no squirrl's, because I am very cold and it was very bad time.

Nachmittag rief Tom mit bad news wegen Doris an. Nun man ist wieder traurig – oh mein Gott was eine jämmerliche Welt. – Doch man muß halt durch. – – Schrieb an Mill's College und Vassar.

*Dienstag, 31. Januar 1950.* Ja richtig, einiges ist noch zu schreiben, aber nicht viel. Erkältung ist viel besser und scheint vorbei zu gehen. Viel herumgemurkst im Atelier. Strelizienstilleben ziemlich fertig (Weh). Am Abend als Q. bei Jane war, Leda entworfen (groß) glaube nicht schlecht . . .


### FEBRUAR

*Mittwoch, 1. Februar 1950.* Noch den ganzen Tag zu Hause wegen der Erkältung, auch etwas Halsentzündung jetzt aber kein Fieber. – »Atelierecke mit 2 Plastiken« gearbeitet. – Wenig Post.

*Donnerstag, 2. Februar 1950.* In school. Eine Menge neuer Student's. – Zu Haus noch vor dem Essen »Strelizien« fertiggemacht. Nachmittag im Plaza, Quappi holte mich ab. Im allgemeinen melancholisch wegen dem Wahnsinn der Welt.

*Freitag, 3. Februar 1950.* Weiter erkältet, schlechte Nacht. Bißchen in sonniger Eisluft. Gipsmodell (Ecke Stilleben) fertig gemacht und drei Frauenköpfe angemalt. Morgens Briefe an Garett und Cunningham (Hartford). Q. war bei Curt in großer Party. Buffalo will vielleicht »Plaza« kaufen. Sie kam zurück mit 6 Rezepten und Doktoren für meine Erkältung.

Sonst »Sintflut« gelesen . . .

*Samstag, 4. Februar 1950.* Großuntersuchungstag. Endlich entschloß ich mich Doktor zu befragen. Er (sie) kam. Nette und kluge Person. Mit dem Virus ist's nichts, gewöhnliche Halsentzündung-

Schnupfen. Aber genaue Herz und Lungen Untersuchung, (abgehorcht) und völlig intakt gefunden. Bin ganz erstaunt – (partielle Anämie) nannte sie es, und Pillen (Nitrogl.) kann ich fressen so viel ich will. – Na also, es scheint so, daß ich weiter leben muß, woran ich 5 Jahre gezweifelt habe, denn dies war eine »objektive« Untersuchung von einer neutralen Person. – Abends waren noch Jane und Swarzi da. – Viel am gelben »Pierette« (rot), gearbeitet.

*Sonntag, 5. Februar 1950.* Auch dieser Sonntag ging dahin, weiter am blauen Selbstportrait (background) gearbeitet. – Gesundheit besser! Heiserkeit gegen Abend auch zu Ende. Nachmittag Cinema Taliano, teils gut, teils komisch. Abends Champagner zu Quappi's Geburtstag und Gerede.

*Montag, 6. Februar 1950.* Wieder in school. Etwas pessimistische Stimmung. Geldnot bei vielen boy's, auch D. poor boy – it's difficult to live and to paint –

Noch zu kalt zum Spazieren, Squirrl's. – Nachmittag mit herumschmieren an gelber Frau mit schwarz und Plastik-Stilleben verbracht. Nicht mehr aus dem Haus . . .

*Dienstag, 7. Februar 1950.* An den »gelben Strümpfen« lange – gearbeitet.

– Van Veen Party mit vielen Menschen. Bouché sehr nett. Mrs. Van war sehr aufgeregt wegen der Hexe. Ich riet zur Mäßigung . . .

*Mittwoch, 8. Februar 1950.* Blaues Selbstportrait Kopf angefangen. Q. war im Hospital in Southampton bei Doris. – Nachmittag noch an den »Gelben Strümpfen« – sind nun wohl fertig. Erkältung beendet . . .

*Donnerstag, 9. Februar 1950.* In der School wo viel Betrieb, war ganz lustig. – Malte noch viel an der Maske mit großer Sektflasche und Nachmittag malte ich das Stilleben mit Plastiken (terracotta rot) fertig. Las Abends lange in der »Sintflut« von St. A., die mir gut gefällt. Erkältung ist weg aber viel Trauer wegen dieser Doris-Angelegenheit.

*Freitag, 10. Februar 1950.* Besuch von H. St. Gaudens, ganz rührend und voller Liebe besah er sich seinen Carnegie-Preisträger, suchte »Stürzenden Mann« aus für nächsten Herbst und photographierte mich . . .

*Samstag, 11. Februar 1950.* T'ja, gehen wir schlafen. Selbstportrait mit Hut in der Hand wahrscheinlich fertig. Ziemlich müde... Aus Germany nothing. – »Sintflut« zu Ende, vieles Gute drin, aber doch kein eigentlich gutes Buch.

*Sonntag, 12. Februar 1950.* Lincoln's Birthday (und Beckmann's). Curt kam zum Lunch, war zärtlich wie ein Kater und nahm drei Stillleben mit. »Türkenbund«, »Plastikecke«, »Strelizien«. – Später im Kino alter Potemkinfilm, mäßig und jetzt sehr verschollen. Schrieb an Peter kritischen Brief.

*Montag, 13. Februar 1950.* Nachträgliche Geburtstagsbriefe liefen noch ein, von Minna und Lütjens. – Morgens in school bei allseitiger Müdigkeit, da jeder gehofft hatte es wäre Lincolns Birthday – war aber nicht. – Nachmittag machte ich noch kleine schwarze Frau am Meer fertig und Entwurf kleine »Bowerie«. That's all – es regnet.

*Dienstag, 14. Februar 1950.* Ziemlich widerlicher Tag mit Augenweh. Entsetzlich viel Regen und nasser Schnee. Metropolitanmuseum. Q. war bei Marini Eröffnung, wo Curt im Hintergrund »Plaza« aufgebammelt hatte. – (Weh zu Hause und ziemlich verzweifelt ins Bett.)

*Mittwoch, 15. Februar 1950.* Morgens beim Hunde-beauty-salon, für Butshy »Hotelzimmer« angesehen. – Nachmittag kam Janson mit Q. Radio, dann ging's Hals über Kopf zum Gladstone, (rendezvous mit Curt) und dann »zwei Block's only« zu Fuß und Brustschmerzen zur R. Party. Viel B.geschrei allerseits... Abends dann müde und traurig wegen Wohnung (Kastania etc.).

*Donnerstag, 16. Februar 1950.* In der school etwas besser. – Lange im Drugstore Kaffee und später erster Versuch zum Spaziergang im Botanischen, sogar ein Squirrl tauchte auf. Dann im Hotel St. George geluncht, sehr nett. Nachmittag die »drei Frauenköpfe« fertig gemacht und »Leda« (groß) angelegt...
Abends »Isis« gelesen.

*Freitag, 17. Februar 1950.* Morgens auf Wohnungssuche am Riverside Drive und Kaffee bei Mabel Asnis, (Q.Musikfreundin). Große Klingelreparatur und natürlich friedlich alles, sobald man anfängt Ernst zu machen. – Geärgert über Skira, na noch weitere 100 Jahre. – Dann 4 Stunden »auf der Straße« gearbeitet und etwas »Leda« weiter gebracht. – Karamasoff abends.

*Samstag, 18. Februar 1950.* Stiller Tag mit viel Arbeit. »Mann mit

Ungeheuer« entworfen und gelbe Pierette noch fertig gemacht . . .
Sonst nichts von der Welt gehört als viel Kriegs- und Bombenangst,
aber – glaube nicht.

*Montag, 20. Februar 1950.* In school wo wieder große Harmonie
herrschte, Dudley etc. – Spaziergang nachher wegen Kälte unmöglich.
Malte bei Ankunft zu Hause nochmals »à la rue«. Nach dem Mittag-
schlaf, als ich mich gerade langweilen wollte, rief Curt an und wir
aßen bei Gino scallops of veal picante und er erzählte Lustiges . . . Zu
Hause kühl (schlecht geheizt), und Karamasoff gelesen.

*Dienstag, 21. Februar 1950.* Noch am blauen Selbstportrait gemalt,
fürchte zu viel. Wieder Schnee aber weniger kalt. – Jane war da und
es war nett . . .

*Mittwoch, 22. Februar 1950.* Paughkypsie Vassar College. Früh los
gefahren mit Q. und Butshy. Abgeholt von Mr. Rubinstein. Fahrt am
Hudson entlang. Lunch mit kesser Direktorin. Später die girls und
auch Diskussion. (Q. las auch vor.) Manches ganz hübsch. – Später
meine 6 Bilder und farbige Slides. »Afternoon« hatte ein Loch. – Zwei
Stunden stehend im Zug zurück (oh Gott).

*Donnerstag, 23. Februar 1950.* Trotz großer Müdigkeit von gestern in
school und sehr heftig korrigiert. – Botanischer Garten war geschlossen
wegen Vereisung. Der Winter holt noch nach. – Ganzen Nachmittag
noch am blauen Selbstportrait bis zur Ermattung. Schlechte Stimmung
wegen schlechter Heizung. Umzugspläne –

*Freitag, 24. Februar 1950.* Sofort nach dem Frühstückstee rotblaues
Selbstportrait 1950 fertig gemacht. (Mal wieder!!?) Dann in Früh-
lingslüftchen spazieren. Sehr erschöpft . . . Abends Karamasoff bis
»Rausch« – der kommt morgen.

*Samstag, 25. Februar 1950.* Letzter Arbeitstag der Woche, etwas
müde aber doch gut die 3 Frauenköpfe und »à la rue« fertig gemacht.
Q. war bei Rembrandt und Museum of Modern Art . . . Im kalten
Abend um den Block gelaufen. Verschiedenes mit Curt telephoniert.
H.Portrait wird, oder nicht?
Abends Rindfleisch mit grünen Bohnen und Karamasoff.

*Sonntag, 26. Februar 1950.* Dieser Tag war van Veen's gewidmet. Im
Auto together zur eventuellen neuen Atelierwohnung dicht beim Central Park aber wir konnten nicht rein, abwarten. Führte alle in's Plaza,

dann zu uns und Quappi zeigte Bilder und ich hörte von ferne Begeisterungsschreie.

Später Karamasoff.

*Montag, 27. Februar 1950.* Morgens allein in school da Q. nach S.
mußte. – Ganz komisch, da ich tatsächlich das erste mal allein, ohne
sie in class – aber es ging alles ganz gut und Mr. Peck engagierte mich
neu für nächste 6 Jahre unter Lobpreisen. – Na – also. – Zog Butshy
seinen Sweater an (schweinisch kalt und windig), fütterte ihn und
arbeitete bis 7 an der großen Leda. Quappi kam dann ziemlich zermanscht zurück. – Schließlich Karamasoff und (Weh) –

*Dienstag, 28. Februar 1950.* Ganzen Tag stand unter »Leda« – gar
nicht aus des Morgens. Nur gearbeitet. Nachmittag nach 6, sehr müde
im Drugstore neben an, 2 Tassen Chokolade. – Wieder Eiswind. –
Karamasoff geht leider zu Ende.

## MÄRZ

*Mittwoch, 1. März 1950.* Noch übermüdet von gestern Pause gemacht.
Im Metropolitan Museum Vienna Bilder. Der alte Titian großer Eindruck ... Abends Schluß Karamasoff, großartiges Buch, doch die beiden Staatsanwalt und Verteidiger Reden überflüssig, oder müßten stark
gekürzt werden.

*Donnerstag, 2. März 1950.* In school wo's ganz nett war wieder mit
Quappi. Mr. Peck erschien die Students Bilder zu betrachten und ich
zeigte ihm einiges »Bedeutendes«. Nette Ausstellung von Virga (unten
in the hall). Nachmittag noch großes Atelier beim Centralpark angesehen. – Nothing. – Noch außerordentlich abgespannt.

*Freitag, 3. März 1950.* Nicht gearbeitet ... Nachmittag beehrten mich Mr.
Janson und Ph. G., letzterer sympathisch, scheint vom Leben bedrückt ...

*Samstag, 4. März 1950.* Allerlei Post, Pierre nett ... T'ja, dann allerletzte Pfote an Selbstportrait 1950. Jetzt gut. »Im Walde« entworfen.
– Mit Q. Wohnung angesehen 80 Street east. Ist aber nischt. Im Plaza
mit ihr. Schrieb abends Piper und Franke. – Immer noch kalt.

*Sonntag, 5. März 1950.* Großer Tag der Instandsetzung von »Midnight«!! schon aufgezeichnet. Ich arbeitete morgens und nachmittags. –
Abends mal wieder indische Philosophie.

*Montag, 6. März 1950.* In school alles in Ordnung. Im Drugstore fight, very funny. – Noch zu windig für Park. Nachmittag mit »Mann und Vogel« hingebracht. Abends etwas Goethe von ferne.

*Mittwoch, 8. März 1950.* Den ganzen Tag gearbeitet, glaube 6–8 oder 10 Stunden erst an »town« und anderes. – Es ist wärmer und regnet, regnet, regnet. – Perry schrieb nett, und Q. hörte zum ersten Mal in unserem Leben, daß ein Beckmann-Buch in der 5th Avenue in Buchhandlungfenster lag.

*Donnerstag, 9. März 1950.* Morgens in school wo ich noch übermüdet von gestern nicht viel abgeben konnte . . .

*Freitag, 10. März 1950.* Wieder – (bis auf Morgen und Abendspaziergang) an »town« – es interessiert mich so, daß ich nichts anderes denke und tue. – Brief aus Germany von Peter (verspätet vom 22. 2.), und Lütjens begeisterter Bericht über Düsseldorf.

*Samstag, 11. März 1950.* Morgens großer Stadtspaziergang, von der 7ten Ave. über Washingtonsquare – Unionsquare, kaufte auch Farben, war aber sehr elend. – (Weh.) Na, ging vorüber. – Um 6 bei Jane mit lauter Weibern und einem Prinzen, alles sprach deutsch und ich konnte auch etwas Weisheit leuchten lassen – oh Gott –, aber immerhin war es ganz lustig . . .

*Sonntag, 12. März 1950.* Trotz Müdigkeit 4 Stunden an »Town« gearbeitet (die oberen Köpfe), das Bild fasziniert mich und wenn ich wohl bleibe, denke ich es geht bald zu Ende. Nachmittag mal wieder im Plaza. Doch recht wohltuend das hier zu haben. Viel Kaffee. – Abends Frau v. Stein gelesen und Quappi hat Husten und Schnupfen.

*Montag, 13. März 1950.* In school bei sehr schlechtem Wetter, eiskalter Regen und Sturm . . . Dann nach einem Jahr mal wieder im Modern Art Museum – na ja – man achtet mich, aber no love. – Nachmittags Briefe an Perry und Peter. Curt rief nett an und teilte mit daß Eberhard telegraphisch zusagt wegen Biennale Venezia. – Q. leider sehr erkältet, ich war mit Butshy in der Nacht auf der Straße.

*Dienstag, 14. März 1950.* Die mittlere gelbe Kriechende stand heute zur Entscheidung, nach 4 Stunden hatte ich sie. Das ganze Bild macht viel Freude und kommt überraschend schnell vorwärts. Q. durfte nicht heraus wegen Husten, ich besorgte 3 mal Butshy. – Noch kalt.

*Mittwoch, 15. März 1950.* Habe eine »Lumbago« wie Q. aus dem

Wörterbuch herausfand. Sie ist noch erkältet und es ist immer noch kalt. Den ganzen Tag gearbeitet. Mittelfigur von »Midnight« sehr gut vollendet. Nachmittag den »Vogelhändler« fertig gemacht. – Brief von Wally . . .

*Donnerstag, 16. März 1950.* In school wo heute viel Betrieb und mein Hexenschuß war. – Des nachmittags wurde nochmals das blaue Selbstportrait verarztet. Bin neugierig wie lange der Hexenschuß noch dauert – und das Selbstportrait. – Es ist immer noch kalt und ich war für Q. eben 12 Uhr Nachts wieder mit Butshy auf der Straße.

*Freitag, 17. März 1950.* Dieser St. Patriktag ging, wenn auch nicht sturmbewegt, so doch mit allerlei dahin. Morgens ins Metropolitan Museum, gehindert von paradierenden Iren (manches ganz nett). – Entdeckte die große Ägyptische Abteilung. Trafen auf dem Rückweg beide Swarzenski's (Hans mit Papa) bei kalter Wintersonne. Zu Hause Telephon von Curt, Hope-Portrait ist nun wohl sicher . . . Abends Prof. Swarzenski recht nett. Noch immer Lumbago – Quappi Husten.

*Samstag, 18. März 1950.* Wieder sehr an der Mittelfigur an »Midnight« gearbeitet, denke nicht schlecht. Noch einen anderen Kopf erfunden. – Butshy krank, war beim Doktor (etwas schwaches Herz) aber nicht schlimm. – Mein Lumbago noch sehr stark, viel Schmerzen . . .

*Sonntag, 19. März 1950.* Schnell ins Bett, es ist schon spät halb zwei Nachts. Butshy besser. – »Midnight« geht voran. – Mit Curt geluncht, nett. – Noch immer kalt.

*Montag, 20. März 1950.* Abends Besuch von Jane und Hans Swarzenski wie immer sehr nett und Q. hatte einen ausgezeichneten Rotkohl mit Schweinebraten gemacht. – Curt rief verschiedentlich an. Venedig scheint wirklich zu werden. – Morgens in school sehr gute Stimmung, korrigierte viel. Das erste Mal wieder Botanischer Garten und ein Squirrl, zwei andere waren mit Liebe beschäftigt. Sonst nur ängstliche Tauben.

*Dienstag, 21. März 1950.* Waren bei wildem Regenschneegestöber in Highschool for Art and Musik, weit hinter Harlem in einer Gebirgsgegend die auch noch New York heißt. Eine endlose Stadt. Ich wurde sehr gefeiert und mußte die Fragen von vielen hübschen Mädchen und

Jungen's aushalten, geführt vom netten Direktor, der mich als große
»Berühmtheit« einführte, während draußen der Schnee in dicken Flok-
ken langsam nieder fiel. – Auf dem Rückweg tapfer trotz Schnee und
Eis noch neue Wohnung 38 West – 69 Street angesehen. (Eventuell?!)
Dann den ganzen Nachmittag bis halb neun Abends nochmals blaues
Selbstportrait und Pelzmützenmann durchgearbeitet. – Hoffentlich
nun Schluß . . .

*Mittwoch, 22. März 1950.* . . . Lange am »Midnight« gearbeitet, dann
im Auto zum Plaza 5 Whisky, aber es war nötig, da sehr müde. Sah
manches Lustige. – Quappi war schon zu Haus und man aß Schweinebraten mit Zwiebel u. Bratkartoffel.

*Donnerstag, 23. März 1950.* In school wo nichts besonderes zu vermelden war. Wahnsinniger Regennebel, man konnte weder Up- noch
Downtown sehen. – Gleich nach dem Essen von 3–8 (Abendessen),
dann bis elf Uhr am »Midnight« gearbeitet, hoffe das nächste Mal fertig zu werden.

*Freitag, 24. März 1950.* Waren – oh Gott – bei R. via R. zum Dinner.
Zuerst – (übrigens ganz nette Leute diese Advertisingsmenschen) freut
man sich über den Blödsinn solcher Zusammenkünfte und schließlich
senkt sich trotz Champagnercoctails und franz. Rotwein, die Mehl-
sauce schrecklicher Mittelmäßigkeit über die klagende Seele . . .
Morgens Wohnung angesehen. Fürchte es wird was werden.
Good night.

*Samstag, 25. März 1950.* Na also »City Night« ist fertig – oh mein
Gott – »die Künstler« schon angefangen.
Es fängt ganz langsam an wärmer zu werden. Nur nachmittag eine
halbe Stunde op Straat.

*Sonntag, 26. März 1950.* Sehr überarbeitet. – Mit Curt in neuer
Wohnung. – Nachmittag noch immer blaues Selbstportrait oder »das
Hemd der Penelope«.

*Dienstag, 28. März 1950.* Allerhand zu berichten. Neue Wohnung
gemietet, mit »Ach und Krach« – kostet mehr – (neue Geldsorgen)
aber schließlich na ja – doch Hoffnung hier die alte Hexe los zu
werden . . .

*Mittwoch, 29. März 1950.* Mit allerletzter Gewaltanstrengung nochmals das blaue Selbstportrait umgeändert und »beendet« (lache nicht!).

Den ganzen Tag eigentlich innerlich damit beschäftigt – nun – walte »Gott«. – Netter Brief wegen Ausstellung in Mill's von A. Neumeyer, Prof. of Art-History.

*Donnerstag, 30. März 1950.* Ziemlich schlimme Reaktion auf die gestrige Anstrengung, morgens in school und daher sehr müde. – Nachmittags im Plaza und sehr sehr deprimiert über Alles – viel Zweifel an mir . . .

*Freitag, 31. März 1950. Bloomington.* Abends Abreise nach Bloomington. –

### APRIL

*Samstag, 1. April 1950.* Henry Hope holte uns in Indianapolis ab mit Auto ins Hotel Graham. Nach dem Lunch zu ihm, wo die ganze Portraitfamilie versammelt war. Nachmittag erstmalig gezeichnet die ganze Familie. – Abends Festdinner mit viel french Champagne und sogar Toulouser Gänseleber, und Rickey's und Heiden's, viel gefeiert worden.

*Sonntag, 2. April 1950.* Morgens und Nachmittags Kinder gezeichnet. Abends bei Heiden's. Es waren da, Rickey's, Hope's und ein junges Bloomington Genie. – Man telephonierte mit St. Louis wo Curt bei Perry Party hielt.

*Montag, 3. April 1950.* Morgens noch die Eltern Hope gezeichnet, dann Nachmittag mit Hope's im Auto über Airport Indianapolis zur Bahn. Bahnfahrt ging gut in der Nacht. Auch mit Butshy.

*Dienstag, 4. April 1950. New York.* Ankommen um elf Uhr Central-Station, beinah ausgeschlafen in die 19. Street. Nette Post vorgefunden, Perry, Minna etc. Doch noch sehr müde von der Reise . . .

*Mittwoch, 5. April 1950.* Noch reisemüde. Etwas zerfetzter Tag. Vertrag mit Rogers 69 Street gemacht. Dann in der neuen Wohnung schon Verschiedenes arrangiert . . . Später kamen noch Hope's, nett beglotzten sie meine Bilderchen.

*Donnerstag, 6. April 1950.* Länger am weiblichen Akt in gelb grün und rot mit Guitarre gearbeitet. Aber noch unbefriedigt. Nachmittag wollte ich eigentlich ins Plaza, zog es aber vor zu rechnen. Grauen steigt empor, was alles zu bezahlen ist diesen Sommer, Californien,

Europa, etc., na, mit Gottes und Curt's Hilfe geht es wenn uns die
Kastanie nicht umbringt oder nicht rausläßt. – Abends sehr schön
Maler Nolte gelesen, noch so ein letzter Deutscher.

*Freitag, 7. April 1950.* Weiblicher Akt in gelb rosa rot etc. fertig.
Ziemlich viel gearbeitet. – Nachmittag mit Q. im Plaza sehr nett ...

*Samstag, 8. April 1950.* An »Midnight« Blick auf Häuser mit Köpfen
fertig gemacht. Nachmittag nachdem der Leinwandrahmen gespannt,
sofort erster Entwurf zur Hope-family.

*Sonntag, 9. April 1950.* Morgens in der neuen Wohnung wegen Be-
leuchtungs-Sachen. Mit Auto durch East New York. Viele bunte Hüte
im Central Park. – Nachmittag Curt, etwas melancholisch wegen Fuß-
wunde. Geldangelegenheit gut mit ihm geordnet. Dann »Midnight«
sehr großer Eindruck. Scheint wirklich auch Liebhaber. – Ich noch
etwas melancholisch wegen linker Achsel. – Noch kalt.

*Mittwoch, 12. April 1950.* Q. war in Setauket. Ich den ganzen Tag
gearbeitet. »Hope«-Aufzeichnung finished, und Mittelbild zu »den
Künstlern« Aufzeichnung finished. – Bertha (Nigro) kam nicht, mußte
mir Lunch allein machen sogar Kaffee durchgesiebt. – Q. kam pünktlich zurück.

*Donnerstag, 13. April 1950.* In school wo's wieder mal nett war.
Auch Squirrlspaziergang mit Narzissen im Schneetreiben schön. –
Gegen Abend Curt und Perry, später Ruth O. Großes Freuden-
geschrei über neue Beckmannbilder. Perry war gut in Form und Curt
sandte eine Flasche Irois ...

*Freitag, 14. April 1950.* Farbige Skizzierung von Hope-Portrait ...
Abends reizendes Märchen von Mörike »der Schatz«.
Schulter besser aber noch nicht gut.

*Samstag, 15. April 1950.* Weitere Förderung vom Hope-Portrait, Vormittag und Nachmittag. Im Dunkeln spazieren, second Avenue,
19 Street, third Avenue. Merkwürdig frisch – warum?

*Sonntag, 16. April 1950.* »Hope's« weiter getrieben. Das gesamte Bild
fertig untermalt bis auf die Köpfe. Daher sehr müde ins Kino, mal
ganz lustig im spanischen Moovie. Sonst nichts zu berichten als die
Langeweile der Welt.

*Dienstag, 18. April 1950.* Erste Portraitversuche auf Hope-Bild, Frau
Hope und einen Säugling ... Großer Abendspaziergang am Eastriver

Hotel des Beaux Arts 45. Street, in Frühlings echter Wärme, schöner Abend. – Dann schlechte News von Doris? Leider . . .

*Mittwoch, 19. April 1950.* Was hab' ich nur am Morgen gemacht? Ach so, – in der neuen Wohnung an einem entzückenden Frühlingstag, noch allerlei angegeben. – Geluncht im »Schiff ahoy«. Nachmittags Zeichnungen für Brooklyn-Artschool (Art & Equity) »Im Glas«. – Abends dann von halb neun bis halb zwölf Barnum und Bayle, der schönste und großartigste Zircus den ich je gesehen! Mit Curt und Marini's.

*Donnerstag, 20. April 1950.* . . . Nachmittag mit Schwung gelebt, dann nach dem Essen die Dreier-Sitzung (Rechtsanwalt, Quappi ich) mit endgültigen Beschlüssen wegen Umzug (bösartige Chikanen der verrückten Hauswirtin). Nachher noch kleine Huldigung durch Van's, Marion Greenwood etc. »good lasting Beckmann mit vielen Jahren« – na ja, wär's erlaubt.

*Freitag, 21. April 1950.* Quappi im Hospital, Doris schlecht . . . Ganzen Tag am Hope Portrait, ihn selbst und middelage son. Auch ein Zwilling fertig, der rechte. Wird jetzt was das Ganze. – Grotesk schlechte Buchrezension aus Basel – »Beckmann brutal« das mindeste, »reaktionär« – na ja, bin ich ja auch. Das war der Tag – sehr skeptisch und pessimistisch – wäre nur alles zu Ende –

*Samstag, 22. April 1950.* Mancherlei Kunstgeschrei aus Germany, Vernünftiges und Dummes. Q. war mit Van's in neuer Wohnung, allererste »Möbelübertragung« . . .

*Sonntag, 23. April 1950.* Ganzen Tag at home und »Yellow stockings« nochmal . . .

*Montag, 24. April 1950.* In school allwo ich ziemlich gründlich korrigierte, (Dudley etc.) nette Stimmung. Leider heute nicht bei den Squirrl's wegen Umzugsanfang. Leuchtkörper und Waschbecken aus dem Atelier abgeholt, unter Mißtrauen von Kastanienfrau . . .

*Dienstag, 25. April 1950.* . . . Tag über moving-Unannehmlichkeiten mit Angst vor Landlady – oh – Gott.

*Mittwoch, 26. April 1950.* Recht ermüdet von gestern in school, später im kalten Frühlingsgarten mit Magendrama. Novelle »Onkel H.« von Thomas Wolfe teils schön. – (Schlechte moving Stimmung.)

*Donnerstag, 27. April 1950.* Umzugsbeginn mit Bücherpacken und anderen schrecklichen Dingen. Morgens Riesenspaziergang am Eastriver bis Canal-Street, Bowerie im Frühlingsnebel, Judenviertel, sah jüdisches Altershaus . . .

*Samstag, 29. April 1950.* Starke Umzugsstimmung, Bücher mit Q. eingepackt, fast den ganzen Tag. Morgens mit Butshy allein im Stuyvesandtpark . . .

*Sonntag, 30. April 1950.* Na ja, Abschlußabend . . . Umfallen von Stuhl, und die Kastanie vor der Tür, Krach – und die Tür vor der Nase zu – no beautiful –

Nachmittag in neu angestrichener Wohnung 69 Street, dann Plaza, kalter Regen – höchst ungemütlich.

## MAI

*Montag, 1. Mai 1950.* Großer Umzugstag. Dramatische Versammlung bei Van's mit Harold Weston. Schreckliche Spannung bis endlich die moving-Leute kamen. Abschied von Van's und dann im Auto in die neue Wohnung wo dann so um 4 Uhr endlich die Möbel kamen und noch immer saß der Schreck vor dem Drachen in unseren Gliedern . . .

*Dienstag, 2. Mai 1950.* . . . Sehr melancholisch, da neue Kulissen, trotz Schönheit, Ermüdung und die ganze Sauerei überhaupt. Abends bei Merik C. mit Puma. Später Curt, wie immer lieb (und etwas besoffen), und wirklich gute Austern –

*Mittwoch, 3. Mai 1950.* Wohnung weiter eingerichtet – auch Bilder schon eingereiht, wird langsam. Im Beißl geluncht, dann kam Jane um 5 Uhr und brachte eine Moet-Champagne netter Weise. Kolossal ermüdet und gleich eingeschlafen. Morgens erster Spaziergang von hier aus im Centralpark.

*Donnerstag, 4. Mai 1950.* In school, noch sehr ramponiert von den letzten Tagen. 20 Minuten längere Autofahrt, aber schön auf dem Highway in Nebel Sonne. Erster echter Frühlingstag im Botanischen, der japanische Park wonderful . . .

*Freitag, 5. Mai 1950.* . . . Noch heftig gearbeitet, »rote Frau«. – Q. kam mit Mady Ch. von Doris zurück. Kälte und Regen, jedoch es geht wieder vorwärts.

*Samstag, 6. Mai 1950.* Am Hopebild in the morning. Vorher wundervoller Nebelspaziergang im Central Park bis zu den See-Brücken.

Afternoon noch letztes Mal blaues Selbstportrait verarztet, auch noch nach dem Abendessen. Vorher langer Weg Columbus Avenue ...

*Sonntag, 7. Mai 1950.* X. zum Lunch recht unergiebig. Selbstportrait gezeigt – nothing. – Na ja, so ist's nun mal, wenn man mal eine Anregung braucht ist sie nicht da. – Nachmittag durch den Sonntags Central Park ... Müde und enttäuscht.

*Montag, 8. Mai 1950.* Im Atelier herum gemurkst in denkbar schlechter Laune, die überraschender Weise erst nach und in der Coctailparty von Curt sich besserte. Viele Menschen waren da, Jane, Ruth, erste Curt-Frau, erste Frau Pierre Matisse, Jean Arp, Skira mit Sekretärin, Frau Barr und eine Menge Füllsel, aber Gutes, sodaß man ganz amüsiert und etwas aufgeheitert nach Hause fuhr ...

*Dienstag, 9. Mai 1950.* ... Einsam in traumöden Wüsten, sturmgepeitscht weht mein Schatten über endlose Flächen hin und her wie ein Betrunkener oder wie ein Mann am Galgen – und trotzdem ist es gut so.

*Mittwoch, 10. Mai 1950.* Die kleine ältere Tochter am Hope Portrait gemalt. Nachmittag Spaziergang im Park, schön warm, neblig. Abends Jane. – Gespräche nett.

*Donnerstag, 11. Mai 1950.* In school und etwas blühende Kirsch- (jap.) Bäume im Botanischen. – Viel Romantik.

*Freitag, 12. Mai 1950.* Am Hopebild. – Nachmittag Francis und Van Veen mit Harold Weston. Whisky, und Gespräche über vergangenes Unheil und Kommendes.

*Samstag, 13. Mai 1950.* Nochmals an der kleinen Hope – oh Gott totmüde. Trotzdem Nachmittags Anzüge bei Weber und H. gekauft. Mit Quappi noch im Plaza. – Netter Brief von Piper. – Es wird wärmer.

*Sonntag, 14. Mai 1950.* Morgens Paß Sachen. – Schnupfen (leicht). – Nachmittag Q. bei Jane wegen Lecture-Übersetzung für St. Louis. – Ich Hopeportrait, die kleine Verdrehte, bis 7 Uhr.

*Montag, 15. Mai 1950.* Sehr mies in der Schule, noch erkältet – aber Pille tat Wunder, gegen Nachmittag schmeckte ich wieder, und wieder Hope, Hopenlos – schrecklich.

Doch der Schnupfen, der Schnupfen ju-hei
ist vorbei. – 3 Tage nur, oh oh, sehr selten ...

*Dienstag, 16. Mai 1950.* Hope, Hope, Hopenlos – nicht ganz, viele viele Stunden – zwischendurch Bericht von Q. am Telephon aus der Klinik von Doris. – Ich arbeitete weiter Hope Hope Hopenlos bis Prof. A. aus Germany 2 Stunden deutsche Sturmflut auf mich herabsausen ließ. – Dann Hope, Hope, Hopenlos bis Q. mit den Détails des Unglücksfalls aus der Klinik von Doris zurück kam. – Na müde?

*Mittwoch, 17. Mai 1950.* Glaube Hope ist finished. Es wäre zu schön um wahr zu sein. Aber es ist jetzt wirklich recht gut . . .

*Freitag, 19. Mai 1950.* Morgens Interview von Art News wegen Teaching . . . Etwas am rotgelben Akt gearbeitet . . . Abschluß des Portraithandels mit Dr. A., blieb noch lange zum Tee.

Verschiedene Telephoncalls mit Curt, Buster will neue Stilleben . . .

*Samstag, 20. Mai 1950.* . . . Lunch mit Curt. – Gelbrotes Woman fertig gemacht. (Weh.)

*Sonntag, 21. Mai 1950.* Heftiger aber unwichtiger Ärger über absagenden Dr. A., na hol ihn der Teufel. – Sonst schön »Quappi in blau« fertig gemacht. – Vor 20 Jahren angefangen – bis heute. – Später Nervenkrampf (Weh), Überarbeitung und Ärger.

Schrieb an Neumayer.

*Montag, 22. Mai 1950.* Brief von der Minna. – Noch Nachärger über Dr. A. – Belangloser Tag des Ausspannens. School auch schon in Auflösung. – Noch sehr down von gestern.

*Dienstag, 23. Mai 1950.* Tagebuch oder nicht Tagebuch – that's the Question.

Viel Unentschiedenes, Reisevorbereitungen, Paßphoto's, Geld oder nicht Geld . . . Kurz unangenehme Stimmung. – Gespräche über Selbstlosigkeit.

*Mittwoch, 24. Mai 1950.* Piper schickte seine Beckmann-Lebenserinnerungen, ganz niedlich, mußte manchmal über mich selber lachen. Komisch, nun wo ich nicht mehr da bin, fange ich an zu leben in »Germany«.

Morgens Spaziergang am Hudson – schön – Regen.

. . . Abends Jane, brachte Übersetzung von St. Louis Vortrag. Sie sah »Midnight« und »Liegende«.

*Donnerstag, 25. Mai 1950.* Abschied von den Boy's. Dudley erhielt Fellowship für 2 Monate in Maine (gr. Jubel). – Abschiedgang durch den Botanischen im warmen Frühjahrsnebel. – Nachmittag allerletzte

Hand an »Hope's«. Fertig. – Brief von und an Minna. Piz schrieb nett. – Paß-Visa-Sorgen.

*Freitag, 26. Mai 1950.* Q. nahm Doris Abschied, war den ganzen Tag allein. – Zweimal mit Butshy spazieren ... Neumeyer schrieb Carmel noch unentschieden. – Q. kam pünktlich um 10 Uhr nach Hause ...

*Sonntag, 28. Mai 1950.* Letzte Hände an »Vogelhändler« etc. – Nachmittag Besuch von van Veen's. – Noch sehr müde von den letzten Tagen und ziemlich depressiv ...

*Montag, 29. Mai 1950.* ... Den ganzen Tag mit papers für Ein und Ausreise beschäftigt, aber ziemlich alles erledigt. – Wohnung gemietet in Carmel. Frau Schaps taucht auf. – Noch kleine Roomettes von St. Louis nach Frisco.

*Dienstag, 30. Mai 1950.* ... Morgens Bummel Central Park. Nachmittag Curt, wählte blaues Selbstportrait, »Vogelhändler« und »drei women« ...

*Mittwoch, 31. Mai 1950.* Ganz verrückter Weise – »yellow Stockings« noch einmal völlig umgearbeitet. Na – Jesus Christ!

Sonst Abreisestimmung ... Na, todmüde – so ein Unsinn, ganzen Tag nicht op Straat. Nur Abends Würstchen eingekauft – packen!


JUNI

*Donnerstag, 1. Juni 1950.* !Schluß mit der Wintersaison! Morgen geht's nach dem Westen. Geriet noch in ein Check up bei Dr. F., na scheint ja alles noch ganz gut. – Billets abgeholt. Q. packt und ich bekam von Curt ein schönes Buch mit Füßli-Zeichnungen.

*Freitag, 2. Juni 1950. Im Zug nach St. Louis.* Die Abfahrt ging ganz gut so um 5 Uhr Nachmittags herum in guten Roomette's, und man segelte die bekannte Strecke am Hudson entlang bis Albany wo Butshy Lacki machen konnte. Dann ging's ins Bett in wirklich recht gute Betten und es war Zeit zu träumen.

Ich fahre einem Ehrendoktor in St. Louis entgegen und überlege ob ich eigentlich New York schon liebe – I don't know – jedenfalls ist mir die Stadt nicht unsympathisch.

Man muß arbeiten und alles vergessen, nur um arbeiten – weiter arbeiten zu können, fahre ich nun weiter zu träumen –

*Samstag, 3. Juni 1950. St. Louis.* Buster May empfing uns am Bahnhof (cirka 11 Uhr morgens), er mußte dann in sein Departementstore und ein Niggerboy fuhr uns hinaus in seine riesige Clayton Villa, wo uns seine neue Frau, Marge freundlich mit dunklen Haaren empfing. Alles sehr modern mit riesigem Park und riesigen Glasfenstern und riesigen Beckmann's. Sah die »Fischerinnen« wieder. Abends in American-French Local mit Champagner und schlechter Ungar. Musik. Dachte an frühere Zeiten.

*Sonntag, 4. Juni 1950.* Im May-Auto zu Zunia H. Ich ging Campus-Erinnerungen anschauen. Dann mit Quappi zu Perry Artmuseum. Nettes Wiedersehen mit Perry und gemeinsamer Lunch. – Abends die große May-Party mit: Zwei Perry's, zwei Pulitzer's, Frau Stix, zwei Dr. Cory's, zwei Hamburger's, zwei Conway's, zwei Hudson's, zwei Henry's, zwei Schwager und Weib von May, und Curt! Also eine tobende Menschenmasse. Ich war ziemlich bewußtlos in all dem englischen Geschrei um Beckmann . . .

*Montag, 5. Juni 1950.* Spazierte allein auf menschenleeren Straßen. Q. holte im Auto Vortrag aus dem Museum ab. Um 4 Uhr las Q. Vortrag im Womensclub. Anwesend waren Perry's, Curt, Hudson's, viele St. Louiser, auch Wally Barker und Frau.

Abends bei Perry's zum Essen. Curt flog davon um 10 Uhr nach New York. Ziemlich ausgepumpt sah ich noch wie Curt vor Abschied, Perry-Beckmann-Buch fest ausmachte.

*Dienstag, 6. Juni 1950.*

>        »Krönung.«

>        (University)

Wenn ich mir recht überlege, weiß ich eigentlich nichts mehr von dieser Prozedur. Irgendwie wurde man hingebracht, irgendwo fand man sich wieder neben 3 oder 4 »Leidensgenossen« im Campusconciergerie und Compton begrüßte mich als Freund neben Baruch! Im »Trauermarsch« (mit Musik) ging es auf die Tribüne, vor mir im Saal ein paar tausend graduierte Köpfe – bis ich nach Rede von Dean Hudson von Compton Ehrendoktor's Dokument erhielt und mit Umhang und Topmütze bedeckt wurde. In der Ferne weinten gerührt die Anverwandten. – Lunch bei Compton. – Dann mit Margie und Quappi zum May-Schloß. –

Nachmittag mit Perry wegen Buch (Besprechung). Qu. und ich allein
im Chase Abendessen.

*Mittwoch, 7. Juni 1950.* Vormittags zusammen Downtown, Billets.
Alles bekommen. Lunch bei May's mit May's, Perry's, Martha Love,
Poky, Hamburger's, Mrs. Stix, und Goodman's. – Um 6 Uhr mit
May's zu Pulitzer Coctails. Sahen Lulubild wundervoll gerahmt wieder.
Dann zu Perry's Abschiedsfest. May's, Pulitzer's, Perry's Assistent
Stuart Leonard, Faber's Konzertmeister von Symphony Orch., und
Martha Love und Bill. – Mit May's todmüde nach Haus.

*Donnerstag, 8. Juni 1950.* Q. mußte wegen Teppich Interview noch
ins Museum rasen, ich blieb at home und unterhielt mich mit dem
Kindermädchen, indessen Frau Margie mit den Kindern vor dem
Museum wartete. Lunch (Steak) mit Margie.

Dann los gegen drei Uhr. Buster May wurde noch aus dem Geschäft
geholt, und endlich endlich landeten wir in unseren Bedrooms nach ge-
rührtem Abschied (und was sich erst später herausstellte, mit Verlust
eines Koffer's) setzte der Riesenzug sich langsam in Bewegung.

*Freitag, 9. Juni 1950. In der Bahn nach Los Angeles.* Die Nacht im
Schlafwagen war recht angenehm und man schlief trotz Ruckelei ganz
großartig. In Kansas City 1½ Stunde Aufenthalt. Butshy hatte Angst
vor vielem Lärm. Dann weiter in die Nacht mit dem Zug aus Chikago.
Am Morgen dann die endlosen Weizenebenen von Kansas bis endlich,
endlich die ersten Juka's (Blumen) auftauchten und langsam es heißer
wurde. Das Schönste war El Paso über dessen groteske Felsen man
nach Mexiko sehen kann und uns der Rio del Grande begegnete.
Lange auch sah man das Kreuz von El Paso – dann wieder Nacht.

*Samstag, 10. Juni 1950. Los Angeles California.* Am frühen Morgen
endlich Los Angeles. Durch die sehr schöne Flußebene mit dem Salz-
see und die ersten Eukalyptusse und Riesen-Palmen und Desert's.
Also schließlich Bahnhof – kein Valentiner an der Bahn, nur eine
Horde als Türken verkleideter Amerikalogenbrüder die uns mit Musik
und Hohngelächter empfingen, das mit einem Böllerschuß endete und
Butshy fast seinen Geist aufgab. Na, nach endlosen Verwirrungen und
Telephoniererei – erschien Valentiner und sein Curator und Frau und
man schleppte uns im Auto zu einer Party eines famous Kino-Stars,
Vincent Price, wo sich dann auch Vico Le Brun und verschiedene an-

dere versammelt hatten, und ich mußte viel Schmeichelhaftes über mich
ergehen lassen. Lebrun übrigens sehr nett. Price hat einen wahren Pa-
radiesgarten, mit frühen Skulpturen und netten Frauen und Südfrankreich Pflanzen. Es gab Whisky und Begeisterung. – Dann im Auto
über ganz Hollywood zur Bahn. Noch rechtzeitig zur Abfahrt – oh
Gott –!

*Sonntag, 11. Juni 1950. Carmel, Calif.* Abends bei Frau Schaps. Arri-
vato – oh God's – oh – oh – 52 Stunden Bahnfahrt. – In der Nacht
von Hollywood bis San Franzisko gut aber tod-tief geschlafen. Morgens
8 Uhr in San Franzisko ... Endlos müde noch drei Stunden Autofahrt
auf herrlichen Bay-Highway. – Nach lächerlichem Suchen nach Haus S.,
– endlich gefunden – niemand zu Haus! (Zu früh angekommen.)
Wankend, gnädigst im Hotel aufgenommen, weiter wankend – Brieftasche verlierend, Q. rennend wieder zurück, (Brieftasche gefunden).
Endlich Frau Schaps, großes Geschrei und reizende Wohngelegenheit –
viele Blumen, sehr seltene. Frösche quaken, Hunde bellen, Pacific
rauscht – wieder at home für 3–4 Wochen.

*Montag, 12. Juni 1950.* Erster Carmel-Tag vorbei. – Morgens Einkäufe, wegen dem verlorenen Koffer. Noch recht reisemüde umher-
schwankend. Leider viel kalter Wind, trotz heißer Sonne. Jedoch man
lebt immerhin noch. – Nach dem Nachmittagschlaf endlich der »Pacific«, leider ein bißchen viel Buchten, wir sitzen auch in einer – aber
man lebt und relaxed langsam, wo ist schließlich gleichgültig. – Abends
Huhn bei Frau Schaps. Man sprach über alte Zeiten. Wieder at home
erfreute der Gasofen die kühlen Glieder.

*Dienstag, 13. Juni 1950.* Erster Alleinspaziergang zum Moor und großer Sanddüne. Beobachtete zwei Riesenvögel die mit trägem Flügel-
schlag plesiosaurierhaft um meinen Kopf flogen. Das Sumpfwasser als
Home zum Futtersuchen, flogen sie über's Meer. Grauer Himmel und
Sand. Schön und uralt.

– Wer könnte wissen –? –

Pacific donnerte heftig mit grünen Glaswellen von doppelter Manns-
höhe. – Abends mit Auto zu Pebble-Beach – feudal und etwas langweilig. In der Nacht zurück. – Schrieb an Minna.

*Mittwoch, 14. Juni 1950.* Entdeckte die alte spanische Kirche aus dem
16. Jahrhundert. Angenehm überrascht bemerke ich nun mehr und

mehr die spanische Vergangenheit. – Nachmittag sah ich den ersten großen Dampfer im weiten Pacific. Überhaupt fängt es an mir hier zu gefallen. Man wird es schon aushalten, ja vielleicht sogar erholen. Zu Frau S. recht nette Beziehungen, – kurz harmonisch. Sonst ist nicht viel zu berichten, lunchten in einem pseudo-Mexiko Restaurant und aßen abends kalt at home was recht ausruhend war – a Dios!

*Samstag, 17. Juni 1950.* Großer Spaziergang über toten Sumpf und Bucht mit Steinuntersuchung wegen Krebsen. Auf dem Rückweg etwas schwummerig wegen zu viel Sonne trotz kaltem Wind. Neugierig ob's hier mal ganz warm wird, auch der Wind. Nachmittag im Städtchen herumgelungert, Butshykörbchen angesehen und eine ganz nette Bar mit Dinner-room entdeckt. Halb acht nach Haus. Vielleicht fange an etwas auszuruhen. – Landschaft schön. Wohnung weiter angenehm.

*Sonntag, 18. Juni 1950.* Waren in Monterey. Wunderbare Bucht mit endloser Küste. Gebratener Lobster der aber anders war wie der Atlantische. – Sehr hübsch auch die Schifferwarf, mit vielen exotischen Fischen.

*Montag, 19. Juni 1950.* Sehr schön heute im Valley gegen den großen Berg, warm – und sehr viel wilde Blumen, zitronengrün, orange und dunkel braunrot – lange im Sand gelegen. Nachmittag viel geschlafen, sehr wohl gefühlt ... Corcorane, endlich per Namen die alten Riesenvögel kennen gelernt ... Abends indische Philosophie.

*Dienstag, 20. Juni 1950.* Butshy-Koffer eingekauft, geluncht im Russian Inn (schlecht) – Selbstportrait gezeichnet und bis zum Abend am ziemlich milden Ozean. Toter Seehund war angetrieben und viel Untersee-Grünzeug. Abends neues und altes Testament. Altes Testament wirklich bedauerlich.

*Mittwoch, 21. Juni 1950.* T'ja also: Jury v. Internationale Biennale »assegnatole you Premio Conte Volpi miserata per Artista Straniero, 250 000 Lira. – Ponti, Presidente of Biennale« Venetia 50 –, Telegramm aus Venedig, – na immerhin. Bin neugierig was dabei heraus kommt. Ganzen Tag milder Regen – etwas müde ...

*Donnerstag, 22. Juni 1950.* Bei grauem Wetter viel spazieren und viel lächerliches Getue wegen Lira-Wert etc. sodaß ich zeitweise »Besitzer« von 4000 Dollar – und zum Schluß (nach schließlich richtiger Valuta Ausrechnung) nur 400 Dollar Besitzer mehr, geworden bin. –

Na genug davon. – Hoffentlich ist's Wetter morgen besser . . .

*Freitag, 23. Juni 1950.* . . . Herrliches Sonnenwetter, war mit Q. und Butshy bei den Felsen und Quappi nahm Sonnenbad. Nachmittag Monterey mit sehr gutem Seafood. Im Bus hin und zurück . . . Werde noch viel Ärger über Venedigpreis haben.

*Samstag, 24. Juni 1950.* Sonne. Viel an der Luft, Q. und B. and I beim Elephantenstein . . . Nachmittag ich allein am Strand, schöne Flut. – 3 alten Sphinxen begegnete ich . . . Briefe von Peter und Minna mit Begeisterung über Venedig . . .

*Sonntag, 25. Juni 1950.* Morgenspaziergang über den Berg hintenrum zur old church in Sonne und Sonntag, in der Ferne das glitzernde Meer . . . Lunch at home. Später zu Fuß seufzend (Weh) nach Pine-Inn. – Sah Times Magazine, ha, ha, über alten P. – na ja, es wird sich schon alles finden – Linden. – Abends dann ganz harmonisch mit Q. Gespräche über Vergangenheit und Jenseits.

*Montag, 26. Juni 1950.* Ja, ja, das Atom – eine böse Sache – Na wir werden sehen – heute wieder Krisengerüchte wegen *Corea*? – Sonst – herrliches Wetter, morgens in der alten Kirche. Nachmittags in Monterey. Amüsante Bar im großen Hotel. – Netter Brief von Jane. – Sprach mit Q. über Atom und Stein. – B. V. L. oh schöner Wahnsinn.

*Dienstag, 27. Juni 1950.* Wieder beim großen Elephantenstein bei mittlerem Wetter. Heute etwas müder als gestern . . .

Abendessen mit Frau Schaps und Frau K. – Gibt es Krieg wegen Corea? Ich glaube nicht.

*Mittwoch, 28. Juni 1950.* Kurz zeitweilig, fühlt man schon die Kraft zum geheimnisvollen Speer in sich wachsen. Schien die Zeit wieder sinnvoller zu werden, schien die Möglichkeit eines fernen Sieges gegen das monströse Untier des – Nicht wissen dürfen – näher gerückt. – Schon fühle ich die Dämonen die lachend das junge Holz mir in der Hand zersplittern, bin ich doch nur zum Zeugen meiner eigenen Ohnmacht geboren – zur Abendunterhaltung schrecklicher und unbekannter Wesen die sich ihre Langeweile würzen mit dem Leid unserer Unwissenheit und Sterblichkeit – wird ein neuer Vorhang zurückgezogen von neuen Bildern ungöttlicher Grausamkeit?

– – – – – COREA – – – – –

Am Elephantenstein in the morning. Nachmittag mit Auto Frau S. und Freundin wirklich sehr großartiges Cap von Carmel besehen. Abends zu Hause.

Schrieb an Gaw, Mill's College.

*Donnerstag, 29. Juni 1950.* Schön warm am Elephantenstein. – Corea ziemlich dunkel. – Nachmittag mit Frau Schaps und Q. in Monterey, Fisch und Hummer und vorher noch Carlos-Hotel mit Kriegsgöttern. – Hin und zurück im Auto bei herrlichem Wetter.

Monterey-Herald Aufsatz mit komischen Beckmann Photo's.

Butshy fiel aus dem Bett.

*Freitag, 30. Juni 1950.* Großer Nebelnachmittag mit ganz wundervollen Marinen. – Krieg und Frieden für mich noch unentschieden. – Also noch abwarten – immerhin Reise in Frage gestellt (Europareise). – Morgens Fußbad im Pacific, eiskalt und wunderschön ...

JULI

*Samstag, 1. Juli 1950.* Zwischen Kriegs- und Friedensgeschrei wundervoller Morgen am Meer mit eiskaltem Fußbad ... Abends angenehmes Dinner im Hotel, komische Art von Rinderbrust.

Zuhause fand Telegramm von Valentiner für morgen.

*Sonntag, 2. Juli 1950.* ... Corea weiter bad –!? – Autoausflug in the Hill's mit drei women. Die Berge sind sehr großartig hier. – Schon wird gepackt und es wird ungemütlich. Auch Butshy ist schon melancholisch. – Aber heute morgen habe ich wirklich im Pacific gebadet und lange im Badekostüm in Sonne.

*Montag, 3. Juli 1950.* Valentiner Tag. Morgens noch am Meer mit etwas Felsengekraxel. Quappi und Butshy kamen später, da schon packing. War noch sehr schön aber wieder viel Nebel. Dann um drei Uhr nach dem Flugplatz Monterey wo dann Valentiner auch lächelnd in 70jähriger Gloire, rosig aus kleinem Flugzeug entstieg. Na, man raste im Auto die kleine Strecke zum Dinner zu Frau Schaps mit 3 Hühnchen und Californienwein. Valentiner ist wirklich sehr nett und außerordentlich lebendig, will sich sogar zeichnen lassen im Herbst – t'ja im Herbst – wo ich (Corea?) da wohl sein werde –?!

*Dienstag, 4. Juli 1950.* Carmel letzter Tag. – Noch mit Valentiner bei

den Seelöwen auf der anderen Seite von Carmel. Zuerst waren nur die
schwarzen Taucher da, aber plötzlich nacheinander tauchten drei riesige Seelöwen auf (alles auf der noch sichtbaren kleinen Insel gegenüber) und es war wirklich ein fremdartiger und großer Eindruck, wie
der eine Seelöwe wie ein alter mythologischer Mammut schräg gegen
den Himmel stand. – Freiheit und Unendlichkeit in dem Meereshori-
zont. Überhaupt die Draque-Buchten wundervoll.

Dann noch Valentinerlunch und V. an das Flugzeug gebracht . . . Allein
noch sehr schön aber melancholisch am grauen Abendpacific. – Viel
schlimme Gerüchte über Krieg.

*Mittwoch, 5. Juli 1950.* Abschied von Kati Schaps. Um 6 Uhr aufgestanden und von der Aufwartefrau an die Bahn gefahren. Drei Stunden Bahnfahrt und ein sehr schönes hustendes Visàvis. – In San Franzisco natürlich niemand an der Bahn, schließlich wieder das bewußte
Auto und über irgend eine von den Riesenbrücken mit einem betrüge-
rischen Chauffeur (12 Dol. statt 6) landeten wir nach mancherlei Irrfahrten im wirklich wundervollen alten Mill's. Nach Butshy-fight, ha,
ha (ein Dollar fee pro Tag) – und Neumeyer's Hilfe, bekamen wir
schließlich ganz nette Ersatzzimmer. Bessere sollen folgen und unter
Eukalyptusduft gründete man das neue Heim. Später Beckmannbilder
Besichtigung im Museum – (alte Berliner – Pariser 1932–39 – traurige
Erinnerungen –) mein Gott, was hat man alles ausstehen müssen – und
nun sieht man sich in Californien wieder.

Abendessen mit Gallery-Director und Frau bei Neumeyer's.

War noch etwas blessé im Magen – doch der Abend ging dahin.

*Donnerstag, 6. Juli 1950. Mill's College, Cal.* Lebe halb im Paradies
und halb (in der geistigen Hölle, Kriegsdrohung etc.) – Na schließlich
ist das ja nun seit 1914–50, also 36 Jahre immer der Fall gewesen und
man sollte eigentlich etwas resignierter sein . . .

Nachmittag erstes Mal in San Franzisco richtig. Natürlich auf dem
höchsten Hotel Marc, mit der Riesenaussicht auf die Bay und Golden
Gate bridge. Verrückt die steilen Tram's. – Schlecht immer noch in
Corea, daher auch Depression. –

Piper schickte Unmassen Kritiken aus Deutschland. – Na ja, im Grunde
ist noch immer alles falsch.

*Freitag, 7. Juli 1950.* Wieder Abends in San Franzisco, diesmal mit

Mr. Gaw und Frau, nette Leute. – Sah Frisco und Golden Gate am Abend sehr großartig. – Aber, nun genug gesehen – (vorläufig) . . .

*Montag, 10. Juli 1950.* Freundlicher Tag mit den ersten Prüfungen der Menschheit. Komisches Vorgestelltsein als schwacher Abglanz der Doktryaden früh nach dem Gastmahl. Errötende Jugend schweißig bearbeitet in übersonnten Höllen, wandle ich weiter vom Hafen zum Port. Glänzende Jugend, vom Schweiße des Lebens noch wenig gerötet tröstet das Alter nur wenig zurück . . .

*Dienstag, 11. Juli 1950.* Zweiter Korrekturtag ging ganz gut, eigentlich nichts besonderes darüber zu vermelden . . . Sehr netter Brief von Valentiner und Jane. – Morgen Eröffnungsrummel.

Las Empedokles zu Ende und Sophokles Ödipus. Schon lange wußten die Menschen über den Reinfall des Lebens.

*Mittwoch, 12. Juli 1950.* Tag der »Eröffnung« kleines Ausstellungchen mit vielen Pupils eröffnet, auch Frenchpeople mit Geschrei (angenehm) Madame Milhaud und Freunde, Neumeyer's etc. Merkwürdig so das alte Zeug wieder zu sehen. Zwischendurch Tuxido, Quappi, Beverley und zum Schluß Budapestquartett mit spätem Beethoven – Rembrandt – sehr schön. – Zwischendurch viel kaltblauer Himmel . . . Netter Brief von Perry, traurige Nachrichten von Doris – so ging der Tag dahin – oh – käm er wieder?

*Donnerstag, 13. Juli 1950.* T'ja was war? Etwas später aufgestanden und im Tearoom gefrühstückt, mit Beverley und Quappi ganz niedlich . . . Nachmittag ziemlich angestrengte School – Massenkorrektur . . .

*Freitag, 14. Juli 1950.* 18 Tage Krieg in Corea, eigentlich müßte nun mal eine Entscheidung kommen . . . Jedenfalls zur Einholung letzter Papiere für Überfahrt heute in Frisco wo's recht nett war auf diesen verrückten Straßen . . . Nachmittag ziemlich anstrengende Korrektur sodaß ich abends für Milhaud's ungenießbar war.

*Samstag, 15. Juli 1950.* Zaterdag hier eigentlich auch Sonntag. Vielerlei Post, Kritiken aus Italien, Minna schrieb, na und so . . . Wieder déprimé über Corea, wird nix mit Europa.

*Sonntag, 16. Juli 1950.* Sonntag mit schlechten Nachrichten aus Corea . . . Sonst – Besuch von Herrn S., tüchtiger Mann. – Viele Gesichter – viel spazieren gehen. – Hölderlin »Empedo« gelesen (schöne Stellen).

*Montag, 17. Juli 1950.* Schlechte Corea Nachrichten verdüstern weiter
die Stimmung und trübe Ahnungen bedrängen meine Nerven. Warum
erhält und pflegt man seinen Corpus, damit er möglichst alt und ge-
brechlich womöglich noch die letzte Bankrotterklärung dieser Erd-
angelegenheit miterlebt und endgültig alles auf Termitenniveau herab-
sinkt. Gewiß, etwas wirklich Erderlösendes ist kaum zu erhoffen, aber
wenigstens blieb uns der Protest gegen den »scheinbaren« Wahnsinn
des Cosmos. – Das war das Letzte womit man seine Existenz noch
einigermaßen rechtfertigen – mit dem man noch leben konnte . . . Eukalyptus immer schön – und Q. war im Petri Konzert.

*Mittwoch, 19. Juli 1950.* . . . Sehr angestrengte Korrektur . . . – Abends
spätes Beethoven Quartett und hinterher Quappi noch in Beckmann
Ausstellung mit 70 Besuchern und viel B.-Geschrei – na, ganz nett und
warum nicht?

*Donnerstag, 20. Juli 1950.* Nachmittag etwas verfehlter Ausflug nach
Oakland in heißer Sonne und kaltem Wind vermischt mit Wahnsinn's-
Pfeifer – auf lärmender Straße – bis das Café uns rettete . . .

*Freitag, 21. Juli 1950.* Heute soll's etwas besser in Corea aussehen,
das waren außer einer sehr anstrengenden Korrektur die einzigsten
Sensationen des Tages. – Morgens kalt und grau, nachmittag heiße
Sonne, so ist es jeden Tag im Eukalyptuswald.

*Sonntag, 23. Juli 1950.* T'ja – Doris gestorben –
Der Pfarrer erschien mit dem Telegramm . . . Man fuhr im Taxi zum
Hotel Cleremont und versuchte so gut es ging die Tatsache hinzu-
nehmen. – Betrachtungen über das Leben überflüssig.

*Dienstag, 25. Juli 1950.* Tag schwerer Entschlüsse, man geht nicht
nach Europe –
Abends bei Gaw. – At home melancholisch . . .

*Mittwoch, 26. Juli 1950.* . . . Netter Brief von May, endlich Klarheit
über die letzten Bilder, die er gekauft hat. Sonderbar, nichts von
Curt?! – Sonst, kurz im Konzert, sehr später Beethoven (Streichquar-
tett).

*Donnerstag, 27. Juli 1950.* Absagebrief an N. und Minna, etwas
stellungslos und melancholisch herum gelaufen . . .

*Samstag, 29. Juli 1950.* Valentinerbesuch. Er sah schön meine Bilder
und besonders auch Zeichnungen, was mir wohl tat . . .

*Sonntag, 30. Juli 1950.* Im Drugstore gefrühstückt und noch mit verklebter Nase (Schnupfen) zum M.Hall Haus und roter Blütenbaum (Eukalyptusfamilie) in heißer Sonne schwitzend und in kalter Luft frierend über Theaterweg nach Haus. – Nachmittag mit Weller's die uns im Car abholten ins Clermont (Biscuit-Hotel) – Coctails – nette Leute . . .

*Montag, 31. Juli 1950.* Morgens Interview Frankenstein vom Frisco Newspaper, ganz intelligenter Mensch.

Nachmittag school mit Negerwoman die etwas entrüstet über Stellung, ha ha, Besucher in Class rausgeworfen – ha, ha . . . Corea?

### AUGUST

*Mittwoch, 2. August 1950.* Morgenkaffee mit Gaw und Neumeyer. Spaziergang zum Drugstore . . . Netter Brief von Buster, »Artist's« ist das große Kopfbild, oh mein Gott, was hab ich mich daran gequält – nun hängt es doch in St. Louis. – Neugierig übrigens ob ich noch einmal wieder malen werde . . .

*Donnerstag, 3. August 1950.* . . . Morgens üblicher Spaziergang durch den Park Campus zum Drugstore. Nachmittag Korrektur und Tee in »meinem Atelier« mit Gaw. – Abends dann bei den Pötten mit allen möglichen Typen und viel Hackbraten. War aber ganz ulkig bei den Pot-Menschen, auch ein griechischer Maler war da.

*Freitag, 4. August 1950.* Taho. Abfahrt nach Reno. Gegen zwei Uhr holte uns Mr. Gaw mit Gattin ab und man sauste los nach Verlassen von Frisco-Gegend an großen flachsblonden Hügel hinauf (ich schlafend, da sehr müde und etwas krank) bis Sacramento wo's heiß wurde. Sacramento sehr südlich mit vielen Palmen. Tasse Kaffee bei schäbiger Kellnerin und weiter immer weiter bis an den großen Lake Taho. Schreckliche Frigidairenacht, in Kleidern zu Bett für 8 Dollar das Zimmer. Na, jedenfalls an die Nacht werde ich denken in Taho!

*Samstag, 5. August 1950.* Morgens ganz früh und verfroren an wirklich schönen See allein ein paar schöne Momente. Dann weiter. – An der Grenze nach Nevada erstes Spieler Hotel flüchtig besehen, aber angenehm überrascht durch ersten Geruch der Sünde. Dann weiter tiefer nach Nevada wo es langsam kahl wird.

In Carlson Gefängnis mit Footprints von Giant's. Sehr interessant –
es scheint also wirklich Riesen gegeben zu haben. Dann über dead
Virginia City tote Goldgräberstadt an den leeren Hügeln und Bergen
von Nevada, schließlich nach Reno. Italien dinner mit french Champagne und dann die Spielsäle. Na – immerhin – dann aber entdeckte
ich Mape-Hotel und Riverside wo es wirklich Monte Carlo jetzt wurde
und recht amüsant. Kurz die Volksspielsäle mit den großen Hotels zusammen würden einen längeren Aufenthalt lohnen, nicht zu vergessen
die Riesenhochebenen mit den kahlen Bergen.

*Sonntag, 6. August 1950.* Am frühen Morgen Abfahrt von Reno mit
gelindem Bedauern. Noch einmal die Riesenebene mit Gigantenspuren
im Gefängnis und Spielhöllen zärtlich gestreichelt mit den Augen.
Dann rasten wir und waren schon bald über der californischen Grenze,
durch schwarzwaldartige Gebirge – mit einigen Kaffeepausen und
Chinalunch. Am Ende der Bay kam man an sehr interessanter Fern-
sicht nach der See zu vorbei. Gaw rettete den Wagen vor einem Trunkenbold. Noch ein Fischdinner mit Gaw's, und so endete die 500 Mei-
lenfahrt – und todmüde ins Schwer-Einschlafen – aber schließlich
doch.

*Montag, 7. August 1950.* Netter Brief von Curt aus Milano. Üblicher
Bergmorgenspaziergang mit Butshy und Q. . . . Neue Schule in New
York meldet sich. Nachmittag recht gute Korrektur, fühlte mich besser
und stärker . . .

*Dienstag, 8. August 1950.* Verbummelter Tag mit Spaziergang bei
grauem Himmel. Heiserkeit im Entschwinden . . . Nachmittag in heißer
Sonne auf dem anderen Berg im Campus. Durch den Eukalyptuswald
mit jämmerlichen Kritiken aus Venedig in der Tasche.

Überall stiert die Dummheit gepaart mit Nonobjektivität heraus. Im
Atelier Tee getrunken, wahrscheinlich zu viel Sonne gehabt. – Perry
scheint nicht mehr zu kommen.

Abends R. v. Geist fertig gelesen. Ein trauriges Monstrum mit ein paar
guten Naturabgüssen. – Oh verschollene Zeit.

*Mittwoch, 9. August 1950.* Nachmittag school (Weh). Morgens Spaziergang, Abends mit Neumeyer, Gespräche ganz nett. Perry sagte ab,
Mutter krank . . .

*Sonntag, 13. August 1950.* War endlich wirklich in San Franzisco und sah erstaunliche Sachen die ich wahrscheinlich malen werde ... Weller's waren lieb und das Essen bei Joe's Restaurant ausgezeichnet.

*Montag, 14. August 1950.* ... Nachmittag großes Bilderbestimmen für Schülerausstellung. Wird ganz nett. – Schon jetzt mit Erfolgsgeschrei.

»Joseph« von Th. Mann fertig gelesen, teilweise sehr stark.

*Mittwoch, 16. August 1950.* Bilder Schülerausstellung eröffnet und »Grade's« verteilt, oh mein Gott, was für Dummheiten. – Wundervolle Hitze und Nebelsonne. Brief an Minna. Abends Gala-Dinner mit Mrs. Judd und Koniferen. Quappi im Budapest-Quartett Concert ...

*Freitag, 18. August 1950.* Noch etwas Eukalyptus in feuchter Wärme – Abschied nehmend. – Großes Einpacken und Loslösen vom kleinen »Kriegsschauplatz«, der andere – mies. – Abends noch mit Gaw's ...

*Samstag, 19. August 1950.* Abfahrt von Mill's. Gaw fuhr uns zu Bahn, und viele Students weinten Abschiedstränen. – Die Strecke bis Reno bekannt, mancherlei Erinnerungen –

Ulkig waren die Holztunnel, na – schließlich ging man schlafen und schlief bis zu den kleinen Rockymountains, die sich langsam in ein riesiges Desert auflösten.

*Sonntag, 20. August 1950. Fahrt Californien–New York.* Wyoming ist der tollste Wüstenstaat von Allen. Cheyenne die Hauptstadt. – Endlose Wüsten, Speisewagen, Wüsten – Trockenheit – Wüsten, die sich später mit riesenaufgetürmten Felsblöcken bekleideten. Butshy war immer brav, aber das Lacki machen schwierig. – Gut geschlafen.

*Montag, 21. August 1950.* Gegen Mittag über Nebraska und Iowastate, landete man schließlich in Chikago Illinois. Interessant war das Rangieren (1 Stunde lang) und Chikago aus der Froschperspektive sogar mit einem Fluß. Dann ging's weiter, diesmal in rasendem Tempo über Detroit in dunkler Nebelnacht mit fast grausigen Beleuchtungen der nächtlichen Stadt. – Schließlich doch geschlafen.

*Dienstag, 22. August 1950. New York.* Nach etwas schwummriger Nebelnacht im rasenden Schlafwagen, doch überraschend schnell im Pennsylvaniabahnhof gelandet, empfangen von glutvoller Hitze. Ganz schön mal wieder in New York. – Hier alles richtig gefunden und freundlich berührt von den Wohnungshallen! – Nachmittag Hope-Bild und Fastnachtsakt noch letzte Ölung gegeben.

T'ja nun ist man wieder hier und der alte Tanz kann beginnen. Vorläufig noch herrlich allein, sogar d. Mieter unter uns ist nicht da. Gott behüte mich. – (Letzten Endes froh, nicht nach Europe!)

*Mittwoch, 23. August 1950.* Langsames Eingewöhnen bei großer Wärme. Zu Haus geluncht, und zwischendurch immer noch am Hope-Portrait und San Franzisco (Entwurf)... Abends dann im »Green Tavern« 10 Dollar (!) oh Gott – und nur schäbige scallops...

*Donnerstag, 24. August 1950.* Rechten Flügel von »die Künstler« gut entworfen. Morgenspaziergang im Central Park. Nachmittag viel schon farbig an »Frisco«. Schwieriges Problem. Sonst bemerkenswert einsam. Alles versinkt wieder, auch Europe und Corea. Q. machte Vorhang.

*Freitag, 25. August 1950.* Ganzen Tag am »San Franzisco« gearbeitet, nicht sehr zufrieden. Sonst heißer und ereignisloser Tag. – T'ja – trotzdem irgendwie ahnungsvoll beschwingt.

*Samstag, 26. August 1950.* Sehr heiß. Morgens in 14. Street und Wiedersehen mit alten Freunden vom Stuyvesandtpark. Dann Museum of Modern Art, sah mein Stilleben in einsamer Pracht – »Departure« war (scheint's) verreist. Müde von gestern und etwas Augenweh. Zimmer unten für Monate gemietet für Plastik?!... Briefe von Minna und Peter.

*Sonntag, 27. August 1950.* Ganzen Tag an »San Franzisco« – weiß nicht ob gut.

Noch Mill's Park mit Springbrunnen entworfen.

*Montag, 28. August 1950.* Morgens Plastikzeug eingekauft. – Valentiner meldet sich für nächsten Sonntag. Erstes Mal wieder im Plaza, ein Kaffee und Whisky. Zu Fuß durch den heißen Abendpark zurück.

*Dienstag, 29. August 1950.* Plastik »Schlangenfrau« gearbeitet, den ganzen heißen Tag. – (Weh.)

*Mittwoch, 30. August 1950.* ... Curt hat angerufen, zurück aus Europe. – Müde – sehr, jetzt gegen 12 Uhr Nachts besser.

*Donnerstag, 31. August 1950.* Spaziergang zum Hudsonriver in großer Hitze. Sahen zwei Pekinesen. – Was war noch? Ach ja, Jany war da und bekam ein Aquarell geschenkt, »frühe Menschen«. War scheinbar glücklich und zog damit ab.

SEPTEMBER

*Samstag, 2. September 1950.* Spaziergang mit Q. und Butshy im Centralpark.

Sah die Popp entstehen. Zweifelhaft ob's was wird, da Toni's erster Versuch zu gießen –

Wandelte in der Abendhitze zwischen 5th Ave. und Lexington und besah das verödete New York. Sah viel Bücher Picasso –

*Sonntag, 3. September 1950.* Spät aufgestanden. Curt rief an wegen heut Abend. – Schlecht geschlafen. Zusammen mit Quappi im Modern Art Museum, fand Beckmann ganz anständig vertreten –

Abends mit Curt und Ruth und Quappi im Regis, belangloses aber nettes Geschwätz.

*Montag, 4. September 1950.* Augenweh. Trotzdem am blauroten Mill's. Abends Photo's zusammengestellt für Curt Buch (!) Na, ob's was wird? – Reizende Kritiken aus Germany und mysteriöser »Krach« im Korridor Treppenhaus?

*Dienstag, 5. September 1950.* Sehr fest am Mittelbild von »Künstler« – morgens und nachmittags bis zum Dunkel. – Am Morgen etwas im Central Park.

*Mittwoch, 6. September 1950.* Ja richtig, Einiges passiert. (Q. in Setauket) als ich gerade wieder (trotz Verbot) anfangen wollte zu malen, rief Curt an und meldete Perry, der dann auch um ein viertel elf, später erschien. Bewunderung von Raum und Bild, sah braun und gut aus. Wir dann im Auto zu Longchamps, Maccaroni, Curt, auch Beckmann-Buchbesprechung. Perry hetzte dann nach kurzem Essen zur Bahn. – Ich allein im Zoo, sah die 2 Gorilla's und lag lange auf einem Stein im Central Park. (Wieder warm.)

Zu Haus noch rumgemurkst (Butshy etc.) – Quappi kam pünktlich um 7 Uhr. – Sprachen abends noch über das Sterben von D. und T. – War sehr müde von gestern.

*Donnerstag, 7. September 1950.* Wohl endlich Schluß mit »San Franzisco« – (schönes Ornament) . . .

*Freitag, 8. September 1950.* »Frau mit Schlange« Plastik fertig gemacht . . .

*Samstag, 9. September 1950.* »Park in Californien« ziemlich fertig.

Ich auch, – viel Weh und unangenehme Folgen. Abendspaziergang im Park – (mit Pille).

*Montag, 11. September 1950.* Noch recht mäßig gefühlt und nicht gearbeitet. – Im Metropolitan Museum ganz frühe Ägypter gesehen und mehr als je von einer ganz frühen »Einwanderung« mit relativ fertiger Kultur überzeugt, im Gegensatz von gleichzeitigen Steinwerkzeugen und Waffen.

Nachmittag im P. wo ich anfing wieder aufzuleben ...

*Dienstag, 12. September 1950.* Mit Q. zu Delano's und Light-Totenhaus (Doris und Tom). Zuerst mit Bahn dann Taxi. Frau Delano sehr nett. Schenkte ihr eines von den wieder zurückgekehrten Beckmann's. Aufenthalt im Lighthouse unangenehm – bei wildem Meer.

Mit dem neuen Auto und Frau D.'s Lenkung zurück über neue Prachtstraße und Bronxbrücke ...

*Mittwoch, 13. September 1950.* 8–9 Stunden am rechten (Weiberflügel) –

Regen – Regen. Hope-Portrait wurde von »Look« abgeholt zur farbigen Reproduktion und ist schon wieder da ...

*Donnerstag, 14. September 1950.* »Alte Mühle mit Eukalyptusbäumen« angelegt in Farben. – Morgenspaziergang im Nebelpark. Abendspaziergang in der Columbusstreet. – Philip der 2.te?

*Freitag, 15. September 1950.* ... Morgens mit Quappi auf Ferry nach Staten Island. Schön, bei herrlichem Wetter, tauchte »Walhall« auf ... Schmierte die Schlangengöttin schwarzblau an.

*Samstag, 16. September 1950.* ... Morgens mit Q. und Lehrer Autofahrt. Na hoffentlich übersteht sie die Prüfung. Sah auch American-Art-School ... Zum Tee waren Freedman's da. Er leidlich erholt von schwerer Herzangelegenheit – aber nett und verständnisvoll wie immer. – (Ja richtig, Seoul erobert, was nun?) – Abends Philipp II. gelesen.

*Sonntag, 17. September 1950.* Starkes Sundaywork. Morgens erst noch etwas mit Q. und Butshy im Park, sahen »Shiva« in Sonne, aber kühl. Dann stark am Mittelbild von »Künstler« – wird jetzt was und recht interessant. Nachmittags 5 Stunden oder 6 am Mill's Park No. I., recht anstrengend aber doch gut geworden. Glaube ziemlich fertig. – Maria war da und erzählte von Berger. – Müde, etwas Weh –

*Montag, 18. September 1950.* Montagspause ... Schrieb an Franke zum 50ten Geburtstag. Dann kam Q. zurück von der Autoprüfung – vielleicht?! – Sie war jedenfalls ziemlich sicher. Nachmittag im Auto wegen Auto umsonst nach Downtown. Dann mit Q. im Plaza. – Später allein zu Fuß nach Haus durch den Abendpark. Las Philipp II. zu Ende. Nette Photo's von Curt kamen. »Citynight«, »Hope's« und »Maske«.

*Dienstag, 19. September 1950.* Plastik männlicher Kopf, 4 Stunden gearbeitet ...
Nachmittag Hope und Mr. Engelbesuch, Begeisterungsgeschrei über Familienhopebild. Na – ja, doch ganz angenehm. – Um 7 kam Doris-Flügel an. Ich noch 2 Stunden Plastik – oh Blödsinn – natürlich irrsinnig müde – a Dio –

*Mittwoch, 20. September 1950.* ... Am frühen Nachmittag erstes Mal in der American Artschool, komisch muffige kleine Veranstaltung – aber es wird wohl gehen. Mit Q. noch in Harlem, oh schwarzer Traum. Ich dann im Plaza sogar eine Zigarre. Zu Fuß zurück durch den Abendpark, schön ...

*Freitag, 22. September 1950.* Sehr stark am rechten Flügel von »Künstler« – den ganzen Tag. Nur Abends 10 Minuten op Straat.

*Samstag, 23. September 1950.* Erste Autotour mit Q. im eigenen Wagen mit 2 kleinen »Accidents«, aber sonst gut. Beinah bis Bronx. Wird schon werden. – Zum Tee Hans Swarzenski nett wie immer. Sah »Blindman's Buff« sehr gut. – Sonst etwas mies, wenig Post.

*Sonntag, 24. September 1950.* Die beiden Mill's Landschaften noch bearbeitet. – Schön am Morgen. Q. Nachmittag bei Jane und ich im Plaza. Zuerst Sonntagspublik, später amüsante Typen. – Abends im Beißl.

*Montag, 25. September 1950.* Erstes Mal in Brooklynschool wieder. War überraschender Weise sehr nett und die meisten alten Schüler vom vorigen Jahr da mit wirklich netter Freude über Wiedersehen, da alle dachten ich sei noch in Europa! – Aber am meisten freuten mich meine eben dort ausgestellten Bilder »Hölle der Vögel«, »Geburt« und »Mühle« aus Holland. Gott sei Dank irgend etwas bin ich ...

*Dienstag, 26. September 1950.* Noch die zwei Mill's Landscape's überholt, denke gut. – Nachmittag zweite Probefahrt im neuen car

mit Quappi, diesmal ohne Fehler. – Kritiken aus aller Welt, eine
dümmer als die andere ...

*Mittwoch, 27. September 1950.* Zweites Mal in American Artschool,
große Kritik, ganz lustig ... Nachmittag Stilleben mit Tauben angefangen ... (Etwas Weh abends.)

*Donnerstag, 28. September 1950.* Mac Arthur zieht ein in Seoul,
jetzt kommt bald die Grenze (38), na, Gott bewahre uns, daß nun
der letzte Weltkrieg kommt. – Morgens in school (Brooklyn) mit
vielen vielen Schülern, Krach mit einer Neuen, deren »Individualität«
von mir bedroht. – Schön im Botanischen und warm ...

### OKTOBER

*Dienstag, 3. Oktober 1950.* ... Abends Curt-Party mit vielen Menschen. 12 Personen im Bistro mit ausgezeichnetem warmem Hummer,
Aircondition, viel Geschwätz und Alkohol. – Die 3 California Bilder
gingen zu Curt.

*Mittwoch, 4. Oktober 1950.* Recht verkatert und schlecht gestimmt.
Erstes Mal mit Q. im car zur A.School. Na, es ging, ich war aber
sehr nervös und elend. Hier wird jetzt herrlich geheizt und es ist warm
wie in Afrika. Außer schlechtem Befinden verlief der Tag ereignislos
bis auf Entwurf zu »Sealion's«.

*Donnerstag, 5. Oktober 1950.* Netter schooltag mit hübschen Mädchen und netten Jungen's ... Nachmittag 3 Stunden »Künstler« Mittelbild ...

*Freitag, 6. Oktober 1950.* Viel gearbeitet am Mittelbild von »Künstler«. – Dann bei Augenarzt der mich sehr beruhigte und Sorge von
Erblindung von mir nahm ... Brief von Minna.

*Sonntag, 8. Oktober 1950.* Heftig noch am Mittelbild »Künstler« –
Nachmittag war Jane zum Tee da und der Prinz wollte nicht rein
kommen ... Corea neigt sich seinem Ende – aber was dann?!

*Montag, 9. Oktober 1950.* Zur Abwechslung »Geldsorgen«, schon
einige Monate nichts verkauft und Unkosten steigen. Na abwarten. –
Morgens in school, sehr nett auch im Botanischen. – Nachmittag noch
ein bißchen am »Clown« und »Sealion's« gearbeitet. – Post nothing.
Corea? und Weltkrieg? Und andere Dummheiten? –

*Dienstag, 10. Oktober 1950.* Großer und gelungener Auto-Ausflug nach den Cloisters – langsam wird die Geschichte (Q.chauffieren) – jedoch toi-toi-toi. Nachmittag Bogenmannskulptur, 3 Stunden gearbeitet, fast fertig.

*Mittwoch, 11. Oktober 1950.* Im eigenen Auto zur Americanschool ging gut. Auch erstmalig bessere Stimmung in der Schule. Einige nahmen schon an und man war sehr vergnügt. Nachmittag und Abend Brückenskulptur fertig gemacht, hoffentlich klappt's mit dem Gießen. – Sehr ermattet. (Weh.)

*Donnerstag, 12. Oktober 1950.* Große Korrektur Brooklyn recht nett... Entwurf zu »Sealion's« gut beendet...

*Freitag, 13. Oktober 1950.* ...Meditation of Incas and »Artist's«. – Im Park wird's Herbst mit kaltem Wind. Nachmittag am großen Tryptic – es wird.

*Samstag, 14. Oktober 1950.* Heute große Probefahrt über den Highway nach Brooklyn (im eigenen Auto), hin und zurück. Sehr gut verlaufen... Afternoon war Ernst da aus Ascona, braungebrannt und etwas voller...

*Sonntag, 15. Oktober 1950.* Morgens im Herbstpark kalt und grau... Nachmittag großes Stilleben mit Kamin fertig componiert. That's all.

*Montag, 16. Oktober 1950.* Heute mal ein bißchen nette Post. Peter hat wieder eine Klinik. Franke schrieb nett daß verschiedene Museen gekauft haben in Germany. Sogar ein kleiner Graphikauftrag aus Germany lief ein und ein guter ausführlicher Brief von Pierre. – Schrieb an Minna.

*Dienstag, 17. Oktober 1950.* ...Viel am Tryptic, linker Knieender mit Bart. Curt schickte Pralinée's für Q. und auch Liste für Beverly Hill. Morgens Spaziergang durch Park bis Gladstone, wo ich mit der wohlfrisierten Quappi lunchte.

*Donnerstag, 19. Oktober 1950.* Zur Abwechslung mal wieder ein Bild verkauft, University of Iowa: Blumencorso in Nizza. Immerhin erfreulich.

Morgens erstmalig direkt zur Schule Brooklyn mit eigenem car. Gut gelungen. Quappi fährt jetzt gut...

*Freitag, 20. Oktober 1950.* Vier Stunden Mittelbild »les Artistes« – furchtbar angestrengt...

*Samstag, 21. Oktober 1950.* Ziemlich vergeblich am Mittelbild bis auf den gleichmäßigen rosa Himmel –

Hm, ärgerlich, dabei den ganzen Tag gemurkst. Nur am Abend durch die Straßen, ach ja die Straßen – bei Nacht.

*Montag, 23. Oktober 1950.* Im Regen mit car über Highway zur school. Wie immer nett. Schöne Parkstation in Kälte des Herbstes . . . Dann Nachmittag erstmalig zufrieden gearbeitet am Mittelbild von »Künstler«, 3 Stunden – schön, sehr geschwitzt – aber – es wird!

*Dienstag, 24. Oktober 1950.* Erste Fahrt nach dem Bronx Zoo, fanden den richtigen Weg und sahen Riesencondor, Giraffen und Känguruh's – schön war's in dem kühlen grauen Herbsttag. Rückfahrt war auch glatt – kurz »Augustinus« macht sich . . .

*Donnerstag, 26. Oktober 1950.* In school mit Q. und Augustinus mit ziemlicher Übermüdung und nicht angenehmem Dasein . . . Nachmittag mit den »Seelöwen« beschäftigt? Schweres Problem. – Las gerade »Meister Wacht« – und habe viel gelacht . . .

*Freitag, 27. Oktober 1950.* Stilleben-Interieur mit Tauben finished – one day. Morgens etwas im Park, schöne Herbstsonne . . .

*Samstag, 28. Oktober 1950.* Morgens die »Brücke« repariert, aber noch nicht gänzlich. – Sehr guter Entwurf zum »Sealionstheater« . . .

*Sonntag, 29. Oktober 1950.* Curt nahm begeistert »Kopf« und »Schlangendamenplastik« mit, für Bronze gießen, – na also. – Gegen Abend mal wieder im Plaza . . .

*Montag, 30. Oktober 1950.* Heiß – dreißigster Oktober heiß! – School – car – Park – heiß und müde. Im Prospect Park Weh, ermattet nach der school noch Botanischer Garten . . . Nachmittag trotz Müdigkeit noch an »Sealion's« gearbeitet. Dann nach scheußlichem Radiolärm – nochmal schweres Weh. – Dann Corea –

*Dienstag, 31. Oktober 1950.* Endgültig für diese Woche »Arbeitspause«. – Spaziergang in »Frühlingssonne« zum Hudsonriver schön, aber noch sehr zerbrechlich. – Nachmittag war Weller aus Illinois da, immer netter Kerl. – Abends plötzlicher Riesenspaziergang durch Nachtpark . . .

NOVEMBER

*Mittwoch, 1. November 1950.* Besuch beim Kitsch recht nett. Eine Dame liest Don Quichote. Hin und zurück mit car . . . Corea? encirclé?? Na so was?! – (Weh.)

*Donnerstag, 2. November 1950.* An sich netter Schultag in Hitze (Brooklyn), auch etwas ausgeruhter. Mit Augustinus hin und zurück . . . Leider sehr beunruhigt über Rückschlag in Corea – wie soll das enden –?! Na, hoffen wir weiter. – Des Morgens nach Rückkehr von school noch links Figur im Mittelbild »Künstler« endgültig gestartet . . .

*Freitag, 3. November 1950.* Etwas sehr nervöser Tag mit schlecht Feeling. Hastige Vorbereitungen für Sonntagzeichnung von Valentiner – Papierrollen sind immer scheußlich. – Nach vielem hin und her, doch ins Nachtkino, wo ein conventionel gruslicher Chinafilm und ein amerikanischer Lachfilm mich wieder auf die Beine brachte und später unter Coca-Colagesaufe ironisch auf alle Schrecknisse des Lebens herabgesehen wurde.

*Sonntag, 5. November 1950.* . . . Valentiner Portrait gut von statten gegangen. Wir lunchten dann noch mit William im anderen Plaza. Auf der Taxi Rückfahrt op Straat Curt gesehen, Geschrei – Begrüßung – Weiterfahrt . . . Ganzen Tag ganz guter Laune . . .

*Montag, 6. November 1950.* . . . Schwerarbeit am Mittelbild, erfand blauen Mantel, morgen vielleicht Entscheidung. Brief von Minna . . .

*Dienstag, 7. November 1950.* »Die Künstler« – blaue alte Figur – auch das Ganze ziemlich lange am Morgen gearbeitet . . . Corea und China?

*Mittwoch, 8. November 1950.* Müde, zu viel Arbeit, American Artschool auch aus? – Schön zurück mit dem Augustinus etwas noch im Park. Dann noch an den »Künstlern« zwei Stunden gearbeitet. – Lächerliche Post – miese Stimmung – aber Bild wird schön!

*Freitag, 10. November 1950.* Große Singende auf rechtem Flügel von »Künstlern« ziemlich gut neu fertig . . .

*Samstag, 11. November 1950.* Mäßiger Tag mit Autoverfehlung – (Schlüssel war weg) und Irrungen und postlos. – Abends bei X. recht langweilig bis auf die Sensation, daß ich endgültig aus dem »modernen Schiff« ausgebootet bin. – Na fahren wir auf dem Floß weiter – Brief an Minna.

*Sonntag, 12. November 1950.* Weiter schlechte Zeitung. Keine Er-
wähnung wegen H.Portrait in Times. T'ja das Kunstverständnis . . .
Schöne Autofahrt nach Cloisters auf dem Highway tat gut.
Abends rief Jane an – na vielleicht bin ich doch nicht ganz ver-
lassen.
*Montag, 13. November 1950.* In der school sehr nett, zwei weitere
Schüler – und im allgemeinen gute Folge. – Im kalten Botanischen
Garten bei beginnendem Winternebel schön wie immer –
Nachmittag an den »Seelöwen« – nicht befriedigt zur Zeit, auch sonst
Trübsal und Erfolglosigkeit. – Lohnt sich eigentlich nicht mehr um
mich zu kümmern.
*Dienstag, 14. November 1950.* Ziemlich aufregender Tag mit der Be-
endigung der »Seehunde« nach entscheidenden Änderungen. Mittag
um 2 Uhr Schluß. – No Post!
Dann Nachmittag ziemlich erledigt nach Straßenspaziergang ins Cine-
ma, Claudette Colbert recht gut (die Inselfestung) und gutes Steak von
Quappi . . .
*Mittwoch, 15. November 1950.* . . . Mit American Artschool ist's aus
– na vielleicht auch ganz gut, wurde ein bißchen viel Kitsch in meinen
Augen.
Sonst gut noch am Taubenstilleben und Mittelbild (Tryptic) gearbeitet.
Immer trostreich . . .
*Donnerstag, 16. November 1950.* Ha ha, es geht wieder besser, nicht
mit money aber »Mittelbild« wächst – also – das ist schön.
(Eröffnung der Beckmann Ausstellung in Beverley Hills) . . .
*Freitag, 17. November 1950.* Refreshingsday. Morgenspaziergang im
kühlen Park. Nachmittagschlaf lang, trotzdem müde zu van Veen's,
wo auch die M. G. war. – Schenkte V.'s eine Radierung . . .
*Samstag, 18. November 1950.* . . . Ich werde weiter malen, immerhin
eine kostbare und schwierige Illusion, reicht für die paar Jahre, alles
andere hab' ich tüchtig gefressen. – Zwei Stunden morgens im kalten
Park bei den Segelbooten . . .
*Sonntag, 19. November 1950.* Wieder ein Curtsonntag dahin. Natür-
lich Taubenstilleben geht weg, »Seehunde« bleiben noch. Lunch im
Regis, sahen Perry im Kranz ältlicher mit Brillanten behangener Damen.
Curt war sehr nett auch in der Sk.Buch Geschichte. –

Na besser wie gar nichts.

Zu Haus, Boden und Tuch von den »Künstlern« fertig gemacht. – Elend und müde – wozu das alles?

*Montag, 20. November 1950.* ... Curt rief begeistert über »Interieur« an, und: eventuell Entwürfe zu Glasfenster für Kapelle von J. D. Rockefeller? Ziemlich zweifelhaft – na abwarten ... Brief vom »Chefarzt«. – Sehr müde.

*Dienstag, 21. November 1950.* Lange im recht kalten Central Park, sah zwei schwarze Chow's. Dann doch (gegen Willen) drei Stunden – (nach einem Jahr) – am alten grünen Clown gearbeitet. Ganz schön. Wurde wegen Klavierstimmer rausgeworfen um 5 Uhr. Kino, Magendesaster – Q. später Überraschung auch im Kino.

Abends »the far Lands« (v. James N. Hall). Bessere Stimmung.

*Mittwoch, 22. November 1950.* ... Große Central Park Promenade, entdeckte Shakespearegarden.

Netter Abend mit Perry und Curt. (Hackbraten.) Curt verkündete weiter Rockefeller Möglichkeit und Perry sah wirklich gut die »Sealions« und anderes – auch begeistert von der »Brücke« (Plastik). Auch scheint Buch B. doch zu werden – na kurz etwas bessere Stimmung.

*Samstag, 25. November 1950.* Hurricane ist zu Ende. Marion G. kam deswegen nicht. – Machte einen schönen Entwurf »Bühnengarderobe« mit zwei Figuren. Curt rief teilnehmend an wegen Hurricane unter großem Gelächter.

*Sonntag, 26. November 1950.* Fleißiger Sonntag, rechter Flügel of »Artists« ziemlich endgültig. – Jane holte Bank, sah sie aber nicht, berichtete daß Curt Stilleben schön und groß bei sich aufgehängt hat.

*Montag, 27. November 1950.* School guter Durchschnittbetrieb. Lobte O. C. – Wieder mit car auf Highway, sahen viele Spuren vom Hurricane.

Halb zehn kam Jane und H. Swarzenski und mit alkoholischer Begeisterung (sie kamen von Party) sahen sie »Brücke« und »Seehunde«. (Bremen will einen Beckmann.) Sie zogen ab mit Whisky gefüllt. Swarzenski geht ein halbes Jahr nach Europa. Jane hielt Strafpredigt wegen zu viel arbeiten von Beckmann.

*Dienstag, 28. November 1950.* Großer Unglücksrummel in C o r e a – 30 Miles back – oh China –

und Künstler ziemlich fertig –

ich auch –

nichts von der Welt gesehen – leider aber gehört.

*Mittwoch, 29. November 1950.* Auch dieser Tag ein Gemisch von Coreadésastre und Marion Greenwood Besuch und eiskaltem Morgenspaziergang mit Nervenschmerzen (Brustweh) und Angst ist vorüber. – Noch sehr müde von gestern und zwei Zeichnungen die ich von Marion gemacht habe. Sie war sehr nett ... teilweise wirklich sehr schön ...

### DEZEMBER

*Freitag, 1. Dezember 1950.* T'ja also, Holzinger zwei Stunden von elf bis eins hier. Nett. – Gegen Abend erste Nachttour mit Augustinus zu van Veen Party, Kuniyoshi's, Marion, nettes Advertisingwoman, – verrückt besoffene Direktorin (wollte sich auf meinen Schoß setzen), viel angeschwärmt, auch Quappi, na und vieles andere in der selben Tonart.

*Samstag, 2. Dezember 1950.* Regenfahrt nach Cloisters. Zank Autorückwärtsfahren. Nach Kaffee besser. Rückfahrt schön Riversidedrive im starken Regen.

Um 6 Uhr Francis van Veen 2 Stunden gezeichnet. Q. und F. schwatzten viel während ich schwitzte. – Brief v. Minna ...

*Sonntag, 3. Dezember 1950.* Die übliche Sonntagsarbeit, das heißt eigentlich den ganzen Tag zwei Artistinnen und Doppelportrait Marion-Francis. – Quappi war mit Frau Heiden im Konzert ...

*Montag, 4. Dezember 1950.* Es ist sicher nicht abzuleugnen, daß man alt wird.

Brustschmerzen, Sehstörungen, Neigung zu Fettleibigkeit, fast dauernde Melancholieanfälle verbunden mit Coreadurchfall lassen das Leben in immer trüberer Façon erscheinen. Trotzdem – na ja, man wurstelt weiter. – Post kommt seit Monaten überhaupt nicht mehr mit Ausnahme von M. und ein paar Deutschen. Leben Sie wohl Herr Beckmann –

*Dienstag, 5. Dezember 1950.* Also, Mittelbild zu »Amazonen« gestartet.

Im Plaza drei Champagnercoctails und ein Whiskysauer ...

*Mittwoch, 6. Dezember 1950.* Fahrt zum Zoo. Herrliche Colibri's und Zwergstörche und netter Lunch brachten einige Entspannung. – Post war auch etwas milder. (Buffalo.) Auch Curt »grinste« von weitem – also es wird weiter gewurstelt.

*Donnerstag, 7. Dezember 1950.* Soll ein Geschenk für Christmas bekommen ... In der school tauchte nette Schülerin aus American School auf, auch sonst nett. Fahrt hin und zurück über Highway immer schön ...

*Freitag, 8. Dezember 1950.* Linker Flügel zu den »Amazonen« angefangen zu entwerfen. An Francis und Marionportrait gearbeitet. – Schönes Wetter – Keine Post – Keine Butter –

*Samstag, 9. Dezember 1950.* Morgens ziemlich lang im Park – (Nachts Argonauten-Traum!) – dann linker Flügel von »Balletprobe« (formerly »Amazonen«) gearbeitet – leider etwas zu viel. – Corea scheint unentschieden zu werden. – Schrieb an Minna.

*Sonntag, 10. Dezember 1950.* Curt kauft »Interieur mit Tauben« und Times bringt Kritik über »Snakecharmer« Plastik ... Besuch von Curt und Jane zum Irish Stew ganz gemütlich ...

*Montag, 11. Dezember 1950.* ... Coreasache noch immer mies. – Curt fährt nach Europa. – Drei Stunden schön am »Balletrehearsel« gearbeitet, erstes Mal schon fertig. Kann schnell gehen. – Also hoffen wir weiter ...

*Dienstag, 12. Dezember 1950.* Vergeblicher Büchereinkauf (in Downtown mit car, scheiterte wegen Unmöglichkeit zu parken, kein Platz). Fuhren dann noch »schön« zu den Cloisters und lunchten dort. – Butshy war nicht wohl, jetzt gehts wieder. – Stimmung très baisse wegen Coreatragödie.

*Mittwoch, 13. Dezember 1950.* Ganzen Tag gearbeitet, was ich eigentlich gar nicht wollte. Immer noch an den »Argonaut's«, na vielleicht hab' ich's doch noch gesteigert. War nur 10 Minuten op Straat.

*Freitag, 15. Dezember 1950.* Spaziergang im eisgrauen Park, Würstchen mit Senf. – Abends »Sealions« überholt.

*Samstag, 16. Dezember 1950.* 12 Stunden an dem rechten Kopf von Argo –

welcher Wahnsinn –

*Sonntag, 17. Dezember 1950.* 4 Stunden an dem lächerlichen rechten

Kopf von den »Argonauten«. – Abends mit Curt im Regis eine Fl. Iroi und liebevolle Behandlung, fährt Donnerstag nach Europe.

*Montag, 18. Dezember 1950.* School.

Nochmals neu rechter Kopf of »Argonaut's«.

*Dienstag, 19. Dezember 1950.* Wegen Erkältung zu Haus, herumgelungert, entworfen etc. . . . Politik sehr mies, ebenso undurchsichtig wie meine Erkältung. (Weh.) – »Theaterrequisitenraum«.

*Mittwoch, 20. Dezember 1950.* Noch sehr heiser, hoffentlich bleibt's dabei. Doch etwas im Park und nachmittag sogar im Plaza. Morgens »Theatergarderobe«. Curt rief sehr nett an, Abschied für Europe – –!! – – – – – –

*Donnerstag, 21. Dezember 1950.* Noch erkältet. Unerwartet Party in school mit Tanz und Erkältung und ganz viel Liebe und Anhänglichkeit. Im car über Tunnel und Highway zurück . . . Nachmittag zu Hause. Entwurf zum »Brillenladen«. Fand das von gestern recht schön . . .

*Freitag, 22. Dezember 1950.* Gearbeitet – »Theatergarderobe«.

*Samstag, 23. Dezember 1950.* Erkältung vorbei!! – Gearbeitet, »Seelöwen« – und Kopf von »Argonauten« – verdammt –

*Sonntag, 24. Dezember 1950.* Weihnachten vorbei. Jane war zum Weihnachtshammel da. Ich todmüde. – Am Morgen noch »endgültig«?! »Argonauten« fertig gemacht. – Es regnete leicht im Central Park. – Curt merry Christmas-Telegramm aus London.

*Montag, 25. Dezember 1950.* Erholungstag mit leichtem Spaziergang in leichtem Schneesturm im Städtchen. Briefe geschrieben an Valentiner und Lackner. – Gegen Abend Cinema, mit Diamond Jim. – In kalter Nacht nach Hause.

*Dienstag, 26. Dezember 1950.*

> Schneefall . . .
> den ganzen Tag gearbeitet
> auch noch am »Kopf« –
> und »Theatergarderobe«
> Q. war böse –

Traum, der mit Weinen begann und endet
mit dem Weinen des
Todes –
Traum des Lebens Du
bist ausgeträumt.

*Undatierte Eintragung Max Beckmanns in einem Skizzenbuch.*

*(Zitat aus einem Gedicht Klopstocks.)*

## Nachwort

Hörte Max Beckmann bei Nacht das Brummen der Bombengeschwader über Amsterdam, so ging Zeit in ihm vor. Er spürte das Geschick der Zerstörung seiner Epoche. Nicht daß er persönlich Angst gehabt hätte — zudem wurde Amsterdam fast verschont. Aber sein in die Nacht reichendes Auge sah die Bomben fallen, die Feuerbrände aufflammen, die Menschen getötet. Als er 1925 durch die Galleria Umberto in Neapel schlenderte, sah er die Flut des Faschismus steigen, Carabinieri Ertrinkende retten und eine Leiche kopfüber an Tauen von der Decke hängen. Am hellichten Tage. Als Mussolinis Sturz gemeldet wurde, holte er das Bild aus der Abstellkammer neben dem großen Amsterdamer Atelier, dem alten Tabakspeicher, hervor und zeigte es. Er empfand es selbst als ein zweites Gesicht, ohne noch zu wissen, daß er auch das Ende des Diktators — kopfüber hängend, auf einem Platze Mailands — vorhergesehen hatte.

Als das Ende Deutschlands nahte, identifizierte er sich mit Deutschland. — »Ja, ja, ich weiß es geht zu Ende mit mir und Germany — was nützt und schadet es schon. — Immer die alte Leier — das alte Lied.« Der Leiermann als Schicksal, so oft von ihm gemalt, auch hier. Einen Augenblick gibt Max Beckmann sein Geheimnis preis, daß er den Weltgeist in sich wirken weiß.

Es sind in einer Generation immer nur wenige, die wie Atlas die Last der Welt, die Last der Zeit, tragen müssen. Diese wenigen, die für unsere Gegenwart noch nicht alle aus dem Dunkel der Anonymität hervorgetreten sind, haben die verschiedensten Waffen, die Zeit abzuwehren. Abzuwehren, soweit sie kreative Naturen sind, um sich den Raum zu schaffen, jenseits dieser Zeit ihr Werk zu verrichten.

Dieses Werk kann nur gelingen, wenn der banale Tagesablauf zurückgeschoben und stückweis und regelmäßig verarbeitet worden ist. Es ist deshalb kein Zufall, daß gerade diejenigen, in denen die Zeit vorgeht und die das Zeitgeschehen in gesteigerter Form dem Werk einverleiben, Tagebuch schreiben, Logbuch einer gefährlichen Reise durch Jahr und Tag.

Als das Tagebuch Beckmanns 1955 erschien, hat man in Deutschland kaum nach dem Buch gegriffen, der wachsende Ruhm der Bilder zieht jedoch immer wieder die Aufmerksamkeit auf diese Notizen und wenn es auch nur durch Zitate in den Katalogen der Beckmann-Ausstellungen geschieht. Es ist sicher nicht wie die Journale der Franzosen zur Veröffentlichung bestimmt gewesen. Es ist weit entfernt von jenen minuziös überarbeiteten Notizen Ernst Jüngers. Es hat der Aufrechterhaltung der Existenz gedient, physisch, geistig und seelisch. Es war eine Stütze wie der dicke gelbe Bambusstock, mit dem Max Beckmann ausging und mit dem er fest auf das Pflaster stieß, um seinem Unmut Luft zu machen, wenn es not tat. Auch er war ein lebenslanger Tagebuchschreiber. Kürzlich haben sich Fragmente aus der Zeit um 1905 gefunden. Vollständig erhalten sind aber nur die Tagebücher der Jahre 1940—50. Die Aufzeichnungen der ersten Emigrationszeit — Max Beckmann hatte Deutschland 1937 verlassen — wurden vor dem 10. Mai 1940, dem Tag des deutschen Einmarsches in Holland, vernichtet. Bis auf drei Blätter, die vom 4., 6. und 7. Mai datiert sind und den Anfang des Buches ausmachen. Sie stellen merkwürdigerweise und doch nicht zufällig die Existenzfrage. Die Frage des Verhaltens gegenüber Gott und Welt. »Stolz und Trotz« kennzeichnen diese prometheische Haltung, der Satz — »ich habe mich mein ganzes Leben bemüht, eine Art Selbst zu werden« — den Weg. Das Malen ist dabei eine Funktion dieses Vorganges, die neun Triptychen die Meilensteine, von »Beginning« über »Versuchung« und »Departure« bis zum Heimbringen des Goldenen Vlieses der »Argonauten«. »Tryptics« heißen sie im Tagebuch — sechs sind in dem Zeitraum 1940—50 entstanden — mit ironisierendem Anklang an die Ausweise der Autofahrer beim Überschreiten der Grenze. Welchem Charon wollte der Maler sie vorweisen?

Schon die ersten drei Eintragungen zeigen den Einfluß der äußeren Lage. Die drohende Gefahr wirkt wie eine Kelter — ein Bild, das Max Beckmann tröstlich fand —, die unter wachsendem Druck den letzten Saft herauspreßt. Was den ungemeinen Reiz dieser und vieler anderer Eintragungen ausmacht, ist schon auf den ersten Seiten zu finden: Das Nah-Persönliche — »meine große Radtour bei Hilversum mit Quappi, die sehr schön war in vollem glänzenden Frühling«, das Eingreifen der Weltgeschichte (»gestern und heute verließ England wieder Norwegen«), die Frage an sich selbst und der Verweis auf das Werk (»schade nur, ich kann wirklich ganz gut malen«). Dieses Nebeneinander, unnachahmlich und in tausend Variationen immer wiederkehrend, ist in einer plastischen, zugreifenden Sprache gegeben, die sich, namentlich bei Landschaftsschilderungen, bis ins Dichterische steigert, hin und wieder die Umgangssprache streift, aber nie banal wird. Eine Sprache, die von Realität gesättigt ist, von dem Gesehenen über das Empfundene bis zur Gegenwart des Metaphysischen. Sie hat am ehesten eine Verwandtschaft mit der Sprache Gottfried Benns.

Die »Briefe an eine Malerin« zeigen, daß Max Beckmann das Tagebuch nie benutzt hat, um die Form der schlichten Aufzeichnung bewußt zu verlassen. Denn diese »Briefe«, gleichzeitig entstanden, sind Kunstwerke, vom ersten bis zum letzten Wort durchgefeilt und noch in der englischen Übertragung von außerordentlicher Kraft. Max Beckmann kannte auch hier den Unterschied zwischen flüchtiger Skizze und fertigem Bild. Das Unbehauene, Unpolierte des Tagebuches sowohl in der Zeichensetzung wie der Schreibweise blieb erhalten. Auch ein scheinbar nebensächliches Wort gewinnt bei mehrfacher Lektüre plötzlich Gewicht. Wiederholtes Lesen öffnet den Zugang und beantwortet viele der auftauchenden Fragen.

Man versteht dann, daß die Erwähnung eines Bildtitels meist bedeutet, daß der Maler an diesem Bild arbeitete. Man ahnt, daß sich die Namen der Bilder verändern, während sie unter der Hand des Malers Gestalt gewinnen. Über zweitausendmal werden in diesem Tagebuch Bilder und Zeichnungen erwähnt, es wird die Aufgabe des Œuvrekataloges sein, sie mit den erhaltenen Werken in Beziehung zu setzen.

Die Erwähnungen von einzelnen Personen in den lakonischen Tagebuchaufzeichnungen gehen in die Tausende. Es wäre schon aus Raumgründen unmöglich gewesen, ein Verzeichnis dieser Namen mit Erläuterungen aufzustellen. Beckmann hat die Personen nur mit Vornamen oder Abkürzungen bezeichnet. In zahlreichen Fällen hat er die Namen bewußt so weitgehend verändert, daß es nur den Eingeweihten möglich ist, die betreffenden Personen zu erraten. Abkürzungen dieser komplizierten Art finden sich besonders in der Zeit der deutschen Besetzung Hollands, als Beckmann daran gelegen war, bei einer eventuellen Haussuchung und Überprüfung der Tagebücher niemanden in Ungelegenheiten zu bringen.

Die Personen werden, je weiter Max Beckmann aus dem Dunkel des Krieges in das Licht von Freiheit und neuem Ruhm tritt, immer offener genannt und erlauben Rückschlüsse auf vorher auftauchende Figuren, die unter der Tarnkappe von Initialen, Abkürzungen oder Spitznamen, in deren Erfindung Max Beckmann Meister war, verborgen wurden.

Der Lebensrhythmus der Amsterdamer Jahre war in bezug auf Ortsveränderungen ruhig. Eine kleine Reise nach Valkenburg im Süden des Landes, wo Hügel die Landschaft beleben, Ausflüge an die See, kurze Aufenthalte im Witte Huis in Laren, wo Liebermann in den 90er Jahren oft zeichnete und malte, 1947 die schöne Reise nach Nizza. Dann folgen die turbulenten amerikanischen Jahre, die Schiffsreisen, die Fahrten durch den amerikanischen Kontinent bis zum Pazifik, schließlich die glückliche Zeit in New York.

Weitläufige Lektüre — Max Beckmann war ein großer Leser — füllte die Abende aus, namentlich in den Amsterdamer Jahren. Überblickt man die erwähnten Bücher, es sind bei weitem nicht alle, die Beckmann in dieser Zeit gelesen hat, so häufen sich unter Jean Paul, E. T. A. Hoffmann, aber auch unter Dostojewski, Thomas Wolfe und André Gide die Titel. Immer steht die Lektüre in immanentem Zusammenhang mit der jeweiligen Situation des Lesers Max Beckmann, der mit schlafwandlerischer Sicherheit zu den seiner Lage gemäßen Büchern greift. Während der endgültigen Ausfahrt nach Amerika liest er — am 17. September 1948 — Richard Wagners Lebenserinnerungen und kommt zu wesentlichen Erkenntnissen über Emigration. Hin und wieder trägt ihn die Lektüre in jene zeitlosen Regionen, in denen er sich während der Ekstase des Malens aufhält. Man überliest diese Stellen leicht, oft sind sie nur am gehobenen Rhythmus eines Satzbruchstückes erkennbar. Die Meditation — von griechischer Philosophie und häufiger noch von indischen Lehren ausgehend, auch der Name Lao-Tse fällt — führt in diesen Bezirk.

Mit seinen Kunstgenossen steht Max Beckmann über die Zeiten hinweg auf Du und Du — »mein armer Vincent« heißt es einmal, aber auch von »Luigi Richter« spricht er, »oh Dürer« ruft er ein andermal

aus. Bewußt wurde darauf verzichtet, die das Weltanschauliche berührenden Stellen miteinander in Beziehung zu setzen. Denn Max
Beckmann baut kein System. Wohl aber hatte er in Jahrzehnten eine
Weisheit des Auges entwickelt, die auch die metaphysische Lage mit
einem Blick zu beurteilen und ihre Quintessenz in einen Satz zu fassen wußte — wie ein Bild.

Überraschen wird die Verbundenheit mit der Kreatur, mit Baum,
Fels, Savanne und mit dem Meer, »dem alten Vertrauten«. Aus dieser Nähe zur Schöpfung nährt sich die Substanz der Bilder. In den
Stadtlandschaften Europas, Amerikas umherstreifend, könnte Max
Beckmann in die Dichtung eingehen wie die Gestalt des wahlver-
wandten Rimbaud — »fand mich aber in einem Straßenspiegel alt
und schäbig«. Mit Zirkusleuten, Artisten, einem Zigeunerprimas geht
er wie mit seinesgleichen um, nimmt sie in seine Bilder hinein, entdeckt in ihrer Umgebung seine alten, längst gestalteten Motive. Das
Vertauschen von Realität und schönem Schein, der zur Wirklichkeit
der Bilder wird, vollzieht sich in dieser Sphäre besonders leicht, kenn-
zeichnet aber das Verhalten Max Beckmanns auch sonst. Im Tagebuch wird der Wechsel meist mit Ironie vollzogen, das Grotesk-Ko-
mische einer Situation von diesem leicht erhöhten Standpunkt aus
mit Sicherheit gesehen.

Das graphische Bild des Tagebuches wechselt. Meist wurde es in Ka-
lendern mit vorgedruckten Daten geführt. Oft sind die Seiten eng
beschrieben, dann wieder steht nur ein Satz auf dem Blatt: »Zwölf
Stunden an dem rechten Kopf von Argo — — welcher Wahnsinn.« In
der Größe der Buchstaben, in den Unterstreichungen, den Gedanken-
strichen drückt sich die Qual der schöpferischen Lust aus. Es geht um
die »Argonauten«, das letzte Triptychon. Der mechanische Vermerk
auf dem Kalenderblatt »350th day — 15 days follow« — noch 15 Tage — wirkt wie der gespenstische Anhauch des nahe bevorstehenden
Todes. Er traf ihn unerwartet zehn Tage später, in der Mitte des
Jahrhunderts, an der Ecke der 69th Street in New York, morgens
9 Uhr, auf dem Wege in den Central Park. Ein Schutzmann zog den
Ausweis aus der Brieftasche und ließ den Toten nach Hause bringen.
Max Beckmanns irdische Odyssee war beendet.

Der blitzschnelle Zugriff des Todes kam für die Freunde Beckmanns

völlig unerwartet und erschütterte um so tiefer. Um Quappi Beckmann über die ersten Monate hinwegzuhelfen, gab ihr Curt Valentin,
der New Yorker Freund Beckmanns, der gehört hatte, daß ein Tagebuch existierte, den Auftrag, aus den nicht leicht zu entziffernden
einzelnen Kalenderblättern ein lesbares Manuskript zusammenzustellen – ein Akt höchster menschlicher Einfühlung. In diesem Augenblick der fast noch körperlich spürbaren Anwesenheit Beckmanns
nahm Quappi Beckmann mit dem ihr eigenen Taktgefühl jede ihr
notwendig erscheinende Rücksicht auf die im »Tagebuch« erwähnten
Personen und dehnte sie selbst auf Länder, Städte, geschichtliche Vor-
gänge und Werke anderer Künstler aus. Fast ein Drittel der Notizen
fiel weg. Heute wäre es wahrscheinlich zu verantworten, größere
Partien, die damals gestrichen wurden, freizugeben, Namensabkür-
zungen, Spitznamen aufzulösen.

Das körperliche Befinden, Essen und Trinken, selbst das Kino oder
der Zirkus waren für Max Beckmann ungemein wichtig, da sie die für
das Malen notwendigen Voraussetzungen bildeten. Man muß sich die
Bilder, die er jeweils unter der Hand hatte, dazudenken, erst dann
wird das Tableau dieses Lebenslaufes vollständig. Denn von dem
Entstehungsvorgang des einzelnen Werkes ist nach künstlerischen
Gesichtspunkten kaum die Rede, meist wird nur von der ungeheuren
Anstrengung, der zeitlichen Dauer gesprochen.

Das sich immer wiederholende »5 Stunden an…« erinnert an die
Ausrufe Flauberts in seinen Briefen, in denen er sich als Galeeren-
sklave an den Schreibtisch gekettet sieht, im Kampf um die Prosa, die
der Maler Max Beckmann immer wieder las. Strebte Flaubert gehäm-
merte Sätze über dem bis in die Einzelheiten geplanten Buchgerüst
an, so ging Max Beckmanns Bemühen dahin, innerhalb des Bildbaues
die Frische des ersten Pinselstriches zu bewahren. Viele Male entfernte
er einen Kopf von der Leinwand, wenn es ihm nicht gelang, diese
Spontaneität zu gewinnen. Es war das Problem, an dem Marées
gescheitert ist, mit dem ihn das Streben nach Monumentalität, die
Bewältigung der großen Fläche und des großen Vorwurfes – im
Triptychon – verband. Wer die Erörterung so unmittelbarer Schaf-
fensvorgänge bis in Einzelheiten im Tagebuch sucht, wird enttäuscht
sein. Denn diese Details blieben ganz im Optischen, gerieten nicht in

die Sphäre des Wortes, wurden malend, nicht schreibend gelöst. Auch hier heißt es zwischen den Zeilen lesen, ja die Spannung zwischen einzelnen Worten und Wortgruppen, Farbangaben — »rosaviolettes ruhendes Caliente-Mädchen« — aufzuspüren.

Die tausend Eintragungen des Tagebuches drohen vor den Augen des Lesers in eine Unzahl verwirrender Einzelheiten zu zerfallen. Was bindet sie zusammen? Das Verhalten Max Beckmanns. Man schiebe die Unsumme der notierten Fakten und die sich daran knüpfenden Fragen beiseite und suche das Exemplarische dieses Verhaltens zu erfassen, das sich in den schwierigsten Situationen dieser Odyssee gleich bleibt. Darin liegt die Lehre dieses Tagebuches, weit über das Biographische, die inneren Monologe hinaus: So verhält sich heute ein großer Mensch — er gibt ein Beispiel.

Erhard Göpel

Traum, der mit Weinen begann und endet
mit dem Weinen des
Todes –
Traum des Lebens Du
bist ausgeträumt.

*Undatierte Eintragung Max Beckmanns in einem Skizzenbuch.*

*(Zitat aus einem Gedicht Klopstocks.)*

ANMERKUNGEN
VON MATHILDE QUAPPI BECKMANN

## 1940

8.11.40. *Kaperschip:* Name eines Barlokals in einem Keller in einer Seiten-
straße des Rokin, gegenüber von Beckmanns Haus, es diente gleichzeitig als
Luftschutzkeller.

## 1941

15.5.41. *Schauspieler:* Ein Triptychon. G 604.
26.8.41. *Letztes Mal gebadet:* In Zandvoort gebadet.
1.10.41. *Weib auf dem Tier:* Lithographie für »Apokalypse«.
6.10.41. *Apo:* »Apokalypse«, 1943 als Privatdruck der Bauerschen Gießerei
Frankfurt erschienen.
27.11.41. *Platz von Valkenburg:* Bild ist später durch Bombardement ver-
brannt. G 585.

## 1942

6.2.42. *7 Uhr alles Schluß!:* heißt Polizeistunde.
8.2.42. *Neue Leckage:* Durchs Dach war Wasser geronnen.
16.2.42. *King Ping Meh:* Chinesischer Roman.
21.2.42. *8 Uhr Ladenschluß:* Polizeistunde.
27.2.42. *Im dunklen Waggon:* Züge waren im Kriege verdunkelt.
27.2.42. *Fiets Taxi:* Kleine zweisitzige Wägelchen, die an einem Fahrrad befe-
stigt wurden, auf dem ein ›Chauffeur‹ fuhr. Später verboten und durch Ponys
ersetzt.
6.3.42: *Öl statt Gin:* Gin oder Genever war in der damaligen Zeit nur auf dem
schwarzen Markt erhältlich und wurde daher meist nicht in den Original-
flaschen verkauft. Ebenso Öl. Einige Wochen vorher war eine Flasche Öl zum
Backen gekauft worden, die äußerlich einer Flasche Gin sehr glich. Jedoch
war der Gin schon früher ausgetrunken worden. So kam die Verwechslung
der Flaschen zustande.
23.5.42. *Zitkamer:* Das untere Wohnzimmer.
6.6.42. *Brief:* Der Brief war der erste Aufruf zum Militär. Nichts Ärgeres
hätte geschehen können. Danach begann sein Herzleiden.

*7.6.42. Den Menschen schuldig:* H. meinte, er müsse sich der Menschheit erhalten.

*8.6.42. Zusammenklappen:* Beim Aussteigen aus dem Zug im Amsterdamer Bahnhof bekam M. B. einen Herzschwäche-Anfall. Man brachte ein Taxi auf den Bahnsteig, um ihn nach Hause zu bringen.

*15.6.42. Tierquälerei:* An diesem Tag wurde M. B., obwohl er bestellt war, aus irgendeinem Grund noch nicht zu der eigentlichen militärischen Untersuchung vorgelassen. Man sagte ihm, er solle den nächsten Tag wiederkommen.

*21.7.42. J.-Transporte:* In dunkler Nacht sahen wir den Abtransport von unzähligen jüdischen Familien in unzähligen verdunkelten Trambahnen an unserem Haus vorbeifahren, Richtung Bahnhof...

## 1943

*18.1.43. W.:* Westerborg, Konzentrationslager. Frau Ilse L. kam wie durch ein Wunder nach zwei Tagen wieder heraus.

*29.3.43. Überfliegen:* Überfliegen dauerte die ganze Nacht. Mit »überleben« ist das Überleben des Kriegsendes gemeint.

*27.4.43. Flugzeugabsturz:* Carlton Hotel liegt nicht weit von M. B.'s Wohnung am Rokin.

*30.4.43. Belagerungszustand:* Ansammlungen von mehr als vier Personen waren verboten. Eine Frau wurde vor dem Hotel angeschossen, die sich zu vier anderen Menschen hinstellte. Sahen dies vom Fenster aus mit an.

*10.6.43. Bei van Vliet:* Zur Massage.

*17.6.43. Faustzeichnungen Original:* Bevor M. B. die Faustzeichnungen als Federzeichnungen ausführte, hatte er in den Druck der Bremer Presse des Faust II in einem Exemplar mit durchschossenen Seiten Skizzen für die Illustration von Faust II gemacht.

*13.8.43. Cognac-Fläschchen:* Wegen der häufig auftretenden Schwächeanfälle hatte M. B. für unterwegs eine Zeitlang eine winzige Flasche mit Cognac bei sich, dies half ihm dann darüber hinweg.

*20.8.43. Inspizieren:* Die mit Stacheldraht abgegrenzten Gebiete der Dünen.

*21.8.43. Fenster fiel ein:* Ein Mann der damaligen holländisch-politischen Untergrundbewegung stieg über das Dach kommend zum Fenster herein, da er – von der Polizei entdeckt – verfolgt wurde und aus seiner Wohnung, deren Ausgang umstellt war, nicht mehr heraus konnte. Er bat, durch unsere Wohnung und unseren Hauseingang, welcher auf eine andere Straße führte, gehen zu dürfen, um seine Flucht möglich zu machen. Selbstverständlich ließen wir ihn gewähren. Dem Mann ist auf diese Weise zunächst die Flucht gelungen.

16.9.43. *Tandem:* Gewöhnliche Fahrräder gab es nicht mehr.

17.9.43. *Sturz:* Durch das ungewohnte Tandem stürzte M. B. beim Losfahren, verletzte dadurch einen Nerv im Rücken und am Fuß, was nie wieder gut wurde. Kein Arzt oder Masseur konnte helfen. Er litt seit dieser Zeit immer etwas darunter.

2.11.43. *Unerlaubt herumgelaufen:* M. B. betrat das abgesperrte Gebiet.

29.11.43. *Warten:* Wegen Luftalarms und fallender Granatsplitter.

3.12.43. *Herabfallende Granate:* Beim Flakbeschuß fiel, heftig explodierend, drei Häuser vom Wohnhaus M. B.'s entfernt, eine Granate herunter.


### 1944

26.1.44. *Unerfreuliche Nachricht:* Die Möglichkeit eines nochmaligen Aufrufs zum Militär.

4.2.44. *Schornstein im Atelier:* Teile des Schornsteins vom Nebenhaus waren durchs Oberlicht-Glasdach durch den Sturm hereingeschleudert, keine Bilder beschädigt.

7.2.44. *Rechte Unterlähmung:* Nervenlähmung, daher Klappen des Fußes und Gefühllosigkeit in der großen Zehe.

28.2.44. *Alles sehr schwummerig:* M. B. kam frierend nach Haus und bekam heftigen Schüttelfrost, der lange dauerte – hohes Fieber und schwere Nacht.

1.3.44. *Rumgemurkst:* Im Bett gezeichnet.

16.3.44. *Glypse:* Abkürzungswort für »Apokalypse«.

3.5.44. *Rote Kammer:* Traum der roten Kammer, chinesischer Roman.

6.5.44. *Traurig wegen Brief:* Neuer Aufruf zum Militärdienst – Musterungsbefehl für 30. Mai!

6.5.44. *Rauche wieder:* M. B. hatte vor 14 Tagen das Rauchen aufgegeben.

31.5.44. *Urteilsverkündigung rechtskräftig:* M. B. wurde für militärdienstuntauglich befunden.

18.6.44. *Pao Ju:* Figur aus chinesischem Roman.

26.6.44. *Butshy afgekeurd:* Bei Hundemusterung für Militär ausgemustert.

5.8.44. *Strecke beschossen:* Es wurden in dieser Zeit oft Züge von englischen und amerikanischen Fliegern mit Maschinengewehren beschossen. Den Zug, den wir nehmen wollten, versäumten wir um eine Minute, er fuhr gerade ab; der nächste, der nach einer halben Stunde gehen sollte, fuhr nicht ab, da die Nachricht kam, daß der vorhergehende Zug soeben beschossen und bombardiert war und die Strecke für die nächsten Stunden unbrauchbar.

9.8.44. *Qui en sabe:* Wer weiß es. Spanisch. M. B. übernahm diese Wendung von Goya.

2.9.44. *Das Ende:* Man erwartete damals einen Angriff der Alliierten von der Seeseite sowohl wie von der Landseite aus. Würde es dazu gekommen sein, so wäre Amsterdam wohl nur als Trümmerhaufen übriggeblieben.

7.9.44. *Bäume geknickt:* Ziegelsteine flogen von den Dächern, dicke alte Bäume krachten um mitsamt den Wurzeln – schwere Äste flogen durch die Luft. Mußten ›zielend‹ von Hausecke zu Hausecke laufen.

19.9.44. *Wasser in Flaschen gefüllt:* Man befürchtete Wasserknappheit bei Beschädigung der Wasserleitung bei einem Angriff und füllte sämtliche verfügbaren Gefäße mit Wasser.

21.9.44. *Fête der Ontplofing:* Im Hafen fanden Sprengungen statt.

5.10.44. *Streichhölzer:* Elektrisches Licht hörte auf – ebenso Trambahn, Telephon, etc. Kerzen waren schwer und wenig zu bekommen.

6.10.44. *Aladin's Wunderlampe:* Karbidlampe, nur im Schwarzhandel zu haben.

7.10.44. *Sauerstoff-Lampe gekauft:* Elektrisches Licht funktionierte nochmals für wenige Tage.

25.12.44. *Choux de Bruxelles:* Späterer Titel des Bildes »Vor dem Kostümfest (Drei Frauen)«. G 696.

29.12.44. *Kälte:* Lebten von da ab ausschließlich in dem kleinen Schlafzimmer von M. B. für viele Monate. Atelier unheizbar. M. B. malte im Wohnzimmer nebenan, leicht temperiert auf höchstens 8 Grad.

30.12.44. *Cabaret:* Triptychon »Blindekuh«. G 704.


## 1945

1.1.45. *Flüchtete:* Wegen Luftgefecht und Granaten.

12.2.45. *Kaffee:* Der letzte Rest Kaffee, den ich hierfür gespart hatte.

6.3.45. *Traum:* Späterer Name dieses Bildes »Messingstadt«. G 668.

27.3.45. *Butshy:* Der Pekinesenhund konnte damals immer ohne Leine laufen, da weder Trambahn noch Autos fuhren.

20.4.45. *Töppe:* Zwei silberne Renaissance-Pokale hatte Dr. L., den wir darum gebeten hatten, bei einer Kunstauktion versteigern lassen.

16.5.45. *Käse:* M. B. kaufte einen Käse, der damals ungefähr 300 Gulden kostete; Butter, die 180 Gulden das Pfund kostete, kauften wir längst nicht mehr.

24.5.45. *Fremdenpolizei:* Wir standen erst eine Stunde in der Reihe auf der Straße.

25.5.45. *Bonnen:* Deutsche bekamen auch Lebensmittelkarten.

31.5.45. *Stammkarte:* Lebensmittelkarte.

**4.6.45.** *Kartengespenst:* Lebensmittelkarten.

**20.7.45.** *Vermeer:* Als M. B. 1940 eine Photographie des vermeintlichen Vermeers »Christi letztes Abendmahl« sah, behauptete er sofort, es sei eine geschickte Fälschung. Er wurde aber in seinem Zweifel über die Echtheit des Bildes von allen überschrien und schwieg dann. Dies Bild war die Fälschung von van Megeren.

**8.8.45.** *Militär-Gezag:* Bei Antritt der holländischen Militärregierung aus Mitgliedern der Untergrundbewegungen während des Krieges zusammengesetzt.

**4.9.45.** *Rückkehr nach G.:* G. = Germany.

**7.9.45.** *Nerven:* Ausspruch von L.

**14.9.45.** *Rokin wieder hell:* Es gab zum ersten Mal wieder elektrisches Licht und Strom auch in den Häusern.

**14.9.45.** *10 Gulden:* Es war eine allgemeine Sparverordnung und Banksperre. Niemand durfte mehr als 10 Gulden pro Woche von seinem Bankkonto abheben.

**21.9.45.** *Atombombe:* Wochenschau.

**18.10.45.** *Fremdelingeninquisition:* Besuch von der Fremdenpolizei mit den üblichen Fragen.

**24.10.45.** *Zervan:* Zigeunerkapelle.

**8.11.45.** *Petroleum:* Wir benützten einen kleinen Petroleumofen, um Kohlen zu sparen.

**8.11.45.** *Petroleumbonnen:* Kauften schwarz Petroleumkarten, da offizielle Zuweisung zu wenig.

**29.11.45.** *Gold-Etui:* Goldenes Zigaretten-Etui war verkauft worden.

**31.12.45.** *Gonzis:* Zigaretten.

## 1946

**4.1.46.** *Non Enemy:* Holländischer Ausweis, daß M. B. zum Nicht-Feind erklärt wurde.

**11.1.46.** *Radio:* Radio-Telegramm.

**20.2.46.** *Hälfte der Bilder:* Es handelte sich um die nach Amerika an Valentin gesandten Bilder.

**2.3.46.** *Traum des Mädchens:* Späterer Name des Bildes »Afternoon«. G 724.

**11.3.46.** *Marinus:* Marinus war einer der Büffel, der M. B. kannte und kam, wenn M. ihn beim Namen rief. Dieses sonst recht wilde und gefährliche Tier ließ sich auch gern von ihm kraulen, jedoch von niemand anderem.

**19.3.46.** *Herr Bersma:* Accountant.

30.3.46. *Centaur:* Zeitschrift.

2.4.46. *Besuch:* Das Bild hieß später »Afternoon«. Die beiden Bilder »Besuch« und »Atelier mit Frau und Plastik« sind auf Bettücher gemalt, da es keine Leinwand gab, auch Bettwäsche war knapp, so gab ich M. B. zwei von den restlichen drei Bettüchern (Leinen), die seit 1925 gebraucht waren. M. B. ließ sie aufspannen und konnte sie gebrauchen. Wir benützten inzwischen zwei gestickte Dinner-Tischtücher mit viel Hohlsaum als Bettücher, die nie gebraucht worden waren, da wir nie ›große Dinner‹ gaben. Die zwei Bettücher-Bilder befinden sich in amerikanischem Privatbesitz. G 724, 719.

11.4.46. *Kaiser und Politiker:* Zeichnung für eine Lithographie der Reihe »Day and Dream«.

13.4.46. *Wieder hinauf:* Ins Atelier.

25.4.46. *Maler Nolten:* Roman von Mörike.

1.5.46. *Artis:* Zoo.

7.5.46. *Beim Schneider:* Für den von New York gekommenen Anzug.

13.5.46. *Hoki-Poki:* Bild, tanzende Kanadier. Späterer Titel »Soldatenkneipe«. G 723.

19.6.46. *Es hat aufgeregt zu hören:* M. B. machte gern Wortspiele, wie z. B. hier, an Stelle von ›es hat aufgehört zu regnen‹.

24.6.46. *Time-Motion:* Der spätere Titel der Lithographien-Serie war »Day and Dream«.

14.8.46. *Trainieren:* Während M. B. auf dem Rad fuhr, lief Butshy hinterher, was beiden viel Vergnügen machte.

16.10.46. *Schlacht von Arnheim:* Film.

1.11.46. *Nur Obst:* Wegen roter ›Punkte‹ auf der Haut.


## 1947

9.1.47. *Tannenbaumbild:* Porträt Dr. Tannenbaum. G 738.

12.1.47. *De Lange:* Sohn von Dr. de Lange.

6.4.47. *Zaubergarten:* Es handelt sich um einen besonders schönen exotischen Garten, den wir bei unserem letzten Aufenthalt in Cap Martin vor dem Kriege öfters besucht hatten.

9.7.47. *Segelbootchensee:* Ein großes Bassin im Parc Municipal, wo Kinder ihre Spielzeugsegelschiffe in allen Größen fahren ließen.

15.4.47 *Spielsäle:* M. B. selbst hat nie gespielt. Das Beobachten der anderen machte ihm Vergnügen und interessierte ihn.

19.4.47. *Wanzen:* Q. B. bekam später ein anderes Zimmer ohne Wanzen. Hotel wechseln war wegen Überfüllung damals so gut wie unmöglich.

**20.4.47.** *Chauvin-Nachbar:* Ein Mann, der neben uns saß, fing an herausfordernd zu schimpfen über Amerikaner, für die er uns hielt. M. B., den er am meisten beschimpfte, ignorierte dies stillschweigend.

**21.4.47.** *Rue Massenet:* Wohnten von Ende September 1938 bis Mai 1939 in dieser Straße.

**6.5.47.** *Parolmann:* Zeitungsreporter der Zeitung Het Parol.

**7.5.47.** *La Lanterne:* Das Bild hieß später »Kleines Monte Carlo Felsenstadtbild«. G 769.

**11.5.47.** *Werk:* Es handelt sich um einen Aufsatz mit Abbildungen in der Schweizer Zeitschrift »Werk«.

**24.5.47.** *Eierrestaurant bei Licht:* Das kleine Lokal hatte kümmerliche Außenbeleuchtungseffekte versucht.

**17.6.47.** *Schiffspassage:* Es gab damals noch wenig Schiffe, und es war unmöglich, eine Passage zu bekommen, wenn man nicht mindestens ein Jahr vorher Plätze reserviert hatte oder ›Ordre de Mission‹ bekam.

**18.7.47.** *Ohnmächtiger Kriminal:* Unsere Pässe waren auf dem Kriminalpolizeiamt vor einiger Zeit eingeliefert. Holländisches Gesetz, wenn man nach Amerika fuhr. Als ich gerufen wurde, sie abzuholen, waren sie verschwunden. Der Beamte suchte in meiner Gegenwart über zwei Stunden ohne Erfolg. Einige Tage später fand er sie an einem gänzlich ungewöhnlichen Platz, wo sein kranker Vorgänger, kurz vor seiner Ohnmacht, die Pässe damals hingelegt hatte.

**21.7.47.** *Coloristischer Arm:* Der Arm von M. B. war heftig entzündet und sah nach Blutvergiftung aus. Der Arzt war ziemlich entsetzt und sagte, nie so eine starke Reaktion gesehen zu haben.

**28.7.47.** *Butshy Drama:* Unser Tierarzt sagte damals, Impfung gegen Tollwut, die nach amerikanischem Gesetz stattfinden muß, wenn Hunde nach U. S. A. mitgenommen werden, könnte Butshy eventuell töten; das wollten wir nicht riskieren und ließen ihn deshalb bei Freunden in Amsterdam. Bei der zweiten Überfahrt kam er mit.

**13.8.47.** *Bilderabholung:* Für Transport nach Amerika.

**4.9.47.** *Mit Musik:* Glockenspielgong.

**5.9.47.** *Musik und Dichtkunst:* Es war an ein gemeinsames Auftreten von Quappi Beckmann und Thomas Mann vor dem Schiffspublikum gedacht.

**8.9.47.** *Brandgeschrei:* Sirenenlärm.

**9.9.47.** *Rechtzeitig:* Wegen der vielen Eingänge und Hallen im Waldorf-Astoria Hotel verirrte ich mich erst wie in einem Labyrinth, bis ich aufgelöst schließlich M. B. fand.

**10.9.47.** *Paßgeschichte:* Mußten beim holländischen Consulat neuen Paß beantragen, da unser erster holländischer Fremdenpaß nur auf ein Jahr ausgestellt war und bald ungültig geworden wäre.

22.9.47. *Schweigender Herr:* M. B. war sehr erschöpft durch die vielen neuen Eindrücke und neuen Menschen und bekam Brustweh.

22.9.47. *Kopfeisen:* Gefühl von eisernem Ring um den Kopf.

4.10.47. *Miss Knight:* Schülerin.

6.10.47. *Vanityfair:* Eröffnungsfeier ›Old Masters‹ im Museum mit Abendkleid und weißen Smokings.

8.10.47. *Wohnungseinzug:* Unordnung, Auspacken, Lärm.

15.10.47. *Lärm:* Nachbarn, Kinder usw.

26.10.47. *Allein in der School:* Samstags waren fast nie Schüler in der Art-School, in der sich auch das Atelier von M. B. befand.

27.10.47. *Fuß geklemmt:* Der Bus war überfüllt; im Augenblick, als M. B. als Letzter einsteigen wollte und mit einem Bein schon im Bus stand, schloß der Chauffeur die automatische Türe, da er M. B. nicht sah, und fuhr an. M. B. fiel nach hinten auf die Straße, sein Fuß war in der Türe festgeklemmt, und er wurde einige Meter geschleift. Durch das Schreien der Passagiere aufmerksam gemacht, stoppte der Chauffeur, und wie durch ein Wunder wurde M. B. nicht ernstlich verletzt.

10.12.47. *Herrliche Exposition:* Ausstellung von Arbeiten der Studenten.

20.12.47. *Quappi kam angerannt:* Weil M. B. so lange arbeitete und ausblieb, hatte ich Angst, es wäre ihm was passiert.

23.12.47. *Glaube aber nicht:* M. B. hat hiermit recht behalten. Die weiteren Zahlungen blieben aus.


## 1948

5.1.48. *Ein Kind gemalt:* In der Klasse.

8.1.48. *Hund:* Der Mieter der Wohnung unter uns hatte seinen Hund dort drei Tage eingesperrt und allein gelassen. Der Hund bellte und schrie unausgesetzt, was durch die dünnen Stahlwände heraufdröhnte, als wäre der Hund in unserem Zimmer.

11.1.48. *Bellender Hund:* Jemand, der Schlüssel zur Wohnung hatte, brachte den Hund in den Keller.

16.1.48. *Michigan Avenue:* Spazierengegangen.

23.1.48. *Vortrag:* Gemeinsame Übersetzungsarbeit mit Perry Rathbone an dem Vortrag »Drei Briefe an eine Malerin«.

26.1.48. *Dean:* Direktor der Art-School.

26.1.48. *Compton-Telegramm:* Der amerikanische Staat machte damals

Schwierigkeiten wegen der Lehrstelle von M. B., da wir noch kein Quota-Visum hatten. Die Angelegenheit wurde jedoch vom State Department sehr bald in freundlichster Weise als Ausnahmefall behandelt, und wir erhielten die staatliche Erlaubnis, bis zum Ende des Schuljahres zu bleiben.

**29.1.48.** *Herr G.:* Es handelte sich darum, ob der Maler G., dessen Stelle M. B. in St. Louis innehatte, im nächsten Jahr auf diese Stelle zurückkehren wollte.

**5.2.48.** *Photo:* Photo mit Zigarette.

**5.2.48.** *Großer Saal:* Kantine und Festsaal vom College.

**8.2.48.** *Ging schon früher fort:* Aus dem Atelier.

**14.2.48.** *Andrea Night erschien:* Auf der Bühne.

**14.2.48.** *Diamonds:* Eine berühmte Kollektion echter Diamanten wurde separat vorgeführt.

**3.3.48.** *Verwechslungsdrama von Jansons:* Wir waren der Meinung, sie kämen heute.

**8.3.48.** *Reservation:* Billetts für Boston-Zug.

**10.3.48.** *Glatteis:* Es war fast unmöglich vorwärtszukommen wegen Rutschgefahr.

**13.3.48.** *Angstvoll gehetzt:* Um pünktlich zu sein.

**17.3.48.** *Rockefeller Building:* Verwechslung, gemeint ist das Empire State Building.

**24.3.48.** *Wieder engagiert:* Für das kommende Jahr.

**28.3.48.** *Große Köppe:* Schlangenbändigerin und Clown, späterer Titel »Artisten«. G 762.

**15.4.48.** *Miss Morgan:* Schülerin.

**7.5.48.** *Frida von Kaulbach:* Die Mutter von Quappi Beckmann.

**25.5.48.** *Exit-Permit:* Obwohl wir dem State Department einen eingeschriebenen Brief mit Anfrage für unser Exit-Permit schickten, wurde dort behauptet, unser Brief wäre nicht angekommen.

**27.5.48.** *Juryrung:* Für Examen der Schüler.

**31.5.48.** *Übersiedlung:* Unsere Wohnung war für den Sommer vermietet.

**4.6.48.** *Wegkommen:* Exit-Permit für M. B. war angekommen, für Q. B. noch nicht, wurde jedoch für den nächsten Tag am Pier versprochen.

**5.6.48.** *Der Name Beckmann:* Bei der Paßkontrolle am Pier.

**14.6.48.** *Amerika-Anzug:* Amerikanischer Sommeranzug aus dünnem, fein weiß gestreiftem Stoff, wie er in Amerika viel, in Europa fast gar nicht getragen wird.

**1.7.48.** *Jordaan:* Jordaan war während des Krieges der Mittelpunkt des schwarzen Marktes.

18.8.48. *Stilvolle Leere:* Einige Korbmöbel, kleiner Tisch, Sofa und Bett, was wir in Amsterdam ließen.

6.9.48. *Brechende Leiter:* In der Menschenmenge vor unserem Haus.

9.9.48. *Violinsorgen:* Q. B. hatte vergessen, ihre Geige zollfrei erklären zu lassen.

18.10.48. *Quappi verkehrt zu Fuß:* Q. B. irrte sich in der Straße.

27.11.48. *Bourbon:* Amerikanischer Whisky, etwas süßer im Geschmack und stärker als Scotch Whisky.

29.11.48. *Museum:* Einige Gegenstände wurden im Museum deponiert.

3.12.48. *Amsterdam Geld:* Holländische Steuerforderung, die sich später als Irrtum herausstellte durch Hilfe des holländischen accountant.


## 1949


2.1.49. *Ausgefranste Hosen:* Bezieht sich auf ein Gedicht von Wedekind »Wir winden dir den Lorbeerkranz mit ausgefransten Hosen«, nach der Melodie von Carl Maria von Weber aus dem Freischütz zu singen.

7.1.49. *Schiedab:* Abschied, Wortspiel von M. B.

8.1.49. *Verfehlte Abfahrt:* Die Billette galten für den Abendzug.

8.1.49. *Wohnungsbesichtigung:* Durch Empfehlung von Doris.

11.1.49. *Gestiefelter Kater:* Das Triptychon erhielt später den Namen »Beginning«. G 789.

13.1.49. *L'Enfance:* Das Triptychon erhielt später den Namen »Beginning«. G 789.

17.1.49. *Pullman:* Q. B. mußte, da Hunde nur in Bedroom oder Roomette mitzunehmen erlaubt sind, im Schlafwagen schlafen.

31.1.49. *Speach:* Über Ausstellung der Bilder des Berliner Museums.

2.2.49. *Amerika-Ausweis:* Identification Card of First Papers.

12.2.49. *Arthur:* Gemeint ist Arthur Schopenhauer.

23.2.49. *Rennerei:* In das Atelier.

10.4.49. *Träume:* Ein oder zwei Tage später lasen wir in der Zeitung von einem Erdbeben in Amerika, was nach der Beschreibung von Damm- und Wasserrohrbrüchen große Ähnlichkeit mit seinem Traum hatte.

17.4.49. *Kaninchenstall:* Wohnung Millbrook Ave.

18.4.49. *Kindergeschrei:* Unter uns im Haus.

19.4.49. *Der Maler und sein Modell:* Wurde später der linke Flügel des Triptychons »Argonauten«. G 832.

7.5.49. *Johannespassion:* Dauerte viel länger, als ich berechnet hatte.

13.5.49. *Engel:* Linker Flügel des Triptychons »Beginning«. G 789.

17.5.49. *Gewitter:* Auf diesem Bild war vorher teilweise Jupiters Gestalt auf einem Wagen zwischen den Wolken sichtbar. Späterer Titel: »Jupiter«. G 791.

2.6.49. *Hier rauszukommen:* Aus dem Fakultätsgebäude.

7.6.49. *Gegradeter Anzug:* Umhang, der akademischen Grad bezeichnet.

13.6.49. *Gewartet:* Auf die Möbelpacker.

16.6.49. *Gemsmensch:* Megrew war Director der Art-School in Boulder. Seine Liebhaberei war Bergklettern. Er besaß eine ganze Bibliothek über dieses Thema. Er hat beinahe sämtliche Berge der Welt bestiegen.

19.6.49. *Zunge tut noch weh:* Von fürchterlichem Biß, während M.B. schlief.

20.6.49. *Theater:* Die Art-School war im Theatergebäude.

27.6.49. *Kappe:* Katholische Schwester.

27.6.49. *Bein gebissen:* Die Haustüre war nicht verschlossen, die Direktorin kam unangemeldet ins Wohnzimmer, bevor Butshy zurückgehalten werden konnte.

7.7.49. *Butshy vor Schlaganfall gerettet:* M.B. trug Butshy einen sonnigen Bergweg hinauf.

8.7.49. *Zinc:* Waschbecken im Atelier.

9.7.49. *Bouldermörder:* Kurz vor unserer Ankunft in Boulder wurden zweimal Mädchen auf dem Universitätsgelände ermordet. Man hat den Täter nie gefaßt. Er lief frei herum, und alle waren sehr angsterfüllt.

17.7.49. *Gold:* Kleiner Ort.

28.7.49. *Climbingwalk:* Kletterspaziergang.

3.8.49. *Silverbloom:* Kleiner Ort in den Bergen.

26.8.49. *Grade's:* Austeilen von Graden in der Schule.

12.9.49. *Protestgeschrei:* Der Beamten.

18.9.49. *Butshy benahm sich ungebührlich:* Bellte fortwährend in der Garderobe.

21.9.49. *Italopartisanfrenchzolahafter:* Im Manuskript in einem Wort geschrieben.

26.9.49. *Bloomingdale:* Warenhaus mit Untergrundbahn-Station.

27.10.49. *Brooklyn Park:* Prospect Parc.

30.10.49. *Skelett-Dame:* Frau mit Vogel in Schwarz und Grau. G 720.

7.11.49. *Alte Spinne:* Hausbesitzerin.

23.11.49. *Zungenschmerzen:* M.B. hatte sich vor einigen Wochen heftig in die Zunge gebissen während des Schlafs, was ihm lange danach viel Schmerzen verursachte.

5.12.49. *Squirrl's:* Eichhörnchen.

**10.12.49.** *Artistengarderobe:* Das Bild heißt später »Pompeï Clowns«. G 806.

**29.12.49.** *Plastik-ezel:* Ezel = holländisches Wort für Staffelei.

## 1950

**2.1.50.** *Plaza:* Das Bild hieß später »Hotel-Lobby«. G 807.

**4.1.50.** *Pink Clowns:* Das Bild erhielt später den Namen »Pompeï Clowns«. G 806.

**9.1.50.** *Carnegie-Preis:* H. St. G. meinte mit dieser Bemerkung, daß M. B. im nächsten Jahr wieder den Carnegie-Preis bekommen sollte.

**7.2.50.** *Hexe:* Hausbesitzerin.

**15.2.50.** *Kastania:* Spitzname für die verrückte Hausbesitzerin, die Szenen machte und unerträglich wurde.

**17.2.50.** *Ernst machen:* Hatten eine furchtbare Last mit der Hauswirtin, dauernd machte sie Szenen.

**17.2.50.** *Auf der Straße:* Das Bild heißt später »Bowery«. G 815.

**18.2.50.** *Gelbe Pierette:* Das Bild heißt später »Columbine«. G 821.

**22.2.50.** *6 Bilder:* Im Ausstellungsraum.

**27.2.50.** *Class:* Schule.

**5.3.50.** *Midnight:* Das Bild heißt später »The Town« oder »City Night«. G 817.

**8.3.50.** *Town:* Siehe 5.3.50.

**21.3.50.** *Pelzmützenmann:* Das Bild heißt später »Mann mit Vogel«. G 820.

**23.3.50.** *Downtown:* Von der Manhattan-Brücke aus.

**9.4.50.** *Linke Achsel:* Auf der Reise verrenkt.

**21.4.50.** *Buchbesprechung:* Besprechung des bei Piper erschienenen Beckmann-Buches.

**25.4.50.** *Landlady:* Hausbesitzerin.

**30.4.50.** *Kastanie:* Szene der Hausbesitzerin vor der Tür.

**1.5.50.** *Drachen:* Hausbesitzerin.

**16.5.50.** *Unglücksfall:* Plötzlicher Tod von Doris' Mann Tom Mac Fergus-Cooper. (Doris war die Schwester von Q. B.)

**21.5.50.** *Abgesagte Porträtsitzung:* Die Sitzung war für drei Uhr nachmittags verabredet. Um vier Uhr, nach einer Stunde vergeblichen Wartens und Vorbereitungen für die Porträtzeichnung, kam schließlich das Absagetelegramm.

**1.6.50.** *Alles ganz gut:* Untersuchung bei der Ärztin.

**6.6.50.** *Hingebracht:* Zur Universität.

6.6.50. *Campus Conciergerie:* Nebenraum des großen Saals der Veranstaltung.

6.6.50. *Baruch:* Bernard Baruch, Freund Winston Churchills und amerikanischer Staatsmänner.

8.6.50. *Teppichinterview:* Radio-Interview wegen Schenkung eines Teppichs, den Q. B. nach dem Entwurf von M. B. gestickt hatte, an das City Art Museum St. Louis.

10.6.50. *Verwirrungen:* Dr. Valentiner hatte für uns bereits in einem anderen Hotel Zimmer reserviert, was wir nicht wußten.

11.6.50. *Lächerliches Suchen:* In Carmel gibt es keine Hausnummern.

27.6.50. *Krieg:* Meint den Ausbruch eines neuen Weltkrieges.

28.6.50. *Cap von Carmel:* Point Lobos.

5.7.50. *Butshy in Mills College:* Hunde sind sonst dort überhaupt nicht erlaubt, aber M. B. hatte das Mitbringen von Butshy während seines Aufenthalts und seiner Lehrtätigkeit wie stets zur Bedingung gemacht.

14.7.50. *Überfahrt:* Nach Europa.

20.7.50. *Wahnsinnspfeifer:* Ein Mann, der uns laut pfeifend dauernd verfolgte.

31.7.50. *Negerwoman:* Modell.

2.8.50. *Das große Kopfbild:* Das Bild hieß später »Artisten«, es war in St. Louis gemalt worden, hatte sich aber in der Zwischenzeit in New York befunden. G 762.

3.8.50. *Drugstore:* M. B. nahm dort gewöhnlich eine Tasse Kaffee.

3.8.50. *Pot-Menschen:* In der Keramikschule.

4.8.50. *Frigidairenacht:* Es war eisig kalt dort oben in einem Zimmer eines schlecht gebauten Holzhauses mit dünnen Wänden, durch die der Wind pfiff. Da es schon spät war, fanden wir keine andere Möglichkeit zu übernachten.

5.8.50. *Footprints:* Fußabdrücke aus prähistorischer Zeit in Nevada-Sandstein.

6.8.50. *Rettung von Trunkenbold:* Um ein Haar Zusammenstoß mit entgegenrasendem Auto.

22.8.50. *Abwesender Mieter:* Daher Stille im Haus.

24.8.50. *Die Künstler:* Das Triptychon heißt später »Argonauten«. G 832.

15.9.50. *Schlangengöttin:* Plastik.

24.10.50. *Augustinus:* Name des Autos.

28.10.50. *Brücke:* Es handelt sich um eine Skulptur, die beim Gießen sehr beschädigt wurde.

1.11.50. *Besuch beim Kitsch:* American Art School New York.

2.12.50. *Auto rückwärts fahren:* M. B. wünschte, daß ich genau parallel zwischen beiden weißen Parklinien den Wagen parkte, ich konnte dies damals noch nicht so gut, und es ärgerte ihn, wenn der Wagen nicht innerhalb der Linien oder ein wenig schief stand. Es sei unordentlich und unrhythmisch wie eine schlechte Zeichnung. Auch mußte, wenn Platz vorhanden war, dies sofort beim ersten Anfahren gelingen, ein Vor- und Zurückfahren fand er dilettantisch wie jemanden, der beim Zeichnen zögernd mehrere Striche macht, um *eine* Linie zu erzielen, anstatt mit einem Strich, der richtig sitzt.

3.12.50. *Zwei Artistinnen:* Es handelt sich um zwei Frauenfiguren auf dem Triptychon »Ballettprobe«. G 834.

8.12.50. *Keine Butter:* M. B. aß zeitweise keine Butter, um abzunehmen.

VERZEICHNIS HOLLÄNDISCHER WÖRTER
UND ORTSBEZEICHNUNGEN MIT ÜBERSETZUNG

---

Voran steht die Schreibweise im Tagebuch, in Klammern die normale Schreibweise.

afgekeurd: für dienstuntauglich erklärt
Amstel: Fluß, der bei Amsterdam in die Zuiderzee mündet
Amstel-Hotel: bekanntes Hotel in Amsterdam

bevolkingsregister: Städtisches Einwohneramt
boekje: Büchlein, kleines Buch
borreltjes: Gläschen Genever

Dam: Platz vor dem Königlichen Palais in Amsterdam
dierentuin: Tierpark, Zoologischer Garten
dooit: es taut

ezel: Staffelei

fiets: Fahrrad

gasthuis: Krankenhaus
gekocht: gekauft
gesneuveld: gefallen

hasenbout (hazenbout): Hasenkeule
het is afgelopen: es ist vorbei
hopenlos (hopeloos): hoffnungslos
Huis ter Duin: Haus auf der Düne, Name eines bekannten Hotels in Noord-
    wijk, das M. B. schon vor dem Kriege besuchte

kalfsballetjes: faschiertes Kalbfleisch
kranksinnig (krankzinnig): geistesgestört

lopen: gehen

maar: aber
meisje: Mädchen
Militär-Gezag (Militair-Gezag): holländische Militärbehörde
mooi: schön
mut (mud): holländisches Gewicht = 35 kg

ochsenlapjes (ossenlapjes): Rindersteaks
ontploffing: Explosion
ontplofft: explodiert
ontspanning: Erholung
oorlog: Krieg
oude clare (klare): Kornschnaps

paardendroschke: Pferdedroschke (holländisch-deutsche Wort-Kombination)
padrijs (patrijs): Rebhuhn
parktuin: Park
praatjes: ungewisse Gerüchte
peulfruchten (peulvruchten): Hülsenfrüchte
pontje: kleine Fähre
potkachel: runder Eisenofen

regenjas gekocht: Regenmantel gekauft
rots: Felsen

Schiphol: Flugplatz bei Amsterdam
Sinter Claas (Sinterklaas): St. Nikolaus-Fest (holländische Vorweihnachtsfeier mit Geschenken)
schatsenrijder (schaatsenrijder): Schlittschuhläufer
skatsen (schaatsen): Schlittschuhe
spruitjes: Rosenkohl, choux de Bruxelles, auch Name eines Bildes
stampot (stamppot): Gemüse und Kartoffeln zusammengekocht, Eintopf
op straat (gaan): auf die Straße (gehen). Ausdruck der Umgangssprache, etwa unser runtergehen

tovenaar: Zauberer

uitsmijters (uitsmyters): (Herauswerfer) Spiegeleier auf Schinken

vergunning: Erlaubnis
vacantie: Ferien

wandelpad: Fußweg

Y (het IJ): Das Y, zu Max Beckmanns Zeit ein Arm der Zuiderzee, nach Eindeichung der Zuiderzee ein Teil des Hafens von Amsterdam

zeeziekte: Seekrankheit
zonder: ohne
zitkamer: Wohnzimmer

REGISTER

## II. Bildende Künstler

## Zeittafel

Die erste Spalte gibt den Wohnsitz an, die zweite Spalte die
Reisen, die Beckmann von seinem Wohnsitz aus unternahm.

**1940**
Amsterdam   den Haag 19.11.

**1941**
Amsterdam   den Haag 3.2., 6.7., 5.8.
　　　　　Zandvoort 28.4., 11.5., 5.6., 21.6., 2.7., 3.7., 9.7., 10.7.,
　　　　　　24.7., 28.7., 31.7., 3.8., 11.8.
　　　　　Hilversum 18.5., 11.6., 19.7.
　　　　　Valkenburg 2.–23.9.

**1942**
Amsterdam   Valkenburg 20.5.–7.6.
　　　　　Hilversum 7.7.
　　　　　Laren 11.9.–28.9.
　　　　　den Haag 16.5., 8.6., 11.7., 30.8., 17.10.
　　　　　Zandvoort 9.3., 21.3., 18.4., 24.6., 3.9.

**1943**
Amsterdam   Laren 10.3.–12.3.
　　　　　Laren 28.4.–25.5. (4.5. Doorn)
　　　　　Laren 15.9.–1.10.
　　　　　Laren 11.8., 26.10.
　　　　　den Haag 10.11., 25.11.
　　　　　Rotterdam 7.12.

**1944**
Amsterdam   Overveen 6.6., 24.6., 31.7., 7.8., 26.8.
　　　　　Haarlem 13.7., Haarlemmermeer 5.8.

**1945**
Amsterdam   Hilversum–Laren–Naarden 21.–22.10.
　　　　　Zandvoort 13.7., 18.7., 24.7., 30.7., 6.8., 16.10.
　　　　　Overveen 28.8., 3.9.

**1946**
Amsterdam   Laren 25.4.–27.4.
　　　　　Laren 15.5.–11.6.
　　　　　Laren 14.6.–17.6.
　　　　　Noordwijk (Huis ter Duin) 4.9.–9.9.
　　　　　Laren 14.9.–2.10.
　　　　　Zandvoort 6.2., 1.7., 5.7., 24.7., 27.7., 20.8., 30.8., 16.10.

**1947**

| | |
|---|---|
| Amsterdam | Nizza 25.3.–22.4. (über Paris) |
| | Laren 18.5.–27.5. |
| | den Haag 30.1., 18.6., 25.8. |
| | Zandvoort 2.6. |
| Überfahrt | An Bord der Westerdam 29.8.–7.9. |
| nach Amerika | New York 7.9.–17.9. (Setauket, N.Y., 14.–16.9.) |
| St. Louis ab 18.9. | New York 15.11.–19.11. |

**1948**

| | |
|---|---|
| St. Louis | Chicago 15.1.–19.1. |
| | Columbia, Mo., 3.2.–5.2. |
| | Boston 10.3.–14.3. |
| | New York 14.3.–17.3. |
| | Bloomington, Ind., 29.4.–1.5. |
| | New York 1.6.–5.6. |
| Überfahrt nach Europa | An Bord der Nieuw Amsterdam 5.6.–13.6. |
| Amsterdam 13.6.–14.9. | Laren 29.8.–2.9. |
| | Rotterdam 21.6., 29.6. |
| | Zandvoort 7.7. |
| Überfahrt nach Amerika | An Bord der Nieuw Amsterdam 14.9.–21.9. |
| | New York 21.9.–26.9. |
| St. Louis ab 27.9. | New York 26.12.–31.12. |

**1949**

| | |
|---|---|
| St. Louis bis 15.6. | New York 1.1.–8.1. |
| | Minneapolis 17.1.–19.1. |
| Boulder 16.6.–28.8. | New Orleans 2.4.–4.4. |
| | Denver–Chicago–New York 28.8.–30.8. |
| New York ab 30.8. | |

**1950**

| | |
|---|---|
| New York | Bloomington, Ind. (Hope) 1.4.–3.4. |
| | St. Louis (Dr. h.c.) 3.6.–8.6. |
| | über |
| | Los Angeles (10.6.) nach |
| | Carmel 11.6.–5.7. (18.6. Monterey) |

Mills College (San Francisco) 5.7.–19.8.
Sacramento–Taho–Reno–Carlson Gefängnis 4.8.–6.8.
Rückreise nach New York 19.8.–22.8.

# Editorische Notiz

Der Publikation liegt ein Schreibmaschinenmanuskript von Frau Mathilde Q. Beckmann zugrunde, das an Hand der Tagebuch-Manuskripte zusammengestellt und mit den am Schluß unter Verweis auf die Daten wiedergegebenen Anmerkungen versehen wurde. Die Schreibweise Max Beckmanns wurde der heutigen angenähert, überall aber dort, wo ihr eine bestimmte Bedeutung (z. B. Tryptic für Triptychon usw.) innewohnt, belassen. Da Max Beckmann Kommata fast nicht verwandte, wurden diese nur eingesetzt, wenn die Stelle sonst unverständlich geblieben wäre. Unterstreichungen sind nur, wenn die damit bezweckte Hervorhebung von Worten oder Wortgruppen sonst überlesen worden wäre, durch leichte Sperrungen hervorgehoben. Max Beckmann verwandte Gedankenstriche sehr zahlreich, bis zu ganzen Zeilen. Sie haben im Manuskript starken Ausdruckswert, der aber vom gedruckten Gedankenstrich nicht ausgeht. Sie wurden deshalb meist reduziert, auch Häufungen von Frage- und Ausrufezeichen eingeschränkt. Punkte, die bei Beckmann häufig für einen nicht niedergeschriebenen Gedanken stehen, wurden durch einen Gedankenstrich ersetzt, um eine Gruppe von jeweils drei Punkten, wie üblich, zur Kennzeichnung ausgelassener Stellen benutzen zu können. Die Daten, meist auf den Kalenderblättern gedruckt, wurden in Kursiv gesetzt, ebenso die nach einem Ortswechsel stets vom Herausgeber eingefügte Ortsangabe. Die Zeittafel erleichtert die Orientierung. Das alphabetische Verzeichnis der holländischen Wörter gibt diese in der Diktion des Manuskriptes – wenn nötig folgt die korrekte holländische Schreibweise in Klammern – und die deutsche Übersetzung.

*Erhard Göpel*

Die Anmerkungen von Mathilde Q. Beckmann, Zeittafel und Register wurden für die vorliegende Ausgabe ergänzt und wo notwendig korrigiert. Die Numerierung der in den Anmerkungen erwähnten Bilder bezieht sich auf: Max Beckmann,

Katalog der Gemälde, bearbeitet von Erhard Göpel und Barbara Göpel, Bern 1976. – Die in den gedruckten Tagebüchern fehlenden Passagen sind auch nach dem Tod von Mathilde Q. Beckmann weiterhin nicht zur Veröffentlichung freigegeben.

München 1987                                    *Barbara Göpel*

Fotonachweis

_____

1. Helga Fietz † / Reprofoto Bayerische Staatsgemälde-
   sammlungen, München
2. Helga Fietz † / Reprofoto Rosmarie Nohr, München
3. Willy Hahn, Tutzing
4. Gordon Wilkey, Oregon, USA
5. Barbara Göpel, München
6. Mathilde Q. Beckmann †
7. Paul Weller, New York
8. Curt Valentin Gallery, New York

Wir danken dem Max-Beckmann-Archiv, Bayerische Staatsgemäldesamm-
lungen, München, für die freundliche Unterstützung bei der Beschaffung des
Bildmaterials.